国家社科基金
GUOJIA SHEKE JIJIN HOUQI ZIZHU XIANGMU
后期资助项目

翻译生成论的
复杂性范式研究

Translation Generativism: From
the Perspective of Complexity Paradigm

罗迪江　著

ZHEJIANG UNIVERSITY PRESS
浙江大学出版社
·杭州·

图书在版编目（CIP）数据

翻译生成论的复杂性范式研究 / 罗迪江著. -- 杭州：
浙江大学出版社，2025.4. --（中华翻译研究文库 / 许
钧总主编）. **ISBN** 978-7-308-25844-9

Ⅰ. H059

中国国家版本馆 CIP 数据核字第 2025E3Q736 号

翻译生成论的复杂性范式研究

罗迪江　著

出 品 人	吴　晨	
丛书策划	陈　洁　包灵灵	
责任编辑	仝　林	
责任校对	闻晓虹	
封面设计	周　灵	
出版发行	浙江大学出版社	
	（杭州市天目山路 148 号　邮政编码 310007）	
	（网址：http://www.zjupress.com）	
排　　版	浙江大千时代文化传媒有限公司	
印　　刷	杭州高腾印务有限公司	
开　　本	710mm×1000mm　1/16	
印　　张	23	
字　　数	404 千	
版 印 次	2025 年 4 月第 1 版　2025 年 4 月第 1 次印刷	
书　　号	ISBN 978-7-308-25844-9	
定　　价	98.00 元	

国家社科基金后期资助项目
出版说明

后期资助项目是国家社科基金设立的一类重要项目，旨在鼓励广大社科研究者潜心治学，支持基础研究多出优秀成果。它是经过严格评审，从接近完成的科研成果中遴选立项的。为扩大后期资助项目的影响，更好地推动学术发展，促进成果转化，全国哲学社会科学工作办公室按照"统一设计、统一标识、统一版式、形成系列"的总体要求，组织出版国家社科基金后期资助项目成果。

全国哲学社会科学工作办公室

序

当下的翻译研究,对现实问题较为关注,对翻译的基本问题也不乏深入的思考,如对翻译的本质、翻译的伦理与翻译的价值问题,有持续的探索。随着学界对翻译活动认识的不断加深,翻译的"生成性"被进一步揭示。2017 年,刘云虹教授在《外语教学与研究》上发表了《试论文学翻译的生成性》一文,就文学翻译的生成性做了开拓性的阐述,提出了许多重要的观点,如翻译之"生"与翻译之"成"。我曾在多个场合反复强调翻译"生成"过程和翻译"生成性"探索的重要性。如在 2021 年发表于《外语与外语教学》的《关于深化中国文学外译研究的几点意见》中,我就指出,"文学翻译生成论的提出,尤其是对文学翻译生成机制与接受规律的研究,为我们考察与评价新时期中国文学外译提供了重要的理论参照"。在 2022 年发表于《中国翻译》的《新时期翻译批评的走向、特征与未来发展》一文中,我强调指出:"翻译是一个由生成性贯穿始终的复杂系统,是一个具有生成性本质特征的动态发展过程。"我的判断是,生成与生成性会逐渐成为翻译研究中一个重要且又关键的议题。系统地梳理翻译生成的来源与表征,以及揭示与诠释其衍生而来的生成性、成长性、创生性等复杂性特征,理应成为翻译学界的共同期待。罗迪江的《翻译生成论的复杂性范式研究》正是积极回应了这种共同的期待,开宗明义地以"生成何以成为翻译问题"为探讨议题,从复杂适应系统、复杂生命系统、类生命、双向因果关系、关系理性等多个维度对翻译与文本生命的关系进行生成性审思,并且与当下复杂性范式的研究特征恰当契合。同时,它以承上启下、一脉相承的逻辑梳理当代翻译研究的观点嬗变、复杂性范式的适用性问题、复杂生命系统造就翻译生成性、生成概念的来源、翻译生成论的理论基础与思想架构等,尝试性地构建相对独立的翻译生成论体系,努力开拓不同于语言转换论、文化操纵论探讨翻译现象、本质、过程的新路径。

从历史语境来看,翻译生成论的特色之处就在于植根于中华传统文化所蕴藏的最为深层的生成品格——"生生之谓易"的创生思想、"道生万物"的生成力量、"天地之大德曰生"的生成之道。翻译生成论就是赓续生生之道与生成之思,将翻译与生成性思维同构,既要以生成性思维打破既成性思维的束缚,复归"生生之谓易"思想以承扬中华传统文化蕴含的生命智慧,又要以复杂性范式冲破简单性范式的牢笼,复归对翻译复杂性的探讨以揭示翻译特有的生成性特征。如果说20世纪是简单性范式盛行于翻译研究的理论时代,21世纪则是复杂性范式渗透于翻译研究的"后理论"时代。如何会通和合中西翻译理论,如何从生成观念来理解翻译作为文本生命存在的复杂性特征,把握翻译那种活生生的本真形态,是翻译生成论需要探究并予以求解的根本问题。翻译生成论认为,翻译不是既成的而是生成的,翻译即生成;要真正深入翻译的本质,离不开对"生生之谓译""道生万物""翻译之大德曰生"的创造性转化与诠释。或许只有用"生生之谓易""道生万物""天地之大德曰生"来思考翻译问题,才能使翻译的思想深入"道""德""生"的层次。用"道""德""生"来理解与建构翻译理论,并用"道""德""生"呈现这个理解与建构过程,可使中华传统文化的某种思想创造性地转化为自身理论的重要部分。

从现代语境来说,翻译生成论基于刘云虹教授的"文学翻译的生成性与成长性"、我本人的"文本生命的拓展与延伸"、胡庚申教授的"文本生命、译者生存、翻译生态"等思想、观点,在其驱动下,提炼出一种具有生成品格的翻译理论。细读《翻译生成论的复杂性范式研究》不难发现,翻译生成论提出了新的问题域,从"复杂性范式是否适用于翻译研究"到"生成何以成为翻译问题",从"文本生命何以生成"到"翻译生成何以可能",体现出著者的问题意识与理性思考,显示出对翻译问题的复杂性审思与生成性探究。生成是表述、说明与解决这些新问题域的基本方式,它表明翻译绝不是一种静态的同一化过程,而是一种动态的差异化过程。生成是一种辩证的理性审视,它放弃了对翻译同一化的对等追求,从文本生命在异域之中的延续中看到了翻译差异化的同中存异、异中求同。生成就是一种翻译能够感触到的生命脉动;生成分析是必要的,还要"成为是"思维的介入,才能达成对翻译生成性的真正把握。可以说,翻译生成论善于将翻译与生成连接起来,激活了翻译特有的生成性特质,通过重现一种生生不息的潜势——将文本生命视为翻译生成的根源而赋予翻译更强的生成力,让翻译充分展现自身的差异化之势,从而成为文本生命在异域之中存在的生成者。

《翻译生成论的复杂性范式研究》的重要价值之一,在于从复杂性范式入手来建构翻译生成论的思想体系,其中体现了著者的理论自觉与理论建构意识,敢于提出自己的理论观点并加以实践应用,尽管目前这种实践应用还不够具体化与系统化,也不乏可以商榷之处。20 世纪中后期,简单性范式在翻译学领域里具有典范性的意义,其最大特点是探寻翻译确定性,剥落翻译复杂性与差异性,主张翻译过程的严密推理与精细逻辑,引导着翻译研究的学科化建构。事实上,翻译的复杂性、差异性、生成性远超过翻译的逻辑性、同质性、既成性。翻译不是逻辑性所能涵盖的,翻译所追求的确定性无疑属于简单性范式的研究范畴。从确定的、既成的、逻辑的简单性范式入手来理解复杂多变的翻译活动,实质上是对翻译生成性、成长性、差异性的忽视。面对复杂的翻译活动,我们需要走出翻译的封闭系统,走出翻译研究的静态牢笼,回到翻译的本源,回归活生生的生成之势,感知翻译涌动的脉络,体味其中的生命内涵。只有那种承载着生命意义与生命活动的翻译,才能彰显翻译所蕴含的"和实生物,同则不继"的差异化思想。

就我所知,《翻译生成论的复杂性范式研究》是国内第一部较为系统地阐释翻译生成理论的专著,其有关翻译与文本生命的生成关系的系统诠释,确定了翻译生成论的复杂性范式研究的前提。我提出的"翻译家对异质生命的尊重而让原作的异质性之花开放"、刘云虹教授的"翻译最重要的本质特征在于其生成性"、胡庚申教授的"以生为本的向生译道"、朱纯深教授的"翻译的阴阳诗学"、蔡新乐教授的"翻译的阴阳之道"、冯全功教授的"翻译之大德曰生"等观点,可以说是中国翻译学界对西方翻译理论之实体论思维的反思与质疑。《翻译生成论的复杂性范式研究》则在寻找翻译学与生成理论相互一致的基本观念,系统地探寻翻译生成性特征,迥异于以实体论思维为基础的西方翻译理论,解决了国内关于翻译生成性研究中不少模糊的问题,拓展了翻译生成性的理论研究。

翻译研究需要引进新概念、新方法、新范式,以不时地更新翻译理论的思想,更应基于此创造性地转化中华传统文化所蕴含的翻译思想资源,创构具有中国特色的翻译理论知识话语体系。我曾在 2023 年发表于《中国外语》的《问题 理论 方法——关于翻译研究的对谈》中指出,"理论创新不是术语的罗列,也不是概念的堆砌,更不可能随意构建一个所谓的体系,而是要以坚实的思想为基础"。翻译生成论既不是术语的罗列,也不是概念的堆砌,而是把生成的洞察力带入翻译研究,以生成观念解读翻译,使其思想体系成为一种承载着"道生之、德畜之、物形之、势成之"的综合体,体现着生成性思维的翻译理论。这就特别考验著者如何考察中西翻译理论彼此参照的沟通能力,考验著者如何汲取中华优秀传统文化的创新潜能,考验著者如何将中华传统文化的问题意识、思想意向与立论方式转化为翻译理论的功力。翻译生成论对中华传统文化的创造性转化呼唤翻译理论的一种新形态,既为当代翻译理论的新建构获得新的理论资源,又为当代翻译理论进一步发展提供了新的支撑点。翻译生成论是对语言转换论、文化操纵论的一次反拨,让我们能够在更广阔的理论空间中,充分运用中西生成论的思想资源去探讨面向文本生命的理论创新。《翻译生成论的复杂性范式研究》走出了可喜的一步,这是一种理论自觉与创新意识的体现。这应该是值得赞许的,也是值得期待的。

是为序。

许　钧

2023 年 11 月 16 日于南京黄埔花园

前言 "生成"何以成为翻译问题

　　翻译,既是一个持续的研究论域,又是一个永恒的时代主题。何谓翻译? 如何翻译? 为何翻译? 换而言之,翻译从何而来? 到何处去? 它是文化沟通的造物,还是人类生存的载体? 它是由文本造就,还是由文本生命造就的? 这是翻译本身的书写叙事方式,也是翻译本身的自我塑造方式,更是对翻译本身的元问题的追问。随着 20 世纪中后期以来各种翻译思想的迭兴,相关西方翻译理论开始出现,其中最富有影响力的是语言转换论,它追求语言转换的忠实对等,强调的是只有在同一性的思想框架下才可以在语言层面上发现跨语言转换中的共同因素与对等因素。进而言之,翻译学界有意识或无意识地被既成性思维(同一性思维)与文本中心主义的偏颇所影响,忽视并遮蔽翻译现象的复杂性、异质性与变异性,文本中心主义与既成性思维的局限性日益凸显出来,并使翻译研究趋向于偏离翻译以复杂性、动态性、异质性为标志的生成性之正途。其实,最不应该忽视却始终没有给予足够关注的"生成性",恰恰是翻译最关键、最根本的核心特征。生成性特征一方面全面地涵盖了翻译异质性、动态性、延续性、涌现性、成长性、创生性的应有之义,另一方面又恰如其分地表明了翻译的丰富性、多样性、历史性、创生性、不确定性等本质特征。"生生之谓易"与"译即易,谓换易言语使相解也"的互诠互释构成了"生生之谓译",正是针对既成性思维进行深刻的学理思考而获得了动态的生成性思维。生成性思维可以追溯至"道生万物"的思想。从生成性思维理解翻译及其在翻译学发展中的作用,我们会获得一种更加动态的、整体的、开放的翻译观点。来自生成性思维的翻译观点以生成的思想力量创造出超越既成不变的概念框架,并以此作为内在的思想平面切入翻译,从而产生新的翻译理论——翻译生成论。

　　中国传统译论的溯源、研究论域的选取与翻译本身的塑造,是从"生生之谓易"到"生生之谓译"的探讨开始的,这或许蕴含着翻译的深层奥妙。它向我们指出了翻译的生成形态,尽管这种形态目前还没有广泛地成为解释与说明翻译的基本方式,但它将会在"生生之谓译"的思想中获得生成论的阐释。生成形态在它凸显之处，显现为一种生命存在与生成的基本形式，它促使翻译学界意识到翻译找到了自己的生存家园。倘若不是在一个已经熟悉的视域中展现翻译的既成性、确定性与客观性，而是要开启一个新的生成视域，其方法可以将翻译视为文本生命在异域之中的生成。"生成"是翻译作为文本生命存在的方法概念，它标识出翻译研究的生成性思维与生成分析。生成分析并非指向文本，而是指向把握文本生命的范畴可能性。生成概念表明了它是在文本生命在异域之中再生与成长的过程中被揭示出来的。生成概念既不是出自纯粹的客观性与确定性，也不是出自预先给定的既成性，而是出自文本生命的生成性、成长性与创生性。从最接近文本生命的角度来看，生成分析涉及探究翻译的存在方式；倘若生成分析是关于翻译的存在方式，那么翻译研究与实践生成论、机体哲学、生成哲学的视域融合就会形成一个具有生成性思维的翻译生成论。作为翻译生成论的根隐喻与基本构造，文本生命总是与生成概念发生内在的关联，而且翻译作为文本生命存在的本质属性就是生成性。生成性思维方式，以不同于语言转换论的既成性的概念体系，切入可能是宇宙进化史上最复杂的翻译活动（Richards, 1953:250；Wolfram, 2001:111），在一个生成性的思想平面上做出新的规定，使人们看到、认识或理解到翻译的一个新形态。

翻译问题总是复杂多变却又充满魅力的，我们要持续地探究才能逐渐逼近真知。翻译问题的探究，需要追根溯源并回应已有的思考及其成果，进而常常展开为翻译传统与翻译现代的对话与沟通。追根溯源到"生生之谓易"，本身就是翻译研究的一种时空交错与跨时对话，而且在某种程度上是生命智慧之思：回到翻译思想的根源，对话与思考才具有根本性意义。回归翻译思想的根源，就离不开对"生生之谓易"的探讨与思考。何为"生"？何为"生生"？这需要以生命智慧的视域去看待与审视，才能获得对翻译研究的一种明晰的认识与理解。因此，翻译研究涉及"生"、"生生"、生命、生成、生存、存在等关键术语，进而言之，"生"、"生生"、生命、生成、生存、存在等概念会渗透于翻译研究之中，赋予翻译一种新的思想与观念，从而成为翻译研究的关键论域之一。新思想与新观念指向的是翻译的生存家园，或许只有翻译栖居于这个生存家园，才能不断地显现出在其源头之中已经被生命化的东西。这就意味着翻译需要聆听这个生存家园的气息，并且以这种气息去感染翻译的灵魂，即翻译栖居于文本生命的"生生"之中。如果翻译能够摆脱现代的语言之居所，摆脱后现代的文化之居所，尝试以生命言说生命的方式建构翻译的生存居所，那么翻译就能够以生命来书写自身的历史——"生生之谓译"。由"生生之谓译"衍生而来,融合实践生成论、机体哲学、生成哲学的相关视域,翻译生成论就获得了理论形态的支撑与确认,形成了以生成作为解释原则的翻译观念。翻译生成论以生成作为解释原则的翻译观念,既是以"翻译作为文本生命的存在"为思想的翻译观念,又是以"翻译作为文本生命的生成"为内容的翻译观念,更是以生命意义为其价值诉求的翻译观念。简而言之,翻译生成论是将翻译概念定位为"生命—生成",以契合"生生之谓译"的源本思想。

何谓翻译?或许可以一言以蔽之,翻译就是"生生":文本生命之"生"与"成"及其彼此之间相互作用而成的生成形态。为何以"生生"来界定翻译?实则是翻译之道。翻译之道,乃是以"道"为根,以"道"为源;"道"则以"生"为根,以"生"为源,实则"道生之"。何谓"道生之"?实则"生命之道""生成之途"。以生命观之、以生成视之,翻译就是要促使文本生命在异域之中延续与成长起来,不能偏执于原文生命,执着于译文生命,而是在原文生命之"生"到译文生命之"成"中获得一种再生与成长的发展空间。"生存之道"就是"生命之道"与"生成之途"。这不仅将翻译自身回归到生成哲学的理论语境,而且预先说明了翻译的生存之道。生存之道开启了翻译之"生"与"成"的可能性,它并非仅仅以语言的形式面对复杂多变的现实,它本身就已经是源于生命的行为,现实性的翻译行为就是被"生生"推动而衍生了翻译的生命之道。生命是所有翻译文本的基础,但是自身不是一个文本,而是一个文本生命。文本生命是翻译行为的前提,但是自身被翻译开启并延续着;文本生命被作为先于文本并通过开启翻译作为自身存在的开启者,但是在它的自身世界里又是被翻译开启之物而在异域之中获得再生。这就是翻译回归文本生命的生成,回归翻译的生存之道。生存之道,乃是翻译的生成之道。翻译是生成着的,因而它有一个生成着的文本生命。生成的形态是成长性与创生性的凸显,它倾向于反对翻译知识的固定形式与静止不动,因而总是显现为开放与释放的生命形态。只要生成概念在自身之中拥有开放与释放的形态,它就会与文本生命相遇,进而展开为文本生命在异域之中的再生、延续与成长。翻译知识的旨意就是"驻留",其品格是客观性与确定性;翻译生成的精神是"展开",其品格就是拥有文本生命的延续状态与绽放状态。

中华传统文化以"生生之谓易"表达出宇宙万物的生成之源,国内翻译学界以"生生之谓译"表达出翻译现象的生成之源,造就了"易"与"译"的体用关系。这显然不仅仅是契合的体用关系,还是对翻译本性的深刻认识与深入延展。它促使我们在实践生成论、机体哲学与生成哲学的视域下关注翻译研究的生成问题,尝试以生成论的立场,反思翻译研究的认识论与方法论,从而形成一种翻译研究的生成论思考。对于"生生之谓易"与"生生之谓译"的关系来说,"生生"是"易"与"译"的内涵,是"生成"的内涵。"易"与"译"的生成性表明了翻译是生成的,它具有内在的成长性与创生性,但又洞察到翻译的客观性与确定性。对"生成"的基础地位的透视,必须兼具动态性与静态性、确定性与不确定性、既成性与生成性的多重特征。这些特征彼此相互关联、相互影响,可以用"不定而生,生而不定"来表述。这就意味着,既成性就伴随在生成性的左右,确定性就逗留在不确定性的近处,"不定而生,生而不定"的翻译就在这种多重特征的张力之中为翻译生成论开辟了整体论思维的路径。这就是探讨如何基于生成论为当代译论的构建提供一种整体论的分析框架,如何整体地把握翻译研究的理论定位与发展趋向。这是以实践生成论、机体哲学与生成哲学为理论定位,将翻译研究放到一个生成论的理论语境中,试图寻找将翻译与文本生命贯通起来的生成途径,寻找将翻译研究与生成论贯通起来而建构翻译生成论的有效途径。

当我们把翻译的本质内涵一般地标识为文本生命的生成时,翻译生成论便要求在"文本生命何以生成"问题上作为翻译的基本定向得到特定的理解。如果说,翻译生成论的自我理解就需要借助于语言转换论、文化操纵论的比较,那么,牢牢地把握不同问题域的根本差别,就成为首要的、具有根本性意义的议题了。翻译理论的问题域经历了从语言转换论的"译本何以产生"到文化操纵论的"译本何以被接受",再到翻译生成论的"文本生命何以生成"的根本转换。问题域转换与其说是对翻译作为一种"文本"存在的认识与理解,不如说是对翻译作为一种"文本生命"存在的认识与理解。对"文本生命何以生成"的追问,就成为对"翻译生成何以可能"的追问,它也许只有在对"翻译生成何以可能"这一更为本原性的追问中才能达到对翻译生成性的真正认识。"何以生成"与"何以可能"构成了翻译生成论的双重问题域:一是"文本生命何以生成"的问题,二是"翻译生成何以可能"的问题。双重问题域的确认过程,一方面是文本生命作为翻译存在方式的确认过程,另一方面是翻译作为文本生命在异域之中生成的根本方式的确认过程。诚然,没有文本生命,就没有我们所认识的翻译生成;没有文本生命,就没有我们能借之揭示翻译所蕴含的生成性与成长性;没有文本生命,就没有所谓的翻译生成论。唯有理解文本生命,理解了文本生命所代表的生成与成长意义,才有可能打开一条通路去理解翻译生成论的思想,才有可能找到一种视域去理解翻译的生命价值与生命意义。因此,翻译问题是在文本生命的生成中获得意义定向的。这就自然地将文本生命在异域之中的生成作为探究的对象,这种对象为翻译研究找到一个新的基础,进而推动翻译生成论的有效建构。

罗迪江

2023 年 10 月

目　录

第一章 翻译研究的观念嬗变

第一节 引　言

　　"何谓翻译"始终是翻译学界执着追问与探讨的核心议题。翻译所特有的跨语言文化作用和神秘感,推动了翻译研究的持续进行和不断拓展。(王克非,2021a:70)20世纪后期以来,中国译论已走过了40多年不平凡的、持续发展的历程,在此期间,对"何谓翻译"这一问题的探讨尽管没有得到标准答案,但愈发凸显其根本性与重要性。这一问题反映出的是当代译学理论所面临的多元化与多话语的发展走向,以及由此引发的深刻反思。"何谓翻译"问题衍生出诸如翻译是什么、翻译意味着什么、翻译能够做什么等问题,这些问题相互碰撞而表现为一种对建构翻译理论的自觉与觉醒。这也恰好表明了,通过翻译理论的建构来解决"何谓翻译"问题是当代翻译学界应具有的使命意识与理论自觉。回望中国译论建构的发展历程,虽然充满各种曲折,但通过不断传承、借鉴、探索、积累与创新,当代中国译学理论获得了十足的发展,形成了多理论、多元化、多视角的研究范式,释放出具有中国特色、中国风格、中国气派的理论能量。改革开放以来,中国译论研究通过传承、借鉴和创新探索,实现了从传统向现代的译论形态蜕变,增强了理论话语体系建构的意识,进入了多理论来源、多学科途径、多话语取向、多范式基础的发展阶段。(蓝红军,2018b:12)中国的文化渊源和理论建构与西方截然不同,翻译理论的现实建构有其特殊性与独特性,从而形成了不同于西方译论的独特思想。

　　从严复的"信达雅"到钱锺书的"化境说"再到许渊冲的"三化论",从谢天振的《译介学》(1999)到黄忠廉的《变译理论》(2002)再到许钧的《翻译论》(2003),从胡庚申的《翻译适应选择论》(2004)到赵彦春的《翻译学归结论》(2005),从许建忠的《翻译生态学》(2009)到陈东成的《大易翻译学》(2016),从胡庚申的《生态翻译学:建构与诠释》(2013)到吴志杰的《和合翻译学》(2017)等,这些兴起的中国译论/译学在很大程度上消解了语言学范式下的语言操纵论、文化范式下的文化操纵论在翻译学领域占据的统治地位。这不仅说明了中国译论经历了从传统译论的感悟式方法转向现代译论的学科化与科学化方法的实质性的脱胎换骨,而且还意味着中国诸多的翻译理论竞相登台,茁壮成长,都对"何谓翻译"问题进行不同层面的界定、诠释与说明。虽然当代中国译论取得丰硕的成果,但依然处于一种探索的发展阶段,其根本性不足"仍在于译学理论研究不够,传统译论的现代阐发不够深入全面,当代译论的构建不够扎实"(黄忠廉、张潇,2020:4)。就此而言,当代中国译论的建构就需要注入中国文化资源的原创性内涵、融合西方译论的开放性思想、嵌入跨学科的认识论视域,以赋予翻译思想与观点以新的思想内涵。

"语言转换论"和"文化操纵论"是西方翻译学领域中最有影响力的两种解释模式,是"语言学转向"和"文化转向"产生的两大翻译理论,它们分别以语言和文化为分析手段探讨翻译的本质。目前,随着西方现代译论的强势介入,当代中国译论面临着如何与之有效对话与融合,以及如何保持彼此之间的合理张力等问题。在求解这些问题域的过程中,当代中国译论开始重新思考西方译论的适用范围,以及中国译论的发展方向,正以理论自觉的姿态推动着翻译理论基本观念的嬗变。当代中国译论关于翻译观、本体观与研究范式等的基本观念正在以现代性、后现代性为标志的交叉融合中发生着日益深刻的嬗变,并在当代中国译论体系建构的实践中体现自身的理论自觉与独特的理念创新。翻译研究是一个具有跨学科横断性、问题域求解且方法运用多样的复杂性科学领域,也是最能直接体现研究整体性、多元性、多范式性的复杂性论域。一个不可否认的事实是:当代翻译理论研究在不断为翻译学的发展趋向提供学科化与科学化支撑的同时,语言转换论与文化操纵论似乎也在现代主义与后现代主义的相互碰撞下逐渐失去了理论应有的效力,现代性与后现代性的交织碰撞也改变了人们对翻译的认识方式及其问题意识,更改变了翻译研究的基本观念。这也意味着,翻译理论也是一个不断生成的观念形态,它需要突破原有的既成性范式(简单性范式)的封闭性,在生成性范式(复杂性范式)的开放性下才能形成合乎翻译研究多元化与多模式发展趋向的理论观念。

翻译研究是在维护语言转换论的本体地位,还是在坚持文化操纵论的多元性,抑或是寻求在语言转换论与文化操纵论的相互纠缠之中获得一种新的翻译观念与理论?基于翻译理论的生成性思考与复杂性探究,它呼唤着新观念的出场,重新认识西方翻译理论的解释范畴,寻找一种复杂性范式的翻译理论,摆脱传统翻译研究的简单性范式,将语言本体与文化语境包容进去,这种新型的翻译理论就是我们拟提出的"翻译生成论"(translation generativism)的构想,试图叩开翻译研究的生成之维,揭示翻译的生成性、成长性、创生性等复杂性特征。翻译生成论可以从中国文化资源中"道生万物""天地之大德曰生""生生之谓易"等思想中获得相应的理论资源,它是"运用中国古典文论思想研究中国理论"(张柏然,2007:7)的具体表现。翻译生成论是一种融合了中国古典文化思想与西方生成哲学、机体哲学等理论观念的解释模式,它的产生背景来源于当代翻译观、本体观的嬗变以及复杂性范式在翻译研究中的渗透与扩张。简而言之,当代翻译理论的观念嬗变,是翻译生成论得以产生与形成的时代背景。

第二节　翻译观:当代中国译论的理论自觉

综观翻译研究的发展历程,在语言学转向与文化转向的双重驱动下,翻译学领域内出现富有影响力、占据主导地位的语言转换论与文化操纵论,它们分别对应原文中心论与译文中心论。翻译研究的两大根本性转向汇聚而成的理论形态,决定了翻译研究的"文本化""文化化"形态。"文本化""文化化"研究必然表现出一种广泛而深刻的研究趋向,而这种研究趋向又在范式转换过程中呈现出不同的研究焦点。就国内翻译研究而言,中国学者接受西方译论并且按照其研究范式推进中国译论研究与话语体系已经很久了,虽然我国译学研究在全球化的学术背景下有很大进展,但是我们对如何构建中国翻译的研究范式似乎缺乏一种自觉主动的理论意识。基于这种理论自主性的缺乏,提升我国翻译研究理论自主性,并借助中国译学所面临的机遇与挑战,实现中国译学研究的范式转换势在必行。"我们的任务是立足本土,建立具有解释力的本土概念体系,自觉在学术研究中确立中国视角、彰显中国价值。"(方梦之,2019:3)在翻译研究中确立中国特色、中国话语、中国视角、中国范式与中国方案,实质上就是要求中国译论摆脱西方概念体系的困囿,试图挖掘中国文化的思想资源,实现研究范式的转换以彰显出中国翻译学的价值理念与精神品格,这实质上就是翻译研究的范式转换或者说问题域转换。因此,翻译理论的建构应该突破目前翻译学领域内占统治地位的语言转换论之"译本何以产生"、文化操纵论之"译本何以被接受"的问题域,提出新的问题域,实现理论范式的转换。实现问题域转换,根本而言就是突破语言转换论与文化操纵论的问题域,从"译本何以产生""译本何以被接受"转向"文本生命何以生成"的问题。

"文本生命何以生成"问题的提出,指向的是目前正提出并建构的新理论形态——翻译生成论。

一、当代中国译论的发展趋向

自翻译学学科建立以来,众多翻译研究者长期习惯于西方译论的话语范畴与解释模式,将研究对象、视域与范围局限于文本中心主义之内,将翻译理论聚焦于语言转换论与文化操纵论的论域,无论是研究视域还是理论视点都离不开所谓的文本,离不开所说的语言、文化与社会因素。虽然将翻译置于普遍的文本主义之下的研究有助于追求翻译的确定性与客观性,但这种故步自封的理论视点,给翻译研究的理论建构设置了较大的障碍,并由此产生了翻译研究的"西方理论中心论危机",翻译研究同时也遭遇到了发展的瓶颈而进入"后理论时代"。对于理论性学科来说,"后理论时代"的到来无疑预示着理论的困境,因而"理论之后"也常常与"学科危机""学术危机"和"思想危机"等话题相提并论。(蓝红军,2016b:21)翻译研究的理论资源在"后理论时代"的背景下越来越显现出匮乏的形态,理论建构越来越难以获得预期的突破与进展。自1953年起,在过往70余年的翻译研究历程中,中国翻译学研究以西方翻译理论为导向推进自身理论的进步与发展。在新的历史时期,翻译学研究从理论时代走向了"后理论时代",迎来了一个翻译市场、翻译服务、翻译职业等更多要素参与翻译研究的职业化时代,西方的翻译理论也逐渐陷入了低潮期。我们在看到西方理论资源枯竭的同时,更要看到"后理论时代"的另一面,即"职业化时代"给我们的翻译理论发展带来的新的机遇。(蓝红军,2016a:18)值得注意的是,翻译学者不仅要看到职业化时代赋予的新机遇,更应该看到中华传统文化资源对于翻译理论建构的独特价值与积极作用。当我们依据"后理论时代"将翻译市场、翻译服务、翻译职业等多元化发展归结为翻译研究的职业化时代,这就需要我们以更全面、系统的眼光去看待与审视翻译理论的时代建构。

语言转换论与文化操纵论是西方译论的典型代表,也是西方译论话语体系在翻译学领域占据绝对主导地位的表现。西方译论的长处毋庸置疑,但同时也要认识到,它总体上重分析而轻综合,过于依赖"二元论"而忽视"生成"(becoming)等变化过程或中间状态,"生吞活剥"之后往往与中国本土传统和经验脱节,不利于中国传统的延续和本土经验的自洽。(孟祥春,2023:14)这就意味着,翻译研究的探究之路可以回归中华传统文化的原点——生命,它能更好地显现翻译"能动"的机体意蕴,翻译因"动"而"通",

因"通"而"生",因"生"而"成"。就翻译而言,以生命为原点就是翻译得以进行的原初力量,它使翻译"活"起来或"生成"起来,成为翻译本身也成为翻译之外的他者。生命作为翻译得以诞生与发展的原初力量,是使翻译之为翻译的生成性力量。因此可以说,以生命为原点问题,绝不是翻译研究的一个形而上问题,毋宁说,它是一个关于翻译作为文本生命存在的基本问题,是一个关于翻译如何以生成方式延续自身的根本问题。例如,"生生之谓易"及其转义而来的"生生之谓译"对当代中国译论建构的启示性作用,可体现为目前建构的"翻译生成论"。翻译生成论以生成性思维方式作为切入翻译的思想平面,显现出新的翻译观。作为一种新的翻译观,翻译生成论不仅可以追根溯源至"道生万物""生生之谓易""天地之大德曰生"的思想,而且与机体哲学、生成哲学与实践生成论有千丝万缕的理论渊源。翻译生成论作为翻译研究的理论自觉,作为一种生成性思维方式,从根本上规定了翻译的价值态度与认识方式。可以说,翻译生成论的建构不仅合理有效,而且还将成为翻译研究的一个新增长点。因为翻译生成论将破除西方译论的既成性思维(同一性思维)的隔阂之墙,矫正西方译论因一味强调理性而导致翻译与文本相"隔"的偏颇,让翻译回归生命之"通",给翻译理论的发展与创新带来新的研究视域。

综观 20 世纪末以来中国译学理论的发展历程,翻译研究的本体论信念、方法论路径、认识论视域等都发生了深刻而又复杂的嬗变。一方面,中国译学理论承载着中国文化交流、传承、沟通、创造与发展的思想性导向;另一方面,它经历了自身的思想嬗变并提升了其话语体系建构的理论自觉。"改革开放以来,我们的译学研究不断发展,交织着中与西、古与今、内与外、人文与科学、专业与社会、理论与实践的多重繁复互动的关系,完成了从传统向现代的形态蜕变,日益呈现出多元、多范式、多学科途径的发展趋势。"(蓝红军、许钧,2018:4-5)具体地说,当代中国译论的观念嬗变与发展趋势体现如下:①建构复杂性范式,消解传统翻译理论的简单性范式;②强调翻译研究的问题意识和创造精神,扬弃传统翻译的经验化与常识化,建构中国译论体系;③逐渐摆脱"以西释中"的研究模式,融会贯通中西翻译理论,确立中国译论的主体性与自觉性;④消解语言学范式与文化范式之间的逻辑和理念冲突,试图开发出适用范围更广、解释力更强的新理论形态;⑤融通人文科学与自然科学的研究方法,从翻译研究的单一性方法论立场中解放出来;⑥增强国内翻译研究者的理论建构意识,从"无我"状态走向"自我"与"他者"的融通状态。正是由于翻译观的嬗变与发展趋向,一种追寻"回归中国传统译论的原点"(陈大亮,2021:7)以期建构具有中国特色的"翻译学中国学派"(陈东成,2021:5;杨镇源,2021:22)的学术思潮在国内翻译学界正逐渐兴起,并绽放出中国特色翻译理论的光辉。

中国译论的观念嬗变体现在翻译观的实质嬗变。"不论在我国,或在西方,翻译理论界似乎已经有了一个基本共识,即:翻译研究(涵盖语际翻译、语内翻译、符际翻译的翻译研究)不应当被当作其他学科如文艺学、语言学的分支或附属品,而应当被当作具有独立地位的一门学科。"(谭载喜,1998:15)作为一门独立学科,翻译研究既不能以文艺学、语言学的基本方式代替翻译方式,也不能以翻译方式代替文艺学、语言学的基本方式;既不能把翻译价值视为工具性与功利性价值,也不能把翻译仅仅视为语言转换,更不能把翻译研究范式等同于自然科学研究范式而忽视其与翻译研究范式之间的可通约性。不论翻译学科如何发展,也不论翻译研究范式如何变化,新研究范式绝不是对以往研究范式的否定,而是与以往研究范式具有内在的可通约性;新翻译理论也绝不是对以往翻译理论的否定,而是以以往翻译理论为基础推进翻译研究的进一步发展,或者说为翻译研究提供一种新的理论视点。"翻译研究学科应该而且完全有必要借鉴其他学科的体系,但关键还是要有自身体系的特色,否则翻译研究这一学科没有存在的必要。"(傅敬民、袁丽梅,2017:83)就翻译理论而言,中国译论是在中国传统译论与西方译论的交流与沟通中,以及传统译论与现代译论的会通与对话中诞生的,因而具有跨越中西话语、传统与现代之间的融通性和整合能力。由此看来,传统译论解释渐微导致了新翻译思想的形成与显现。现代译论对传统译论的反思与批判意味着翻译研究新的探索与趋向。以"翻译生成论"的建构为例,它本质上是固守"生生之谓译""道生万物""天地之大德曰生"之根,以中华优秀传统文化为本,全力挖掘中华传统文化的理论特色与思想品格,积极地倡导"生生""生命""生成"的视域,而不是单纯地照着西方译论的路子执迷于"语言""文化""社会"的分析,将翻译理论的阐释基底定位于"文本生命",进而拓展了翻译理论的研究论域。把翻译生成论看作动态生成的理论自觉,翻译理论及其思维方式必然是生成性的。因此,翻译生成论内在地规定了翻译生成性、成长性与创生性的本质特征,以"文本生命"为研究的根隐喻,以"生成分析"作为研究的基本方法论,力图在跨越语言转换论与文化操纵论的认识论鸿沟中,探讨"文本生命何以生成"与"翻译生成何以可能"的问题,在宏观上形成一个独特的译学整体论。事实上,翻译研究每经历一次理论危机都会迎来一次影响极大的观念嬗变与研究范式的调整。从语言学范式的语言转换论到文化范式的文化操纵论的转变,就是翻译研究实现了自身的突破与创新。例如国内翻译学领域令人印象深刻的"变译论""译介学""生态翻译学""大易翻译学"等都是在西方译论陷入发展瓶颈时提出的新理论视点或新研究范式。具体地说,这些理论继承了中国传统译论的思想内涵,在与西方译论的对话和沟通中实现了中国与西方、传统与现代之间的理论对接。在此意义上说,中国译论的积极建构实质上就是一种理论自觉与理论自信的具体表现。对翻译理论的自觉就是对翻译以何种方式来把握人类存在、文化沟通与文明互鉴的自觉,也就是对翻译理论话语体系建构方式的特殊性质和独特价值的自觉。

二、当代中国译论的新问题域

翻译理论来源并植根于翻译实践,来源并植根于对翻译实践中问题求解的理论自觉。每个阶段的翻译理论都会有自身的生存境遇与自身要面对的翻译问题,正如语言学范式要解决的是翻译研究的语言问题,文化范式面临的是翻译研究的文化问题。目前对于旧有的翻译问题诸如"译本何以产生""译本何以被接受"的回答仍然停留在原有的翻译观念框架,没有产生出新的翻译理论问题。原文中心论与译文中心论的争论依然存在,翻译学界对于两者所争论的问题仍然没有达成共识。这说明,当代翻译研究已在彼此的纠缠中陷入了理论困境,即由西方传统哲学的还原论思想的解释原则和思维方式所形成的困境。就中国译论与西方译论所面临的问题而言,"西方翻译研究重理论建设,中国翻译研究重实践经验的总结,如何使二者相得益彰,依然既是中国理论界也是西方理论界的当务之急"(谭载喜,2005:58)。翻译观念的嬗变,就在于它自觉地体悟到自身面临的翻译生存境遇并在这个境遇中求解翻译生存面临的问题,这既源于对翻译实践的理论思考,也源于对翻译理论的本质反思。这就意味着,源于翻译实践的翻译理论,并不是对翻译实践的感悟总结与经验描述,而是对翻译实践的思想提炼与理论升华。这既是当代中国翻译理论解决翻译问题、探讨翻译实践的根本方式,也是当代中国翻译理论建构需要的一种理论意识和自觉,更是其体现出的一种理论自主性和自足性。

当代翻译理论积极求解翻译问题,不断深化对翻译活动规律的认识,确立了解释翻译问题的基本思路,蕴含着翻译研究的方法论,展现了强烈的问题意识。关于翻译理论的自主性与自足性,可行而又有效的发展之路就是要探讨与求解翻译研究面临的现实问题与时代问题。蓝红军指出："坚持问题导向、回归问题研究、树立问题意识是新时代译学理论发展之路。"(2018a:1)所谓坚持问题导向，意味着译学理论的建构需要从"何为译""如何译""谁在译""译为何"等问题域入手，挖掘翻译理论在问题域求解过程中的"真善美"；所谓回归问题研究，则是关于翻译理论研究不能疏离翻译研究的现实问题，以现实问题为切入点，重视翻译理念的创新；所谓树立问题意识，则是关于翻译研究的问题意识与理论自觉，是对现实性问题的理论把握。任何翻译理论话语体系的建构，都是基于对现实问题的全面把握，并以解决现实问题的方式建构出来的。翻译研究的历史语境、范式转换、现代性发展、后现代性解构主义与大数据冲击等因素改变了翻译与他者、自我的相互关系，要求翻译理论以新的理念阐释自身面对的新问题域：①从翻译与人类生存的关系看，最为紧迫的现实问题是翻译如何成为人类存在的根本方式之一。②从翻译与文化交流的关系看，最为严峻的现实问题是翻译如何避免陷入工具性定位与功利性倾向。③从翻译与研究者的关系看，最为紧迫的现实问题是翻译研究如何避免陷入焦虑症，即"理论焦虑症、技术焦虑症、方法焦虑症和价值焦虑症"(许钧，2019a:1)。④从翻译与自我的关系看，最为严峻的现实问题是翻译研究如何在语言学范式与文化范式的相互纠缠中避免陷入范式危机。面对这种严峻的现实问题，为了避免陷入范式危机，翻译学界需要以新的思维、新的方法去探讨解决方案。"新出现的翻译问题需要我们从理论上给以新的思考、提供新的解释或新的解决方案，而且这些问题不少不仅仅涉及翻译的技术操作层面，更涉及翻译的策略、理念乃至哲学层面的翻译观等。"(何刚强，2019:8)不论是翻译技术层面还是翻译策略层面，抑或是翻译哲学层面，翻译研究都需要新方法、新思维的介入以使翻译观获得新的解决方案与理论拓展。

综观西方译论的问题域，语言转换论以"译本何以产生"为问题域，聚焦于原文，强调语言转换的对等性与确定性；文化操纵论以"译本何以被接受"为问题域，聚焦于译文，强调文化转换的操纵性与改写性。翻译生成论以"文本生命何以生成"为问题域，聚焦于文本生命，强调翻译的生成性与成长性。新问题域的求解，所指向的更多是翻译理念的嬗变以及哲学层面上翻译观的建构。翻译生成论是以文本生命为根隐喻，对翻译活动中的生成现象进行全面的系统性考察，并在"生生之谓译"的思想上推进理论整体的认识与建构。语言转换论与文化操纵论将"文本"作为理论建构的基础，而翻译生成论则以"文本生命"为理论建构的根隐喻与基底，它反对语言转换论那种纯粹的既成性思维、同一性或对等性思维,强调翻译内在的生成性、成长性与创生性,在尊重确定性与不确定性、客观性与主观性、既成性与生成性的"同中存异"与"异中求同"的视野中破除西方译论的中心主义,契合中华传统文化的"生生之谓译"思想,顺应了当代研究的复杂性范式,从而实现了当代翻译理论的新突破与新拓展。因此,翻译理念嬗变与翻译观的建构,实质上既体现了翻译理论话语体系建构走向自主性、自洽性、自足性的自我问题意识,也反映了翻译理论话语体系建构对新问题域求解的一种理论自觉。

三、当代中国译论的融合研究

在翻译研究的多理论、多话语的后现代性语境下,虽然语言学转向与文化转向的相互纠缠伴随着复杂性范式的潮流影响着中国译论的话语建构,但毋庸置疑的是,中西方译论、传统译论与现代译论的交融、交流与交锋,总是在翻译学的发展过程中发挥着重要的推动作用。要挖掘中华传统文化的深厚思想,就需要将其置于翻译学语境下,通过现代诠释与转化来揭示其普遍价值,"勇于探索既面向中国翻译实践特色又具备普遍适用意义的翻译概念、理论、范畴或体系,彰显中国翻译研究的独特性"(王克非,2021b:16)。挖掘中华传统文化蕴含的翻译思想,不仅是中国翻译研究的重要组成部分,也是建构中国翻译理论的一种延续性研究与创造性转化。中国译论在当代突出表现为中华传统文化与现代翻译学的融合,除了与后现代主义语境下中西翻译理论的融合密切相关,还可以从"道生万物""生生之谓易"等思想内涵中窥见其端倪。"生生之谓易"所展开的翻译思想是,翻译根源于"生生"思想所形成的"生成观念"。"生生"是"使生命生成"或"创生生命"的意思,这就指向了"大化"的生化功能,也是世界存在作为活动作用的标志。(陈伯海,2012:60)从某种意义上说,"生生之谓译"这五个字塑造了中国译学理论基本的思维方式与解释模式,"生"或"生生"或隐或显地成为中国传统译论阐释的目标。当然,"生生"的含义会因时而异,因而以"生生"为目标的翻译研究,主要是通过对"生生"这一概念的多维度阐释使之衍生为"生命""生成""成生"等内涵,来建构翻译的生成性思想。可以说,"生生"就是使生命获得异域之中的生成,对于翻译而言,"生生"就是使翻译创造文本生命,它是翻译存在的本原。因此,"生生"可以作为翻译活动的基础,就思想内涵而言,"生生"可以指向生成论、生成哲学、机体哲学中的"生成观念"。

要正确理解"生生之谓译",需要对这个命题所涉及的"生生""生成"观念进行整体性把握,深入阐释"生生""生成"的发展逻辑及其对传统译论的影响,在建构新理论中彰显"生生""生成"的显著优势,进而转化为翻译实践的解释力与翻译研究的方法论路径。随着"生生"思想对翻译研究的不断渗透,以及"生成观念"对现存翻译理论的冲击,传统译论需要重新阐释、厘清与拓展,新的研究对象及其相伴而生的问题域也需要从不同于传统译论的视角予以审视和分析。传统译论大多与"语言转换""文化操纵"相联系,在新的理论视域下,生成性与既成性、确定性与不确定性的辩证关系等,是传统译论未曾涉及,但新的翻译理论却不得不认真对待的新问题。事实上,"生成观念"可指广义上的"生生观念",即将翻译视为文本生命存在,并不断延续其生命旅程的"化生"。在现代意义上,这种观念将翻译视为一种文本生命的生成活动。"生生之谓易"不仅具有机体哲学与生成哲学方面的思想内涵,而且也与译者生存方式乃至人类生存方式息息相关。如果说翻译研究首要解决的是"文本生命"的翻译地位问题,那么我们就不得不面对翻译研究认知取向的既成性与生成性这两者所构成的张力。为了消解这一张力,我们可以立足当代机体哲学和生成哲学的新成果,以"翻译作为文本生命的存在与生成"为理论基底,引入"生生观念"或"生成观念"来审视翻译研究以及翻译的生成性与成长性。通过对翻译本质进行反思,我们发现,作为引入"生成观念"的典型代表,机体哲学与生成哲学对于传统翻译研究的反思与批判,扩大了对翻译生成性的诠释,削弱了翻译既成性的特征。从中华传统文化的原点来看,一切翻译活动都是由"生生观念"或"生成观念"塑造的结果,而文本生命自然就成为一切翻译活动的基础,那么它所对应的问题域就指向了"文本生命何以生成"。

综观翻译学史,不同时代的译论,不同国家的译论,不同学派的译论,它们之所以被称为译论,首先在于它们是以一种自主性的翻译理念去理解翻译,也是以问题求解的自我意识的方式去理解翻译,以翻译研究所面临的现实性问题的理论自觉去理解翻译。面对不同的问题域,不同的翻译理论所求解的方式是不尽相同的。在当代翻译理论话语体系建构的过程中,片面地以翻译理论的"异"而拒斥其普遍性的"同",就会阉割翻译理论作为求解问题和把握翻译的一种基本方式的特殊性质和独特价值;反之,片面地以翻译理论之"同"而无视翻译理论之"异",则会分割翻译理论作为历史性思想的多样性、复杂性、丰富性与创造性,也会在理论层面上忽视翻译的生成性、不确定性、成长性与涌现性。只有对翻译理论的"同中求异"与"异中求同"进行辩证性理解,对翻译理论要探讨的既成性与生成性、确定性与不确定性进行辩证性把握,我们才能既深切地洞察翻译理论所具有的普遍性、统一性与一致性,又真切地把握翻译理论所具有的多元性、丰富性和创造性,从而达到对翻译理论话语体系建构的思想自觉与理论自觉。

就当代中国译论而言,它需要在理解同中求异与异中求同的辩证关系的基础上,自觉地、有意识地建构具有中国独特性质的理论话语体系。"我们在未来的译学发展中,应当尽量在继承传统思想与立足当下研究之间、在弘扬民族特点与尊重翻译普遍性特征之间、在引进外来翻译思想与开发本土理论资源之间、在理论源于实践与实践升华出理论的认识之间取得平衡。"(谭载喜,2018b:8)中国译论的建构应植根于中华传统文化,并在继承中国传统思想的基础上,推进传统思想与现代思想的有效融合,以实现中西翻译理论的融通和建构独特的翻译思想。翻译生成论正是从中华传统文化中挖掘出的翻译思想,是在中西翻译理论、中西文化的交流与会通中应运而生的翻译观念,并在"生生之谓易"的现代阐释与创造性转换中,以丰富的生成哲学思想来建构翻译理论的生成论思想。翻译生成论对翻译现象、过程与本质展开的生成性研究,就是用生成观念来重新审视语言转换论定义的"忠实对等"翻译标准,确立了极具整体论特色的新视角,将翻译归结为文本生命的存在及其在异域之中的生成,为翻译内在的生成性、涌现性、成长性现象确立了合法性,从而为深入考察翻译既成性与生成性、确定性与不确定性、主观性与客观性、偶然性与必然性等之间的辩证统一提供了整体论思想与复杂性范式的基础。

翻译观是一种指导具体翻译形态的方法论,是一种关于翻译活动规律的认识论,其内涵不会停留在对翻译活动的阐述上,而必然拓展到运用翻译活动规律对具体翻译问题进行科学解读上。以发展的眼光来看,当代翻译观聚焦于当代中国译论的发展,并激活了三方面的融合研究:①激活了中国现代译论与传统译论的融合研究,试图在现代与传统的对话中深化对中国译论的新理解;②激活了中国译论与西方译论的融合研究,试图在中国译论与西方译论的对话中建构中国译论自身的话语体系;③激活了翻译研究与自然科学方法论的融合研究,试图在人文社会科学与自然科学之间架起沟通桥梁,以推进对翻译研究的跨学科探讨。这是翻译研究发展过程中必然出现的一种现象,其原因在于:①自 21 世纪初以来,翻译研究在元理论或理论研究方面没有出现新的突破,似乎缺乏创造性的新研究范式;②纯翻译理论的研究确实存在着局限性,需要从不同的研究领域汲取与借鉴更多的方法论路径;③从整体论视角综合当前翻译研究的各种范式,已成为一种有意义的研究趋向,在某种程度上避免了简单性范式的片面性与单一性。当代翻译理论所建构的翻译观以翻译学发展进程中产生的研究范式为基础,通过具体翻译活动形成的整体性过程呈现新问题域,并在翻译研究过程中发挥着范式指导的作用,以把握翻译研究发展与理论建构的未来趋向。

四、当代中国译论的独特内核

我国译学研究的目的是在国际译学的轨道上前行,建构具有中国特色的译学话语体系,从我国大规模翻译实践中发现新问题,提炼新材料,构建新理论,为国际译学做出我们应有的贡献。(方梦之,2021:29)如果以"生生之谓易"转化而成的"生生之谓译"为切入点,中国翻译的理论思想可以追溯至《周易·系辞上》中的"生生之谓易"以及唐代语言学家贾公彦在《周礼义疏》中所言的"译即易,谓换易言语使相解也",并在其现代诠释之中,形成了"译是易""译即生"的思想观念。面对传统译论,旨在以一种全新的方式阐释其思想内涵并注入新的思想,以适合当代中国译论的系统建构。"生生"思想决定了当代翻译学界对翻译认识与理解的界限,决定了"生生"思想对翻译理论建构的界限。或许只有不断地激活"生生之谓译"思想,并创造性地将其运用于当代翻译学界,使其成为创新的源头,这样"生生之谓译"对当代翻译理论的创新之处才能在于"生生"。"为了把握这种性质,就需要一个新的、一般的生命概念,这一概念把形态学同发展的动力——'原始的生命动力'结合在一起。柏格森称这种原始动力为一种'倾向,而倾向的本质就是以分叉的形式自己发展自己'。"(费尔曼,2000:70)进而言之,"生生"就是翻译的"原始的生命动力",就是创建一种新翻译理论的倾向性,它以生命的形式来解读自我与发展自我,以生成的形态来塑造自我与提升自我。如果将"生生"理念与机体哲学、生成哲学、生命哲学等思想有效结合,那么一种新的翻译理论就可以以"生生"为内核渗透于翻译研究,并展开为解释翻译现象的生命—生成这个双重逻辑。这就是翻译生成论的构想。或许,翻译生成论是一个值得我们去建构的翻译理论,它与"生生"具有天然的原初性,又可以成为翻译理论再出发的一个新起点。

无论翻译研究如何发展,如何与其他学科进行融合研究,它的方法论的内核不能变,这就是:①翻译研究的本质不能被消解,翻译研究应该是"是其所是""成其所是"的独立学科;②翻译学体系的自身问题域不能被消解,它从来就是翻译学学科赖以存在的基础。"对于译学界同仁来说,没有必要纠缠于中国翻译学或西方翻译学之争,或质疑翻译学的存在及其科学性,重要的是明确有待于共建的普遍意义的'翻译学'的思想结构是什么,理论结构是什么,范畴结构是什么,系统结构是什么,存在哪些理论与实践问题,怎样去解决。"(曾利沙,2017:96)③翻译研究的分析方法及其相关主题不能被消解,也不能用语言学的、文艺学的、心理学的、自然科学的东西取代翻译研究的分析方式与提问方式,否则翻译研究就失去了自身存在的前提。正是由于翻译本身独有的学科性,翻译研究必须有自己独特的问题域,围绕着自身固有的问题域探讨翻译研究自身特有的本体论、方法论、认识论、价值论等,形成系统的理论话语体系。

自 20 世纪中后期以来,借助西方译论范畴和研究方法来研究中国译论,已成为中国译论研究的主要方法,也是中国译论自我诠释与自我理解的重要途径。"打造融通中外的话语体系,提升中国表达的有效性,服务好中国哲学社会科学整体的发展,这就是时代赋予翻译学独特而重要的使命,为完成这一使命而开展的研究和实践也构成了当前译学理论创新最强劲的动力。"(蓝红军,2018a:13)融通中外的话语体系是源于对探讨翻译过程中面临实践问题的求解意识与研究问题的理论自觉。真正的翻译理论就在于它自觉地体悟到自身需要求解的实践问题,自觉地捕捉到求解实践问题的重要性与紧迫性,并自觉地把求解实践问题升华为理论形态与话语体系的自我意识。翻译理论话语体系建构并不只是反映问题与表征问题,更重要的是创设问题与求解问题并使之升华为理论形态,实现翻译的理论创新。任何一种新的翻译理论,都凝聚着研究者捕捉到的翻译与人类生存、文化交流、文明互鉴、翻译自身相互关系的自我理论意识,都贯穿着研究者用以说明这些相互关系的独到的解释模式、翻译原则、术语体系和概念范畴。翻译理论创新,就是以新的翻译理念、思维范式、翻译观点、翻译价值为翻译研究、翻译问题与翻译实践提供新的解释与说明。这是当代中国译论的共同关切和重要使命,也是当代中国译论观念嬗变的最为深刻、最具创新的思想内涵。

第三节　本体观:当代中国译论的本质反思

翻译观的嬗变与本体观的嬗变是密不可分的,或者更为明确地说,离开本体观的嬗变,翻译观的嬗变是不真实的。当人们把翻译观诠释为"关于整个翻译的根本观点"时,这种诠释已经制约和规范了对本体观的理解和阐释,这就是翻译的本体问题。20世纪中后期以来的中国译论,在"西学东渐"的过程中,吸纳了语言学范式的西方译论思想,不断深入地反省了中国译论的翻译本质与基本理念。自20世纪末以来,中国翻译学界在对语言学转向的反思中,凸显了以文化范式的思维方式来重新理解翻译的定义与观念,更为鲜明地赋予翻译以文化性的内涵。其中,对翻译的重新定位的论争尤其值得关注。国内学者赞成重新定位与界定翻译概念的代表性观点为:①"现行翻译定义已落后于时代的发展,而如何结合当下的历史语境,对翻译进行重新定位和定义,从而让我们的翻译行为和翻译活动为促进中外文化之间切实有效的交际作出贡献,正是当前时代赋予我们的历史使命。"(谢天振,2015:15)②"翻译研究范式的演进在拓展翻译研究领域、为翻译研究带来启示的同时,也对传统的翻译观产生了强烈的冲击,引发了有关翻译核心问题的论争;翻译研究理应积极面对飞速发展的语言服务与跨文化交际现实,对译介的重大问题作出客观有效的描述与解释,而不是要求丰富多彩的译介活动服从传统或陈旧的翻译观念。"(廖七一,2015:16)

一、对翻译重新定义与定位的论争

在翻译研究的发展历程中,"何谓翻译"问题始终是翻译学界探讨与论争的核心议题。无论从理论还是从实践角度看,"何谓翻译"所包含的具体问题和领域极为多样和宽广,且随着时代的变化而不断变化。"总之,重新界定翻译并非全然摈弃已有的定义,而是对之扬弃和完善。既然(文学)翻译本身是一个未完成的过程,对翻译的任何界定都是必须的,它的最终目的是使这门学科更加完备。"(王宁,2015:13)国内相关学者认为,重新定位翻译在当前时代语境下具有积极的合理性,但也提出颇具见解的反思:①"如果我们翻译学界的讨论是以词典上的这几条明显落后于时代的定义为基础,那么近30年来学界对翻译的探索及其研究成果应该如何看待呢?换句话说,翻译学界对翻译的重新定位和定义,应该充分考虑到中外翻译学界近30年来对翻译的探索成果。"(许钧,2017:1-2)②重新界定翻译概念是在"文化转向"中凸显出来的,它以文化范式的视角去消解语言学范式的视角,重新定位与界定翻译概念。然而,一个显而易见的问题是:"我们已经发现传统的或'语言中心主义'的定义'已落后于时代的发展',却鲜有人尝试提出能为学界广泛接受的'词典式'、超越'语言学解释的'再定义。"

(谭载喜，2019a：100-101)从"何谓翻译"与其他翻译问题的关系来看，翻译的定位是以集中的方式体现和凝聚着对翻译问题与翻译本质的理解，它就像一只"无形之手"，影响和规范着不同翻译观的建构与发展。对"何谓翻译"问题或者说如何重新定义与定位翻译进行考察，无论对于理解翻译研究的发展还是把握翻译的本质，都具有十分特殊的重要意义。

"随着时代的变化，重新思考翻译的定义成了新时期学科理论建构的必然要求，这既是对当前正发生着巨大变化的翻译现实做出理论上的回应，也是推动翻译学走向成熟而进一步明确自身体系逻辑起点的一种努力。"(蓝红军，2015a：25)从本质上说，翻译的重新定位及其相关论争就是当代中国译论对翻译概念的本质反思，也构成了当代中国译论建构的重要组成部分。这种论争从根本上说就是对翻译本体观演化的关切，就是对翻译理论如何切中翻译问题的关切，就是对翻译理论话语体系如何建构的关切，就是对当代中国译论如何创新的关切，就是对翻译活动如何传承、沟通、创造与发展中外文化的关切。"对翻译的定位，首先要以翻译观的确立为前提，翻译观就是对翻译本质的认识、对翻译基本特征的把握，它决定着对翻译的理论思考以及翻译过程中的种种选择与价值取向。"(刘云虹、许钧，2017：57)倘若从"生生之谓易"的角度来定义翻译，那么其转义而来的"生生之谓译"就指向翻译的生命形态，而"翻译"就与"生生"发生本质的关联，就与"文本生命"取得了内在的联系。因此，翻译在"生生之谓译"的综合性转化中首先是一种文本生命的存在，它相对于具体的语言层面与文化层面而言，总是处于"生成"或"生生"的层面。进而言之，翻译就是一种生成的活动，更应当被界定为一种文本生命的生成活动。就此而言，翻译作为文本生命的生成活动获得了思想渊源的支撑与论证，以此为切入点就会形成一种翻译研究的生成观。由此而来，"生成""生生""生命""成生"等概念话语理应构成中国译学话语体系的一个重要组成部分。"挖掘并阐发中华民族的基本文化基因，是建构中国译学的不竭资源。"(方梦之，2023：9)挖掘并阐发"生生之谓易""天地之大德曰生""道生万物"等中华民族的文化资源，提炼出能够描述与解释翻译本质的"生生""生命""生成""成生"等概念话语，体现出中国译学话语内在的民族性与传承性。

从宏观层面上说，翻译观是通过对翻译概念的定义使之与翻译实践、翻译理论形成一种对于翻译的总体性观念与看法。作为翻译理论的灵魂，翻译观并不是反映与表达翻译，而是追寻翻译的根源并揭示与深究翻译的本质。任何一种翻译理论，都凝聚着一种能够说明自身翻译观视域下的翻译本质的独到的解释原则与概念框架,都会涵摄着翻译观以审视翻译的价值观念、伦理行为、思维方式与深层关切。例如,将"生生之谓易"思想转化为"翻译生成论",就是以"生生"或"生成"的观念来建构翻译研究独特的解释原则与思想框架。从翻译自身的内涵来看,翻译被理解为生成性的活动或者说"生生"的活动,或许更能契合翻译的本真形态。翻译的本真形态通过"生生"或"生成"观念被揭示出来,而被揭示的翻译不仅呈现出它的"是其所是",而且还将生命意蕴嵌入其中而显现出它的"成其所是"。从本质上说,翻译本体观是在翻译实践过程中对于翻译概念与观念的提炼与提升,其实质是以新的翻译理念与思维方式为翻译研究展现新的翻译本质,以发展的眼光为翻译研究提示新的翻译观点,为翻译研究的理论形态提供新的问题域。

二、对翻译本体观的反思

面对当今翻译研究发生的根本性的深刻变化,面对翻译研究面临的复杂多变的新问题,深刻理解与把握翻译本体观就成为翻译学界题中应有之义。"从本体论层面看,翻译本质是开展形而上学思考、探求翻译有无普遍性这一哲学问题的基本出发点,亦是其他一切翻译问题的起点。"(黄忠廉、方仪力,2017:6)作为一种世界观和思维方式,本体论思考本身也只是人们对翻译认识在一定发展阶段的产物,因而没有任何理由把它当作永恒的解释原则。翻译本质是随着人们对翻译认识的不断深入而被逐渐揭示的,其功能、内容、形式、观念、手段、价值、伦理等总是随着时代的变化而发展。翻译理论是一个不断丰富与发展的生成过程,人们在这个过程中对翻译的认识,包括形而上学层面的本体论追求,总是具有相对性;但同时人们的翻译实践和翻译认识又是不断向前行进的。我们应当意识到,本体观是一种对翻译的终极关怀,是一种追根溯源式的普遍性追求。从中国传统译论来看,这种追根溯源可以在"生生之谓易"上得到一种合理的、独特的思想体现。"生生之谓易"的出现使得"生生"这个翻译本体在翻译研究中变得异常醒目,这也是我们拟建构的"翻译生成论"的原初理论渊源。为了揭示翻译的本质,翻译研究需要从"生生"的思想中为翻译延续性、生成性、成长性与创生性谋求合理有效的解释。倘若以"生生"作为翻译的本体,那么挖掘"生生之谓译"的翻译思想,则可以建构一种独特的翻译理论与解释模式。虽然它可能达到的目标也许并不是其追求之本,但却是其追求的真实意义。它启发人们意识到,作为人类生存、社会发展、文化交流与文明传承的根本方式之一,翻译始终促使人们在追求翻译本质时永远保持追求真善美的自我理论意识;它可能达到的目标并不是其追求之源,而是其追求的独特精神——"现代人生活在地球村,对外部世界的关注,对交流的尊重、渴望,使得他们打开自己,面对他者,进行沟通。这是翻译最朴素的精神。"①翻译本体观的建构,需要翻译精神的支撑与塑造。翻译精神是建构翻译理论的品质保证与关键所在,因为翻译精神蕴含着促进人类思想沟通、文化交流与文明互鉴的建构性力量。

从"生生之谓译"来看,翻译最朴素的精神自然而然是"生生"。"生生"是翻译思想中最为本原、最富有成效的生命元素,翻译研究对于"生生"的关注实质上是一种生成主义,它是基于现代意义上的机体哲学与生成哲学的生成主义手段。也就是说,翻译的一切秘密似乎可以到"生生"那里去寻找,翻译本质上就是"生生"——文本生命的生成过程。它不仅作为一种文本生命在异域之中的生成过程,而且作为一种文本生命在异域之中的成长过程。依此而言,语言转换论所达至的仅仅是语言转换的对等性,文化操纵论所追求的仅仅是文化转换的操纵性,它们在语言层面与文化层面上的解释都不足以使人们充分理解翻译的生成本质,这需要引入"生生"思想以凸显翻译作为文本生命的"存在"与"生成"。这就需要借鉴机体哲学、生成哲学、生成论、实践生成论的思想,建立一种更具包容性的整体论方案。这种整体论方案将翻译视为源于"生生之谓译"的建构过程,将翻译作为塑造文本生命在异域之中生成的动态过程。整体论方案不再拘泥于以"文本"作为研究对象,而是以"文本生命"为研究对象的一种新理论视点。它超越了语言转换论与文化操纵论的"文本"研究层面,直达翻译研究的"文本生命"高度,实现对翻译现象的整体性探讨与跨越性理解。从宏观层面上说,当代中国译论顺应了时代的要求,在自身理论的整体性建构过程中,从中国生命哲学与整体论中汲取了多维度的理论渊源与思想。因而从本质上说,中国译论的建构既源于中华传统文化,又回归传统文化,同时它也源于现实,并回归现实。这种生成着的翻译理论既离不开中华传统文化的浸透与滋润,又离不开翻译现实与时代语境的要求,并在求同存异、平等对话的沟通平台上与西方译论进行有效的借鉴与融合,这应当是当代中国译论观念嬗变的最为深层的独特内涵,也是当代中国译论对翻译本质进行反思的深层次认识。

---

① 参见:https://www.whb.cn/zhuzhan/dushu/20191101/298934.html。

三、翻译本体观面临的新问题域

翻译观与本体观是翻译研究发展的思维产物,是以发展的思维方式构建的整体观念。因此,对于翻译本体观的理解,应该以发展的眼光去看待翻译的重新定位与界定,以发展的眼光去看待翻译理论的发展趋向及其面临的问题域。翻译研究的目标都是解决问题,包括理论问题与现实问题。正如哲学家卡尔·波普尔(Karl Popper)强调的,"要理解一个理论,关键的第一步就是理解这个理论借以产生的问题境况"(波普尔,2015a:208)。这就要求翻译研究以发展的眼光来提出和求解翻译理论所面临的新问题域:①以当代中外文化交流为基础的翻译价值是怎样的? ②以机器翻译/电子翻译为中介的当代翻译思维是怎样的? ③以当代翻译服务、翻译管理、翻译众包为方式的翻译伦理是怎样的? ④以多元化、复杂性、传承性、包容性为根基的翻译范式是怎样的? ⑤以翻译实践为导向的理论形态是怎样的? 不论是翻译价值还是翻译思维产生的新问题域,不论是翻译伦理、翻译范式抑或翻译理论呈现出的新问题,它们的求解都离不开对翻译本质、翻译历史与翻译趋向的理解与把握——"回答中国乃至世界翻译研究中'我是谁''我从哪里来''我到哪里去'的问题,亦即'翻译是什么''翻译历史'以及'将来翻译走向何方'的问题。"(谭载喜,2019a:100)就具体问题来说,语言转换论要解决的根本问题是"译本何以产生",文化操纵论要处理的基本问题是"译本何以被接受"。不论是"译本何以产生"问题,还是"译本何以被接受"问题,它们都是由自身的翻译观与本体观所决定的。翻译研究对翻译问题的变革意识是凭借着对问题域的转换而实现的,而问题域转换又需要依托于翻译理论的更新,正如文化操纵论正是通过从"译本何以产生"问题转向"译本何以被接受"问题的求解来实现翻译观念的更新的。

反思与探讨翻译研究关于"我是谁""我从哪里来""我到何处去"的根本性问题,本质上要求翻译研究要以已有的翻译思想为前提,这种前提不仅是推进翻译发展的基础,而且是把握翻译问题和理解翻译本质的"前理解结构"。即,倘若割断了翻译思想的历史,我们就难以理解翻译"从何而来",现在已"身居何处",以后要"前往何方"。中国传统译论的溯源、研究论域的选取与翻译本身的塑造,始于"生生之谓易"到"生生之谓译"的探讨,这或许蕴含着翻译的深层奥秘。它向我们指出了翻译的"生生"形态,尽管这种形态目前还没有成为翻译学界解释与说明翻译的基本方式,但它将会在其思想中获得翻译生成论的阐释。以"生生"为导向的翻译生成论建构,是对"我从哪里来"和"我到何处去"这两个问题在理论层面上的现代回应,也是对"生生之谓译"在思想层面上的创造性转化,它所求解的问题域是"文本生命何以生成"。进而言之,唯有坚守翻译研究的问题意识与问题导向,人们才能理性地面对翻译的复杂性以及翻译研究遇到的新问题,把握翻译活动的性质,洞悉"翻译从何处来",进而合理地筹划"翻译到何处去"。反省本体观所面临的新问题域,就是对翻译理论新形态的全面反省;解决新问题域,是对翻译研究新形态的寻求;探究翻译研究的新形态,则需要翻译理念的整体性创新与综合性转换。当代中国译论的观念嬗变,是以新的翻译理念去回应新问题域和表征新理论形态。这是当代中国译论观念嬗变的现实基础与真实内容,也是当代中国译论反思本体观的理论基础。

第四节　复杂性范式:当代中国译论的发展趋向

目前,现代性与后现代性的双重逻辑使得翻译研究呈现多话语、多范式、多理论的融合趋向,这无疑是当代翻译研究的主导性倾向与发展趋向。"现代主义者(modernists)崇尚(enshrine)以科学方法与解释模式作为生产知识(produce knowledge)的最佳方式;相反,后现代主义者(postmodernists)倾向于以叙事方法(story telling)与去神秘化(demystification)作为获取知识(approaching knowledge)的主要方式。"(Berkhofer,1997:250)科学方法与解释模式、叙事方法与"去神秘化"的潜在整合与交互使用,实质上就是翻译研究趋向复杂性范式的一种体现。翻译技术化与职业化的发展使得翻译与语言学、哲学、社会学、生态学、心理学、人类学、认知科学、神经学等学科的联系更加紧密与多元化,翻译系统的复杂程度也随之不断提高,不同翻译因素相互联系与彼此依存更加紧密,翻译活动的复杂性比过去任何时候都更加值得翻译学界的关注与探讨,这对于翻译研究来说既是一种挑战也是一种机遇。它意味着,翻译活动的复杂性及其思维已深刻地嵌入翻译研究。无论是翻译观的嬗变还是本体观的嬗变,它们都不是抽象的,而是具体的,不是简单性的,而是复杂性的。简而言之,翻译观与本体观的嬗变都指向了复杂性问题。对翻译的认识与理解,直接地取决于对复杂性在翻译研究中的意义的深刻认识。埃德加·莫兰(Edgar Morin)指出:"它(复杂性)致力于提出和发展的认识手段要求能够把研究对象联接于其背景、其环境,能够把整体与其每一个部分相联和设想整体与部分之间的相互作用,还能够包容和超越在经验—理性的认识深化的过程中所遭遇的逻辑矛盾。"(Morin,2006:21)复杂性不仅是当代西方系统科学的轴心问题,而且也是人文社会科学领域中的一个轴心问题。翻译研究自成为独立学科以来,不仅表现出翻译学的复杂性,而且也表现出翻译本身的复杂性。复杂性不仅规定和制约着翻译本质的程度,而且也规定和制约着翻译学发展的程度。思考复杂性问题并以复杂性审视翻译,是对当代中国译论的一种重新认识与理解,也是翻译研究从简单性范式转向复杂性范式的一种内在要求。一言以蔽之,复杂性是当代翻译研究的基本话题,也是当代翻译研究面临且需要求解的关键议题。

一、复杂性范式在翻译研究中的反思

按照美国科学哲学家托马斯·库恩(Thomas Kuhn)在《科学革命的结构》(*The Structure of Scientific Revolutions*)中系统阐释的"范式"概念,"范式"是指常规科学实践所赖以运作的理论基础和实践规范,是从事某学科的研究者群体所共同遵从的共同信念。(Kuhn,1970)就翻译研究而言,翻译研究范式就是翻译学主流理论与观点的总体框架,它是一个涉及语言学、认知语言学、心理学等相关翻译观念的研究范式,是翻译学界学术团体自觉遵循的行为规范与基本路径。就范式转换而言,它是指翻译研究的思维方式、话语体系、理论视角、研究视界、方法论规范的总体性转换。范式转换之所以产生就在于先前的研究范式出现了危机,而范式危机的结果是导致了新问题的求解停滞不前,难以满足理论解释的实践需要。对于翻译研究而言,范式危机首先出现的是新问题域的产生,于是它需要"呼吁新的范式突破原有研究的僵局,新的研究范式为该领域提供研究的概念框架、理念基础、理论触发点,并催生一些具体的翻译理论"(刘性峰、王宏,2016:88)。当新的研究范式突破原有研究的思维方式,以新的思维方式去认识与理解翻译时,翻译研究的新问题域就会产生,这时候翻译研究范式就发生了根本性的转换。范式转换不仅使翻译研究的思维获得新的视域,而且还促使翻译学界对问题域转换进行反思与重构,从而促使翻译研究发生深刻的思想嬗变。这既是对传统翻译理论研究的问题域的拓展与延伸,又是对翻译研究新问题域的确证与认可。目前,范式概念也相应地活跃于国内翻译研究领域之中,呈现出百花齐放之态势:建构主义译学范式(吕俊、侯向群,2006)、文化翻译范式(冯亚武、刘全福,2008)、语文学范式翻译

研究(卢玉卿,2009)、认知翻译学范式(卢卫中、王福祥,2013;文旭,2018)、社会翻译学范式(胡牧,2013)、生态翻译学范式(胡庚申,2019)等。一定的翻译范式会成就一定的翻译理论,而翻译范式对翻译研究来说具有一种先导的作用。当然,翻译研究存在着范式概念的泛化使用,认为翻译学范式也是不可通约的。"对于翻译学而言,范式不是库恩意义上的革命性替代,而是像其他人文社会科学领域一样在共存中不断博弈与演变。"(蓝红军,2015b:74)可以说,翻译研究范式与翻译理论是紧密相关的,翻译理论的创新意味着研究范式的转换,也意味着研究方法论的转变。

近年来,衍生于自然科学的复杂性范式逐渐渗透于翻译研究之中,其所倡导的科学世界观、认识论和方法论引起了翻译学者的极大关注并被应用于翻译研究之中。对翻译复杂性的关注与探讨,实质上是试图以复杂性范式来探讨翻译现象。复杂性范式为翻译学带来新的研究问题,同时也呼唤新的研究手段与思维方式的产生。对翻译复杂性的解释与说明,不仅能够深化对翻译本质的认识,而且能够塑造新的理论视点,为翻译研究的多元化发展提供新的视角与思路,进一步促进翻译理论话语体系的发展与完善。近几十年来,国内关于翻译及其理论研究的展开基本上都是遵循着西方翻译理论的简单性范式。受到语言学转向的影响,翻译被视为一种以追求对等性为目标的语言转换活动;受文化转向的驱动,翻译被视为一种受到意识形态、权力关系、主流诗学等因素主导的文化操纵活动。翻译概念的变化是在各种所谓的转向中形成的,除了语言转换、文化操纵之外,翻译又被贴上了社会行为、适应选择、认知、识解、传播、模因、交际等不同的标签。显然,虽然我们对翻译的认识在不断地深化,但在研究的思维方式和话语体系建构模式上,我们基本还是停留在简单性范式阶段,通过"还原—综合"与"拆卸—组装"的还原论方法来认识翻译系统的构成。"无论如何,翻译研究的发展在各种因素的相互作用下已潜在地转向复杂性研究,促使研究者有意识地运用复杂性范式去理解与把握翻译。"(罗迪江,2022b:95)翻译研究转向复杂性探究,是当代翻译研究从简单性范式转向复杂性范式的一大进步,也是当代中国翻译理论从简单性研究转向复杂性研究的一大趋向。

那么,通过对当代中国翻译理论的观念嬗变及发展历程的反思,面向复杂性范式的研究趋向,当代中国翻译理论需要实现什么样的与时俱进的探讨呢?问题的答案在于:①它需要阐明复杂性范式在翻译研究中的适用性,使之成为翻译理论复杂性研究的逻辑起点。一个缺乏明确的复杂性范式的学科,其复杂性研究必然是不完备的。②它需要以复杂性范式为基点建构语言学范式与文化范式之间相互对话、相互交流、相互渗透的新平台,使复杂性范式成为翻译研究的一个新的增长点。③它需要探索翻译研究及其相关学科方法论相互借鉴、相互补充、相互交叉的新基底——复杂性范式,并在此基底上获得研究方法论的有效统一,塑造出富有生命力的原创性理论。目前,复杂性范式已在翻译学领域内呈现出新的解释模式,随着对翻译复杂性的深入认识,有些旧有的翻译知识与观念已经不能描述翻译复杂性与翻译过程的运行模式,也不再适用于揭示翻译的不确定性、动态性、过程性,以及生成性。因此,将复杂性范式引入翻译研究之中,将有助于我们对翻译复杂性的深刻认识与整体理解。

二、复杂性范式在翻译研究中的凸显

自 20 世纪中后期以来,翻译研究受到语言学、符号学、信息学的深刻影响与极大推动而获得蓬勃发展,形成了占据主导地位的语言学范式。根本而言,语言学范式属于简单性范式的研究范畴,是西方翻译研究的主流。它坚持普遍性原则,强调翻译知识的客观性与确定性,将翻译任务归结为对语言不同层面的分析,主张用分解—还原、分析—综合的方式去揭示翻译作为一种语言转换的对等性。随之而来的文化范式认识到,语言学范式仅仅注重"语言系统内的逻辑推理"而忽视翻译赖以生存的文化语境,并站在文化语境的角度,将意识形态、权力关系、赞助商、主流诗学等外在因素纳入翻译研究之中,用文化语境来对翻译现象做出描述与解释。这是翻译研究从语言学范式向文化范式转变的一大进步,也是当代翻译学研究呈现出多元化、多转向、多范式的趋向特征,由此"研究范畴持续扩大,内涵不断深化,新领域、新思想、新概念层出不穷"(方梦之,2016:55)。可以预见的是,翻译研究正处于现代性与后现代性双重逻辑之间交互整合的多元化发展阶段,其视界更新、方法转换与范式更替显示出翻译研究的当代生命力,翻译研究的语言学派和文化学派不仅步入了一个理论创新、思维开放的发展阶段,而且以新视角、新思想、新方法来理解翻译本质,不断展现出当代翻译研究的思想活力与学术魅力。

值得深思的是,我们面向翻译研究的复杂性思考,不仅已经直接地包含了对整体性、非线性、生成性、成长性、动态性、不确定性等特征的思考,而且已经深层地包含了从简单性范式转向复杂性范式的思维嬗变。翻译研究不仅在复杂性范式中批判性地反省各种翻译理论的观念,而且深层地把复杂性范式转化为对翻译观与本体观嬗变的反思。翻译研究在语言学范式与文化范式的相互纠缠中愈加趋向于复杂性范式,在关注确定性、客观性、既成性、决定性的基础上侧重于不确定性、主观性、生成性、涌现性与成长性特征。目前,语言学范式已不再被视为翻译研究的永恒模式,文化范式已不再被视为唯一的主流模式。翻译逐渐被理解为一种动态的复杂适应系统,这是由传统到现代、由简单性范式到复杂性范式的嬗变结果。范式嬗变是源于翻译研究从简单性到复杂性、现代性到后现代性的嬗变,源于从语言学范式到文化范式再到复杂性范式的嬗变。复杂性范式普遍趋向于一种多元知识系统融合的观点。对于翻译研究而言,它趋向于将翻译视为一种复杂适应系统。这意味着对翻译研究进行复杂性、多元化、关联性、整体性的跨学科解释与说明。显然,较之于简单性范式,复杂性范式对于翻译研究更具有新问题域的解释性、对翻译现实困境的超越性,以及与多元体系融合的包容性,有助于有效地解释与说明翻译及其研究的复杂性现象。

在建构与完善翻译理论体系的过程中,研究方法论的转变是当代翻译研究的一个重要议题。翻译研究不仅在分析与解释翻译现象的意义上需要理论建构,而且需要建构适应新问题求解的思想理论来规范翻译实践。翻译理论是求解与说明新问题域的思想基础,是解决翻译问题的重要观念,它需要采用新的世界观和新的思维方式作为思想指导。其中,新的世界观与新的思维方式就是日益盛行的复杂性范式。复杂性范式对翻译研究来说具有普遍性,涉及翻译的方方面面,并在翻译学领域内有独特的有效性与可行性,它建立在"语言学范式不足以解释翻译的文化性"与"文化范式不足以解释翻译的复杂性"的基础上,这就意味着语言或文化都不是表征翻译的唯一方式。"综观翻译研究经历语言学范式与文化范式的转换,不难发现,探寻翻译研究之途,不是翻译研究各种范式转换的决裂,而是彼此之间不断碰撞、相互继承、相互质疑从而不断丰富翻译研究范式的包容性、开放性与融合性。"(罗迪江,2022b:95)复杂性是翻译固有的显著特征,它普遍存在于翻译过程与翻译研究中,因而我们应当立足于新的研究视角与思维方式,以新的方法论工具挖掘出翻译潜在的、隐藏的复杂性,从根本上摆脱简单性范式的还原论思维与方法论工具所面临的发展困境。在把复杂性范式引入翻译研究时,我们应该超越简单性范式的还原论思维方式,以整体论思维方式概括与建构翻译理论的话语体系,将翻译研究的本体论、认识论、方法论综合起来以便能够更好地理解翻译的复杂性,进而扩展研究方法的广度和深度，为翻译研究赋予一种全新的复杂性范式。复杂性范式是对简单性范式的反思与超越，这是当代翻译理论不断发展所需要的一种批判性思维。批判性思维就是要揭示翻译研究的复杂性、整体性、多样性与动态性，就是要实现翻译观与本体观的自我反思与自我超越，为翻译理论提供新的研究范式。21世纪以来，翻译学界对复杂性范式的关注以及复杂性范式引发的复杂性方法论，扩展到了整个翻译学领域，它使翻译研究方法脱离了简单性范式的思想域面，进入广阔的与复杂性科学相关的新境界。从简单性范式转向复杂性范式，相应地催生了翻译观念的嬗变，让翻译研究的发展更令人信服，对翻译观与本体观进行更深层次的挖掘则成为当代翻译理论进步的不竭动力及当代翻译理论嬗变的理论自觉。

第五节　小　结

　　当代中国译论观念的嬗变对翻译研究的观念变革与理论发展具有重大的影响和意义，构成我们透视当代中国译论演变、转化与建构的一把关键钥匙。要让中国译论融入西方译论，要形成一种相互沟通、相互对话、相互交流的积极姿态，"我们除了对我们译学发展中这样或那样的问题或不足进行反思外，更重要的是应结合反思，来探索和开辟未来发展的路径"（谭载喜，2012：8）。当代中国译论有着丰富的、深厚的中华传统文化渊源，要建构中国特色译论，必须有不同于西方译论的思想视野。当代中国译论在翻译观、本体观与研究范式上的观念嬗变，既是我们对译学发展中存在的问题域的反思以及基于反思之上探索译学发展的路径，也是以一种理论自觉与理论创新的方式映照和折射着当代翻译研究发展的精神脉动，为我们理解当代翻译研究进程和译学发展进程提供了重要的参照与视点。它既以翻译理论观念嬗变的方式体现和凝聚着对具体翻译问题的理解，同时又如同一只"无形之手"，影响和规范着翻译研究的展开与翻译问题的探讨。通过对翻译观、本体观、复杂性范式等基本观念进行反思与探讨，我们形成了对中国译论发展中的观念嬗变、理论自觉、理念创新等思想内涵的全新审视与整体解释。中国译论的发展，就是中国译论与时俱进的观念嬗变、理论自觉与理念创新。

　　随着西方翻译学的传入以及对中华传统文化的挖掘，中国翻译学界开始反思西方翻译学的不足，意识到建构中国特色翻译学的必要性与重要性。建构中国特色翻译学,是建构中国特色翻译理论的身份认同的必由之路。中国特色翻译理论的身份认同,与以生命为核心的中国哲学有着某种必然的关联。这种必然关联既指向"建立一种具有东方神采的'感悟翻译哲学'",又指向"创立一种包含着丰富的中国智慧的'文化—生命翻译诗学'"(许钧,2018a:66)。中国特色翻译理论的"特色"就在于以"感悟翻译哲学"破解西方译论的简单性思维方式,促使中国译论走向复杂性范式的研究路径。从翻译理论的观念嬗变揭示中国译论嬗变的思想内涵具有学理性意义,但更加重要的是:如何在中国古典文论中挖掘出翻译思想,并汲取西方翻译学的理论思想,帮助我们深刻地认识中国译论发展的实质;如何对待与审视当代中国译论;如何使中国译论在国际翻译学界发出中国声音、赢得话语权,创建一种具有中国文化精神的翻译理论。创立"感悟翻译哲学"与"文化—生命翻译诗学"意味着,翻译研究要回归到隐藏于中国哲学文化中的生命智慧与生成之理。回归"生生之谓易""天地之大德曰生"等思想,找回翻译思想的本原,以生命与生成为双重逻辑则是破解中国思维方式的根本方式,就是走向生命科学的一种新表现,就是"挣脱西方译学话语体系的藩篱,使中国传统译论得以创造性转化和创新性发展"(张柏然、辛红娟,2016:42)的一次新尝试。不言而喻,回归"生生之谓易""道生万物""天地之大德曰生"等思想,是增强与深化中国译论研究的理论自觉与理论创新的题中应有之义。"生生之谓易"的创造性转化以及"文化—生命翻译诗学"的创新性发展"代表着近年来翻译研究的一种新动向,即立足中国本土的经典人文思想,集中发展有别于西方译学学理模式的理论系统"(杨镇源,2023:58)。

概而言之,从中国译论观念的嬗变角度来理解与解读当代中国译论的产生与发展是我们深入解析现代翻译研究及翻译本质的关键视角,这种翻译理论观念的嬗变主要是从语言学范式转向文化范式、从简单性范式转向复杂性范式,这种发生嬗变的新翻译理念指引着我们重新去认识与探索翻译的本质。"我们预期在新的繁荣发展阶段,中国的翻译新论逐渐为国际所认可和接受,中国的翻译资源逐渐为国际学者所发掘和进行比较。"(王克非,2019:824)中国的翻译新论与翻译资源是当代翻译学发展的一种延续性研究,积淀着中华传统文化的深厚思想与广阔视域。如此推而论之,"翻译生成论"就成为从中国的翻译资源中挖掘出来的一个重要的理论命题,它是对"感悟翻译哲学"与"文化—生命翻译诗学"进行延续性研究的产物,强调翻译是作为文本生命的存在与生成的,而"生命"与"生成"就成为考察与审视翻译现象与翻译过程的双重逻辑。从本质上说,翻译生成论的提出,就是回归"文化—生命翻译诗学"的一种新探究。回归"文化—生命翻译诗学"的翻译研究不应该只是重复旧的翻译观念、语言转换与文化操纵之类的主题探讨,而是要在"生命"与"生成"双重逻辑的视域下,综合运用实践生成论、机体哲学、生成哲学等新的方法与观念推进翻译研究的理论创新。进一步说,翻译生成论是在翻译观、本体观与研究范式的多重嬗变下、在复杂性范式的视野中提出来的,凸显的是翻译研究的"生命"与"生成"双重逻辑。这可以说是尝试创立包含丰富中国智慧的"文化—生命翻译诗学"的具体表现,它需要一个具有复杂性立场的本体论承诺,在认识论上需要一种多元互补的复杂性视域,在方法论上需要一种翻译观念整体论的解释框架。"在新的历史时期,翻译学者有了构建中国译学的更高理论追求,正逐步走向深入融合古今中外、寻求理论创新的目标,期望在新时代语境下取得更多更新的理论突破。"(许钧,2018b:8)可以说,目前正在建构的"翻译生成论"正是在新的历史时期产生的,它既是追求中国翻译理论建构的具体表现,也是深入融合古今中外、寻求理论创新的结果。

第二章 翻译生成论的复杂性范式思考

第一节 引 言

20世纪中后期,翻译研究在语言学转向与文化转向的交叉登场中产生了各种新理论体系与新话语形态,而这两大转向之间的论争在质疑与反质疑、诘难与反诘难的过程中此消彼长,在很大程度上使翻译研究陷入了范式危机的困境。"无论是在西方还是在中国,翻译学一方面不断拓展外延,形成五光十色的学理景观;另一方面也通常拘囿于各个理论的片面视阈,导致自身滑向碎片化的境地。"(杨镇源,2018:99)现实的翻译研究趋向表明,翻译学倾向于复杂性研究的呼声越来越高,它需要抽身于理论碎片化、片面化与自我撕裂的困境,走向复杂性研究。伴随着复杂性研究的渗透与扩张,复杂性问题逐渐引起翻译学界的极大关注,也逐渐成为一个新兴的热点研究论题。与此同时,翻译复杂性程度的不断加深迫切要求翻译学界或隐或显地适当修正翻译研究的理论、概念、定义和方法,而可以提供这种修正所需要的思维范式的最佳途径是借助于复杂性范式。"重新认识翻译、界定翻译,不仅是翻译研究和翻译学科发展的需要,在某种程度上甚至可以说是翻译如何在新时期安身立命进而发挥其重要价值的根本性诉求。"(刘云虹、许钧,2016:97)复杂性范式将有可能成为认识翻译与建构翻译生成论的一种新视界与新出路:一方面,它能够为翻译生成论的复杂性范式探讨提供有效的理论基础与方法论启示;另一方面,它能够为探讨复杂性范式对翻译研究的适用性问题及其适用层次与范式提供认识论视域。

复杂性科学的兴起,涵括并融合了复杂适应系统理论、系统理论、混沌理论、涌现理论、控制论等众多最新的前沿进展,确立了自然科学研究的复杂性范式。伴随着翻译学界对翻译复杂性的关注与探讨,以及复杂性范式在翻译学领域的渗透,翻译研究与复杂性科学形成了愈加密切的关联。翻译研究的复杂性范式趋向,可以说是一种对翻译学的关注点与复杂性科学的关注点之间的相互作用所进行的复杂性研究。探讨翻译的复杂性,运用整体论或系统论的思想来审视翻译学领域中的复杂性问题,也逐渐成为一个专门的研究论题,它更多考察的是复杂性范式在翻译研究中的适用性问题。实际上,与其说翻译复杂性程度的不断加深是翻译学界对复杂性方法感兴趣的主要原因,不如说是因为现在关注到翻译复杂性问题才引起翻译生成论对复杂性理论和方法的重视,因为翻译从来就不是简单的而是复杂的,不是静态的而是动态的,不是既成的而是生成的。复杂性是翻译生成论的最主要特征之一,翻译生成论关于翻译过程与翻译研究的描述和解释在某种程度上与复杂性范式的具体理论有许多契合之处,从而为复杂性范式介入翻译生成论的建构提供了可靠的基础和合理的平台。

第二节　复杂性范式

常规科学(normal science)受到简单性范式、线性思维的约束而缺乏创新性,未能创出"事实或理论的新颖性"(novelties of fact or theory)。(Kuhn,1970:52)因而,常规科学难以以一种有效的方法来合理地解决研究主题面临的复杂性问题,导致科学研究陷入机械论与还原论的困境。近几十年来,简单性范式的内在缺陷,让不同领域与学科的学者都不约而同地转向复杂性范式及其思维与方法,以发现与解决各自学科所面临的复杂性问题。复杂性,不仅是世界上事物发展呈现出的动态性与丰富性,更是事物发展与演化的内在规定性。事物发展一直充满着复杂性与多变性,既有事物发展在影响来源的层面上的复杂性,又有事物发展在影响过程与结构的层面上的复杂性。可以说,事物发展是一个具有高度复杂性、不确定性、多样性、非线性等特征的复杂系统。复杂性普遍存在于人类认识与理解事物发展的过程中,是事物演化与发展的根本原因,因而简单性范式的求解思路已显得解释乏力,复杂性范式因探讨事物发展在影响来源、影响过程与影响结果的复杂性而产生。复杂性范式的产生与兴起,标志着人类认识与理解事物发展的认识论视域发生了根本性的转变,意味着学术界开始从追求简单性转向考察复杂性。这是人类认识事物发展从还原论思维向整体论思维、从二元对立思维向辩证统一思维的根本性转变。

一、复杂性范式的概念

复杂性是复杂性范式的根本特征与核心论题,是复杂系统的根本属性,是事物发展的根本特征。复杂性是普遍存在的,因而对复杂性的求解自始至终是人类追求与探究的目标。事物发展充满着异质性、非线性、不确定性、涌现性、生成性、演化性等,倘若以简单性范式去探讨复杂性,其解释就显得苍白无力,唯有依赖于复杂性范式才是合理的、科学的。复杂性问题需要复杂性范式来解决,需要复杂性思维来认识。在此意义上,复杂性范式的出现并不是偶然的,它是复杂性科学、复杂系统科学、复杂适应系统等不断发展而形成的具有统摄力与涵盖力的研究范式。复杂性范式的影响,不论对自然科学、社会科学还是人文科学,都是一个正在发生的、深刻的嬗变。简单性范式与复杂性范式是不可通约的,因为"范式对于常规科学来说是绝不可矫正的"(paradigms are not corrigible by normal science at all)(Kuhn,1970:122)。复杂性范式的形成,就是要突破库恩范式所谓的"常规科学"的边界,展现为边界外的复杂性思维与系统外的复杂性思维,以揭示科学研究的"涌现特性"(emergent potentialities)与"动态品质的可能性"(possibilities of dynamic quality)。(Jörg,2011:68)可以说,对复杂性范式的考察与审视有助于科学研究摆脱简单性范式与机械论的局限性思维,形成新的科学研究范式,推动科学研究的创新与变革。

复杂性范式就是对复杂性科学的复合性理解,它是一种综合性的复杂性科学观,是一种关于复杂性的理论构型,是最具统摄性的模式化表达与理论群表征。复杂性观念本身是从各门具体学科中抽象出来的,复杂性范式作为一种综合性的复杂性科学观,离不开对具体自然科学的历史发展的考察。可以说,自然科学的复杂性范式是多种相关理论的集合,是一个以"理论群"的形态出现的理论体系。"无论如何,复杂性问题(complexities)不得不运用所有知识领域中的整体(wholes)或系统(systems)来解决,这就意味着科学思维(scientific thinking)基本方向的转变(basic re-orientation)。"(Von Bertalanffy,1969:5)科学思维方法的基本转变,从本质上说是从简单性范式转向复杂性范式。目前,复杂性范式已逐渐渗透到人文社会科学的领域之中,并提供了一种理论范式性的指导框架。从话语体系范畴来看,复杂性范式可以涵盖复杂性研究(complexity research)、复杂系统范式(complex system paradigm)、复杂适应系统(complex adaptive system)、复杂性科学(complexity science)、复杂性思维(complexity thinking)、一般系统理论(general system theory)、复杂性系统(complexity system)等术语所指向的方法论路径与理论构架,旨在揭示事物发展的复杂性、非线性、不确定性、涌现性、整体性、多样性、自主性等,以理解与把握复杂现象的运行规律。因此,复杂性范式是指主流复杂系统理论家在对各类复杂系统的研究过程中,所形成的一套基本的认识模式和方法论规范,其核心目标是建立一个"复杂系统框架"（framework for complex systems）。（Hooker,2011:3）简而言之，"复杂性范式的目标就是要成为所有科学的一个完整的跨学科范式"（a full transdisciplinary paradigm）（Jörg,2011:217）。复杂性范式强调，复杂性普遍存在于事物发展之中，既无法规避亦不能消除。在求解复杂性问题时，我们必须将事物本身视为复杂系统来对待与考察，这一过程需要运用系统性、过程性、适应性、动态性、关联性、整体性、生成性等思维方式与方法，关注事物发展的环境条件、问题结构、适应性主体以及主体之间的复杂性联系与影响。通过对这些要素的综合分析，我们可以更深入地探讨事物发展的本质、内在逻辑及其运行机制等问题，从不确定性与复杂性中寻找彼此之间的内在关联。可以说，复杂性范式是当前科学研究的最新范式，也成为翻译生成论建构的研究范式。

二、复杂适应系统理论

复杂适应系统（Complex Adaptive System,CAS）理论是20世纪80年代以美国科学家约翰·H. 霍兰（John H. Holland）为代表的一批物理学家、经济学家、计算机科学家、生物学家来到著名的美国圣塔菲研究所进行复杂系统研究后提出的，其核心思想是"适应性造就复杂性"（adaptation gives rise to complexity）（Holland,1995:xviii）。"适应性造就复杂性"思想表明了，复杂适应系统的复杂性起源于适应性主体（adaptive agents）与环境以及与其他适应性主体间的相互耦合、相互作用、相互协调，不断地改变着自身存在的特征与形态，同时也不断地改变着当下环境。"复杂适应系统理论是认识与研究自然现象、客观事物与复杂世界的一种新的认知范式，它将偶然性、不稳定性、涌现性、非线性、不确定性与整体性等因素纳入到科学研究的范畴，从更深层次提高了它的解释力。"（罗迪江、杨华,2013:75）可以说，复杂适应系统是复杂系统科学的一个具体表现，也是复杂性范式的一种理论形态。

复杂适应系统是一个"类思想"的理论，它涉及相互交叉、彼此涵摄的思想观念，包含"聚集""标识""非线性""流""多样性""内部模型""积木"七个核心观点。（Holland,1995:10-37）复杂适应系统理论的七个核心观点具体为：① 聚集（aggregation），指简化复杂系统（simplifying complex system）的一种标准方法，是建构模型（constructing models）的一个主要技术，涉及简单主体的聚集相互作用（the aggregate interactions of less complex agents）会涌现出复杂的大尺度行为（the emerge of complex large-scale behaviors）；②标识（tagging），是持续地促进聚集形成（the formation of aggregates）的机制，能够促进选择性相互作用，使我们能够观察和领略到以前隐藏在对称背后（previously hidden by symmetries）的特性；③非线性（nonlinearity），非线性相互作用（nonlinear interaction）几乎总是使聚集行为（the behavior of the aggregate）比人们用求和（summing）或求平均（averaging）方法预期的要复杂得多；④流（flow），是随着时间的流逝和经验的积累而反映出的变易适应性（changing adaptation）模式，具有乘数效应（multiplier effect）与再循环效应（recycling effect）两个特性；⑤多样性（diversity），是一种动态模式（dynamic pattern），通常具有持存性（persistent）和连贯性（coherent）；⑥内部模型（internal models），就是一个预期机制（the mechanism for anticipation），通过一种适当方式把未来事物（future credit）与当前行为（current actions）联系起来，进化过程支持（favor）有效的内部模型并剔除（eliminate）无效的内部模型；⑦积木（building blocks），是人们用来生成内部模型（generate internal model）、认识与把握复杂世界的手段，是揭示与发现事物发展规律的工具，更是复杂适应系统涌现的一个普遍特征。其中，"标识""内部模型""积木"是复杂适应系统的运行机制，"聚集""非线性""流"与"多样性"是适应性主体的特性。"每个适应性主体都参与系统的整体生成，并与环境、适应性主体之间进行非线性的、永恒的、不会停滞的相互作用。"（Brownlee，2007：3）

　　复杂适应系统理论主要研究复杂系统的复杂性产生和系统涌现的机理，其主要特点是将宏观与微观两方面有机地联系起来。系统涌现是复杂适应系统的内在机理，涌现性是复杂适应系统的本质特征。涌现的微—宏观机制是一个动态的"受限生成过程"（constrained generating procedure）（Holland，1998：126）。它表明，考察涌现性就会涉及"机制"（mechanisms）以及"约束"（constrained）机制的过程。机制就是能够准确地描述与解释生成的涌现现象（generate emergent phenomena）的元素、规则与互动。系统的宏观涌现特征是微观机制生成的结果，而微观机制之间的相互作用和反馈"约束"了结果的可能性。受限生成过程模型是认识与理解复杂适应系统的基本方式，它是指复杂适应系统由相互联系、相互作用、相互制约的元素组成，它们的耦合关系缩小了复杂适应系统可能的状态集，而不同元素状态的演变过程就是复杂适应系统的发展过程。受限生成过程包含三个层面的思想内涵：①"过程"（procedures）意味着生成的模型是动态的

(the models that result are dynamic)；②支撑模型（underpin the model）的机制"生成"（generate）了动态行为（dynamic behavior）；③事先设定（allowed）的机制之间相互作用"限制"（constrain）了生成的可能性。所有系统都可视为一个受限生成过程。任何受限生成过程都潜在地表现出涌现性特征。受限生成过程模型明确强调，适应性主体对周围的环境始终具有目的性、主动性和积极的"活性"，因而适应性主体能够拥有独特的感知能力和效应能力；适应性主体凭借感知能力和效应能力与周围环境以及其他主体随机进行交互作用，自动调整自身状态以适应与改善环境；为了争取自身的生存、延续自身的利益，适应性主体需要与其他主体进行协调合作，以促使自身及其相关元素不断地发展。

第三节　复杂性范式对翻译生成论的适用性问题

综观翻译研究的发展历程，国内外学者借鉴和移植模因论、达尔文进化论、生态学等自然科学范式并将之应用于翻译研究之中，催生与激活了切斯特曼（Chesterman）的《翻译模因论：翻译理论中的思想传播》（*Memes of Translation：The Spread of Ideas in Translation Theory*，2016）、秋列涅夫（Tyulenev）的《卢曼理论在翻译研究中的应用：社会中的翻译》（*Applying Luhmann to Translation Studies：Translation in Society*，2012）、克罗尼（Cronin）的《生态翻译：人类纪时代的翻译与生态》（*Eco-Translation：Ecology and Translation in the Age of the Anthropocene*，2017）、胡庚申的《翻译适应选择论》（2004）、许建忠的《翻译生态学》（2009）、胡庚申（Hu Gengshen）的《生态翻译学：翻译研究的生态范式》（*Eco-Translatology：Towards an Eco-Paradigm of Translation Studies*，2020）等研究成果。目前，自然科学范式已经成为翻译学进行跨学科研究的重要途径。衍生于自然科学的复杂性范式凭借其学科互涉与融贯思维的研究路径，逐渐渗透并应用于翻译学领域，成为翻译研究的新形态与新范式。复杂性范式不仅拓展了翻译研究的领域，也为我们增添了理解翻译的新理念。然而，对于复杂性范式及其方法是否适用于翻译研究以及对其适用层次和范围，国内学者未曾给予系统的阐述。如何引入复杂性范式，如何明确复杂性范式的有效性与适用范围，使之成为诠释与建构新翻译理论的催化剂，涉及对翻译系统与自然系统之间同质性问题的探讨。理解与把握翻译系统与自然系统之间的同质性，就有可能了解翻译研究所蕴含的独特的问题意识。复杂性范式研究会产生什么样的新问题域,这是翻译学界需要理解与把握的关键问题。翻译系统与自然系统的同质性包含三方面的内容:文本生命与自然生命的同质性、创生性译者与适应性主体的同质性、翻译生态环境与自然生态环境的同质性。揭示复杂性范式的适用性问题是复杂性范式引入翻译生成论建构的前提和基础。复杂性范式的问题域探讨既构成翻译生成论进行跨学科应用的逻辑前提,也是理解复杂适应范式适用层次的逻辑前提。基于这个逻辑前提,论证"翻译作为一个复杂适应系统"的观念,就成为复杂性范式介入翻译生成论建构的一个重要理念。

一、文本生命与自然生命的同质性

翻译生成论的理论建构必然会涉及文本生命及其生成过程,因而探讨文本生命与自然生命是否具有同质性,实质上就是求解翻译生成论能否满足和遵循自然科学方法的问题。不论是翻译研究中的文本生命还是自然科学中的自然生命,尽管两者之间存在着诸多差异,但不论自然科学之于翻译研究的适用性如何,当代翻译研究逐渐认识到,把生命意义与生命价值纳入考察与审视是必要且有价值的。不论是自然生命还是文本生命,本质上是一种机体论思想倾向。"从机体的本体论特征看,生命机体是最基本的,同时也是最典型的机体。"(王前,2017:61)就此而言,自然生命与文本生命都是鲜活的生命机体,是最典型的"生机"。"'活力'体现了'生机'的量的特征,而'能够以很小的投入取得显著收益的生长壮大态势'体现了'生机'的质的特征,这后一方面通常被称为'机能'。"(王前,2017:61)不论是自然生命,还是文本生命,都体现出"生机"的量的特征与"生机"的质的特征。当自然生命与文本生命呈现出"活力"与"机能"时,它们就体现出一种复杂适应系统所凸显的复杂性与涌现性,体现出一种复杂生命系统所显现的生成性与成长性。复杂适应系统与自然科学、人文科学与社会科学等领域密切相关,主张自然科学方法与人文社会科学方法相互关联,这表明至少某些自然科学方法对人文科学方法尤其是翻译研究所谈论的价值产生了一定的影响。因此,求解自然生命与文本生命的同质性问题本质上就是探讨自然科学方法与翻译研究方法之间的关系,它通过对翻译研究特定的方法或对象的考察,来判定自然科学方法是否适用于解释某种翻译现象与阐释某种翻译过程。

里查兹(Richards)认为,"翻译有可能是宇宙进化史上最为复杂的活

动"(Richards,1953:250；Wolfram，2001:111)。翻译学界关于"可译"与
"不可译"悖论的持续论争,既反映了翻译研究与翻译活动的复杂性,又凸
显了翻译学界对翻译之"翻"与"译"的基本构造的认识局限与理解困惑。
受到模因学的启发,翻译的构造被看作"由模因组合而成的生存机器"
(Chesterman,2016:1);受到中国太极图式的启发,翻译的构造被视为一个
由"对本位象"与"自本体象"构成的模仿自然动态平衡现象的连续体(钱纪
芳,2016:1);受中西方生命哲学的启示,翻译的构造被比喻为复杂的"'躯
壳'与'精魂'融合的生命体"(钱钟书,1981:18-19)、"原作生命与来世生命
的组合体"(Benjamin,1923:21)、"由启程、行进、抵达和返程构成的生命之
旅"(陈东成,2017:126)等。显然,以上观点是基于把翻译作为一个复杂适
应系统、复杂生命系统来考察翻译的本质与构造,强调翻译是由原文生命
与译文生命及其关联模式构成的复杂结构。因此,翻译学者开始意识到翻
译系统与自然系统的同质性,强调把翻译作为复杂生命系统的观念,挖掘
出翻译的生成性、成长性、创生性特征,进而为建构翻译生成论提供了方法
论基础。

复杂适应系统离不开对适应性与复杂性的探讨,换而言之,适应性与
复杂性是复杂适应系统关注的焦点,而"适应性造就复杂性"是其核心思
想。复杂适应系统以具有主动性、适应性特征的行动者为研究的切入点,
因而将自身构成系统的基本要素视为具有感知能力、效应能力与学习能力
的适应性主体。适应性是指适应性主体"能够与环境以及其他主体交互作
用,主体在连续不断的交互作用过程中,不断地学习或积累经验,并根据学
到的经验改变自身的结构和行为方式"(殷杰、王亚男,2016:65)。适应性
是自然生命系统涌现的一个普遍性特征,自然生命系统的发展需要适应自
然环境并做出积极的信息正反馈,以增强自身的生存适应能力。生机主义
代表人物柯勒律治(Coleridge)曾经这样反问道,"难道词语不是植物的组
成部分并与之共生吗？它们生长的规律是什么呢？我将尽力摧毁词语和
事物的古老对立,即把词语注入事物之中,包括有生命的事物中"(Griggs,
1956:626)。按照柯勒律治的生长性的语言观,词语作为文本的一个重要
组成部分,文本生命与世界上有生命的有机体一样具有生长性与成长性,
因而文本生命与自然生命是同质的,又是融为一体的。换而言之,作为适
应性主体的文本生命,与自然生命一样具有积极能力的适应性、生长性与
成长性,因而趋同效应(convergent)成为原文生命与译文生命相互转化的
运行机制,即趋同效应就是原文生命与译文生命进行相同或相似的适应学

习活动。对于翻译而言,文本生命与语境相互涵摄,相互耦合,因而文本"置身介入"语境,而语境"融身吸纳"文本:"经过精细化、特殊化处理的语境状态渗透进文本之中,它们是同质一体的(consubstantial),或者说一种互文隐喻(intertexual metaphor)和密不可分的交织状态(inextricably interwoven)。"(郭贵春、张旭,2016:49)从文本与语境的内在关系来看,文本生命与自然生命之间具有很大程度上的同质性,彼此之间的陈述与描述是丰富多彩的,因而文本生命与自然生命是共生互生的,是同质共存的。复杂适应系统考虑到原文生命与译文生命之间的适应性与整体性,揭示了作为适应性主体的原文生命、译文生命与翻译生态环境之间的交互作用如何推动翻译的整体发展。在复杂系统构成的基本属性上,翻译系统中的文本生命与自然系统中的自然生命具有一定程度的同质性,文本生命的生成过程成为与自然有机体一样的生长过程。翻译不仅是一个动态的复杂适应系统,也是一个整体的复杂生命系统,它凸显自身像生命机体一样不断地生成与成长。翻译作为具有复杂适应系统、复杂生命系统特征的观念,有效地为翻译生成论的理论建构提供了逻辑基础。

二、创生性译者与适应性主体的同质性

复杂适应系统是以适应性主体、共同深化、趋向混沌、涌现为主要方式来揭示自然系统的复杂性,将主动性、适应性、学习性作为复杂适应系统演化的内在机制,进而能够以主动性、适应性、学习性来发现与揭示事物发展与变化的运行规律。"人作为最具主动性和学习性的主体,也成为构成变换万千社会现象的关键所在。"(张君弟,2005:47)适应性主体或者说主动性主体会根据复杂多变的环境输入相关的信息,通过主动地适应与学习,输出正确的、恰当的、有效的正反馈信息。换句话说,适应性主体会接受环境的刺激信息,经过积极的加工处理,转变为对环境做出反应的行为过程。"寻找环境中的规律性,作出预言并建构试探性的行为,然后再观察这种行动对现实世界产生的影响,进而再依据行动结果进行修正,即在不断的反复中使系统达到对环境的适应。"(董春雨,2011:25)对于翻译生成论来说,翻译主体既是一个适应性主体,又是一个创生性主体,既需要从翻译环境中寻找翻译的规律性,同时又需要持续地适应翻译环境而获得全面的发展。

事实上,复杂适应系统的适应性主体行为,也为模拟翻译系统构成要素之间的互动以及翻译发展的规律提供了一种新方法。翻译系统作为一个复杂适应系统,它最关心的是译者主体的适应学习特性与创生性特征。译者的创生性,凸显的是译者推进翻译作为文本生命在异域之中延续、生成与成长,强调的是翻译作为一种文本生命的机体性存在。"只要是一种机体性的存在,其存在表现为一个生成的过程,那么它便是一个价值主体。"(但昭明,2015a:200)这就是说,译者是作为一个创生性主体而存在的,自身具有创造文本生命的生成与成长能力,能够遵循翻译规律且与翻译环境、翻译群落不同成员进行积极的、交互的创生活动,调整自身状态以促使文本生命的生成与成长,从而适应新的翻译环境,或者与翻译群落不同成员进行有机的、积极的合作,通过创生力量输出有效的、有机的正反馈信息。正反馈信息为增强适应性译者的生存能力,加强适应性主体对翻译作为文本生命存在的创生能力,逐渐做出正确的判断与理性的行为。"主体会强化那些与正反馈相关的机制,使这些机制越变越强,因而主体能够改善自己的'内部模型'。"(霍兰,2000:31)作为复杂生命系统的构成要素与适应性主体,译者同时也是文本生命的创生者,其生存境遇、能力素养、翻译责任、翻译动机等因素共同作用,导致翻译作为文本生命的存在处于不断的生成与成长之中,呈现出翻译的延续性、生成性、成长性与创生性。这既是复杂适应系统涌现出的典型特征,也是复杂生命系统呈现出的主要特征。这意味着复杂生命系统中的创生性译者与复杂适应系统中的适应性主体具有内在的同质性。从这个意义上说,创生性译者与适应性主体是文本生命不断生成与成长的驱动力,是翻译生成论对译者生存模式的生动描述与规定,能有效地揭示翻译主体的生成力与创生力。

三、翻译生态环境与自然生态环境的同质性

任何翻译理论的提出,都离不开自然环境的影响、时代环境的渗透与翻译环境的塑造。自然生态环境是人类赖以生存的前提条件,自然生态环境中的生命机体的改变必然与自然生态环境的改变息息相关。英国思想家斯宾塞(Spencer)认为,"生命机体的改变与环境的改变相关联"(Spencer,1855:368)。生命机体为了适应环境而调整自身,与周围的环境相协调;生命机体在调整过程中不断地改变环境且使自身与环境保持一致。(曹昱、萧玲,2016:110)生命机体与自然环境之间的相互作用创造了复杂适应系统的整体性、复杂性与演化性,而贯穿复杂适应系统的始终是"生命"线索。论及翻译生态环境,我们发现,翻译生态环境与自然生态环境具有同质性。生态环境与生命机体之间的相互作用从根本上改变的是

翻译环境的内部结构与状态,而翻译的内部结构与状态正是凝结于翻译之中的生命机体。翻译环境与自然环境之间的同质性意味着环境界面之间可以翻译。"翻译也意味着,使一个环境界内的一些符号和另一个环境界内的一些符号相对应。此外,这些环境界必须要拥有相似的功能圈(functional cycle)。"(库尔、特洛普,2014:17)正是翻译生态环境与自然生态环境具有同质性,翻译研究可以将自然生态环境的生成、生长、成长、延续、新陈代谢等功能赋予翻译生态环境并以生成、生长、成长、延续等功能来审视翻译过程的延续性、生成性与成长性,也可以将自然生态环境的系统性、过程性、敏感性、适应性、复杂性等赋予翻译研究并将它们运用到解决翻译问题中。这就为翻译生成论对翻译作为文本生命的生成、生长与成长,对翻译延续性、生成性与成长性特征的揭示提供了认识论视域。

就环境敏感性而言,自然生态环境与翻译生命环境是同质的。诚如有机体对自然生态环境的敏感性一样,翻译生态环境中文本、译者等各种适应性主体都对环境具有敏感性,而适应性主体对环境敏感性的依赖程度是很复杂的。这种敏感性意味着,翻译生态环境与适应性主体呈现出相互依赖、相互作用、相互渗透、相互嵌入的复杂关系。翻译活动因栖居于特定的翻译生态环境之中而遭遇翻译生态环境的积极或消极影响,因而研究翻译离不开对翻译生态环境的认识。翻译生态环境是由翻译生态与生态环境构成的,具有完整性、和谐性、平衡性与持续性。翻译群落是翻译生态环境的生命机体,因而"翻译活动主体与客体翻译环境存在有机联系,翻译生态只有在和谐的生态环境中才能持续地发展"(方梦之,2011:5)。翻译生态系统与自然生态系统的同质性,从根本意义上增强了文本生命对翻译生态、翻译群落与生态环境的适应性与学习性。适应性与学习性随着文本生命的延续与成长延伸到异域之中而增强自身的延续性、生成性、成长性与创生性。可以说,翻译生态环境与自然生态环境的同质性表明了,它既能推进译者在翻译过程中的和谐性生存与创造性生存的统一,又能使文本在异域的考验中适者生存、和而不同且促成文本生命在异域之中生生不息,且能促进翻译生态环境成为译者生存与文本生命的有机土壤。(罗迪江,2021h:126)翻译生态环境与自然生态环境的同质性,既为翻译生成论提供了译者生存模式的创生性特质,又为翻译生命论提供了文本生命的生成性特征。

四、翻译系统与自然系统的同质性

综上所述,文本生命与自然生命、创生性译者与适应性主体、翻译生态环境与自然生态环境等三个方面的同质性,总体上构成了翻译系统与自然系统的同质性。翻译系统与自然系统的同质性是复杂性范式在翻译生成论建构中构成适用性问题的逻辑前提。翻译研究的复杂性范式表明,翻译既是一个复杂适应系统,也是一个复杂生命系统。正是基于这个复杂适应系统与复杂生命系统,翻译生成论所涉及文本的生命状态、译者的生存境遇和译境的生态整体,都可以导向一个由文本系统、群落系统和译境系统组合而成的生命共同体。按照文本系统,文本和译境处在多层级的复杂适应系统中,文本和译境的互动关系本身就是一个动态的、相互作用的生成过程。按照群落系统,以译者为代表的翻译群落在整个生命共同体中具有主体性和创生性,因而译者与文本处于一种相互作用的状态中,也就是说,文本和作为适应性主体的译者处于动态的、双向的相互作用之中。按照译境系统的内涵,它是由以译者为代表的翻译群落、文本生命与翻译环境共同构成的整体,是一个具有整体性、动态性、自适应性的翻译系统。复杂性范式促使人们意识到,文本系统、群落系统和译境系统的三位一体应该是一个相互作用、相互依赖、相互制约的复杂适应系统,这是认识与理解翻译生成论的前提和基础。作为一个动态的生命机体,复杂适应系统实际上是一个具有"活的内源"的复杂生命系统。如果把翻译作为"活的内源",翻译生成论所描述的翻译是一个以生命为中心的复杂生命系统,所强调的是作为文本生命存在所凸显的延续性、生成性与成长性。

自然科学方法移植于翻译研究,它的潜在预设就是翻译生成论的研究对象与自然科学的研究对象具有某种同质性。同质性就是把翻译系统视为自然系统的一部分,它与自然系统具有相似的关联域。因此,翻译生成论可以参照自然科学的研究方法获得对翻译新的解释与说明。复杂性范式将自然系统的复杂性、整体性、生成性、成长性、不确定性等本质特征揭示出来,进而使翻译系统的延续性、生成性与成长性也在自然科学方法的导向下得以展现。由此,对翻译现象与自然现象之间同质性的分析就是要找寻两种现象中的复杂性是否互通互联,这正是探讨复杂性范式对翻译生成论建构的适用性问题的前提和基础。翻译系统就是一个复杂生命系统,作为翻译生成论要探讨的对象,对其认识会涉及翻译系统基本构成与自然系统基本构成的同质性问题。复杂生命系统表明了,"整体意义的翻译并不是那种玄而又玄的抽象存在,而是像人类社会一样的有机体"(周朝伟,2010:16)。从这个意义上说,以复杂性范式来考察翻译系统与自然系统在文本生命与自然生命、创生性译者与适应性主体、翻译生态环境与自然生态环境之间的同质性,是复杂适应系统适用于翻译生成论建构的本体论基础,也是翻译作为一个复杂生命系统得以成立的前提和基础。

目前,复杂适应系统、认知科学、复杂性科学、动力学、信息科学、控制论、接受美学、格式塔心理学均已在翻译研究中得到一定的实践应用,并产生了积极影响。这就意味着,翻译研究是一个跨学科的研究,也是一个复杂性范式的研究。翻译研究的跨学科探讨似乎证明,"以一种理论主导世界翻译界的局面已不复存在,翻译研究格局充满了冲突、对抗、互补和多元。"(廖七一,2006:6-7)复杂性范式是多元复杂系统理论的综合体,能在更宽广的理论层面上为翻译生成论提供一种整体性的认识。复杂性范式介入翻译生成论的建构,实质上就是对翻译生成论的三个主要因素(文本、译者、译境)进行整体性的关联,致力于建构一个复杂生命系统,揭示复杂生命系统的基本构成、层次及其双向因果关系。复杂性范式旨在对传统研究范式提出整体性的反思,修正翻译知识中如简单性、对等性、确定性、线性等一些传统观念,加深对翻译的复杂性、延续性、生成性、成长性、涌现性等特征的辩证认识与整体理解,揭示了复杂适应系统生存与发展所应具有的涌现性、复杂性、生成性、协调性、对环境的适应性与创生性等条件和机制。复杂性范式是一种整合了分析方法和综合方法的系统整体论:"一般系统论的方式将试图把分析的和整体的观点,描述性的和规范性的观点整合起来。"(范冬萍,2003:63)可见,复杂性范式之于翻译生成论的建构,就是一种整合了分析方法与综合方法的译学整体论。

总而言之,复杂性范式对文本生命、创生性译者与翻译环境之间互动行为产生的复杂性揭示,对翻译系统内部互动关系的认识以及翻译过程的复杂性把握,不仅澄清了翻译系统的生命本质,为阐明翻译作为一个复杂生命系统提供了一个新视角,也为建构翻译生成论提供了有效的前提和基础。借助于复杂生命系统的整体性将翻译复杂化,既打破了文本、译者和译境关系在既往翻译研究中的断裂感,又能对翻译的生成性、成长性、创生性特征进行深层次的复杂性分析。复杂性分析,不仅为翻译生成论的建构注入了复杂性思维范式,更提升了复杂性范式在翻译研究中的方法论地位及其理论意义。复杂性范式开启了认识与理解翻译系统及其翻译本质的新视域,加速了复杂性范式的本体论、方法论与认识论应用于翻译研究之中,提高了复杂性范式对于翻译研究的潜在适用性,促进了翻译生成论的有效建构。

第四节　翻译复杂性研究:翻译生成论的前提基础

事实上,语言转换论与文化操纵论的冲突与纠缠是翻译研究二元对立和内部分裂的典型体现。翻译研究不仅局限于语言学与文化研究的发展,又受制于方法论多元化的匮乏。语言层面与文化层面只是作为翻译研究的一种视角,而这并未对语言与文化的关系给予整体性的解释与复杂性的研究。语言转换论与文化操纵论是翻译研究走向学科化与科学化的产物,并且是一直占据着统治地位的两个显著解释模式。语言转换论与文化操纵论坚持二元对立的还原论思想与简单性范式,难以承担起对翻译复杂性问题的解释与说明。"为了实现这个使命,我们就不得不超越所谓的'还原论的贫乏'(poverty of reductionism)或者说超越所谓的'还原论的梦想'(the reductionistic dream)。"(Dennett,1995:464)超越"还原论的贫乏"与"还原论的梦想",就需要翻译研究从复杂性范式去认识、理解与把握翻译。目前,复杂性范式趋向已逐渐在国内翻译研究中有所体现,形成一系列相关的翻译观点与理念。然而明显不足之处在于,翻译复杂性研究尚在进行中,远未真正触及翻译复杂性的深层结构与本质内容,其研究之路依然是一个漫长过程。虽然复杂性范式在翻译研究中具有较强的认识论功能与方法论功能,但尚未建构与复杂性范式相适应的、合理的、较为成熟的且能够解读与揭示翻译复杂性问题的话语体系。没有系统的复杂性话语体系,没有相关复杂性范式特质的理论模式,复杂性范式在翻译研究中的运用就不能说是成功的。目前,建构与复杂性范式相适应的、相匹配的话语体系与理论模式,就成为翻译生成论的题中应有之义。

一、翻译复杂性研究形成的观点

复杂性科学,随着它在翻译研究中的渗透,为诸多翻译问题与翻译实践的求解提供了一种新的认识论视域和方法论路径。值得注意的是,翻译学所强调的复杂性范式是自然科学的研究方法与翻译研究的理论导向相互融合在翻译学领域生成的翻译形态,也是后现代主义背景下应运而生的翻译形态,更是翻译研究的新增长点,它有可能成为翻译研究的一次战略性转移。复杂性范式在国内翻译研究中的发展势头不足、起步较晚,还处于初步的探索阶段。目前,国内翻译研究的复杂性范式探讨,是将其关注点置于复杂性范式的认识论与方法论的视域下进行的。综观以复杂性科

学为视域探讨翻译研究的相关文献,主要观点表现为:

①翻译学的复杂性研究,就是要揭示人在认识活动中的感性、具身性与境遇性,实现认识论从主体—客体式的认识方式转为人—世界式的认识方式。(吕俊,2013:1)这就意味着,简单性范式的研究方法已经不再适合于探讨翻译研究的复杂性;确定性、客观性和对等性的思维方式不能解释翻译的复杂性、具身性、境遇性和生成性。从人—世界式的认识方式来看待翻译,其实就是在翻译过程中关注适应性主体的非理性、具身性与境遇性,而适应性主体的具身性与境遇性就是翻译复杂性的一种外在呈现与显露。适应性主体意味着对自身客观性与确定性的拒绝,主张回归翻译的复杂性以建构具有具身性与境遇性的自我认同与显现。

②翻译学是一门复杂性的综合性学科,简单性思维范式不适合于翻译研究,因而建构译学理论体系就必须运用复杂性科学的世界观和思维方式,才能揭示翻译研究的复杂性。(吕俊,2014:1)传统翻译理论往往坚持普遍性原则与追求翻译的确定性,它主要以分解与还原的方式将翻译的复杂性归结为简单性,形成了翻译解释的简单性范式。简单性范式难以解释翻译的生成性、成长性、涌现性等复杂性特征,这需要复杂性范式的介入。复杂性科学的思维方式在方法上注重对翻译进行复杂性分析、生成性分析、过程性分析、涌现性分析,揭示出简单性范式难以关注与探究的复杂性特征。

③翻译研究的双重逻辑,既在求同基础上追求同一性,又允许在一定的限度上保留差异性。(吕俊、侯向群,2015a:16)翻译研究的双重逻辑意味着,"同一性"与"差异性"需要辩证性地理解与把握。现代性一味求同,追求确定性,后现代性一味求异,信奉不确定性,两者都走向极端;复杂性科学强调,同一性与差异性、确定性与不确定性都是辩证的和相互依存的。(吕俊,2016:9)也就是说,翻译的实质是一种差异化的过程,是一种追求同中求异、异中存同的过程。所谓差异化,乃是指翻译基于复杂性科学的解释而得到同一性肯定的异质性。当我们说翻译具有差异化时,指的是原文与译文之间的异质共存状态,而差异化过程会允许有差异的原文与译文经由翻译而达到一种"和而不同"的肯定与认同。

④翻译研究正面临着从简单性科学范式走向复杂性科学范式的变革,其本质就是改变传统的主客二分的认识论观为人—世界的整体主义认识论观。(吕俊、侯向群,2015b:5)翻译活动本身就是一个复杂适应系统,它绝不是由一种线性因果关系产生的,而是受到多种因果关系相互制约与相

互作用才形成的,因而它不可能用"分解—还原"的简单性范式来解决,而是需要复杂性范式去理解与探讨翻译的复杂性。从人—世界的整体主义认识论观来看,翻译主体由此被赋予独特的复杂性特征而成为一个动态的适应性主体,是从简单性范式所赋予的客观性与确定性中"脱嵌"(disembeding)而成的适应性主体。

⑤翻译理论复杂的学科特点,内在地要求复杂性思维去推进我国翻译理论的创新,强调以非线性思维、整体思维、关系思维和过程思维为主要特征的复杂系统探讨翻译过程的复杂性与多样性,超越传统研究的活力论、还原论以及狭隘的学科边界意识,开创译学研究的新局面。(杜玉生、何三宁,2010:119)翻译研究是一个跨学科性、复合性、综合性的探究活动,因而唯有以整体论思维与过程性思维来探讨翻译,才能有效地揭示翻译的复杂性与过程性。

⑥翻译具有复杂适应系统的典型特征,因而也是一个复杂的适应系统。鉴于此,对翻译的界定应当突破传统语言中心主义所倡导的忠实对等的二元对立翻译观的束缚,构建基于多元、动态、适应、平衡、和谐理念的新型翻译观。(韩红建、蒋跃,2017:23)作为一种复杂适应系统,翻译不再局限于语言系统的封闭,也不再泛化于文化研究的松散,而是突破忠实对等的固化去揭示自身内在的适应性、涌现性、动态性等复杂性特征。

⑦译者行为批评蕴含复杂性科学思维范式的根源在于翻译学的复杂性,译者行为批评的术语体系和理论体系,均体现出复杂性科学思想,符合复杂性科学的基本原则,是翻译研究范式的重大变革。(马明蓉,2017:100)译者行为,犹如翻译活动本身一样,是一种不断生成的动态活动,因而需要借助复杂性科学思想来探讨,以揭示自身的复杂性。从复杂性科学来看,译者行为就是一种适应性行为,是适应性主体所践行的复杂性行为。

立足于复杂性科学的思维来理解翻译研究与翻译行为,就是试图为翻译的复杂性解释提供更为成熟的研究方法,由此强调翻译研究是一门以复杂性而不是以简单性为取向的学科,它试图将翻译现象、本质、过程作为复杂性问题来认识与理解。复杂性范式反映了当代翻译学中以复杂性科学为研究模式的复杂性、整体性与多样性的特点,同时复杂性范式又试图将翻译的简单性与复杂性、既成性与生成性、确定性与不确定性等二元对立整合于复杂性范式的思想框架中,体现了整体论的理论特征。翻译研究的复杂性范式意味着,翻译获得生成的意义不仅需要依赖翻译自身的确定性与既成性,而且需要依赖翻译自身的不确定性与生成性。如果不确定性与生成性是翻译得以生成与显现的条件,那么确定性与既成性则是翻译得以显现的前提。如果翻译没有确定性与既成性作为前提,翻译也就失去了生成的根源。同时翻译又是一个不断生成的有机体,因而没有不确定性与生成性,翻译就不是自身意义的"翻"与"译"。实质上,复杂性范式作为翻译研究一个有潜力、有前途的范式,它伴随着简单性范式的衰落而出现并渗透于翻译研究中,表现出更具解释力、更具影响力的范式特征。由简单性范式到复杂性范式的转变,体现了翻译研究从翻译认识的确定性、客观性和既成性向翻译认识的不确定性、主观性与生成性的嬗变,促使翻译认识的静态化与动态化日渐融合,这就成为建构翻译生成论的前提和基础。

二、翻译复杂性研究的延展空间

当代翻译研究显然已不再仅仅遵循语言学的单一路径,而是在整体上呈现出纷繁交错、多元互动、融会贯通的发展态势与特征。整体而言,目前研究在不同层面揭示了复杂性与翻译研究的内在关联性,具有重要的方法论意义,奠定了进一步探讨翻译研究的复杂性范式。复杂性范式使得翻译理论的来源更加丰富,翻译学科基础也进一步得到加强,形成了一些新的翻译知识增量。现有尝试或多或少忽视了翻译观演进的一个重要动力:翻译研究内部的争鸣——以建构新翻译观为导向,它以原有的翻译观作为出发点,旨在建构具有一般性的翻译理论而对翻译问题做出合理的复杂性解释。虽然以复杂性范式为导向的翻译研究的基本学理问题取得了一定的成绩,但是对翻译观的复杂性范式的发掘、界定与探讨深度不够。如何增强复杂性范式在翻译研究中的理论自觉,确认翻译作为复杂适应系统的理念,明确翻译复杂性与生成性、涌现性、生命形态的本质关系,延展至翻译作为复杂生命系统的观念,谋求建构一种融合复杂适应系统与复杂生命系统的新翻译观,提炼新翻译观的话语形态,已势在必行。

作为一种新的研究范式,复杂性范式改变了人们理解与把握翻译及其复杂性的方式。复杂性范式的方法论与认知模式逐渐延伸至翻译研究的各个层面,已成为翻译研究一个新的增长点。事实上,翻译学界在很大程度上对于复杂性范式的运用持有一种小心谨慎的态度,或隐或显地回避对复杂性范式在翻译研究中哲学立场的基本考察与反思,因为不确定性、自组织性、生成性、成长性等特征到底在多大程度上在翻译理论与实践中涌现出来。如何以翻译复杂性的方式去解读翻译的生成性与涌现性,如何从翻译作为复杂适应系统延伸为作为复杂生命系统的观点,这是目前翻译学界思考而又游离于翻译复杂性问题的表层结构的原因。由此,复杂性范式在翻译研究中究竟持有何种哲学立场的问题,它与中华传统文化"生生之谓易"持有何种关联,已成为翻译研究的一个复杂性问题。

事实上,复杂性范式研究属于自然科学,而翻译研究属于人文科学,彼此的方法论思维具有本质区别,易于形成二元对立的认识论鸿沟。翻译的复杂性研究进路,需要确认复杂性范式适用于翻译研究的逻辑前提与适用范畴:翻译系统与自然系统的同质性是复杂性范式适用于翻译研究的逻辑前提。需要指出的是,虽然翻译研究未能在复杂性范式下直接求解翻译实践显现的复杂性、生成性与成长性,但是复杂性范式所提供的复杂性理念与运行机制,能够使我们借助于对翻译复杂性问题探求过程中的运行机制与复杂性认识模式,来求解翻译复杂性问题,从而建构具有复杂性范式特征的翻译理论模式。21世纪初以来,翻译研究逐渐呈现出多理论、多模式与多方法的探讨路径,开启了对复杂性范式的高度关注。翻译复杂性研究反映的是,翻译理论的语言维度、文化维度、认知维度、社会维度的解释模式,开始呈现为逐渐向复杂性范式的根本性转变。向复杂性范式的转变使得翻译研究所关注的基本论题,已不再仅仅是语言转换问题与文化操纵问题,而是转向揭示由翻译复杂性衍生而来的延续性、涌现性、创生性、生成性与成长性特征。如何探讨翻译作为一个复杂适应系统,以揭示翻译生成性、成长性、创生性等复杂性特征,成为当前翻译研究的复杂性范式探讨的重要论域。事实上,以复杂性范式为导向的研究趋向,本质上就将翻译研究纳入一个复杂适应系统的框架之下,潜在地确认了"翻译复杂性造就翻译生成性""翻译生成性造就翻译涌现性"的观点,探讨翻译研究的复杂性问题及其运行机制,进而揭示翻译的生成性、成长性、创生性、涌现性等复杂性问题。

基于当前翻译研究与自然学科之间存在着密切的互动情境,翻译研究与复杂性范式愈加产生了内在的关联。一方面,翻译研究逐渐远离传统的语言学藩篱,转而密切关注并寻求翻译的文化研究,力图去寻求翻译的复杂性;另一方面,翻译研究的复杂性探讨越来越需要寻求在研究范式层面给出复杂性的本体论确证与方法论支撑。复杂性范式向我们展示了翻译现象与翻译过程的复杂性,并超越了传统翻译理论的简单性范式。它需要既能包含简单性范式的解释范围又能对简单性范式所不能覆盖的复杂性现象做出解释与预测。复杂性范式就是趋向于持续增加其理论体系的覆盖性,朝向具有整体性思想的研究发展。"要重建译学理论体系必须学习复杂性科学,采用新的世界观和新的思维方式才有出路。"(吕俊,2014:1)将复杂性范式引入翻译学领域,就是要在研究方法、认知模式上对翻译问题进行一种具有前瞻性的思考,这既有可能成为我国翻译学界的一次思维范式的变革,也有可能成为翻译研究新话语形态的开启。它使得我们不得不面对如何把握其背后隐藏的哲学立场,如何构建一种复杂性的分析框架,如何审视与考察翻译作为一个复杂适应系统、复杂生命系统的问题。当前的翻译研究已经形成鲜明的跨学科研究与复杂性研究。复杂性研究就是要探讨翻译的复杂性,回归整体论的研究。它对翻译的复杂性探讨具有解释与描写的充分性,使得对于翻译本质的认识,无论在深度上还是在广度上,无论在微观层面还是在宏观层面,都将促使研究视角从简单性范式转向复杂性范式。

第五节　复杂性范式对翻译生成论的启示

语言学转向是一场在语言基点上探索翻译本质并促使翻译回归本体论的运动,以卡塔琳娜·赖斯(Katharina Reiss)、汉斯·弗米尔(Hans Vermeer)与霍茨-曼塔里(Holz-Mänttäri)等为代表人物运用语言分析手段来解决翻译问题,形成了以忠实对等为核心的语言转换论(原文中心论)。它激发了翻译学者抛弃传统文艺派的技艺性与修辞性,将语言层面上的词、句、语篇视为翻译的基本单位,回归于以忠实为旨意的哲罗姆模式和以对等为旨意的奈达模式,从而将翻译视为一种追求对等性的语言转换活动。文化转向是翻译研究的多元化发展,以安德烈·勒菲弗尔(André Lefevere)、苏珊·巴斯奈特(Susan Bassnett)等为代表人物,借用文化视角把作者推向翻译研究的前台,把注意力集中在表现翻译现象的文化意义上,建构了具有后现代性特征的文化操纵论(译文中心论),挖掘诸如权力关系、赞助者、意识形态、主流诗学等翻译制约因素,深化了翻译理论与女权主义、后殖民主义等相互融合的研究趋势,突破了语言学转向的禁锢,使翻译研究不断地扩张并深入更为广阔的文化领域。西方翻译理论的思维模式在两大转向的驱动下总会自然地为翻译研究设置文本、译者和译境之间的认识论鸿沟,陷入二元对立的简单性思维模式的困境;同时西方翻译理论又在两大转向的相互纠缠中似乎失去了能够影响自身发展且具有生命力的研究范式,容易陷入某种范式危机。翻译研究一旦陷入范式危机,其发展也就失去了有影响力的范式效应。正是语言学范式在本质上陷入了简单性思维模式的困境,复杂性思维范式对翻译研究来说愈加显得重要,翻译生成论应运而生。

一、翻译生成论的复杂性自觉

目前,复杂系统思维正不断挑战并渗入语言学、物理学、化学、神经心理学、社会科学等主要学科领域。就语言学领域来说,赫尔迪纳与杰斯纳(Herdina & Jessner,2002)的"多语动态模式"、南希·李(Namhee Lee)等(Lee et al,2009:3)学者的"语言习得的本能驱动"、王士元(2006)的"语言的复杂适应系统"等均是在复杂性范式的视域下求解问题的结果。20 世纪中后期自然科学中出现的复杂性范式,揭示了并不是所有的现象都是有序的、可还原的、决定论的,强调通过事物的"受限生成过程"来实现对事物的认识和解释,以探讨事物的复杂性、生成性、涌现性、成长性、不确定性等。其中,很多具体思想与探讨事物的复杂性特征和翻译研究的"文化转向"之后形成的翻译研究模式之间存在着一定的内在联系,它们都在不同程度上揭示了翻译过程的复杂性、生成性与不确定性。目前,大多数学者倾向于用复杂性范式、复杂性思维范式、复杂性科学等术语来表述,似乎在概念术语层面上导致运用相对有些混乱。在此,我们倾向于采用"复杂性范式"术语,它可以在概念范畴上形成一个较为统一的、概括力较强的术语,因为复杂性范式一方面凸显复杂系统科学关于方法论与理论功能的描写力与解释力,另一方面"范式比能从其中清晰地抽象(unequivocally abstracted)出来进行研究的任何一组规则更优先(piror to)、更具约束力、更加完备"(Kuhn,1970:46),"范式是一个科学共同体(scientific community)成员共同拥有的东西,而一个科学共同体是由共享一个范式(share a paradigm)的成员组成的"(Kuhn,1970:176)。因此,范式是"团体承诺的集合"(constellation)(Kuhn,1970:181),是"共有的范例"(shared examples)(Kuhn,1970:187)。翻译研究的复杂性范式指向的是翻译学科共同体成员共同拥有的复杂性方法、认识、原则与信念等,是翻译共同体成员对翻译复杂性研究共同拥有的范例以及对复杂性研究成员的一种团体承诺。正是基于复杂性研究,翻译生成论的建构本身就是一种复杂性范式的理论自觉,也是对复杂性范式运用于翻译研究中的本体论承诺。

翻译学界越来越意识到,翻译研究所固有的复杂性,如翻译过程的生成性与成长性、翻译环境的变异性与多样性、翻译群落的不确定性与主体能动性、翻译运行过程的路径依赖性与环境敏感性、文本生命的延续性与成长性,强烈要求一种超越既有以"有序、分割、绝对理性"为支柱的简单性范式的新复杂性范式的出现。"复杂性事实上在不断地自我增强(self-potentiating)。"(Rescher,1998:28)翻译的复杂性在翻译学领域中也在不断地自我增强,而自我增强的复杂性也渗透于翻译研究之中,不断地造就了翻译的延续性、生成性、成长性与涌现性。这就形成了翻译研究的生成复杂性与复杂生成性。国内不少学者逐渐认识到简单性范式研究的内在缺陷,倡导运用复杂性范式及其思维和方法来发现并解决翻译所面临的复杂性问题。综观语言转换论与文化操纵论,它们的研究方法受二元对立的还原论思维的主导,难以处理翻译研究中所遇到的生成性、成长性、不确定性、延续性、涌现性等复杂性问题,导致翻译研究陷入了一种简单性范式的困境。复杂性范式对翻译系统中各因素之间互动性的强调,对翻译过程的复杂性、生成性、成长性、涌现性等特征的强调,都将极大地推进翻译研究对复杂性的认识与理解。

复杂性范式之"复杂适应系统"与其复杂性基础的相关性,是复杂性范式介入翻译研究并建构翻译生成论的关切点。相关性意味着翻译或翻译研究是作为一个复杂适应系统的存在所显现的复杂性特征,因而才为建构翻译生成论提供一个复杂性范式的研究路径。立足复杂适应系统的思想立场、运用复杂性范式的系统思路进行考察就会发现,复杂适应系统既是翻译研究可资借鉴的重要思想来源,又与翻译研究的复杂性思想具有一定的契合:①翻译研究越来越关注翻译过程的复杂性与适应性,这与"适应性造就复杂性"思想有共通之处;②翻译过程不是既定的产品,而是受限于复杂多变的翻译环境,因而揭示翻译的"受限生成过程"成为翻译研究的一大目标,即探讨如何在复杂的翻译环境中揭示翻译的生成性特征,这也是与复杂适应系统的目标相契合的;③朝向受限生成过程的思索与探讨,促进了翻译研究可以基于复杂适应系统及其内在蕴含的复杂性思想,根本性地回到复杂性范式的轨道上来。(罗迪江,2021e:99)翻译研究被复杂适应系统塑造与解释,从而展现出"翻译是一个复杂适应系统"的观点,这是使翻译研究的复杂性范式与简单性范式区别出来的显著特征。关于"翻译是一个复杂适应系统"的分析,是翻译研究的复杂性范式视域的结果,而非简单性范式抽象化与客观化的产物。不仅如此,复杂适应系统本身隐含一种使翻译研究得以显现的复杂性力量,因为复杂适应系统不是通过遮蔽系统中适应性主体的差异而获得复杂性本质,而是不同适应性主体按照"适者生存"的法则或接受异域的考验而融入生命共同体。因而,由这些差异性主体共同构成的复杂性必然不是抽象的同一化,而是具体的差异化,翻译由此处于复杂性之中而获得自身的适应性与生成性。翻译的适应性与生成性,既是复杂适应系统揭示的复杂性特征,也是翻译生成论得以建构的认识论视域。以复杂性范式为视野,重新审视翻译研究的相关问题,不仅可以深化或修正语言转换论与文化操纵论的解释观点,而且可以增强翻译生成论建构的复杂性自觉,从而拓展与丰富当代翻译研究的复杂性视域。

二、翻译生成论的生成性凸显

目前,复杂适应系统正在被越来越多的学者关注与认可,其方法论决定了它的应用领域与还原论的应用领域有所不同。复杂适应系统的方法论既是复杂性思维范式,又是整体论思维范式,因而它可以通过有效地处理适应性主体与翻译环境的相互作用来求解翻译的复杂性问题,以凸显翻译是一个复杂适应系统的观念,进而为建构翻译生成论提供有效的方法论基础。如果说翻译过程的显著性质是适应性,那么它是依赖于对"适应性造就复杂性"思想的挖掘而获得的复杂性思想。翻译研究将"适应性造就复杂性"思想契合复杂性范式的立意说明,就能够体现复杂性范式的理论特征,凸显翻译生成论建构的生成性特征。当然,对"适应性造就复杂性"及其内容特征的挖掘,就会延伸而触及翻译生成性。翻译生成性,是以翻译作为文本生命的存在为基础而显现出的显著特征,这正是翻译生成论建构的题中应有之义。从复杂适应系统来看,翻译适应性造就翻译复杂性,而翻译复杂性造就翻译生成性,翻译生成性造就翻译成长性。基于翻译复杂性、生成性与成长性,翻译生成论的建构就获得了复杂适应系统的范式支撑与理论视域。

翻译生成论强调生成性与成长性,实质上就是凸显翻译既是一个复杂适应系统,又是一个复杂生命系统。翻译不仅仅是语言转换与文化操纵活动,而且是作为一种文本生命在异域之中延续与成长的生成活动。翻译作为文本生命的生成活动,是基于译者的创生性选择、适应性选择来实现的。译者行为既基于动态的适应选择又源于复杂的适应选择,而且适应选择具有明显的过程性、涌现性、动态性、生成性等复杂性特征。简而言之,适应性体现出翻译复杂性的显著特征,指向翻译作为文本生命存在的生成性与成长性。任何适应性的翻译活动都是基于具有创生能力的适应性主体,其适应性体现于自身的主体性、能动性、创生性等复杂性特征;又都是基于活生生的文本生命,体现翻译的延续性、生成性、成长性与创生性,同时翻译又遭遇翻译环境的影响与制约。适应性主体能够融入翻译环境并与翻译群落进行积极的交互作用,在异域之中创造了具有环境依赖性与生态适应性的文本生命。作为适应性与创生性的主体,译者越是能够适应并融入翻译环境,就越能够将既济的原文生命转渡为未济的译文生命,而译文生命就越能适者生存,就越能在异域之中延续与成长。"译者作为原文生命的'转渡者',需要在时空上使原作生命在异域中诞生、延续与发展,在转渡过程中'随心所欲不逾矩',让原文生命在异域中'投胎转世'而获得'来世生命'。"(罗迪江,2021b:63)文本生命在异域之中的生成必须有待于译者进行适应性的"赞天地之化育";作为适应性主体,译者具有积极的感知能力与适应能力,因而能够在翻译过程中发展自身的目的性、主动性和能动性,遵循翻译之道且与翻译环境、翻译生态以及翻译群落进行交互式的认知活动,积极协调与整合自身的翻译感知与认知以适应性地融入翻译生态环境;同时与翻译群落中其他的适应性主体进行富有成效的合作,争取文本生命接受异域的考验与适者生存的调适,以获得生生不息的生成与成长。

　　翻译仅仅基于语言特征是不可能达到预期的结果的;不可预期性是以混沌的方式(in terms of chaos)来获得衡量,可理解为一种"组织缺失"(an absence of organization),因而翻译结果(outcomes)不是直接产生的,而是从不同因素的复杂性互动中"涌现"(emerge)的,这种"涌现"使每一次翻译都是一次独特的显现。(Pym,2014a:267)翻译是一种不可预期的、复杂性互动的涌现现象,呈现出涌现性、复杂性与生成性特征。正因为如此,译者在翻译过程中不可能完全依赖于语言特征就能完成翻译,而是受到不同因素的复杂性互动影响的。由于受到翻译环境不同因素的制约,译者行为不可能永远是理性的,因而会接受非理性的驱动去翻译;翻译环境在不断地变化,文本生命的结构、功能或属性也处于流动状态,因而翻译行为就会发生不可预见的变异。这就需要译者以创生力来呵护文本生命,不然就无法适应复杂多变的翻译环境。简而言之,翻译受限于动态的翻译生态环境。"生态翻译学的复杂性研究强调翻译受限于翻译生态环境,以翻译的生成过程为模型,确证翻译的本来面目不是简单孤立的语言转换,而是在翻译生态环境里各种适应性主体之间相互作用、相互制约的过程中生成的文本生命。"(罗迪江,2021e:101)承认翻译受限于翻译生态环境,就会承认翻译作为文本生命存在发生变异的可能性,也就承认了翻译所蕴含的复杂性、生成性、成长性,也就体现了"适应性造就复杂性"与"复杂性造就生成性"的思想。作为复杂多变的活动,翻译完全具有复杂适应系统所描述的生成性、成长性等复杂性特征。于是,生成性、成长性等复杂性特征成为翻译得以产生与发展的强大动力,也是翻译作为文本生命得以再生与成长的驱动力,更是翻译生成论得以建构的观念基础。

第六节　小　结

翻译复杂性问题需要复杂性范式来理解与探究,目前翻译研究遵循的基本上是以简化复杂性为内容的简单性研究范式;简单性范式不但难以对复杂的翻译现象与翻译过程实现有效的解释与说明,反而会导致翻译研究的简单化与片面性。这就要求在翻译研究上认真探讨翻译现象的复杂性特征,强调翻译作为一个复杂适应系统而存在。肯定与承认翻译是一个动态的复杂适应系统,就无法忽视复杂适应系统的适应性、生成性,就意味着翻译研究可以运用"适应"、"生成"、复杂性范式来处理翻译的复杂性问题。这意味着翻译学研究的思维范式转向了复杂性思维范式,也意味着翻译生成论是一种复杂性思维范式。语言转换论过多地强调了"分解—还原""分析—综合"的方法,在克服传统翻译研究的经验性与感悟式方法的局限的同时却又缺乏对翻译复杂性与整体性的思考与探讨。翻译是一个复杂适应系统,语言转换论无法将翻译整体完全还原为翻译的部分,因为部分无法完全揭示出翻译作为一个复杂适应系统的整体性、生成性、涌现性、适应性等复杂性特征。当然,复杂性范式关注的是复杂适应系统中不同要素之间的互动性与关联性,但它并不是完全否定各个要素的独立性与差异性;复杂性范式追求的是复杂适应系统的贯通性与整体性,但它并不是忽视各个要素的自主性与个体性。从翻译研究的内部来说,翻译研究所涉及的文本、以译者为代表的翻译群落与翻译环境,既维持了其作为翻译研究的实在性,也是复杂性范式应用于翻译研究的本体论基础。从翻译研究的外部来看,虽然复杂性范式的方法论、认识模式、概念范畴等大部分源于自然科学,但其作为一种理论框架和认识模式,是具有融通性、横断性与普遍性的,因而也适用于翻译的复杂性研究。面对复杂多变的翻译现象,"翻译研究学科应该科学地处理好宏观研究与微观研究的关系,处理好外部研究与内部研究的关系……通过借鉴、消化、吸收、融合其他学科的研究成果和研究方法,解决翻译自身的困境,发展符合翻译学科发展需要的方法论"(傅敬民,2016:18)。事实上,复杂性范式在翻译研究中的运用本质上体现为自然科学范式的一个基本观念。虽然翻译研究与自然科学在研究目的、过程、结果上有所不同,但复杂性范式作为一种方法论与理论视角,将翻译研究与复杂性范式建基于相同的方法论,这就为消解翻译研究与自然科学之间存在的认识论鸿沟提供了一种解决方案。随着复杂性范式在翻译研究中的普遍渗透,一种全新的复杂性研究逐渐显现于当代翻译研究,同时也为建构翻译生成论提供了新的方法论启示与认识论视域。复杂性范式在翻译研究中的适用性及其适用性范畴,为翻译生成论的当代建构提供了方法导向与可能性,使得翻译生成论的思想理路愈加清晰,进而凸显翻译生成性与成长性。复杂性范式为理解翻译研究的复杂性问题以及翻译生成论的建构提供了一个统一框架,改变与扩展了翻译研究的内容与方式,增进了对翻译研究方式的认识,以及对翻译学的学科地位等方面的理解。

复杂性范式的理论方法来源于复杂性思维、复杂适应系统、复杂性科学等话语体系。对于翻译研究而言,复杂性范式是探讨与揭示翻译复杂性的一个整体性思维,它强调翻译是一个动态的复杂适应系统。复杂性范式与翻译研究的复杂性具有内在的契合性,这就需要厘清复杂性范式在翻译研究中的适用性问题及其适用范畴。值得注意的是,翻译系统与自然系统之间的同质性是复杂性范式适用于翻译生成论建构的逻辑前提。复杂性范式的适用性问题,揭示了自然科学与翻译研究之间的内在关联性。尽管翻译系统与自然系统之间存在诸多的异质性,而恰恰正是这些异质性才使得翻译研究的复杂性探讨得以可行。同时,正是翻译系统与自然系统之间的同质性,决定了复杂性范式能够适用于翻译生成论的建构,也决定了翻译生成论建构的可能方式。无论复杂性范式之于翻译研究的适用性如何,当代翻译研究认识到,将复杂性纳入翻译学范畴进行探讨是必要且有价值的。翻译研究对复杂性的关注与认可,会形成翻译研究的复杂性思维,呈现出新的理论特征与研究范式。翻译复杂性不仅是翻译研究中的一种普遍存在的性质特征,而且构成了翻译学领域要探讨的核心论域之一。作为翻译研究的普遍存在,复杂性本身是后现代主义与整体主义的研究趋向,那么当代翻译研究就自然而然地从这个最显著的复杂性趋向开始,也就自然而然地以揭示翻译的生成性、成长性、创生性、适应性等特征为己任。翻译研究将复杂性作为自身研究的主要内容并以复杂性范式去思考翻译问题,既表明了翻译研究对自身认识的深化而为自身研究找到了一个新的生长点,也表明了翻译学在其发展过程中不断地自我完善与逐渐成熟的必然趋向。翻译研究的复杂性探讨及其呈现的复杂性形态,可以沿着复杂适应系统的研究思路获得新的挖掘与做出新的表达。复杂性范式作为复杂性科学的一种范式,其在发现和探讨事物发展的运行规律方面获得了巨大成功,为复杂性方法延伸至社会学、语言学、翻译学领域提供了一种可行的方法论路径。复杂性范式本质上是一种多元化的研究观念与整体化的思维倾向,是建构翻译生成论的逻辑前提,它主张复杂性方法与翻译生成论具有内在的同质性,表明至少复杂性方法对于翻译生成论所探讨的复杂性产生了极大影响,进而将翻译研究触及生成性、成长性、创生性等方面的探讨。

第三章　翻译复杂性造就翻译生成性

第一节　引　言

近年来，翻译学界对于翻译学的探讨进入了新的发展阶段。复杂性范式的影响与渗入，使翻译学界摆脱了来自简单性范式的理性束缚，不断挖掘出翻译的生成性、不确定性、成长性等复杂性特征，翻译学由此进入复杂性范式研究的发展阶段。如何认识、理解与分析简单性范式下当代翻译研究的现状及其困境，是我们把握当代翻译研究面临的主要问题、推进并解决它在可能发展趋势上获得前进的重要问题，有必要将其厘清。翻译研究的发展趋向在不同的历史背景下有不同的内涵和表现，20 世纪末以来它在文化转向的冲击下有了新的表现形式，主要体现为：①翻译研究的范围和边界日趋模糊化与宽泛化；②翻译研究逐渐呈现出多元化、多理论的发展趋向，诸如文化操纵论、多元文化论、解构主义理论、女性主义理论、食人主义理论等相继出现。这些新的研究理论或理念被认为更具创造性，更能反映翻译研究的后现代性要求。在后现代主义的冲击下，语言转换论的认知思维和研究方法的不合时宜性日益凸显，解释乏力也越来越明显。虽然在不同的历史阶段，翻译研究困境的具体表现不同，但其深层原因在于方法论上的不适用性。这与简单性范式有着密切的关系，它在很大程度上阻碍了翻译研究多元方法论与复杂性思维范式的形成与发展。

伴随着语言学转向与文化转向的相互纠缠，翻译研究在两大转向的相互制约中似乎失去了能够影响自身的新的思维模式。因而，努力地建构一种新的思维模式去发展翻译研究，去挖掘翻译研究的新生长点，就变得相当重要而且又非常有意义。"'翻译'这个概念在作为研究对象的使用过程中具有极大的复杂性，翻译研究的认识疆域非常大，研究对象的层面和维度也十分繁复，那么这就要求有与之相对应的多元化的研究方法，因而可以说，跨学科、多元化是翻译学研究的必然要求。"（蓝红军，2019：169-170）复杂性范式是一种跨学科、多元化的研究方法，它注重翻译现象的不确定性、生成性、成长性、涌现性，并将它视为一种真实有效的方法论优势，建立在确定性与不确定性、既成性与生成性、客观性与主观性的辩证关系基础上，能契合翻译研究的复杂性要求。翻译研究用复杂性范式对翻译现象进行分析表明：翻译研究不仅存在确定性、客观性和既成性，而且也存在不确定性、主观性和生成性。翻译研究的复杂性意味着需要超越简单性范式的单一性，形成一种超越还原论思维的超学科方法——复杂性范式。随着复杂性范式在人文社会科学领域的不断渗透，翻译学界意识到翻译的复杂性问题并有意识地运用复杂性范式去认识与理解它，而这种意识在当代翻译学领域中已经逐渐成为一种普遍的共识。

第二节　翻译：一个复杂生命系统

翻译的复杂性研究表明，翻译是一个整体的复杂生命系统。翻译既具有复杂适应系统的动态性与适应性，又具有复杂生命系统的整体性与生成性。不论是复杂适应系统还是复杂生命系统，对于翻译研究而言，它们均与文本生命有着内在的关联，因而理解翻译就需要理解文本生命，建构翻译生成论就需要把握文本生命。从复杂性来看，翻译不再只是语言转换论的对等性的呈现，也不只是文化操纵论的操纵性的映现，而是复杂性的"生命"适应性的涌现，是不断生成的又置身于复杂生命系统的"生命"显现。显然，此处的"生命"指向的是"文本生命"，是指向作为文本生命存在的"翻译"。"翻译是一个独立自主地存在的系统，是一个自适应性的（adaptive）、自我调整的（self-regulating）、自我反省的（self-reflexive）并能自我再生的系统（self-reproducing system）。"（Hermans，2004：142）以复杂性范式为方法论，翻译的复杂性蕴含生成性；生成性是复杂生命系统最基本和最突出的一个特征。相互协同、相互演化、相互作用的文本系统、群落系统和译境系统组成了一个动态的生命共同体，它具有不同系统相互发展而形成的延续性、生成性、成长性、涌现性与创生性。生成性是复杂生命系统的一种最基本表现，它是复杂生命系统层次性与多样性的重要源泉。复杂生命系统从生成性的视角理解翻译，将有助于我们理解翻译的延续性、成长性与涌现性。也就是说，复杂生命系统的生成性促使我们对文本系统、群落系统和译境系统之间关系的理解更加明确、更加充分。文本系统、群落系统和译境系统构成了一个有机整体的生命共同体，而复杂生命系统为文本—译者—译境的耦合关系提供了沟通的桥梁。复杂生命系统造就了翻译的生成性，它将生成视角、生成思维、生命方法、生命视角等元素引入翻译研究，有效地揭示了翻译的生成性、创生性等复杂性特征。复杂生命系统的生成性问题及其衍生而来的成长性、创生性,关系到对翻译与文本生命之间生成关系的基本认识。翻译生成性的探讨将不仅有效地建构翻译生成论的理论体系,而且将有可能在某种程度上有效地弥合人文科学与自然科学之间的认识论鸿沟。

一、复杂生命系统的基本构成

基于文本生命与自然生命、创生性译者与适应性主体、翻译生态环境与自然生态环境之间的同质性,翻译可被理解为一个动态的复杂适应系统,这个系统又以文本生命为线索贯穿始终,既关注文本生命的诞生与延续,又关注译者主体的创生性与适应性,也关注译境、文本、译者之间的互动性与复杂性,由此促使翻译研究形成一个动态的复杂生命系统。显然,复杂生命系统是一个集文本生命、译者生存与翻译生态及其文本、译者、译境等多维度要素与适应性能力为一体的生命共同体。生命共同体包含众多适应性主体、异质性主体与能动性主体,主体之间存在着极其复杂的非线性作用关系,它是一个充满延续性、生成性、不确定性、非平衡性发展的动态过程。复杂生命系统包含译者、文本、译境等诸多更小的元素或要素,彼此之间相互作用、相互制约、相互耦合、相互依存,形成复杂的"类生命"体,整个系统都充满了动态性、多样性、异质性、生成性等复杂性特征。

复杂生命系统是一个动态的复杂适应系统,它由文本系统、群落系统和译境系统构成,具体指向与翻译息息相关的"文本生命、译者生存与翻译生态"(胡庚申,2013:20)。文本生命既是复杂生命系统的核心概念,又是作为翻译存在的根本方式,而"类生命"是文本系统、群落系统和译境系统相互作用、相互融合而形成的生命共核。作为一个复杂生命系统的根基在于,翻译既涵盖原文生命与译文生命,又包含文本生命与来世生命;既包含文本生命,又包含译者生存与翻译生态;既指向文本系统,又指向群落系统和译境系统。作为一个动态的复杂生命系统,翻译是以文本生命为核心概念,以生成性为指向,以文本系统、群落系统和译境系统为相互作用的运行机制,形成了以文本、译者与译境为三大耦合要素的"类生命"形态(如图3-1所示)。

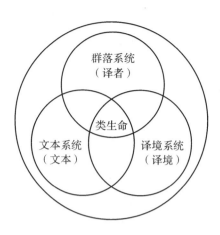

图 3-1　翻译研究的复杂生命系统

复杂生命系统一旦形成就会产生强烈的自我认同感、一致的凝聚力与共同的生命观,形成翻译研究独特的思想内涵:翻译不仅是一个动态的复杂适应系统,也是一个整体的复杂生命系统。复杂生命系统作为翻译的根源(wherefrom)、场域(wherein)与归宿(whereto),是翻译活动得以展开的肥沃土壤,也是翻译活动得以进行的中心。复杂生命系统属于翻译活动的中心,既是翻译活动的场域,也是文本系统、群落系统与译境系统相互融合的视域,因而是一个动态的复杂适应系统。根据霍兰(Holland,1995:4)的"复杂适应系统"的观点,翻译生态系统就是一个复杂适应系统。群落系统、文本系统和译境系统成为复杂适应系统的适应性主体,它们之间不是截然分开、各自为政、独善其身的,而是融为一体、共同协作、紧密结合的,如此才能形成一个由文本系统、群落系统和译境系统交叉组合而成的"文本—译者—译境"的类生命系统。其中,文本系统的核心指向是"文本生命",群落系统的关键指向是"译者生存",译境系统的基本指向是"翻译生态"。文本生命、译者生存与翻译生态相互渗透相互交融的共生形态,形成了独特的"类生命"。"类生命"系统呈现出一种整体生态化的倾向,这意味着文本生命与译者生存、翻译生态应该是一个相互作用、相互依赖、相互制约的生态系统,体现出翻译自身独特的整体和谐性与生态化特征。"类生命"构成了翻译研究对整体和谐性与生态化的一种积极回应,也是翻译研究的一种新增长点。

(一)文本系统

探讨翻译研究的复杂生命系统,既离不开对文本系统的深层理解,又离不开对文本生命的深刻把握。文本系统是由原文生命与译文生命构成的类生命体,它所考察的是文本生命的再生、延续与成长。文本生命始终是翻译活动的基础,原文生命与译文生命之间天然具有传承性与延续性。翻译并非单纯的语言转换,而是一种文本生命在异域之中传承与延续的复杂行为。因而理解翻译必然从过去单纯的"译本何以产生""译本何以被接受"转向"文本生命何以生成",唯有如此,文本系统才能构成群落系统中涉及的一切翻译活动的基础。从复杂生命系统来看,翻译被文本系统建构为一种文本生命的存在,实质就是文本生命的生成活动。生成是文本生命的"生"与文本生命的"成",是以文本生命为基点在异域之中敞开与成长;因而翻译是文本生命在异域之中的敞开与成长,是异域之中不断吸纳文本生命的基因而形成的来世生命。

文本生命是文本系统的核心要素。在文本的意义上,文本生命是原文生命与译文生命的统一体;在超文本的意义上,类生命是文本生命得以再生、延续与成长的关联体。由于类生命是相对于文本生命而言的,需要在翻译过程中实现原文生命向译文生命的转化,因而类生命具有生成性、延续性、成长性等复杂性特征。复杂生命系统是以类生命为核心由文本生命、译者生存与翻译生态环境构成的,而文本、译者和译境的互动融合是复杂生命系统的内在构成。文本与译者、译境之间会逐渐形成一种稳定的空间关系,它表现为彼此之间形成了持久的多重互动关系。这种互动关系一旦形成,就会使翻译在空间关系上具有"地方性"(locality)的独特性。复杂生命系统中不同子系统之间呈现出多样的异质性以及译者与文本、译境之间形成的持久的"地方性"的适应性关系。"地方性"的适应性关系,是译者与文本、译境之间在空间维度上形成的一种高度关联的适应性关系。与此同时,复杂生命系统是时间的函数,会随着时间的变化而变化,复杂生命系统发生变化,文本生命也随之发生变化。同一文本生命在不同的翻译环境中就会生成不同的译文生命;译文生命在异域之中的生存状态又取决于文本生命在异域之中的适应性与生成性。适应性造就了复杂性,复杂性造就了生成性。因此,复杂生命系统凸显的适应性、复杂性与生成性是密切相关的,它们在很大程度上构成了对文本、译者和译境之间协同演化而显现出来的显著特征,进而为翻译研究提供了一种新的认识方式。

(二)群落系统

群落系统是复杂生命系统中的一个关键因素,它是以译者为核心的翻译群落,它不仅涉及翻译群落中的译者、原文作者与读者三大元素,还涉及委托人、赞助商、出版商等具有适应性主体的"类生命"共同体,它指向的是译者的生存境遇、创生能力、翻译素养及其对翻译行为的实施状态。群落系统是翻译研究的一个生命共同体。从宽泛意义上说，群落系统、文本系统和译境系统构成了复杂适应系统的适应性主体，它们能够从翻译生态环境中搜集、加工、处理与自身行为密切相关的各种信息，加上作为最具创生能力与适应性能力的译者的整体性处理，并将处理结果进行反馈以作为翻译行为的参考。在翻译实践中，适应性主体通过改变自身结构和行为来提高自身的创生能力和适应能力，这是适应性行为主体之间的自组织机制。复杂生命系统可以根据翻译环境的变化而做出适应性调整，进而改善与提升适合翻译活动的环境，形成动态的、稳定的系统结构。以复杂生命系统来看待适应性主体，就是强调译者与文本、译境是一种更为原初、根本的共生关系；译者是嵌入复杂生命系统中的，翻译活动伴随着与复杂生命系统的交互，这样便消解了二元论造成的译者与文本、译境之间的对立。当然，复杂生命系统对于翻译活动不是被动的共同体，而是自始至终在与译者的交互过程中影响着翻译行为的产生；反过来，译者也在一定程度上影响与塑造着复杂生命系统。译者与复杂生命系统不是对立的，译者无法转向到复杂生命系统之外。

复杂生命系统表明了，文本系统、群落系统和译境系统之间不是割裂分开的而是互生共存的，翻译就寓于文本系统、群落系统与译境系统交互所产生的空间关系。文本、译者、译境作为一个复杂的有机体，是协同作用、共生共存的，彼此之间构成了一种异质性的空间关系。异质性的空间关系是通过译者与文本、译境之间形成的某种稳定的适应性关系呈现出来的，它为翻译行为提供了一种"给予性"（affordance）的导向作用。译者的适应性能力和创生性能力是复杂生命系统演化的动力。翻译群落系统中的"人"既成为翻译复杂性的关键所在，又要通过改变自身行为来提高对译境系统的学习和适应能力。"作为一种独特的存在，译者不仅被翻译活动赋予具有主导作用的翻译能力，将译前、译中、译后内在地联系起来并建构一种稳定的翻译生态系统，而且还被赋予协调翻译群落其他成员的关系、履行生态理念、保持生态平衡与维护生态和谐的特殊使命。"（罗迪江，2019a：93-94）群落系统代表了翻译活动与翻译行为的一种伦理规范，它唤醒翻译群落的生态自觉，呼吁翻译群落的生态责任与生态行为，理性地进行翻译活动。生态责任与生态行为蕴含一种伦理规范与译者责任，这成为群落系统与文本系统相互协同作用而生成的生态伦理。

(三)译境系统

从狭义层面来看,译境系统乃是由译者的翻译认知和翻译实践所形成的翻译生态及其翻译效果,包括译者形态的翻译策略、翻译方法、翻译观念以及客体形态的翻译伦理、意识形态、翻译责任、翻译义务等规范体系。从广义层面来看,译境系统所蕴含的是翻译生态与翻译环境,所审视的是其与文本、译境之间的相互作用,是由文本生命与群落生命构成的类生命体,因而贯穿于文本系统、群落系统和译境系统之中的是具有适应性的类生命。译境系统为群落系统提供了翻译生态与翻译环境,它要求翻译群落必须把译境系统作为群落系统存在与发展的前提和基础,译境系统是译者进行翻译行为的环境基础,其整体功能规定了译者的功能。译者活动与文本生命并不是存在于真空之中的,而总是处于特定时空条件下的译境系统之中,因为任何文本生命的诞生与延续都有赖于其自身的译境系统。作为活生生的、有机体的译境系统,栖居于其中的文本就富有生机活力,是文本生命的现实表征。"文本是语境的产物,语境并不仅包裹在文本之外而且融入文本之中。"(Jasinski,1997:199-200)也就是说,译境系统乃是文本生命诞生与延续于其间并产生异域之中的译文生命的历史框架,是文本生命在空间上延展与在时间上绵延相互融合的历史框架。之所以强调译境系统,是因为只有揭示翻译所产生的翻译生态、翻译环境、文化变更、情境转换等,才能具体、深入地探讨翻译是如何嵌入译境系统、译境系统又是如何影响翻译行为的。基于译境系统的分析,才可以说翻译具有译境的"给予性",才可以说翻译具有译境的"地方性"。译境系统强调,所有翻译活动不只是依赖于群落系统的自上而下、由内而外的认知加工与处理,更依赖于译境系统对群落系统的自下而上、由外而内的影响,并且这种影响过程是即时发生的、地方性的。考察与把握翻译,就需要考察与把握译境系统,同时,译境系统不是一成不变的,而是一个差异化的复杂适应系统。差异化的译境系统对于翻译活动起着约束作用,也为翻译活动划定得以产生与发展的疆域。

任何一次翻译活动,都需要以译境系统作为其产生与发展的环境基础。从整体性来说,译境系统要求翻译群落必须将译境系统作为群落系统存在与发展的前提和基础,将译境系统作为文本系统中的文本生命在异域之中得以延续生命的依存性生态场和文本生命在异域之中成长的依存性土壤。对群落系统而言,译境系统暗示了译者感知到的内容是译境提供的行为,它是译境对翻译来说的一种可能意义,描述的是译境属性与译者行为的互动过程。换而言之,译者无须表征译境,而是译境自身向译者显现应该翻译什么、如何翻译,因而译境不是消极被动的,而是具有积极的引导功能。译境系统为文本系统的原始生态提供了独特的生态场域;文本系统和译境系统之间的生态场域需要获得文本生命的传承性与延续性;文本系统和译境系统相互适应可以产生文本生命的新生态位。文本生命的成长不断地创造出新的译境生态位,而这些译境又赋予文本生命一种新的适应性与生态位。译境系统对于文本系统、群落系统来说具有"给予性",因而文本系统、群落系统和译境系统的互生共存作为一种基础性与整体性的复杂生命系统必须建构起来。唯有这样的系统,才能使翻译群落立足于整体性的译境系统而在翻译过程中找到有效与合理的行为方式。概而言之,译境系统"内嵌"于群落系统,或者说群落系统"镶嵌"到译境系统与文本系统之中,译境与译者、文本是内在映射关系,具有较强的"给予性"。

(四)系统共核:类生命

"类生命"是文本系统、群落系统和译境系统相互交织缠绕的结果,是复杂生命系统之所有存在的显著特征,更是复杂生命系统的共核。在问题导向的探究活动中,文本系统、群落系统和译境系统这三大系统既各司其职,又积极合作。它们互为背景,交织缠绕,构成了一个具有类生命特征的生命共同体。类生命是以生命共同体的形式展现的,即文本、群落、译境等每个适应性主体都内在地包含生命共同体的整体性特质,而也正是凭借这种生命共同体的特质,所有适应性主体得以联结为一个"和而不同"的整体。从生命共同体的整体来看,类生命揭示了复杂生命系统具有生命性质,即文本、译者和译境不再是孤立的生命个体,而是具有类性质与类生命的复杂适应系统。复杂生命系统将文本、译者和译境的耦合关系纳入类生命范畴,本质上形成了一种生命共同体。其中,文本的生命状态是文本系统的功能,译者的生存境遇是群落系统的功能,翻译的生态整体是译境系统的功能。三大系统的交织缠绕,就体现为文本、译者和译境的交织缠绕。交织缠绕的类生命特征形成,要求翻译研究对三大系统采取一种整体论的复杂性视角。一旦将它们割裂,就会产生翻译研究的单一性与偏差性。复杂生命系统中的类生命视角,彰显了翻译是一个具有整体性的有机体。它既是对译者生存的关注,也是对文本生命的显现,更是对翻译生态的彰显。译者生存与文本生命、翻译生态的交往互动丰富了翻译活动的多样性,塑造了翻译活动的不同可能性。翻译是在译者生存、文本生命与翻译生态的交往互动中进行的,存在着不同的交往方式,包含沟通、交流、传承、创造、发展等。翻译的类生命正是在译者生存、文本生命与翻译生态的交往互动过程中得以塑造的。以类生命的视角去认识翻译，就是扎根于复杂生命系统的整体性，追寻译者生存与文本生命、翻译生态之间的和谐性；同时又是超越了原文的初始生命体，它融入了译者作为文本生命的创生，构建了一个互生共存的复杂生命系统。翻译本质上是一个动态的、根植于译者生存及其与文本生命、翻译生态互动的主体实践的生成过程，因而翻译是一个生成着的复杂生命体；同时，翻译又是译者主体性实践的结果，是对其生存境遇、文本生命、翻译生态及其彼此之间互动的主体实践意义的表达，具有生成性、延续性、成长性的特征。

要显现复杂生命系统的整体性，就应该将翻译视为一个复杂生命系统，既要彰显译者生存、文本生命与翻译生态之间的互动性与融合性，又要凸显翻译的生成性、成长性与复杂性。复杂生命系统从类生命的角度审视文本、译者和译境的复杂性，就是强调翻译研究是一种类生命的研究，旨在挖掘出翻译研究从"语言"到"文化"再到"类生命"视角的递进规律，完成了对翻译研究的范式性认识。翻译研究应该栖居于复杂生命系统的场域，它不再将文本、译者与译境进行主观分裂，而是在复杂生命系统中让自身具有"类生命"的特质，且整体性进入类生命的场域，进而使翻译具有类生命的生成性本质。翻译的每一次"进入"，都是一次全新的"生成"。翻译通过不断地"生成"构成自身的"类生命"特征，进而凸显了自身的生成性。翻译联系着文本、译者、译境的主体间性，可以通过对"类生命"的激活被复杂生命系统中的多重主体认识，因而翻译并不是静态僵化的系统，而是一个动态生成的系统。通过对复杂生命系统的整体透视而呈现出的类生命特质，使得复杂生命系统不同元素之间具有开放性与多样性。复杂生命系统中的翻译一旦获得了类生命的特质，就能突破既成不变的、必然决定的无限理性，敞开自身系统的"大门"，找到打开生成性的"钥匙"。从广泛意义上说，一旦将文本系统、群落系统和译境系统交织缠绕作为出发点，一道以类生命为视角的翻译研究地平线便徐徐展开，翻译认识论研究就会呈现出类生命的崭新局面。

二、复杂生命系统的层次性

复杂生命系统是一个动态复杂适应系统，其所蕴含的生命信息量是高而有序的，因而具有一定的层次性结构。从宏观层面来看，复杂生命系统的层次性结构包含文本系统、群落系统和译境系统。复杂生命系统将这些子系统理解为多个层级的变量,并且重视变量的层级间与层级内部的模式。多个层级的变量会涉及翻译的生命形态及其发展的生成形态。复杂生命系统强调文本系统、群落系统、译境系统等不同层级之间的关系是互生共存的。这就表明了,翻译作为生命体存在涉及文本、译者与译境等变量,是一种具有多层级的复杂关系。复杂生命系统中文本、译者与译境等变量是相互影响、相互制约而又相互融合、相互促进的。因而,复杂生命系统内的文本、译者和译境都具有类生命的特质。从微观层面来看,文本系统的层次性结构包含原文生命与译文生命;群落系统的层次性结构包括译者、原文作者、读者、委托人、赞助商、出版商等;译境系统是翻译生态与翻译环境的集合体与融合体:翻译生态既是指翻译活动中不同分工的生命机体,又是指原文作者、译者、读者、评价者、赞助商、出版商等活生生的适应性主体;翻译环境又包含经济环境、文化语言环境与社会政治环境。复杂生命系统考虑到系统中各种因素、变量的变化,它是翻译研究要面对的一个生命机体发展的系统,它揭示出复杂生命系统的类生命具有层级性。类生命层次越高,文本系统、群落系统和译境系统的交互作用越强,复杂性程度就越高。

复杂生命系统拥有不同层次结构,文本系统、群落系统和译境系统的层次结构之间,既有相关性,又有相互独立性,这是由复杂生命系统层次间的相关性和相互独立性所决定的。就文本系统而言,原文生命与译文生命是相互关联的,即译文生命是原文生命的传承与延续,与此同时又是相互独立的,原文生命的自组织信息是原文系统本身固有的,而译文生命的信息是原文生命信息的表征,是另一种生命在异域之中的诞生与生长。在认识论上,文本生命是兼具分析性和综合性的层级结构,是原文生命与译文生命的综合体,拥有不同的翻译认识层级。在原文生命的层级上,文本生命涉及的是具体的分析方法,是对原文生命的广延性进行观察、分析与推理,以确保原文生命的确定性与统一性;在译文生命的层级上,文本生命涉及的是综合认识方法,是对原文生命在异域之中延续与成长历程的诠释,以解释原文生命的广延性与译文生命的绵延性之间的整体关系。翻译的生成过程,就是从原文生命之"生"到译文生命之"成"的延续过程。不论翻译如何生成,它总是与文本生命在异域之中的生成紧密相连。译文生命总是从原文生命的旅行之流,穿过原文生命的踪迹去构建自身独具的躯体,在异域之中形成属于自身独特的灵魂与生命,但丝毫不会散失原文生命的根本力量。从这个意义上说,翻译应立足原文生命的自我性与独特性,去认识本体、本质、本原的原文生命。就翻译群落系统而言,"作为人的译者,本身就是一个多样统一的复杂的整体"(莫兰,2008:59)。翻译活动的主体不是单独的、孤立的译者,而是翻译群落意义上的适应性译者,是深深植入复杂生命系统的创生性译者。就译境系统而言,翻译生态与群落系统相互交融,既形成了你中有我、我中有你的共生形态,又构成了同中存异、异中求同的和谐形态。当然,复杂生命系统的相关性与独立性并不是截然分开的,文本系统、群落系统和译境系统层次之间总是处于相互关联之中而又表现出自身的独特性。

与语言学范式研究不同,复杂性范式借助复杂生命系统的类生命来把握翻译系统的运行机制。复杂生命系统的适应性主体相互联系、相互作用、协同演化,形成一个由群落系统、文本系统和译境系统构成的具有层次性与生命性的统一体。复杂性范式一方面彰显了复杂生命系统的层次性,使得翻译系统的独特性凸显出来,另一方面提高了翻译系统的敏感度,使得翻译系统的任何一个适应性主体的变化都会引起整个复杂生命系统的变化。从文本生命的视角来看,扎根于译境系统的文本生命,既追寻文本、译者和译境之间的互动性而指向翻译的复杂性;同时又超越了原文生命的原初性而生成译文生命的新颖性,它融入了翻译群落的创造性与能动性。文本、译者和译境之间通过协同作用,产生支配复杂生命系统进行整体行为的"序参数"(order parameter)。序参数是描述与展现翻译动态性、生成性、成长性等复杂性特征的一个重要概念。"它是描述一个系统整体行为的宏观变量,也是一个系统有序度的表现。"(付强、范冬萍,2017:85)序参数既是复杂生命系统整体的一种适应性进化能力,也是复杂生命系统的一种元价值,这个适应性进化能力与元价值就是生命。生命共同体表明了,文本、译者和译境之间形成了一种特定的类生命关系,它体现了文本、译者和译境之间的层次性、生成性、复杂性、适应性、成长性。例如,语言学范式强调语言转换的对等性,侧重于文本系统,而忽视了与群落系统、译境系统的相互作用,对翻译现象的解释难以形成一个整体性的解释与说明,复杂生命系统中的序参数无法形成;文化范式强调翻译即改写、操纵、背叛、吞噬的观点,侧重于群落系统和译境系统之间的互动作用。群落系统和译境系统与文本系统失去了互动性,复杂生命系统也遭受割裂,这就意味着翻译在文本、译者和译境的割裂状态下失去了翻译的生成性、成生性与整体性。如果复杂生命系统中任何一个子系统偏离或脱离元价值"生命",那么系统就会发生断裂,所谓的共同体就不复存在。生命共同体是文本系统、群落系统和译境系统水乳交融而形成的层次性建构,是文本、译者和译境的"三位一体"的层次性建构。

三、复杂生命系统的生命共同体

在生物学领域中,与"生命共同体"相互关联起来的,是诸如美国植物学家、生态学家克莱门茨(Clements,1916)的"超级有机体"(super organism),德国植物学家海因里希·A.德·巴里(Heinrich A. de Bary)的"名称不同的有机体共同生活"(the living together of unlike named organism)(Sapp,1994),弗雷德里克·布沙尔(Frederic Bouchard,2010)的共生群落(symbiotic community)的"共同命运"(common fate)等。根据哲学家佩珀(Pepper,1942:232)的根隐喻理论,形式主义(formalism)、机械主义(mechanism)、机体主义(organism)、语境主义(contextualism)是人类认识与理解世界的四大根隐喻。那么,机体主义是我们认识和理解与生命、生机、活力相关涉的事物的根隐喻。论及机体主义的内涵,离不开对"机体"与"生机"的认识与理解。机体是生命体充满生机活力的表征与标志,是生命体生长、繁殖、成长的传承与显现。"'生机'存在于生物机体各部分以及机体与外部环境的各种有机联系之中。"(于雪、王前,2017:99)"机体"强调生物学意义上生命体的新陈代谢,因而它是一个不断处于新陈代谢的适应性体,具有非线性、动态性、变异性、涌现性、过程性、生长性等机体主义特征。不论是"有机体共同生活",还是"共同命运",抑或"生命共同体",它们都是"生活世界"中非常普遍的现象,也是有机体的共同聚集。共同体中有机体之间相互作用、相互协作与相互演化;有机体的生存与发展依赖于共同体。有机体是一个具有整体和部分两个组织层次的结构系统;部分与部分融合为一个整体而具有因果的相互依赖和合作关系;系统整体作为一个功能的单元而存在和自我维持并发挥其功能。(杨仕健,2019:18)有机体总是在生成、成长、耦合的生命共同体之中凸显出自身的系统性发展,体现出活生生的生长之态与成长之势。

依据根隐喻理论,生命作为有机体的内核,具有根隐喻与元概念的作用与功能,是我们类推、认识与理解翻译的基础。在生命共同体中,不论是对文本系统的理解,还是对群落系统的认可,抑或是对译境系统的确认,作为复杂生命系统中相关的各子系统都应以类生命来形成对自我生命和共同体的理解,进而以这种理解为基础来把握翻译的本质。生命共同体意味着,各个子系统以交互性为旨趣,以生命为视角,以翻译为媒介,以生命意义与生命价值为最终目标,以关系理性为依据促进文本生命在异域之中的生成,形成特定的类生命关系。通过这种生命共同体内的交互活动,文本、译者和译境之间的融合或对立都以生命意义与生命价值为宗旨得到辩证地看待与审视。生命共同体作为文本系统、群落系统和译境系统之汇聚点,旨在克服二元对立的还原论的单向抽象,以及由此导致的生命意义的匮乏与生命价值的丧失。作为复杂生命系统的内核,生命共同体根底上乃是要维持文本系统、群落系统和译境系统之间的开放性、整体性与交互性,而生命要致力于通达的系统也具有这种开放性、整体性与交互性,致力于通达的翻译则指向生成性、创生性与成长性。

(一)生命共同体的开放性

从概念层面看,生命共同体与复杂生命系统的研究主题具有相互对应性,这意味着,生命共同体与复杂生命系统中的所有其他元素是一种蕴含关系。复杂生命系统中的所有其他概念都可以由生命共同体的方式衍生而来,因而生命共同体不是既成不变的,而是动态的、开放的、包容的、具体的。为翻译提供新鲜血液的生命共同体,本身就是一个生生不息的复杂生命系统,具有不断生成的特质。它是文本生命的集合体,是生命间的浑然关联而生成在一起的整体。这个整体又不断地朝向异域之中"敞开"而具有包容性与开放性。认识与把握生命共同体的开放性,始终是认识与理解翻译本质的基本要求。如果无视生命共同体的开放性,疏离翻译赖以立足的开放性基础,那么翻译本身就失去了新鲜的生命活力。"翻译的本质就是一个开放体(opening)、对话流(dialogue)、杂交育种(cross-breeding)、离心体(decentering)。"(Berman,1992:4)作为一个开放体,翻译是动态的;作为一个对话流,翻译是互动的;作为一个杂交育种,翻译是衍生的;作为一个离心体,翻译是多样的。因此,翻译作为文本生命的存在具有动态性、互动性、衍生性与多样性。真正的翻译总是出现在动态的整体系统中,整体系统又能凸显翻译的多样性、动态性与复杂性。翻译的复杂性分析,首先应当意识到,一个具体的翻译问题永远不会完全封闭,它总是开放于复杂生命系统,但同时又受限于复杂生命系统。这种受限性表现出复杂生命系统的弹性,也体现出复杂生命系统中生命共同体的开放性。翻译是在不断演化的复杂生命系统中动态生成的;生命共同体的开放性,意味着翻译具有内在的生成性与成长性。翻译与生命共同体之间是极为密切关联的,因而对翻译的理解就是表达了对生命共同体的特殊理解。翻译对文本生命、译者生存和翻译生态都拥有一种"理解域";翻译的任务就是要对文本生命、译者生存和翻译生态的"理解域"进行有效的视域融合。寻求一种生命共同体的理解就预设了对翻译的"类生命"理解，目的是使文本生命、译者生存与翻译生态以一种恰当的方式发生关联，因而翻译解释就是对"类生命"的认识与理解。可以说，翻译解释的基本逻辑并不是推理而成的，而是基于对生命共同体的理解而达成的视域融合。作为一种复杂生命系统的存在，翻译解释应该包含对文本生命、译者生存和翻译生态之间形成的类生命的解释与说明。

类生命对翻译的解释并不意味着要抹杀原文与译文的差异性，也不意味着文本—译者—译境之间耦合关系的同一化，它是在差异化视域下探寻对翻译活动进行同中存异、异中求同的把握的可能性。所谓差异化视域，就是在不消解原文与译文、文本—译者—译境之间差异的前提下探寻彼此之间的"和而不同"。显然，翻译本质就是一种差异化的"绽放"，就是一种和而不同的"涌现"。绽放意味着翻译处于不断生成之中，涌现意味着翻译始终朝向复杂性生成。"规则或规律生成（generate）复杂性，并且以持续不断的变化形式（the ever-changing flux of patterns）产生永恒的新颖性（perpetual novelty）与涌现性（emergence）。"（Holland，1998：4）翻译规则或翻译规律在生命共同体中能生成翻译的复杂性，复杂性也能造就生成性与创生性。翻译总是以持续不断的变化形式促使文本生命在异域之中产生新颖性、成长性与涌现性。涌现性就是作为文本生命在异域之中不断生成与成长的动态过程。相反，当翻译被局限于静态的文本时，它已深深地陷入了"文本化"或"物本化"而凸显其自身的孤立感与单一性，文本生命的生成性被静态的文本化遗忘，文本生命的生命共同体被分割，人们就会错误盲目地固定文本尺度而拒绝开放性的姿态和拒绝生成性与涌现性的理念。"文本化"或"物本化"的翻译观念，实质上就是西方翻译理论所凸显的"向外而求""凝滞于物"的元理论思维。"凝滞于物"的元理论思维过程偏向于外在的译论话语之"末"，同时却忽略了内在的心理因素之"本"，因而形成了一种本末倒置的元理论观念。（杨镇源，2022：61）翻译需要的是生命智慧，要求的是宽容与开放之心，回归内在的心理因素之"本"。我们应当认识到，具体的翻译问题永远不会完全开放，而总是限定于某种程度的生命共同体。正是这种限定性表现了翻译问题的开放性，即在翻译问题的求解中会有不同的求解方法。正是这种开放性，生命共同体具有很强的包容性，既包括"文本分析"也涵盖"生成分析"，既是一种"向外而求"的元理论思维，更是一种"向内而求"的生命智慧。文本分析与生成分析尽管在方式方面存在较大区别,但这并不意味着它们不能形成一种有机整体性。可以说,生命共同体的开放性,既是一种向着"生成分析"的开放,更是一种向着"向内而求"的开放。

(二)生命共同体的整体性

作为复杂生命系统的一个集合体,生命共同体就是一种关注文本生命在异域之中延续与成长的整体状况,关注文本、译者和译境之间相互形成的整体性,因而整体性是生命共同体的根本特征之一。生命共同体要求翻译研究在文本、译者和译境的共同作用下解答翻译问题,而且翻译过程总是在生命共同体中进行,因而翻译问题不可能只是通过简单的还原与综合获得整体的求解。生命共同体的内涵就是经历了文本生命延续的个体及其所属复杂生命系统的特定整体关系与整体方式。在复杂生命系统上看,生命共同体作为文本系统、群落系统和译境系统的关联域,保证了复杂生命系统内各个要素相互协作的展开,保证了译者和翻译群落之间、译者和文本、译者和译境之间预先被赋予的关联性,这种关联性为复杂生命系统内各要素之间的共生性奠定了基础。生命共同体具有若干以类生命为视角进行理解的整体性特征:一是生命共同体具有分化的整体性特征,即翻译由当前复杂生命系统中一系列分散的子系统行为构成;二是生命共同体具有整合的整体性特征。"整体性本身就是一种新颖性,因为它是组成部分所不具有的一种新性质。"(范冬萍,2010b:104)整体性就是一种新颖性,它会使翻译作为文本生命的存在在异域之中具有新性质和新形态,即文本生命在异域之中延续、生成与成长。翻译作为复杂生命系统的存在,反映了文本系统、群落系统和译境系统等不同层级的交互性与关联性,体现了翻译行为是一个伴随着文本生命在异域之中再生、延续与成长的螺旋式的生成过程。

在复杂生命系统中,作为适应性主体的文本、译者、译境,每个都拥有自己的"生态位",都在努力利用类生命的依存关系巩固自身的"生态位",构成相互作用、相互依存的类生命网络,共同发展与生存,同时促进翻译有效地开展。作为一个动态的复杂生命系统,翻译过程就是文本系统、群落系统和译境系统之间相互耦合、相互适应的聚集过程,是文本、译者和译境相互制约、相互协调的生成过程。根本而言,翻译就是一种不同因素相互聚集与相互协同的生成过程,是在文本系统、群落系统和译境系统各个层面共同参与的生成过程,而不是简单地拆卸—组装、操纵—改写的单一过程。拆卸—组装、操纵—改写过程丢失的是翻译作为复杂生命系统的整体观念,这与翻译复杂性极其不匹配,也难以揭示翻译内在的生成性特征。从复杂性范式来看,不仅翻译复杂性被作为研究对象,而且文本系统、群落系统和译境系统相互作用的复杂性也在被考虑的范围之内,因而翻译就体现为文本系统、群落系统和译境系统之间相互作用而生成的生命结构——"协同生成子"(synergic generator)。(金吾伦、张华夏,1997:19)文本系统、群落系统和译境系统相互构成的协同生成子系统,体现了翻译研究的复杂性思维范式,它充分地描绘出文本生命的生成图景,给出了文本系统、群落系统和译境系统相互关联与相互耦合而构成生命共同体的事实。用复杂性范式去认识与理解翻译,就成为用新思维范式探讨翻译的必然选择,其认识方式完全合乎对延续性、生成性、涌现性、成长性、创生性等复杂性特征的挖掘与揭示。

(三)生命共同体的交互性

生命共同体是一种以类生命为理解形式与认知形态来消解二元对立的思维方式,它把翻译研究中的自我生命与他者生命统一起来,消解翻译主体与客体、译者与文本的对立,包含着自我生命与他者生命融会贯通的生命内涵。自我生命与他者生命是交互的,在翻译过程中形成一种积极能动的交互主体性。自我与他者的关系是一种交互主体性的生成关系,是一种共生互存的动态关系。翻译正是在生成关系与动态关系之中建构起自我与他者的生命共同体。生命共同体就是在自我与他者之间建立的和谐联系,并促成文本系统、群落系统和译境系统之间形成动态的交互关系。生命共同体的本质是动态交互的,它是基于文本系统、群落系统和译境系统的相互制约又相互依赖、相互竞争又相互合作而生成的类生命关系。对于群落系统来说,译者是一个与翻译环境进行直接交互的适应性主体,又是一个赋予文本生命在异域之中再生的创生性主体。这意味着,翻译是在译者生存境遇、文本生命状态与翻译生态整体之间的实时互动中涌现出生命价值与生命意义的生成过程,它无法用简单的语言转换或文化操纵对文本生命的生成过程进行充分的描述。文本生命并非孤立地显现,它只有与群落系统和译境系统融合才能够在异域之中生成与成长,这表明了文本生命与群落系统、译境系统是动态交互的、和谐共生的。(罗迪江,2021f:94)从翻译环境的角度来看,翻译环境不是静态的、抽象的生态场,而是时时刻刻在与译者生存境遇、文本生命状态的交互过程中影响着译者行为的产生和发展;反过来,译者作为文本生命的创生者嵌入翻译环境并在一定程度上影响、塑造和构建着翻译环境。翻译环境与译者生存、文本生命不是相互对立的而是相互依存的，是动态交互的。因此，生命共同体是在文本生命、译者生存与翻译生态的交互性中生成的，又在交互性中成长。

"没有任何东西可以还原为任何其他的东西，一切东西也许都是与其他东西相联结的。"（Latour，1988：163）复杂生命系统中各个子系统之间是相互联结的、相互关联的。翻译是由复杂生命系统中的"生命间性"（生命关系）构成的，而且是生命间性创造了翻译。它绝不是通过还原论就能获得正确与整体认识的，而是通过整体论来认识与理解的。就文本生命而言，生命共同体是把文本生命在异域之中的形态、属性、关系和过程作为描述翻译的核心。复杂生命系统为翻译研究描绘了一种全新图景，即文本系统、群落系统和译境系统之间互生共存、和谐统一、互联互通而生成的生命共同体。生命共同体的开放性、整体性与交互性特征体现了翻译的生命意识与生命价值，强调了翻译的生成性与成长性。换而言之，复杂性范式为翻译研究提供一种整体的类生命思维方式而显现出翻译的生成性与成长性的统一。生成性优先考虑文本生命，它使文本生命成为翻译活动的本质力量，使自身在异域之中凸显翻译的历史性与阶段性特征。生成性是一个既不断显露阶段性又体现延续性的成长过程。生成性与成长性使翻译拥有了延续与发展的生命空间，使翻译不再是一个封闭的文本系统，而是一个自我生命向他者生命开放的复杂生命系统。翻译是历史性的不断生成，是一种从自我生命到他者生命的延续过程。翻译的历史性延续经由生成性奠基，指向时空维度上不断变化更新的历史。因为"生成"，翻译才能"延续"，才能成为具有历史性的"现在"，因而翻译需要历史的介入，从"过去"转化为"现在"，转向基于"过去"与"现在"互动生成的"未来"。从历史性的视角来看，翻译是经由"过去""现在"与"未来"的持续互动而生成的。

第三节　翻译：复杂性造就生成性

以复杂性范式来考察翻译的复杂性问题，实质上就是扬弃简单性范式的单一性，将翻译研究纳入复杂性范式之中，用复杂性范式的核心理念、方法论路径与认知模式来理解翻译的生成性、成长性与创生性。生成性、成长性与创生性是复杂性特征的多元表征，而复杂性是生成性、成长性、创生性等特征的集合体或者说抽象体。复杂性是普遍地存在于翻译现象，翻译的复杂性不仅蕴含了生成性，也造就了生成性。翻译生成性总是与复杂性相随相生，形成了翻译的"生成复杂性"（generated complexity）。生成复杂性总是与涌现性发生内在的关联,因而生成复杂性可以通过涌现性来加以理解与把握。"生成复杂性是涌现性的本质,要理解涌现性,就要理解生成复杂性。"(Holland,1998:76)翻译研究的复杂性范式总是与生成性紧密相关,生成性又与涌现性紧密相关。可以说,翻译的复杂性蕴含了翻译的生成性,翻译的生成性造就了翻译的涌现性。何谓生成性?"生成性就是不同元素通过互动过程的生成本质(generative nature)获得的一种根本性的复杂性特质(a fundamental quality of complexity);将生成性概念与生成性程度(a degree of generativity)联系起来,复杂性的程度就是一种流动性的程度(a fluid kind of measure)。"(Jörg,2011:206)不难发现,复杂性范式目前对翻译研究的渗透是显而易见的,它是从系统层面、方法层面与实践层面对翻译研究产生深刻的影响。以复杂性范式来考察翻译研究的复杂性,目前主要聚焦于理论层面上的复杂性分析,以描述翻译过程所具有的不确定性、非线性、适应性、生成性等复杂性特征,而较少涉及方法层面和实践层面,这是有待进一步扩展和深化的研究论域。不论是翻译系统的复杂性和翻译方法的复杂性,还是翻译实践上的复杂性,都会涉及不确定性、适应性、生成性、成长性、涌现性等特征。概而言之,翻译是具有生成复杂性的,翻译复杂性不仅蕴含了翻译的生成性,同时也造就了翻译的生成性。

一、翻译系统的复杂性

复杂性范式所包含的系统观、整体论、系统实在论、系统涌现论、系统层次结构论、复杂适应系统等认知模式,可以更直观准确地描述翻译现象与翻译过程中各元素的互动性、整体性与系统性特征。首先,翻译是一个由文本系统、群落系统和译境系统组合而成的复杂生命系统,其过程是由这些元素相互作用、相互影响的互动性行为,而这种互动性并不是单向的与线性的,而是双向的与非线性的。其次,翻译是随着翻译环境、翻译主体的变化而不断生成的,因而翻译是一个复杂适应系统,它具有显著的适应性。翻译适应性造就了翻译复杂性,它表明了翻译作为文本生命是在异域之中获得再生、生成与成长的。再次,翻译主体面临着文本生命在异域之中的再生、延续与成长问题,因而翻译主体需要对文本生命进行生命性理解与创生性行为以使其在异域之中得以再生;翻译适应性造就了翻译复杂性,翻译复杂性蕴含了翻译生成性。最后,翻译主体既不能单纯地依赖于客观理性进行无限的推理以寻找语言转换的对等性,也不能过度地依赖于主观理性随心所欲地主宰一切翻译行为而使翻译失去了确定性与客观性,所以翻译研究面临着在客观理性与主观理性之间做出综合选择,翻译研究的复杂性随之而来,翻译作为文本生命存在的生成性亦应运而生。可以清晰地看到,用复杂性范式的相关观点来探讨翻译,不仅有助于挖掘出翻译的生成性、成长性、创生性等复杂性特征,而且有助于建构翻译生成论的话语体系。

　　从复杂生命系统来看,翻译研究的复杂性涉及文本复杂性、群落复杂性、译境复杂性与动态复杂性。首先,文本复杂性表现为翻译过程的复杂性,是原文生命与译文生命相互转化的产物,它所指向的是文本生命的不断成长。文本生命及其潜在的基本假定决定了翻译的复杂性与生成性,文本生命在异域之中的再生、延续与成长不仅是一个充满复杂性的动态过程,而且原文生命的广延状态与译文生命的绵延状态都会涉及时空上的复杂性。其次,群落复杂性是指以译者为代表的翻译群落的复杂性,原文作者、译者、读者、翻译发起人、赞助人、出版商、编辑、译文审查者、译评人、营销者、版权人等突显了翻译群落的复杂性,其核心主体是具有主体适应性的译者。翻译群落中诸者之间并非割裂分离的,而是相互依存、相互作用、相互制约的,彼此之间相互依存性越强,翻译复杂性就越强,翻译过程所考虑的因素就越多。再次,译境复杂性既包含文本复杂性又包含群落复杂性,更重要的是还包含着翻译环境的复杂性。翻译环境的复杂性既有语言环境又有文化语境的影响,既有社会环境又有经济政治环境的影响,其核心概念是不确定性,即翻译环境因处于不断变化之中而表现出一种动态性与涌现性。翻译环境就是一个动态的复杂生命系统。最后,动态复杂性是复杂生命系统构成要素之间相互关联、相互作用、相互依存而形成的,本质上是由文本系统、群落系统和译境系统之间的一种生命共同体的普遍关联造成的,其核心内涵是关联性与互动性。复杂生命系统内不同系统对翻译环境的依存性与敏感性越强,翻译复杂性就越强,翻译过程各子系统之间的普遍关联性与互动性也就越强,而翻译主体对翻译过程所做的适应性选择就越显复杂。这就需要翻译主体根据翻译环境的变化而做出动态的适应性选择。这四种内在复杂性都直接或间接地受到翻译活动所处的外部因素的影响,它们或多或少都凸显了翻译研究在理论层面上的复杂性。

二、翻译方法的复杂性

　　翻译现象的复杂性,自然而然地要求翻译研究寻找一种复杂性方法论。"科学研究的发展最重要的体现之一就是其方法论的发展,因而从方法论角度可以反观一门学科或一类研究在发展中取得的成就与问题。"(穆雷、蓝红军,2012:72-73)反观翻译研究方法论的复杂性,实质上是要凸显复杂性范式的方法论对翻译复杂性问题的求解方法与思维方式。作为一个复杂生命系统,翻译具有生成性、成长性、创生性、涌现性等复杂性特征。文本系统、群落系统和译境系统之间的相互作用,使翻译过程呈现出较强的复杂性。翻译通常是由多个子系统的交互性生成的,就文本生命来说,从原文生命到译文生命是一个复杂的生成过程,文本、译者和译境相互作用的各种过程以复杂的方式相互作用与相互制约。翻译过程需要理解为一个完整的交互作用整体,理解为一个动态的受限生成过程,而不只是当作文本、译者、译境单个要素构成的集合来研究。复杂性范式否定简单性范式把翻译理解为单纯的语言转换或文化操纵过程,而是把翻译理解为一个动态的受限生成过程,它关注的是翻译作为文本生命存在特有的涌现性、生成性、成长性与复杂性。"只有通过非线性的、递归的、无止境的复杂性逻辑,我们才可以理解那些不是靠因果链,而是靠意义的层次、递归动力学、非线性作用和变化联系起来的事件。"(Osberg,2008:viii)以复杂性方法论来看待翻译,翻译就不再是单纯地依赖因果链或因果关系来获得复杂性认识,而是整体地依赖非线性作用、递归动力学的生成之力来获得复杂性认识。

翻译研究在方法论层面上体现的复杂性,其实就暗含了翻译研究需要一种跨学科性的方法论,这种跨学科性的方法论就是一种复杂性思维范式,强调的是研究方法的复杂性与多元化。"翻译研究跨学科的特质造成翻译研究方法的复杂性和多元性。"(曹佩升,2016:86)翻译研究的跨学科性造就了翻译方法的复杂性,翻译实践的复杂性也造就了翻译方法的复杂性。翻译现象与翻译过程的复杂性,决定了翻译方法对不同翻译对象或文本作品的思考是多元化的。不管是文学作品还是非文学作品,也不管是国学经典还是非经典著作,研究方法都不是单一的。面对翻译对象的不同层面内容,不同的翻译方法可能对不同的内容都会产生适应性的不同,也决定了翻译策略的不同。翻译方法的选择是复杂的,每一种翻译方法都有自身存在的独特意义,不必墨守成规。与此同时,中国传统译论本身发展出了多元化的方法和思路,体现出翻译研究在方法论层面上的复杂性。翻译是一种复杂适应系统,翻译群落作为积极能动的适应性主体,它与文本生命、翻译环境之间彼此相互依赖与相互依存。翻译涌现于适应性主体间的区域性互动,是涌现于不同适应性主体之间互动的生成过程。区域性互动及其互动的生成过程,是通过复杂性范式的整体性与系统性来认识和理解翻译复杂性的独特方法,它将翻译过程中所涉及的多重适应性主体、多种翻译环境因素影响、翻译群落的关联性、文本生命与翻译环境的交互性、文本生命与自身的成长性等都包含进来。复杂性范式为翻译研究引入了系统内不同要素之间的互动性以及整体综合性观念与视角。那么,翻译研究就可以被理解为一种相互作用、相互依赖的适应性主体的活动及适应性主体之间的关系构成的复杂适应系统。

三、翻译实践的复杂性

传统翻译研究的认识结果往往以语言转换的对等性为目标加以考察,对等性既成为传统翻译研究追求的目标,也成为我们认识翻译本质与讨论翻译标准的主要对象。当代翻译学的发展正是反思传统翻译研究所追求的对等性而不断探讨的结果。放眼翻译研究的发展历程,我们以往对对等性的认识与研究,主要关注的是译文与原文之间的一致性,或者是讨论不同语言转换之间的同一性,其目的是说明文本的意义具有线性、确定性与同质性特征。然而,这种简单性范式的认识基本上忽视了翻译主体目的性、意向性对翻译行为的干扰以及不同层次的文化环境的影响,因而寻求对等性显然是一种过于理想化的语言转换活动。后现代主义从不同的角度对传统翻译研究的对等性进行解构,使得语言转换的同一性遭遇瓦解,翻译实践也趋向于对异质性的尊重以及对复杂性分析的崇尚,进而凸显翻译内在的适应性、不确定性、生成性等复杂性特征。这就要求我们在解释与说明翻译性质时更要关注对翻译的整体性理解与动态性说明,更要求我们在实践上运用复杂性范式进行分析与描述。实践层面的复杂性意味着任何翻译实践活动都不是给定的,而是一个受限生成过程。这表明了翻译实践具有生成性,它不是将文本、译者和译境进行单独分析,而是探索贯穿翻译过程的生成性及其各系统之间相互适应的生成规律。于是,生成性成为翻译过程的内在驱动力,在实践层面上越来越显示出自身的复杂性。

文本系统、群落系统和译境系统各子系统、元素及其相关主体都处于动态变化之中,呈现出不确定与不稳定状态。翻译过程并不是稳定和均衡的结果,而是各个系统相互作用的结果,基于"有序—理性—分割"的简单性范式是无法解决翻译的复杂性问题的。翻译过程的复杂性,恰恰在于复杂生命系统中各元素相互作用所产生的复杂性。简单性范式在解决复杂性问题的效力上逐渐趋于弱化;复杂性范式作为一种新的认识模式和解决方案,引入生成性、成长性、涌现性等复杂性观念,揭示出翻译作为文本生命的存在而凸显出自身在时空维度上的延展性与绵延性,这实际上可能有助于揭示文本生命在异域之中的时间性与历史性,也有助于揭示文本生命在异域之中的生成性与成长性。它旨在消解翻译过程中确定性与不确定性、既成性与生成性、因果性与偶然性、能动性与涌现性的二元对立,回归于翻译更为本原性的交互复杂性。可以说,复杂性范式不仅消解了因果性与随机性、必然性与偶然性、确定性与不确定性、既成性与生成性之间的消极对立,还是对简单性范式的一种扬弃与超越。

四、翻译概念的复杂性

由于翻译研究的跨学科性在翻译学领域中的渗透,它不仅带来翻译研究的结构性变化,而且增加了翻译研究的复杂性。跨学科视域下翻译复杂性问题是翻译跨学科研究问题意识的凸显。它既包含跨学科研究的多元交叉性带来的复杂性,也包含翻译学与其他学科的适用性带来的复杂性以及其他学科理论方法的运用带来的复杂性。"目前研究的显著特点就是它的跨学科性,翻译学(translation studies)作为一个学科(discipline)、跨学科(interdiscipline)或子学科(sub-discipline)的问题,其未来趋向是跨学科性。"(Munday,2016:24-25)翻译学的跨学科性发展,必然造就了翻译概念的复杂性。翻译研究与复杂性范式的有机结合,势必导致翻译概念的复杂性。翻译是一个复杂适应系统,系统中各种要素之间是一种共生互存的关系。翻译作为文本生命的存在是复杂的,文本生命不仅是维系复杂生命系统的纽带,更是翻译过程的本质性要素。将翻译理解为一个复杂适应系统意味着,翻译就是一个思想综合体的复杂生命系统。复杂生命系统是由多项子系统及其内部各种元素组成的,包括文本系统、群落系统和译境系统。各个子系统具有结构的整体性,又有自身的独立性与相对性;既受到翻译外在因素的影响,又受到系统内自我调控机制的影响,具有较多的不确定性与涌现性。这就体现了翻译作为复杂生命系统的生成性与成长性,而生成性与成长性蕴含着翻译作为文本生命存在的复杂性。翻译作为文本生命的生成,实质上就是赋予了翻译一种绵延的时间性,它包含文本生命的"过去之维""现在之维"与"未来之维"。翻译的时间性既展现了翻译的生成性,又凸显了文本生命在异域之中的境域;文本生命在时间性的绽放中不断成长,它指向自身在异域之中获得了持续的生命。

时间性不是机械化的而是生成性的,它表明了翻译总是处于不断的生成过程之中,是处于从"过去之维"到"现在之维"再到"未来之维"的尚未完成的状态,标示出翻译成长的生命之旅,显现着翻译的生成倾向。翻译的本质不是将翻译引向具有确定性与客观性的机械之物,而是文本生命在异域之中的成长过程,是文本生命在异域之中的生成与显现。如果从生成性的视角来看问题,翻译的生成过程就是从文本生命的"过去之维"走向"现在之维",从"现在之维"走向"未来之维"。翻译的生成性就是一种面向未来而存在的文本生命,因而体现了文本生命是作为"活着的过去"在"现在"与"未来"之中的敞开与显现。翻译的"过去之维"与"现在之维",都需要借助"未来之维"才能获得自身存在的意义。之所以强调翻译的生成性,其目的在于突出翻译是面向未来而不断生成的过程,其本质特征在于翻译是一种面向未来而存在的文本生命,是一种面向未来而生成的文本生命,而文本生命是通过翻译的驱动而在异域之中得以再生、延续与成长的。

根本而言,翻译真正赋予了文本生命一种本体论的地位。翻译不需要直接面对译者主体,它并不在意译者的意向性与主体性,也不需要直接面对翻译客体,它不需要完全分析翻译文本所处的语境,甚至文本意义也并不需要先于文本生命存在。无论是翻译主体还是翻译客体,都可以在文本生命中获得有效的解释与说明。文本生命在描写与解释翻译现象的过程中占据着重要的基础性地位,这也反映了文本生命所隐含的普适性,它贯穿于文本系统、群落系统、译境系统各个层面。此外,以文本生命作为揭示翻译本质的视角,这更符合翻译学界认识翻译过程的规律,事实上这是以复杂性与动态性来标示翻译作为文本生命的生成性。文本生命控制了翻译主客体的关系,文本的意义、主体的认识与翻译所需的知识以及主体对文本的理解都只能在文本生命中获得和显现。文本生命作为翻译研究一种具有本体特征的存在,有可能成为一个生命解释模式的认识论基础,为翻译行为、价值、伦理、方式的产生和发展提供新的生命思维方式,因而翻译是一个不断演化的复杂生命系统。

复杂性范式反对线性的简单思维方式,而主张非线性的复杂思维方式。作为一个动态的复杂生命系统,翻译作为文本生命的存在渗透于其生成过程,它削弱了客观性、确定性、静态性和既成性的限制,正确处理历史性与时间性、生命性与生成性、不确定性与确定性、线性与非线性的辩证关系,这反映了复杂性范式的新思维方式。复杂性范式强调翻译作为一个复杂生命系统的动态性与开放性,这就意味着翻译不再是一个封闭的系统,而是一个开放的复杂适应系统。复杂生命系统表明了自我生命与他者生命,文本与译者、译境相互交织在一起,又能永远地让他者生命在渗透而入的生成过程中无限延伸。文本生命不是封闭的,它是原文生命与译文生命相互交织而不断生成又不断延伸的。文本生命在异域之中生成,需要将文本系统的外部因素与内部因素结合起来,使之相互作用。这既改变了原文生命的特征,也改变了译文生命的特征,最终又有新特征的涌现,表明了翻译在不断地表征、孕育、延续与创造文本生命的过程中无限地生成与成长。文本生命的生成决定了翻译研究不能单纯地分析文本,而应从原文生命的原初性与潜在性出发,去研究原文生命如何转渡为译文生命的条件。换而言之,不存在孤立的文本,当然更不存在孤立的翻译,翻译是作为文本生命的存在而不断生成的。翻译的复杂性不在于其所处的文本之中,而是在文本生命的生成之中。翻译的复杂性造就了翻译的生成性,也造就了文本生命的生成性。

第四节　翻译生成论的复杂性意义

20 世纪末以来,随着翻译研究的深入发展,跨学科研究与复杂性研究日益凸显,翻译学界发现,许多翻译问题不是割裂分离的,它们之间具有复杂的动态性、过程性、关联性与整体性。翻译研究需要处理越来越复杂的、变化的、多样的翻译问题。根本而言,并非所有的翻译问题都是复杂多样的。翻译研究运用复杂性范式应该遵循一定合理范围内的适用性原则。当处理相对简单、相对稳定的翻译问题时,简单性范式仍然是可行有效的。一旦确定要处理的是一个动态的复杂系统问题时,复杂性范式的运用是必然的。探讨翻译的复杂性问题已经成为当前亟待解决的关键问题。"复杂性源自问题的本质(the nature of problems),它们不会孤立地存在,而是与其他问题相互关联。"(Jackson,2003:xiii)翻译研究的复杂性主要来源于翻译问题的复杂性本质。目前,探讨复杂性问题始终处于一种忽隐忽显的状态,而且也始终不够具体化。一般来说,整体性、生成性、成长性等复杂性特征,已经融入翻译研究的各类框架之中,并成为我们所熟知的复杂性问题,或发展成为一种复杂性的翻译现象。将复杂性范式引入翻译研究,意在强调翻译作为一种关于复杂生命系统中文本生命、译者生存与翻译生态之间的复杂性关系,它需要运用整体、动态、生成等复杂性范式的观点来探究与揭示翻译的生成性、成长性与创生性等复杂性特征,使人们能够认识与把握复杂的翻译问题。可见,探索生成性、成长性与创生性等复杂性特征是将复杂性范式引入翻译生成论之中所追求的核心议题。当然，翻译生成论的复杂性问题是否可以提升到与复杂性范式同等的地位进行研究，依然是一个值得考察的关键议题。

一、方法论功能

复杂性范式作为翻译研究的一种思维方式，聚焦于翻译研究的不确定性与生成性，因而具有复杂性特征与方法论功能。"经典科学的思维方式的三根支柱'有序'、'分割'和'绝对理性的逻辑'已经被动摇，科学的发展迫使我们走向复杂性思维方式。"（莫兰，2006：18）基于简单性范式，在方法论上其本质就是主张还原论思想的简单性方法论，认为事物是有序的，是可以分割的，也可以按无限理性逻辑地展开。复杂性范式是复杂性方法论对简单性方法论的超越与整合，在方法论上其本质就是主张整体论思想的复杂性方法论的路径。"研究者根据理解对象本质（the nature of his object）的程度选择其研究方法，因而本体论优先于（precedes）或应该优先于（ought to precede）认识论，尤其是优先于方法论。"（Bunge，1996：243）复杂性范式的本体论问题是复杂性的，它决定了方法论问题的复杂性。翻译研究的本体论决定了我们对于翻译本质的根本看法，它直接决定了翻译方法的选择，因而翻译方法的选择需要以本体论为前提。复杂性范式反对简单性范式，坚持的是整体论。复杂性范式的方法论是对还原论思想的方法论的一种整合，本质上是主张整体论思想的复杂性方法论的路径。复杂性范式的出现为翻译研究开启了一种新的翻译理论——翻译生成论——它聚焦于翻译生成性、成长性等复杂性特征，并将复杂性范式当作一种真实的方法论优势，探求一种独特的分析翻译复杂性的深度。

从方法论层面上看，复杂性范式逐渐成为探讨与揭示翻译现象中因果关系、运行机制、关系理性的典范，也为翻译研究对相关复杂性问题的阐释发挥了更为重要的作用。目前，翻译研究体现出的复杂性方法论路径，本质上不同于以还原论为出发点的简单性范式方法论。自从翻译学科诞生以来，翻译研究已经开始摆脱传统意义上单纯的修辞分析与语言分析方法，而转向更加广阔的文化语境中探讨翻译问题。虽然说文化范式大多集中于意识形态、主流诗学、权力地位、赞助商等因素对翻译的操纵作用，但翻译研究已经渗透到自身的复杂性问题。只是文化范式导向的是多元化分析方法，依然是以文化为导向，局限于文化的操纵方式而无法整体地解决翻译研究的复杂性问题。复杂性范式，就是试图通过提出一种不同于简单性范式的方法论来探讨翻译的复杂性问题，以实现对翻译复杂性的深度认知与整体理解。

复杂性范式使翻译研究具有一种综合性的方法论。"范式从本质上讲是一种理论体系的基本模式、基本结构与基本功能……它可以用来界定什么应该被研究、什么问题应该被提出、如何对问题进行质疑，以及在解释我们获得的答案时该遵循什么样的规则。"(郗戈，2018：21)语言学范式与文化范式为翻译研究的发展做出了极大的贡献，而面对新问题域，我们需要重新并且慎重地思考文本系统、群落系统和译境系统之间的复杂性问题，加深对翻译研究的复杂性理解。翻译研究急需一种纲领性思路与复杂性范式，对本体论、认识论和方法论做出基本承诺以构建一种复杂性基底与平台，协调文本、译者和译境之间的内在关联，并统领其零散于具体语言分析与文化语境分析中的复杂性，形成一种新视域下的研究进路——翻译生成论。翻译生成论的这种内在需求，在与复杂性范式结合研究的过程中可以得到有效的实现。翻译生成论只有在复杂性范式的基础之上获得一种综合性的方法论，才能使自身从简单性范式转向复杂性范式。翻译生成论的复杂性范式建构体现出明确的方法论特征：翻译不是在任何单一的封闭系统中生成的，而是在复杂适应系统中考察文本生命在异域之中的生成；翻译生成论不是将翻译视为静态的实体，而是将其理解为与生成性、成长性、适应性、创生性等密切关联的生命机体。翻译生成论是从翻译与文本生命的生成关系考察，建构以揭示翻译作为文本生命存在的生成性为根本目标的整体论方法。

复杂性范式的理论知识与方法论路径，关注事物演化的涌现性、生成性、非线性、复杂性、偶然性、适应性等复杂性特征，但也不忽略事物发展的确定性、线性、客观性、既成性等简单性特征，其理论取向是整体论意义上的复杂性思想，符合翻译研究的复杂性思维。语言学范式与文化范式在很大程度上局限于语言分析与文化分析层面而没有恰当地处理复杂性与简单性、确定性与不确定性、线性与非线性、既定性与生成性之间的统一性，也没有恰当地处理好文本系统、群落系统和译境系统之间的关联性，因而不能使翻译说明与解释具备辩证性与整体性。翻译生成论的复杂性范式建构不是探寻那种所谓的只符合翻译常识性的对等原则，而是探寻一种符合翻译复杂性思维的、逻辑脉络清晰的整体原则与复杂知识体系。

复杂性范式的立场是将文本系统、群落系统和译境系统置于同一研究框架之下探讨翻译生成论的建构问题，更加契合翻译研究与复杂性范式之间的内在一致性。这种一致性的构建之所以成立,关键在于翻译研究必然会涉及相关的复杂性问题,而翻译及其现象的复杂性又与复杂性范式具有内在的关联性。翻译系统与自然系统的同质性构成了复杂性范式在翻译生成论建构中的适用性问题,这就提供了坚实的立论基础。当然,翻译生成论并不是一味追求与自然科学等同的准则命题而消解自身独特的翻译属性,而是基于复杂性范式确立一个合适的翻译研究范式,以求解翻译的复杂性问题。翻译生成论有其自身的研究特点以及特有的研究对象,所谓认识翻译,就是要在充分了解文本生命及其生成性特征的前提下,对其本质进行复杂性剖析与说明。翻译生成论的复杂性范式建构应当是方法论上的转变,而不是成为自然科学的研究对象。翻译生成论并不是完全按照复杂性范式的理论模式使翻译分析还原成自然学科的相关概念,而是谋求与复杂性范式相接近的方法论工具去求解复杂性问题,实现自身更加合适的研究与发展。

二、认识论功能

从翻译研究来看,复杂性范式是探究复杂生命系统中的译者、文本、译境等因素是如何相互作用而形成了解释翻译的结构、功能与模式,以及又如何反过来影响适应性主体行为的一种研究范式。从认识论层面来看,复杂性范式所具有的认识论功能,实质上蕴含了复杂性范式在翻译生成论建构中所发挥的认识作用,它将有可能弥补自然科学与人文科学在认识论上的鸿沟。具体来说,这主要表现在复杂性范式与翻译理论、翻译实践究竟有何种关系的问题上,也就是复杂性范式如何介入翻译理论与实践的根本问题。翻译理论与实践的复杂性问题恰恰与复杂性范式对于事物生成过程、运行机制、因果关系所体现出的复杂性观念契合在一起。翻译过程中的生成过程、运行机制、因果关系的建构,都可以从复杂性范式中找到相应的认识、理解与确认。复杂性范式包含的认识论功能方面,尤其在理解翻译现象与问题的重要性方面在很大程度上超越了简单性范式的认识范畴。其实,复杂性范式是对简单性范式的一种扬弃与超越,其所倡导的关系理性、因果关系、受限生成过程等思想,就是翻译研究所要力图揭示的相关内容。对于翻译现象与翻译问题的复杂性的相关解释,应当求诸复杂性范式以获取有效的说明与解释。

复杂性范式对翻译生成论的建构并没有局限于语言分析与文化分析,而是从复杂性角度出发,借助于一般系统理论、复杂适应系统理论、涌现论、自组织理论等自然科学范式及其方法论为翻译生成论的复杂性探讨提供有效确证。在处理复杂性问题时,翻译环境是翻译生成论不可绕开的复杂问题,因为翻译行为所涉及的环境要素常常是动态的、非线性的、不确定的,这就愈加需要复杂性范式的认识模式去分析与说明。翻译群落中适应性主体之间的交互作用,也在一定程度上塑造和改变着翻译环境。翻译常常被视为一个动态的受限生成过程,即受到翻译环境限制与影响的生成过程。翻译环境既能为文本生命提供生存的土壤以适应自身的环境,又在很大程度上限制文本生命的生成。翻译活动对翻译环境的适应性是多层次的,一方面,适应性是翻译主体调节自身行为以适应翻译环境,另一方面,适应性是改变自身行为来适应翻译环境,这就是翻译行为的自我调整与自我塑造的动态过程,以改变自身行为的状态来适应翻译环境。我们不可能把翻译问题从翻译环境中隔离开来,这就需要分析翻译环境及其层次与范围以提供对翻译环境的更深层次理解,于是翻译就具有了环境敏感性与依存性。为了认识、理解与说明翻译现象,翻译生成论需要从翻译环境的不同层次进行研究,这就是解释翻译环境的多层次、多维度互补的整体原则,因而理解翻译环境就成为翻译生成论建构的重要组成部分。

翻译研究虽然有自己的研究对象和方法,但其复杂性问题始终没有得到解决,语言学范式与文化范式一直处于相互纠缠之中并受到质疑与批评。这表明,翻译研究仍然需要拓展简单性范式的思想内涵,以求解复杂性问题来适应未来翻译学科发展的需要。翻译研究虽然不同于自然学科,甚至可能比自然学科更加复杂多变,却仍有一定的规律可循。复杂性范式就需要在这个目标的基础上,找到翻译系统与自然系统的同质性,找到翻译研究与自然学科的契合点,为翻译生成论的建构奠定坚实的理论基础与可行的方法论路径。综观翻译研究的发展历程,语言学范式侧重于作为个体主义的语言对象,文化范式强调作为个体主义的文化语境,本质上就是以简单性范式把翻译视为一种语言分析或文化解释,即通过翻译的部分来认识其整体。这是一种对翻译研究的典型的个体主义的解释。翻译生成论的复杂性范式建构把翻译视为一个动态、持续生成的交互式系统,这个过程是由适应性主体驱动的,而翻译主体之间及其与翻译环境之间的交互作用结合起来,就形成一个动态的复杂适应系统。

第五节　翻译生成论的复杂性路径

纵观翻译研究的理论发展,对于翻译学的复杂性研究有不少优秀成果,但仍拥有完善与推进的广阔空间。目前的翻译研究还未能系统地揭示当代翻译观的核心概念,例如延续性、生成性、成长性、创生性等复杂性特征的独特表述方式。现代翻译学的发展语境复杂多变,复杂性话语凸显,延续性、成长性、涌现性、创生性等复杂性概念,都或多或少地与生成性形成内在的意蕴关联。厘清其交错相融、同异并存的关系,有助于把握翻译生成性的思想内涵与外延内容,进而理解翻译生成论的建构方式与存在形态。当代复杂性科学的迅猛发展对于我们认识与把握翻译所产生的重要影响是不言而喻的。无论是机体哲学还是生成哲学,无论是耗散结构理论还是涌现理论,无论是跨学科时代还是人工智能时代,复杂性科学研究所获得的丰硕成果无疑是促使翻译学各种观念得以重新界定与定位的重要驱动力。由此可见,翻译生成论的复杂性范式建构的重要性在于,它一方面使得翻译生成论将翻译作为复杂现象来理解,从而划定了翻译活动的复杂性,另一方面又使翻译生成论着眼于翻译的生成性、成长性、创生性等特征,将其与语言转换论、文化操纵论区分开来,从而不把翻译的"命运"交给单纯的语言转换或纯粹的文化操纵。

翻译生成论反映的是一种在复杂性范式之内的翻译观,它所奉行的价值选择是翻译作为文本生命的生成居于主导地位,翻译涉及的译者、文本、译境等外部因素只能居于支配地位。翻译生成论强调翻译生成性、成长性与创生性,就是遵循翻译自身发展的复杂性逻辑而获得的,其所涉及的概念、命题以及语境都内嵌着复杂性特征。"每个概念、命题以及由命题组成的理论都有其语境,先前的理论构成后继理论的语境,它们的语境就是其语义域或意义限制边界。"(魏屹东,2017:49)复杂性范式作为复杂性科学的理论共同体,其适用性问题构成了翻译生成论建构的理论语境,而语言转换论与文化操纵论也构成了翻译生成论理论建构的先前语境。延续性、生成性、受限性、创生性、涌现性等复杂性概念都有其复杂性科学的内涵所指,这些概念也恰当地运用于翻译生成论之中,形成了翻译生成论建构的理论语境。复杂性科学之于翻译研究的思考、反观以及理论自觉具有不可或缺的意义和价值,它不断更新着当代翻译研究的议题与论域,既关涉如何理解关于"文本生命何以生成"的深刻议题,又关涉如何理解翻译作为一个复杂适应系统、复杂生命系统的问题,以及如何以方法论与认识论渗入影响当代翻译学发展趋向的问题。

一、整体论方法

纵观翻译研究的发展历程,语言转换论与文化操纵论在相互渗透和融合方面不同程度地受到简单性思维范式的限制,彼此之间缺乏有效的实质性交流,其原因在于彼此之间丧失了一种复杂性范式的平台,丧失了一种整体论思想的阐述基底。翻译研究要谋求持续的生存与发展,就需要有一个具有整体性的复杂性范式作为有效的方法论对其进行探讨。尽管翻译研究与复杂性范式有所不同,且固守于语言转换、文化操纵观念或多或少对复杂性范式表现出一定的消极态度,但毋庸置疑的是,翻译研究的发展脉络始终伴随着复杂性范式在人文社科领域渗透与扩张,复杂性范式的理论与方法论始终助推着当代翻译理论基本观念的嬗变。复杂性范式给翻译研究一种启示:方法论的发现与创新,会引起翻译研究的根本性变化与突破性发展。不妨将复杂性范式作为一种方法论来看待,它为我们考察与审视翻译提供了一个全新的研究视域。从这个视域来看,翻译的生成性、成长性、创生性、涌现性等复杂性特征就能找到理论依据了。翻译复杂性是内在的、固有的,我们必须基于新的研究视角、使用新的方法论工具,把隐藏的复杂性明晰地体现出来,才能从根本上摆脱简单性范式面临的发展困境。翻译研究普遍存在着归化与异化、直译与意译、形式与内容、主体与客体、理论与实践等各种二元对立,本质上是属于二元对立思维范式的范畴。可见,复杂性范式是对简单性范式的一种扬弃,其本质上能够兼顾翻译研究中存在的二元对立现象而形成一种整体主义方法论。

任何方法论在翻译研究中的渗入,都离不开背后特定的翻译观。理解"何谓翻译"问题,制约着关于翻译方法论的思考。无论是语言转换论,还是文化操纵论,它们的分析方法基本上源于简单性范式。除了简单性范式,是否还有其他可以作为翻译研究的范式?近十年来,国内学者逐渐意识到简单性范式的内在缺陷,并倡导用复杂性范式及其思维和方法来发现并解决翻译研究所面临的复杂性问题。重视复杂性范式及其方法论的运用,已成为当代翻译研究探寻新逻辑框架的一个重要路径,而且翻译研究与复杂性范式之间密切互动亦较以往任何时期都更为积极与鲜明。"译学领域的扩大不只是单一维度研究的线性发展,也不仅表现为不同性质研究的二维面积的增加,它更是多途径、多学科、多性质研究的多维空间的延展。"(蓝红军,2018a:15)复杂性范式能够进一步为翻译生成论的系统建构赋予动态性、系统性、包容性、复合性与开放性等复杂性特征,导向一种更具整体性的、更具涵盖性的整体论方法,从而有可能包容各种不同翻译观内在的统一性和共同价值。

事实上,翻译生成论的系统建构离不开方法论的导向与推进。从翻译理论的角度来看,翻译生成论立足于对延续性、生成性、成长性等复杂性特征的揭示,意识到语言转换论与文化操纵论在解释翻译现象上陷入了危机,因而将复杂性范式引入翻译研究而创建了生成性的翻译观。杨自俭指出:"当理论还未成熟或理论有了危机的时候,可引入其他学科的方法或用新的视角审视研究对象从而创建新的方法来推动理论研究的深入发展。"(杨自俭,2007:3)翻译生成论是在语言转换论与文化操纵论相互缠绕中呈现出"翻译危机"迹象的背景下形成的一种复杂性解释模式,它通过追问"文本生命何以生成"问题以及拓展其内涵的方式,引入复杂性范式的方法来重新审视翻译的复杂性问题,因而它是一个复杂的方法论问题并必然渗透着方法论不同层面的思维过程。翻译生成论与还原论方法不同,它所运用的是整体主义方法,倡导整体性思维范式,反对二元对立的分析方法。当然,还原论思维的贡献是不可否认的,它旨在发现语言转换的普遍规律,但有着致命的盲区:只见树木(部分),不见森林(整体),确切地说是只见文本的语言层面,不见翻译的整体生态。换而言之,将译者从文本中分离、将译者从翻译环境中分离、将文本从翻译环境中分离,这构成了西方翻译观的简单性范式或者说还原论思维范式。简单性范式在翻译研究中会出现一种悖谬,即译者普遍地遵循语言或文化转换规律,简单性思维范式却犯下了严重的实践错误:极力地遮蔽译者的主体性或极度地张扬译者的主体性,造成了文本、译者和译境的严重割裂。

每一种思想方法都不是孤立的,它总是伴随着相关或相邻学科的研究成果而有所借鉴、有所运用。复杂性范式的方法论介入翻译生成论的建构,是源于对复杂性范式的适用性问题的反思,产生于翻译研究对复杂性范式在当前时代背景下的内在要求。复杂性范式对于翻译生成论的建构来说,既是一种思维认识方法,也是一种整体论方法。作为一种思维认识方法,是因为复杂性范式为翻译研究创新了一种视域,这种新视域就是整体论方法。复杂性范式之所以是一种整体性的、生成性的、过程性的思想方法,就在于它将翻译视为一个复杂生命系统,将类生命视为复杂生命系统的共核,展示出翻译作为文本生命在异域之中生成的观念,进而为翻译生成论展开了一条通向复杂性探索之路。

翻译方法的知识可以说是翻译研究中最显著的价值知识。翻译研究的复杂性范式不再是以"有序、分割、理性"为解释与描写翻译现象的支柱,而是以整体思维方式来考察复杂生命系统中译者生存、文本生命与翻译生态的内在关联。它不再拘泥于简单性范式来考察翻译现象与翻译行为,而是以整体论方法探讨译者生存、文本生命与翻译生态的整体关系,揭示翻译生成性、成长性、延续性、创生性等复杂性特征。就此而言,翻译生成论以复杂性范式为视域,既有对译者生存的考察,也有对文本生命的审视,更有对翻译生态的整体性综观,它既兼容了译者生存与文本生命的复杂性思维的综合特征,又兼具对译者生存、文本生命与翻译生态的整体性认识,从而能更好地揭示翻译现象背后的运行机制。在翻译生态环境中,文本生命既是整体的也是历史的,更是生成的。当然,翻译生成论并不是彻底地否定二元对立、无限理性与非整体性等思维方式,恰恰相反,是为了更好地理解简单性思维的不足而通过复杂性思维去挖掘出翻译背后蕴含的生成性、成长性与创生性。它不仅与译者生存关联密切,而且与文本生命共生互存,蕴含着译者生存、文本生命、翻译生态的意义,蕴含着生命共同体的意义,催生着翻译朝向生生不息之境。复杂性思维是用一种整体的生成观念来认识和解释翻译现象,就是强调在文本生命、译者生存与翻译生态的耦合下对翻译过程进行动态性的说明和解释,就是强调翻译是一次文本生命之旅的生成过程。复杂性范式应该超越简单性范式在方法论和认识论上的还原论思维,对确定性与不确定性、单一性与多样性、线性与非线性、既成性与生成性、同质性与异质性给予平等的关注。

翻译生成论最重要的体现之一就是复杂性范式的方法论趋向,摆脱了二元对立的还原论思想,凸显整体主义的方法论,这就有效地突破了传统译论把译者生存、文本生命与翻译生态截然分开的困境。译者生存、文本生命与翻译生态是不可截然分开的,而是一个不可分割的生命共同体,我们无法在复杂性思维范式之外看到译者生存、文本生命与翻译生态以及彼此之间形成的复杂生命系统。译者生存、文本生命与翻译生态之间的联系蕴含着翻译活动的相互作用,而其相互作用必然引起文本生命在异域之中的再生、生成与成长。若要同时把握文本生命在异域之中的再生、生成与成长之旅,就需要有整体主义的思维视野,将翻译作为一个复杂生命系统来加以看待。作为一种整体主义方法论,翻译生成论需要扬弃简单性思维范式,将翻译理解为一个由译者生存、文本生命与翻译生态组成的生命共同体,将翻译方法理解为一个具有整体性的复杂性思维范式,它以生命共同体为导向去解释与说明翻译现象,以使文本生命的存在获得生生不息的动态阐释与说明。

翻译作为文本生命存在对翻译形态有一种必然的复杂性诉求。翻译形态就是产生一种整体主义方法论从而为翻译实践带来一种生命意义,使翻译回归自身的本然形态。翻译研究逐渐摆脱语言分析与文化分析,上升到生成分析与生命观念,体现文本生命在异域之中生成形态的敞开。如果我们跳出简单性思维的框架,重新以复杂性思维来审视翻译过程,便会发现翻译的生成过程离不开文本生命在异域之中的再生、生成与成长。复杂生命系统内部及其元素之间存在的相互作用,表明其离不开文本生命在异域之中的再生、生成与成长问题。用复杂性思维来看,翻译就是一个完整的原文生命到译文生命的生成过程。将翻译视为文本生命的生成过程,深化对翻译的生成性研究,无论是对于理解翻译的复杂性,还是对于建构翻译生成论的话语模式来说,都是必要的。翻译研究的深化与话语模式的建构,也能够使得翻译生成论在翻译研究发展历程中的重要意义及其自身的复杂性思想得到更充分的体现。复杂性思维不是"分而治之"的还原论方法,而是"格式塔"式的整体论方法,它是对翻译作为文本生命在异域之中生成的深刻认识的结果。

二、复杂性思维

时至今日,翻译学界对复杂性范式在翻译研究中的渗透表现出极大的关注,因而复杂性范式及其复杂性思维的渗入已成为翻译学理论建构的重要议题之一。在复杂性思维下,当代翻译学探讨的是翻译活动得以进行的复杂性问题,它要厘清如下问题:翻译是如何生成的? 翻译生成需要什么前提条件? 翻译生成有哪些基本特征? 这些基本特征是如何被揭示的? 这些特征之间有什么内在的关联? 在对翻译学的研究中,复杂性思维意识到传统译论在认识论层面上的不彻底性,意识到简单性范式无法获得关于翻译的复杂性特征。某种程度上说,翻译理论的建构可以借助复杂性范式的认识论视域,创造性地提出适合翻译研究的复杂性思维。不论是复杂性范式,还是复杂性思维,它们都属于"复杂性科学"(Castellani & Hafferty,2009:84)的范畴。与复杂性思维相比,简单性思维的深刻教训在于,其执迷于以"有序、分割、理性"为基石的还原论思维,没有充分把握动态性、整体性与复杂性,没有在整体论的基底上将本体论、方法论与认识论统一起来,没有将文本系统、群落系统和译境系统的分析整合起来,而是将它们割裂开来进行孤立的分析。复杂性范式的认识论是既将翻译视为一个复杂适应系统,又将翻译视为一个复杂生命系统,从多重系统的关系中把握翻译的本质与运行规律。"复杂性思维不仅为揭示有机体交互的丰富性(the richness of interactions)提供新的思考空间,而且也为'复杂性增强

(complexity enhancement)即生命事实的本质'(as a fact of life in nature)提供新的思考空间。"(Rose,1997:259)复杂性地认识与理解翻译,就是以复杂性思维去理解与揭示翻译作为一个复杂生命系统所存在的各种类生命关系,对各种类生命关系进行整体性分析与评估。复杂生命系统的多重类生命关系以及生命机体交互关系是复杂性范式认识论的基础与逻辑构图,也是复杂性思维的基本内容。

复杂性范式不仅站在复杂性科学的前沿视域,而且提供了一种关于建构翻译生成论的复杂性思维。"复杂性表明了我们栖居于一个奇妙却又反直觉的(counterintuitive)、非线性的、不可预测的世界,虽然有规律可循但却仍需探索。"(Solé & Goodwin,2000:303)复杂性翻译亦是如此,它处于复杂生命系统之中,既有文本系统的作用,又有群落系统和译境系统的影响,虽然在很大程度上有规律可循,但却充满着生成性、成长性、创生性等复杂性特征。要揭示这些复杂性特征,就需要借助于复杂性思维。从复杂性思维来看,翻译研究需要确立这样的观念:凡是翻译都具有复杂性,它指向的是生成性、成长性、不确定性等特征。复杂性特征主要通过文本系统、群落系统和译境系统之间的相互耦合而涌现出来。文本系统、群落系统和译境系统有机地融合起来,形成以类生命为视角的认识论,为翻译研究提供生命意义与生命行为的指引和导向。翻译存在的生命意义是复杂生命系统中多重类生命关系一中的生命意义,翻译所涉及的各种因素是相互依赖、相互依存、相互影响、相互制约的,这是翻译作为文本生命存在的普遍性事实。翻译涉及的因素都是复杂生命系统中的一个生命个体,与其他生命个体都存在着普遍性关联。复杂生命系统中的文本、译者和译境构成了一个生命共同体,每一个生命个体都有自身的意义与价值。因此,复杂性范式的认识论试图呈现复杂生命系统的互动图景,并以此为视域理解与把握每个生命个体的本质特征。

值得注意的是,在把复杂性范式的认识论引入具体的翻译研究时,我们不应该停留在论证翻译研究的复杂性,也不应该停留在凸显复杂生命系统的基本构成,而是应该在超越简单性思维的前提下解除孤立地、碎片化地认识翻译的枷锁,避免对翻译本质的认识误区带来的对翻译的片面认识与理解。从本质上说,复杂性思维就是解构翻译主体与客体之间的二元对立状态,辩证地对复杂生命系统进行整体概括,通过文本系统、群落系统和译境系统形成的生命共同体,将文本生命在异域之中的生成性、成长性、涌现性等复杂性特征纳入考察范围,更好地理解复杂生命系统的复杂性,扩展翻译研究方法的广度与深度,为翻译研究带来一种全新的发展。值得注意的是,这并不是用复杂性范式取代翻译研究,也不是翻译研究对复杂性范式的盲目照搬,更不是妄想在复杂性范式的基础上建立大一统的翻译理论,而是尝试跨越自然学科与翻译研究的认识论鸿沟,以跨学科的复杂性思维来推动翻译研究的整体创新。

随着翻译研究方法论的发展,语言学范式所强调的客观性、确定性、既成性等简单性特征受到了越来越多的质疑,而翻译生成论是以复杂性范式来建构的一种翻译理论,它把复杂生命系统的不同子系统之间的双向(多向)因果关系作为其方法论取向,因而其复杂性思维是生成性的。翻译生成论的本质特征是生成性,是因为翻译不仅是由原文生命的广延状态转向译文生命的绵延状态的生成过程,还包括文本生命所具有的生命状态、生命结构与运行机制等。复杂性范式的兴起,是对简单性范式的本体论认知的变革,是对复杂性本体论信念的确立。语言学范式以简单现象的还原论为基础,要解决的是两个变量(原文与译文)的简单性问题或者说对等性问题,因而翻译是简单性的、线性的、既成性的。复杂性范式以复杂现象的整体论为基础,要探究的是"生成性的复杂性问题";翻译不再只是两个变量的简单性问题,而是复杂生命系统不同元素的总体交互作用的复杂性问题,因而翻译是复杂性的、不确定性的、生成性的。当然,复杂性并不是排斥简单性,也不是否定简单性,相反,翻译复杂性是涌现于简单性的。"复杂的行为并非出自复杂的基本结构……极为有趣的复杂行为是从极为简单的元素群中突现出来的。"(沃尔德罗普,1997:390)可见,翻译不仅仅是简单的语言转换活动,而是一个不断生成的复杂适应系统;翻译也不仅仅是单纯的文化操纵活动,而是一个生生不息的复杂生命系统。不论是复杂适应系统还是复杂生命系统,它们都强调,翻译是由文本、译者和译境相互作用、相互依赖、相互联系而生成的结果。复杂性不仅有翻译现象的复杂性特征,而且更多的是翻译本身所固有的生成性特征。翻译生成论的复杂性范式建构在本体论信念上可以从波普尔的知识进化图式中得到相应的界定与确证。借用波普尔(Popper,1972)的知识进化图式来探讨翻译研究的范式转换,在图式中 P 代表问题(problem),TS 表示试探性解决(tentative solve),EE 表示排除错误(error elimination)。(范冬萍,2010a:38)那么,翻译研究的范式演化图式可如图 3-2 所示。

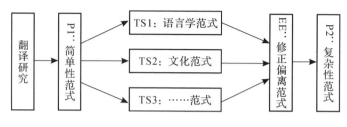

图 3-2   翻译研究的范式演化

从翻译学的发展历程来看,简单性范式随着现代翻译研究的发展而成为一种有效的研究范式而深深扎根于翻译学领域。目前,简单性范式在诠释日益复杂的翻译问题时显现了自己的局限性而逐渐走向衰落:语言转换论是在"文化转向"的过程中愈加醒目地凸显出自身的解释乏力;文化操纵论却是在"认知转向""社会学转向"的过程中愈加清晰地彰显自身的解释渐微的窘境。"无论我们怎样谈论翻译的转向,或试图提出怎样的转向,都必须首先解决有关翻译的最根本问题,那就是翻译到底是什么?"(谭载喜,2019b)解决翻译问题的理论、模型与假说是在各种转向中试探性地提出来的,而不同的试探性转向面对翻译的现实问题在解释方面力不从心时,就会受到不同程度的错误性排除。此时,翻译研究的复杂性范式是在排除不成功的转向过程中应运而生的。"无论是语言学转向还是文化转向,它们都未能从翻译在整个翻译的位置的角度对翻译的本质进行反思,仅从语言学的视角或文化的视角并不能一劳永逸地解决原文中心与译文中心之间存在的认识论'鸿沟'问题,以致无法适应当代翻译研究的问题域以及为当代问题域提供一种令人满意的解释。"(罗迪江,2019b:35)

复杂性范式从认识论上解构了确定性与不确定性、既成性与生成性、同质性与异质性的二元对立,强调确定性与不确定性、既成性与生成性、同质性与异质性的辩证统一。从复杂性出发把握翻译的本质,就是辩证地处理确定性与不确定性、既成性与生成性、同质性与异质性、对等性与适应性的对立统一,就是以整体性的眼光认识翻译。复杂性范式的出现并不是否定简单性范式,而是在简单性基础上辩证地处理确定性与不确定性、既成性与生成性、同质性与异质性之间的对立统一关系。无论是简单性范式还是复杂性范式,它们在人们理解翻译的企图上是一致的,只是思维范式的不同表现而已。我们应该做的是如何在方法论层面上使简单性范式与复杂性范式达到一种互补融通,两者的辩证统一是可能的。从复杂性范式来看,翻译本质上是一个动态的,根植于文本系统、群落系统与译境系统互动的复杂性实践的生成过程,因而翻译是一个生成着的概念。同时,翻译又是复杂性实践的结果,是对文本系统、群落系统与译境系统互动的实践活动意义的复杂性表达,具有延续性、生成性、成长性、创生性、涌现性。

遗憾的是,翻译学界目前在很大程度上仍然热衷于将语言、文化作为解剖翻译研究和揭示翻译本质的钥匙,但对这个钥匙的理解却难以揭示翻译的复杂性,甚至还没有形成能够解决延续性、生成性、成长性的问题意识,因而在研究过程中缺乏对翻译复杂性的关注。语言转换论求解的问题是"译本何以产生",文化操纵论求解的问题是"译本何以被接受",关注的对象聚焦于语言与文化,它们揭示翻译的方法是"分析重构法",即通过认识翻译中的部分来把握翻译,力图用拆卸—组装的机械方法描述翻译的整体。语言转换论与文化操纵论侧重于语言分析与文化分析,使得深藏于翻译活动深处的生成性特征未能被深刻地揭示出来。传统翻译研究的实质是对翻译实践过程中的语言观念与文化语境的探究,而充满生机与灵性的翻译就必然被遮蔽。于是,翻译揭示的是一个可以拆卸—组装、操纵—改写的机械物,而不是一个动态的复杂体,从本质上说这是简单性范式造成的结果。可以确认的是,简单性范式以语言、文化为分析手段来探讨翻译,这就彻底显露了自身的本性,即翻译研究只是对具体存在物的研究,只是关于语言、文化各自孤立存在的翻译分析,完全遗忘了翻译系统的生成性本身。

翻译是作为一个生命共同体而存在的,因此生命共同体中各个存在者或者说适应性主体都是一个有机生命体,总是处于相互关联、相互生成状态的统一体。强调翻译作为一个生命共同体及其生成性,实质上就是强调翻译既不是一个事物也不是一个事实,而是一个"事件"。"事件是一个同时发生的生成(the simultaneity of a becoming),其特点就是逃避当下性(elude the present);正是事件的特点在于逃避当下性,生成不允许前与后、过去与未来的分离(seperation or distinction)。"(Deleuze,1990:1)翻译作为一个事件来理解,其生成过程就不是机器物的静态转换,而是"逃避当下性"且彰显出翻译的生成性与成长性,它要超越原文生命而在异域之中造就译文生命,最终指向来世生命。作为"前"与"过去"的原文生命与作为"后"与"未来"的译文生命是不能分离的,是互生共存的。从生命共同体的角度看待翻译,就是从复杂性思维来考察翻译的动态性与生成性,就是从"事件"的角度来对待翻译的关联性与生成性。当简单性思维把研究对象作为机械物来思考时,翻译就自然而然地陷入了机械论的孤立性、单子性与静态性,不符合翻译的复杂性、生成性与动态性。如果翻译研究希望更加深入地切中翻译的本然形态,展现出翻译更为鲜明的复杂性与生成性,那么回归复杂性思维对翻译生成论的建构不仅至关重要,也是翻译研究发展的一种内在要求。复杂性范式是当代翻译理论建构的一个十分重要的新生长点;挖掘和诠释翻译复杂性与生成性,是复杂性思维在建构翻译生成论中的具体表现。

第六节 小 结

复杂性范式在翻译研究中的确立,为翻译生成论的建构树立了生成地而非既成地分析翻译现象的典范。复杂性范式的复杂性问题与生成性、成长性密切相关,而这正是推动复杂性范式在翻译研究中确立的内在动因。翻译复杂性使得进入翻译研究的对象不可能是既成的、确定的、静态的,而必定是本身具有特定的生成性、非确定性、成长性。这是翻译生成论建构所发现翻译具有的独特性质。复杂性思维是从系统论中吸收方法论精华展开研究的,其方法论具有整体性、系统性与开放性特征,为翻译生成论的建构提供了奠基性的认识论视域与方法论路径。目前,复杂性范式在后现代主义语境下愈演愈烈,曾经在传统译论中占据统治地位的简单性范式日渐失去了霸主地位。复杂性思维正迅速地朝向翻译学界的不同层面、不同维度进行深入渗透,从多元整体视角来认识与把握翻译及其复杂性特征。复杂性范式的目的并非试图追求一种简单明了的规则,而是试图寻求对复杂性的认识方式。目前,翻译研究正经历着研究范式的根本性转变,对翻译本身的理解正是由具有确定性、同质性、对等性的简单性范式转向具有不确定性、异质性、适应性的复杂性范式。复杂性范式强调复杂生命系统对文本、译者和译境等要素的整体意义及其各要素之间的关联性与互动性。这表明了将翻译视为一个复杂生命系统以及探讨其复杂性问题,与复杂性范式的思想是一脉相承的。复杂性范式强调,翻译的性质不是复杂生命系统内某个要素决定的,而是与复杂生命系统的整体要素密切相关;复杂生命系统的性质不能还原为文本、译者、译境等要素之和,而不同要素在交互过程中会涌现出新的整体特性。

翻译研究应该具有复杂性范式的质的规定,对翻译本质的理解不仅要始于文本、译者和译境的关联性,更要透过复杂生命系统将翻译的不同形态统一起来分析,以实现对翻译更加全面的整体认识。翻译研究的进步有赖于其自身理论视角的多元化,更需要借助于复杂性范式的理论导向,在翻译研究与自然科学之间建构某种内在的连续性。复杂性范式正是建构这种连续性的沟通桥梁:一方面,复杂生命系统的复杂性得以揭示,翻译与生命、文本与生命、整体论与复杂性之间才能建立密切联系,翻译生成论的建构才能实现使自身的概念基础接近于复杂性范式的思维逻辑,在整体上把握文本、译者和译境的内在关系,进而揭示翻译的复杂性特质;另一方面,当代翻译研究不断受到自然科学尤其是复杂性范式观念的影响,倘若将翻译研究置于复杂性范式的方法论之上,对翻译研究的未来发展以及翻译生成论的建构将大有裨益。基于对复杂生命系统的理解,翻译研究与复杂性范式之间的藩篱就有可能被打破从而彼此相互融合。复杂性范式可以为翻译研究提供方法论视角与理论语境,它是复杂生命系统形成的方法论基础,也是生命共同体建构的出发点。它不是抽象绝对的,而是以文本系统、群落系统和译境系统的共生性为前提,是整体性、复杂性与生成性的。

　　复杂性范式的介入与渗透,拓展了翻译研究的空间,翻译延续性、生成性、适应性、涌现性由此得以复杂性塑造。翻译研究的本体信念、方法路径、认识路径、思想观念也由此发生着变化。翻译研究的复杂化趋向,将有可能打破人为设置的学科壁垒,加强翻译研究与自然学科之间的交流与沟通,摒弃客观理性与主观理性那种单一封闭的简单性范式,确立向整个复杂生命系统开放的复杂性范式,顺应翻译研究的复杂性发展的新趋势,以适应翻译研究的整体发展。从简单性范式到复杂性范式的根本性转变,改变了翻译研究以局部代替整体的偏误,实现了从一元论走向多元论的转型。这表明了以复杂性范式来建构翻译生成论是可行的且合理的。事实上,翻译研究的复杂性范式探究,就会产生独特的翻译概念、独特的翻译观念、独特的翻译过程、独特的翻译思想。独特的概念、观念、思想就会构成翻译生成论的话语体系。就此而言,翻译生成论有可能基于复杂性范式的认识论视域与方法论路径,通过将生成观念纳入翻译视野之中,使得我们能够直接通过生成性、成长性、创生性等复杂性特征获得关于翻译本质的整体认识。翻译生成论倡导从生成的维度来探究,翻译不再是单纯的语言转换活动,而是作为一种文本生命的生成活动。于是,翻译生成论对翻译的认识与理解超出了语言转换论与文化操纵论的范围,产生了翻译复杂性,而进一步的认识与理解又超出了翻译的复杂性,造就了翻译生成性,翻译生成性造就了翻译成长性与创生性。它们虽然以翻译复杂性为基础,但本身是通过揭示生成性、成长性与创生性来凸显翻译复杂性的。因此,翻译生成论有一种特殊的生成力,它就是"元生成力"(meta-generative power)。元生成力就是不仅要解释翻译的生成性,而且要揭示翻译的生成力;它是生命形态的生成力,指向的是翻译内在的成长性与创生性。元生成力是翻译生成论的核心力量,而生成是翻译创造、成长的动态本身,不仅牵动翻译结构与形态,也是翻译主体"赞天地之化育"的证明,而成长性与创生性蕴含了不确定性与潜在可能性,翻译就作为一种差异化的生命机体在异域之中延续着、生成着。可以说,翻译的生成解释了翻译的复杂性,因而是翻译活动的最优分析单元。生成的意义是成长性、创生性的,总是打破既成性、确定性的专制,总是创生性地重新定义翻译,因而翻译的本质是生成性,不以任何既成性、确定性为其归宿。生成观念的兴起以及翻译生成论的提出,复杂性范式在翻译研究中的系统运用,将有可能是翻译学领域里具有思想转换意义的一次探讨,也有可能拓宽翻译研究走向复杂化的途径,激活翻译内在的延续性、生成性、成长性等特征。翻译生成论在翻译学领域里应当找到自身独特存在的位置,理应与翻译转换论、文化操纵论等理论找到彼此契合的关联点,理应在翻译学发展中进一步挖掘更多的翻译特征。翻译理论的交叉性与复合性,是在翻译学研究中得到进一步确证的发展趋向。

第四章 翻译生成论的基本论域

第一节 引 言

  当代翻译学的显著特点是翻译研究不断地趋向于多元化与复杂化。如何催生出新的翻译理论以解释翻译复杂性,就成为翻译学界面对的一个难题。作为一种复杂生命系统,翻译愈来愈体现出生成性、成长性、创生性等复杂性特征,这就需要翻译学界从"生命"与"生成"这个双重逻辑对翻译及其本质进行整体性的认识与把握。可以肯定的是,翻译生成论是由"生命"与"生成"作为元话语与元概念的思想驱动(idea-driven)建构起来的,它以新的生命理念、生成观念来摆脱语言转换论与文化操纵论在解释复杂性与生成性过程中的困境,就是以复杂性范式对"文本生命何以生成"的问题域进行解答与布局。这种解答与布局聚焦于对翻译适应性、创生性、生成性与成长性等复杂性特征的探讨与说明。以复杂适应系统为视域,翻译适应性造就了翻译复杂性,翻译复杂性蕴含且造就了翻译生成性。翻译研究的适应性、复杂性与生成性必须带来翻译研究的复杂性范式,也使翻译生成论的建构具有现实的可能性。

  可以预见的是,复杂性范式有可能成为翻译研究的下一个主要推动力,这种推动力正以强大的渗透力对翻译研究进行挖掘和利用,其意义具有变革性与范式性。研究范式的变迁必然导致理论视角、研究方法、关注点和评价标准的变化。以复杂性来认识翻译生成论,旨在建构翻译理论的一种复杂性范式,突破以确定性、客观性、既成性为特征的简单性范式,代之以创生性、生成性、成长性为特征的复杂性范式。复杂性范式既符合对建构翻译生成论的多学科发展的内在要求,也符合翻译本身的生成性本质。虽然复杂性范式不是具体的学科理论,但它既是一种思维范式也是一种理论群;虽然不是翻译生成论的理论源泉,却与翻译生成论有内在的契合——复杂性范式的概念、模型和方法具有一定的渗透力与融合力,是可以转移到翻译生成论的建构中使用的。探讨并确定复杂性范式作为翻译生成论的哲学立场与方法论路径,就是审视复杂性范式对翻译生成论做出了什么样的本体论信念,它以什么样的方法论路径来考察翻译,从复杂性研究中能导出什么样的认识论基础来理解翻译。翻译生成论的提出离不开对特定的翻译问题与翻译实践的思考。翻译研究的基本旨趣、路径选择与思维方式,始终是翻译学界探讨的重要议题。在复杂性范式的渗透下,翻译学界不得不面对如何把握自身的发展趋势与理论特征,如何构建一个复杂性思想的分析框架,如何审视传统译论的思维观念带来的新问题与新挑战。如果说翻译研究的复杂性范式构成了翻译生成论的内在驱动力,那么当代翻译理论对于生成观念的探索及其取得的相关成果则不可避免地对翻译生成论提出了学术体系化与话语体系化的内在诉求。复杂性范式构成了翻译生成论建构的认识论视域,使其自身话语体系具有更坚实的认识论立场,这在深层意义上为翻译生成论提供了必要的逻辑起点、历史脉络与推展进路。

从翻译研究的发展趋向来看,翻译生成论为了获得较强的解释力与预测力,其理论建构与复杂性范式的发展是一致的。复杂性范式向我们展示了翻译现象的生成性,并超越了二元对立的简单性范式。翻译生成论的复杂性研究既能包含简单性范式的解释范围,又能对简单性范式所不能覆盖的生成性、成长性、创生性等复杂性特征做出解释与预测,它是趋向于持续增加其理论体系的覆盖性,朝向具有整体论思想的复杂性范式发展。作为一种生成性的研究形态,翻译生成论唯有从复杂性范式的崭新视角才能深入地理解它的生成性,因为复杂性范式能够为翻译研究的生成性开辟新的认识论视域。新的认识论视域表明了翻译生成论是翻译观念的一种生成与创新。从生成结构上看,“创新不是无中生有的面壁虚构和凭空杜撰,而是依据生生之道化腐朽为神奇”(张立文,2004:35)。从生成结构上看,翻译生成论是依据“生生之谓易”的生生之道,将“生命”与“生成”注入翻译研究,通过对“生生之谓易”的智慧解读,将实践生成论、机体哲学、生成哲学的生成观念融入翻译研究而推陈出新的翻译观念。它顺应了复杂性范式的发展趋向,是新话语形态的开启与尝试,使得我们不得不面对如何把握其背后所隐藏的生成性、成长性与创生性,如何构建一种解读生成性的思想框架,如何审视其新话语形态等新问题与挑战。

第二节 翻译生成论的理论基础

21世纪以来,翻译本身呈现出复杂性,极大地挑战了传统翻译研究的知识形式与理论形态,使得翻译研究对翻译问题的考察日益难以直接达到,这就必须获得新的翻译理论的支持。由此,"翻译学研究可以和其他学科互通互惠,能滋养其他学科,能发现新材料、带来新发现、拓展新路径"(刘巧玲、许钧,2021:88)。以跨学科的视角来看,翻译研究本身需要对翻译理论的产生做出积极的反思以及对其哲学基础进行深刻的溯源。事实上,翻译生成论正是以跨学科与复杂性范式的认识视角发现"生成"对翻译现象的解释力而提出的,它的产生并不是无源之水、无本之木,而是具有深厚的哲学基础。它主要涉及实践生成论、机体哲学与生成哲学,既是翻译研究的一种新理论形态,也是翻译研究的一种复杂性范式。"翻译理论不仅是一种跨学科研究,而且甚至是一种学科功能(a function of disciplines)。"(Newmark,2001:7)进一步说,反思与探讨翻译生成论所产生的哲学基础,它不只是通过理论思考来展示自身的跨学科研究,还涉及翻译方法论的自我启示与自我理解,更是翻译学的一种功能体现。无论是作为方法论的实践生成论观点,还是作为本体论维度的机体哲学与生成哲学,都是对翻译生成论转向复杂性范式研究的扩张进行铺垫。凡是抱有从生成维度或生成观念对翻译进行研究的学者自然会有这种紧张与担忧:担心若用生成观念分析翻译现象,自然而然会联想到生成观念的动态性与不确定性,那么翻译就会被当成一种飘忽不定的活动,而不被当作是发现客观性与确定性的活动。翻译活动不仅存在着客观性、确定性、对等性、稳定性等简单性特征,还充斥着生成性、成长性、创生性、涌现性等复杂性特征。这是翻译研究必须面对的客观事实。

翻译生成论的核心推力之一始于生成论观念,尤其是实践生成论、机体哲学、生成哲学关于事物发展的生成性、复杂性、非线性、涌现性、随意偶然性等的新认知。翻译生成论基于生成论的话语突破了还原论对事物发展的静态描述,拆解了翻译学领域固守于对等性追求、确定性建构的语言转换论。同时,翻译生成论的另一个核心推力,是翻译研究在排斥既成性思维与还原论思维时回归实践生成论、机体哲学与生成哲学的努力,赋予翻译延续性、生成性、成长性等复杂性特征,推动了翻译研究的生成性思维或生成性分析。值得注意的是,实践生成论、机体哲学、生成哲学属于复杂性科学的理论观点,关于实践生成论、机体哲学、生成哲学的理解与解释,除了适用于揭示翻译现象的客观性与确定性之外,它在揭示翻译现象的延续性、生成性、成长性、创生性与涌现性等复杂性特性时也具有适用性。若要给实践生成论、机体哲学、生成哲学与翻译研究强加界限的话,显然实践生成论、机体哲学、生成哲学与翻译研究并不存在认识论鸿沟,也不存在彼此排斥的现象,反而相互增益,这意味着实践生成论、机体哲学、生成哲学理应能够为翻译研究提供一种弥补目前翻译理论解释的缺憾,进而能以复杂性范式来处理客观性与主观性、确定性与不确定性、线性与非线性、既成性与生成性、稳定性与成长性的辩证关系问题。

一、实践生成论

在国内外哲学的广袤领域里,"生成"概念无疑是中国哲学中的代表性范畴,其肇端可追溯至"道生一,一生二,二生三,三生万物"思想。不论是生成哲学,还是实践生成论,其思想都建基于生成概念之上,始终关注事物发展过程及事物在发展过程中的实践性生成。实践生成论从"实践"与"生成"这个双重逻辑来摆脱传统哲学关于主客体的"原像—镜像"二元对立的简单性范式,消解事物是既定的、静态的观点,反对将客观事实视为与主体相互分离的抽象体,确立事物发展的实践生成关系。事物发展的本质在于"实践"与"生成",只有在实践中才能凸显事物发展的生成,实践是事物发展与生成的本质所在。实践生成关系包含能动性过程与受动性过程:①前者是指主体"主动地渗透到客体内部,力图按照自己的目的和观念来改变及塑造客体,从而使主体观念转化为客体的物质形态,通过客体来对象性地表现自己";②后者是指"在主体能动地进入客体而生成客体的过程中,必然受动地使客体进入主体自身,改变和影响主体的状态"(鲁品越,2012:3)。简而言之,能动性过程是指主体通过生成客体而表达自身主体性的过程,受动性过程是指客体通过生成主体而表达自身受限性的过程。涵摄能动性过程与受动性过程的实践生成关系,是主体与客体的实践生成过程。实践生成论保持与发展了"受限生成过程"的思想,赋予了能动性与受动性以辩证关系的整体思想。根本而言,实践生成关系的内核是霍兰(Holland,1998:126)所谓的"受限生成过程"思想:之所以称之为"过程"(procedure)在于生成的模型是动态的;支撑模型的机制"生成"(generate)动态行为;事先设定(allowed)的机制交互性"限制"(constrained)了生成的可能性;任何受限生成过程都潜在地表现出突现性特征。立足于实践生成论来看待"受限生成过程",能动性与受动性就是生成实践的辩证统一体,也是突现性或涌现性的表征体。因此,生成性本质上就是突现性或者说涌现性。作为生成实践的行为,既是能动性的又是受动性的,同时又是生成性与涌现性的。这些共同特征来自生成实践的本质关联,也正是这种本质关联使得能动性、受动性、生成性与涌现性之间能够相互理解，并在相互理解中彼此互诠、互释与互构，创造出生成实践的思想共同体。

以实践生成论为视域，对事物发展的受限生成过程的新认识也完全适用于翻译研究以及对翻译本质的理解与把握。从本质上说，翻译就是一种受限生成过程的实践活动，是一种"主体通过生成客体而表达自身"的能动过程与"客体通过生成主体而表达自身"的受动过程相互交融的实践生成过程。值得注意的是，将翻译作为一种实践生成过程来看待时，翻译实际上面向的是文本生命在异域之中的生成活动。"只有认识到翻译作为一个受限生成过程，才有可能真正认识到翻译的生成性始终是文本生命诞生、延续、发展的根本方式之一，始终是文本生命在'异的考验'中获得再现与再生的活力。"（罗迪江，2021e：103）翻译生成论顺应文本生命之"生"，依照文本生命而"成"。它的重要且关键之处在于，它将生成原则引入了翻译解释与说明之中，突破翻译主体与客体、原文与译文之间的"原像—镜像"二元对立关系，确立翻译主体与客体、原文与译文融为一体的生成关系。因此，翻译生成论的根本目标就是从生成论的本质属性、解释原则、基本动力、内生动力、内在机制诸方面对翻译做出一个框架性的界定，并试图依据生成规律对翻译做出生成性的理解，将翻译理解为文本生命在异域之中不断生成的实践过程。顾名思义，翻译生成论强调翻译是一种动态的实践生成活动，它是一种以文本生命的生成为本、以文本生命的生成为研究对象，以及以生成观念为依归的翻译观，旨在揭示翻译的生成性、成长性、创生性与涌现性。从实践生成论中生长出来的翻译生成论，向翻译研究展示了一种翻译生成性的理论，一种新翻译理论的生成形态，一种将受限生成过程加以创造性转化的翻译理论，一种将翻译理论的精神与价值扎根于实践生成论的翻译理论。

二、生成哲学

如果说实践生成论是翻译生成论建构的形态，那么生成哲学就是翻译生成论建构的灵魂。进而言之，翻译生成论的理论基础，也要归功于金吾伦（2000）的"生成哲学"对还原论与构成论的评判，以及对整体论思想、老子生成观、复杂系统理论的推崇。还原论与构成论的根本立足点在于对事物的基本构成要素的分析与论断，坚持还原论，使用"分析—还原"方法，将事物还原为组成它们的各个部分。生成论认为，"生成是宇宙最本质的特征。有了生成的能力，才有无数新事物的产生"（金吾伦，2000：147）。进而言之,宇宙万物都是一个不断融合的生成过程,是从自身的潜在性到现实性的显现过程中将相关因素耦合而塑造与生成新颖性的事物。"生成"是生成论最关键的概念,它贯穿于生成论思想的始终,其最本质的特征是动态性和整体性。动态性与整体性的本质特征由潜在性、显现性、全域相关性、随机性、自我同一性五个方面体现出来,它们都指向事物发展的"生"与"成"。"生"的过程凸显了事物发展的全域性、随机性和自我同一性;"成"的过程彰显了事物发展的更新过程,因而潜在性是生成之源,显在性是生成之途。"生"的过程不是将现存的要素组合转变而成就,而是整合了有关的全部潜能才得以实现的。(金吾伦,2000:186)"生成"是"存在"的现实态,"存在"是"生成"的可能态,存在相对于一切生成是潜能。(金吾伦,2007:19)生成概念始终贯穿于生成论的思想架构,体现了生成的过程性、动态性与整体性。当代翻译研究的成功,往往依靠翻译研究的方法论之外出现的问题,即为了获得非先决条件的知识,并达到对翻译现象的整体论认识时,某些已被证实的自然科学方法会延伸至翻译研究中使用。作为复杂性科学的一种显著方法论,生成哲学是以生成为方法论渗入翻译研究并赋予它一种整体论的思想,这不仅能够获得与翻译相契合的生成观念,而且在反思翻译既成性的同时能够获得对翻译生成性的把握。翻译生成论之所以强调生成概念,在于生成概念始终贯穿于文本生命之中,它在翻译生成论的思想框架中是独特的。它决定了翻译不可能是纯粹的语言转换或宽泛的文化操纵,而是复杂生命系统中多种因素之间不断地相互作用、不停地创生与成长。生成概念就成为翻译生成论的标识,成为翻译过程中多种因素相互作用的动态过程,成为一个对文本生命再生、延续与成长具有约束力的动态概念,从而具有生成性、创生性、涌现性、受限性与成长性等复杂性特征。简而言之,生成论所指向的翻译是动态生成的,它必然与复杂生命系统和复杂适应系统密切相关。

生成概念贯穿于翻译过程的始终,它体现出翻译作为文本生命在异域之中生成的动态性、关联性与整体性。原文生命是作为潜在性而存在的,是译文生命的生成之源;译文生命是作为现实性而存在的,是自身的生成之途。翻译就是从原文生命的潜在性到译文生命的现实性的生成过程,是整合了有关原文生命的全部潜能才生成在异域之中延续的来世生命。现实性与潜在性是相辅相成的,就是说,"现实性是潜在性的例证,而潜在性是用事实或用概念对现实性的特征描绘"(怀特海,2010:67)。翻译作为文本生命的存在总会涉及"潜在性"与"现实性",两者都是翻译存在的形态。

生成过程就如同亚里士多德在《形而上学》中运用"现实性"和"潜在性"概念来解释可感实体的生成，"现实者总是从潜在者而被生成，并被某个现实者产生，例如人被人产生，音乐家被音乐家产生"（曹青云，2016：71）。就此而言，翻译生成论是将翻译视为一个由文本生命、原文生命、译文生命、来世生命构成的超越语言、文化、社会静态实体的生命共同体，经历着原文生命之"生"到译文生命之"成"再到来世生命之"延续"的生成过程。对于翻译研究的理解，由于引入生成观念以及生成论思想，并以此为基础开展翻译生成论的建构，因而带有明显的中国哲学内涵——"生生之谓易"。翻译生成论是以文本生命为阐释基底、以生成分析为方法来解释翻译的，是在特定的翻译语境中人们关于翻译认识所生成的生命理念和生命话语表达方式，因而它是与语言转换论和文化操纵论相对应的。概而言之，翻译生成论是一种以文本生命的生成性为取向的研究，是关于原文生命与译文生命之间相互转化的生成性叙事方式，凸显的核心思想是昭示原文生命向译文生命转渡的延续性与生成性，把握翻译与文本生命的生成关系，理解翻译的生成思想。

三、机体哲学

从本质上说，实践生成论与生成哲学所强调的生成概念在很大程度上都与机体主义思想有着密切的关联。机体主义（organism）这一术语来源于英国哲学家阿尔弗雷德·N. 怀特海（Alfred N. Whitehead）的《科学与近代世界》（*Science and the Modern World*，1925）中首次提到的机体论（the doctrine of organism），由此西方科学的发展从机械论世界观转向机体论世界观。机体论世界观以"机体哲学"（philosophy of organism）或者说"过程哲学"（process philosophy）立论，在怀特海（Whitehead）的《过程与实在》（*Process and Reality*，1978）中得到系统的论证：机体哲学就是企图将世界描述成诸个实际实有发生的过程，每一个实际实有都有自己的绝对的自我完成。（怀特海，2013：95）怀特海的《过程与实在》鲜明、生动地展示了机体哲学的系统理论与丰富思想，并被称为"建设性（reconstructive）的后现代主义"（但昭明，2015b：123）。机体哲学的产生与发展就是为了弥补现代哲学发展过程中机械主义、实体主义以及还原论哲学观的短处，揭示事物发展的机体性、生成性、创生性、涌现性、多样性等复杂性特征，因此整个机体哲学观都具有浓郁的机体主义思想与生成论内涵。

"现实实有"（actual entity）是机体哲学的核心概念，其思想贯穿了机体哲学的始终。"现实实有何以生成(how … becomes),就决定了现实实有的是其所是(what … is)"(Whitehead,1978:23),现实实有的生成方式决定了现实实有本身的本质与存在。现实实有的存在离不开自身的生成方式。"现实实有的两种描述并非相互独立的:它的存在(being)构成了它的生成(becoming)。"(Whitehead,1978:23)现实实有是一个不断生成的存在,是通过"摄入"完成自我建构并参与他者建构的,某生成遍布于世界这个连续体之中。生成是现实实有的根本特征,宇宙万物是在不断生成之中发展的。同时,"创生性""多"和"一"构成了怀特海机体哲学的终极性范畴;"创生性""多"和"一"之间的内在逻辑与转换关系需要用生成的方式来呈现与实现。机体哲学为认识与把握现实世界提供了一整套生成论的学说。机体哲学的生成论表明,现实实有是"过程",现实实有是"存在",现实实有是"有机体"。生成论在很大程度上涉及"生成""存在"与"现实实有"之间的内在关系。"机体哲学与其说接近于西亚或欧洲的思想特征,不如说更逼近印度或中国的某些思想特征;印度或中国的思想以过程为终极目标(makes process ultimate),西亚或欧洲的思想以事实为终极目标(makes facts ultimate)。"(Whitehead,1978:7)可以说,机体哲学是以过程为核心目标的,强调"过程"就是"实在","实在"就是"过程","过程"就是"生成"。"运动变化的、具有生成性的'过程'而不是永恒静态的'实体'成为了现代哲学的一个基本主题。"(陆杰荣、刘红琳,2014:52)机体哲学的生成论内涵是一种反思与审视实体论的思想,它携带了生成论侧重于动态、开放、生成、关系、过程的基因,将认识与把握世界的生成观念安放于其未来的可能性之中。

现实实有是机体哲学的一个专有概念,它指称生成于世界的机体形态。它生成于创造性,又以摄入的形式与其他实有交融和合。"构成世界的基本单位是实际实有(现实实有),或称点滴经验;实际实有在'创造性'的推动下生成着,它以一定的主观形式摄入其他实际实有,由主体化为超体。"(周邦宪,2013:6)正是缘于实际实有的主观当下性,机体哲学表明了世界图景不同于一种外在客体,而是内化于每一个现实实有的自我生成之中。现实实有需要两种方式来描述:"一种是分析客观化(objectification)的潜在性需要其他现实实有的生成过程(becoming);另一种是分析构成它自身的生成过程。"(Whitehead,1978:23)机体哲学就是建立在生物有机论基础之上的一种关于宇宙万物整体发展、相互关联的世界观,主要具有如下特征:①宇宙万物的机体性。宇宙的构成并非机械的、客观的物质实体,而是宇宙万物各部分彼此关联的、生生不息的有机体。②宇宙万物的共生性。"所有实在的共生性（togetherness）都是一个实际物（actuality）之形式结构中的共生性，因而如果在时间性世界（temporal world）存在着未曾实现（unrealized）的某物的关联，该关联则必定表达一个共生性事实：存在于非时间性实际物（non-temporal actuality）的形式结构之中。"（Whitehead，1978：32）③宇宙万物的创生性。创生性是宇宙万物发展的根本特征之一，是世间万物生生不息的内在动力。"创生性（creativity）是描述终极事实的普适现象之中的普适性（the universal of universals）。'多'及其世界的分离状态（the universe disjunctively），导致终极原则成为一个实际事态（actual occasion）：一个呈现联合状态的世界。"（Whitehead，1978：21）机体哲学认为，世界是由现实实有构成的，现实实有不断生成的过程正是由其创生性引发的，现实实有通过创生性实现了从"一"到"多"、从联合状态之世界到分离状态之世界的转换过程，这个过程是新陈代谢的，生生不息的。

翻译生成论将翻译视为一种有机体来看待与审视，其目的就是以一种"现实实有"的方式显现自身的生命形态与有机存在。尤其要注意的是，现实实有在此就是文本生命，它是一个不断诞生、延续与成长的生命机体。翻译生成论既不同于传统译论对翻译的既成性理解与把握，它将翻译视为一种现实实有而呈现出自身的创生性，而文本生命是现实实有的一种表征形式。它是从文本生命入手对翻译创生性的把握，体现了机体哲学蕴含的"创生性"、"多"和"一"、同质性与差异性之间的内在逻辑与转换关系。翻译生成论致力于探讨文本生命的基本方式及其在异域之中生成机制的复杂性范式，是从文本生命的视角出发对翻译生成的内在机理的阐释。因此，翻译生成论所关注的不是文本生命外在的、具体的语言转换或文化操纵，而是文本生命在异域之中的生成过程。如此看来，翻译必然与文本生命的生成问题密切相关，同时与文本生命在异域之中传承、延续与成长的运行机制紧密相连。

第三节　翻译生成论的基本概念

图里（Toury）指出，"翻译学的典型问题就是缺乏反思自身内部术语中所使用的概念。许多这些概念不仅是从其他可理解性的知识领域引进的，而且对不可理解性的（less understandable）、不可宽容的（much less forgivable）新设置的特异性没有做出相应的调整"（Toury，2012：35）。不论对于翻译实践来说,还是对于翻译理论的建构来说,翻译研究的发展过程中出现的一系列新的观点、发现、视界及其模式,都离不开对相关译学术语的确立和运用,也都需要对这些新概念进行反思与阐释。"概念清晰是所有理论的前提,也是其追求的目标,因为明晰的概念是共同的话语平台,也是理论所要传达语义的载体。"(鲁品越,2011:446)术语是翻译研究的概念结晶,翻译研究需要新的理论与新的术语。翻译生成论作为把握翻译与文本生命之间生成关系的根本方式,乃是用生成性概念与生成性话语合乎逻辑地表达与诠释"翻译作为文本生命的存在与生成"的"成其所是"。这就需要翻译生成论对"生成""生成性""翻译""翻译生成论"等关键术语与概念做出较为明晰的界定与厘清,为翻译生成论理论体系的系统建构及相关理念的有效阐述提供一个共同的话语平台。如何界定"生成""生成性""翻译"等概念?这就涉及翻译生成论最基本且最关键的概念,它们对翻译生成论的建构具有根本性的决定作用。"生成""生成性""翻译"等概念与语言转换、文化操纵区别在哪呢?对翻译本质的理解与认识,既有语言转换论的解读又有文化操纵论的诠释,不同理论对翻译本质的解读与诠释都是对翻译不同侧面的揭示。自翻译学科诞生之日起,人们就从不同维度将"何谓翻译"的问题作为自身研究的出发点,其所关注的是翻译的本质。翻译学要成为真正的"学"就必须首先回答"翻译是什么"的本体论问题与"翻译如何运作的"认识论问题。(赵彦春,2005:4)翻译生成论的本体论问题是建构翻译生成论的最基本问题之一,而求解"文本生命何以生成"的问题是回答翻译生成论本体论问题的首要任务。"综观国内外翻译理论界现状,迫切需要我们回答何谓翻译的问题。"(杨自俭,2005:118)"何谓翻译"问题乃是翻译学家潜心追问与寻求的基础性问题。翻译研究就一直围绕着语言学范式与文化范式对"何谓翻译"问题进行探讨与论争。与以往翻译理论的根本区别是,翻译生成论是基于语言转换论与文化操纵论的反思而确立起的一种描写与解释翻译现象的生成性范式。作为一个与语言转换论、文化操纵论有根本区别的新理论形态,翻译生成论是通过概念术语的界定来对自身进行不断反思、充实与完善的理论体系,其中涉及"生成""生成性""翻译"等概念以及"翻译生成论"的英译名及其基本含义。

一、"生成"概念的来源

"生成"概念属于生命哲学、生成哲学、机体哲学思考的本体论范畴,它越来越成为当代哲学家无法绕开的一个理论关注点。进而言之,生成概念是生成哲学、机体哲学的一个最基本概念,也是复杂性科学、认知科学的一个关键性概念,更是一个表达动态性与过程性、超越还原论的一个最根本概念。不论是《道德经》的"道生万物",还是《周易》的"生生之谓易"与"天地之大德曰生",都将自身思想体系的核心问题聚焦于"生成"。无论在怀特海(Whitehead)的《过程与实在》(*Process and Reality*,1978)、霍兰(Holland)的《涌现:从混沌到有序》(*Emerge:From Chaos to Order*,1998)等著作中,还是在老子的《道德经》、金吾伦的《生成哲学》(2000)与鲁品越的《深层生成论》(2011)中,都可以看到生成概念的身影,而且它以动态的形式贯穿于科学知识史发展的始终。无论是本雅明(Benjamin,1923)的"来世生命",还是贝尔曼(Berman,1992)的"异的考验",抑或是德里达(Derrida,1979)的"意义延异",无不暗合了翻译研究的生成观念。具体而言,生成观念具体体现为:①怀特海(Whitehead,1978:28,65)的"生成原理":生成(becoming)是一种向新事物(novelty)的演进;每一种"存在"(being)都是潜在的生成。②霍兰(Holland,1998:126)的"受限生成过程":生成的模型是动态的,所以称之为过程;支撑(underpin)此模型的机制生成(generate)了动态行为;既定的机制交互性约束了可能性……事实上,任何受限生成过程都表现出涌现性特征。③金吾伦(2000:187)的"生成论":宇宙及宇宙间的一切都是一个生成过程;这个生成过程是整合的,即从潜存到显现过程中将相关因素都整合在其中,从而生成具有个体性的新事物。④鲁品越(2011:409)的"深层生成论":"生成"是指世界上一切事物都不是预先固有的"自我存在"的东西,而是物质通过实实在在的现实的内在联系过程,创造性地相互建构,使新的存在形态与属性不断涌现。⑤马克思主义的"实践生成论":生成就是铸就或塑造、创生或生长、成长或成为;生成之"生",就是生长过程;生成之"成",就是所谓"开花、结果"。总之,所谓生成就是事物、对象在现实人的生活世界及其现实逻辑中的生长和"成为"过程,它可以用具体的时间、空间和条件来把握。(韩庆祥,2019:8)作为统摄众多思想内涵的涵盖性术语,"生成"概念以"生"与"成"作为最基底的面向来探讨事物发展的意义,进而在解构还原论思维与既成性思维的同时构建出一种基于事物发展过程的整体论思维与生成性思想。

从汉字构词法来看,"生成"概念是由"生"与"成"组合而成的:"生"是会意字,"进也,像草木生出土上"(《说文解字》),本义为草木生出、生长,后引申为事物的生育、出生、产生、发生、发育、生存、生活等义;"成"也是会意字,"累寸不已,遂成丈匹"(《后汉书·列女传》),意为事物生长、发展到一定的形态或状况。对生成概念的探讨属于翻译生成论思想的一种溯源,无论在怀特海的《过程与实在》、霍兰的《涌现:从混沌到有序》等著作中,还是在老子的《道德经》中,都可以看到它的身影,而且它以动态的形式贯穿于科学知识史发展的始终。不同学者在谈论"生成"概念时都是以一种特殊的方式阐释其意义,"生成"在相关学术文献中具有不同的英语对应词,例如:怀特海(Whitehead,1978:23)的"机体哲学"中的 becoming 以及 concrescence、瓦雷拉等(Varela,et al,2016:8)的"生成主义"(enactivism)中的 enaction 或 enactive、霍兰(Holland,1998:125)的"受限生成过程"模型中的 generating 以及 emergence 等。虽然英语术语 becoming(生成)、concrescence(合生)、enaction(生成)、generating(生成)、emergence(突现)都可以表达出生成观念的一个关键性概念,但 generation 更符合汉语"生成"的词源之意——事物发展的孕育、诞生、繁衍与成长过程,既体现了事物发展从"生"到"成"的演化过程,也凸显了"合生即生成""突现即生成"的基本观念。其中,"合生即生成"表示一个活动性存在的内在生成过程:"现实世界(actual world)是一个过程,过程就是现实实有(actual entity)的生成(becoming)……现实实有就是许多潜在性的实有合生";"生成"(becoming)是一种向新事物(novelty)的演进;每一种"存在"(being)都是潜在的"生成"(becoming)。(Whitehead,1978:22,28,65)"突现即生成"则表示新事物的突现性:"一个是'突现',即 actualize,指的是'生',即'开始'的意思;一个是由突现或开始这个动作便成现实(actuality)的'成'的结果。"(金吾伦,2000:168)简而言之,生成概念就是事物发展的起点"生"与事物发展的终点"成"的统一体。从"生"到"成"的演化过程,表明了生成概念所蕴含的动态性、复杂性、整体性等特征。

历史地看,生成概念可以追溯到《道德经》(第四十章)"道生一,一生二,二生三,三生万物"中的"道生万物":"生"是"道"的核心与灵魂。《周易》则进一步发展了"生"的观念:"日新之谓盛德,生生之谓易"(《周易·系辞上》),"天地之大德曰生"(《周易·系辞下》)。"这个'生'不是生物学上所说的生,而是有机论或生机论的天人合一之学。"(蒙培元,1993:149)"易"是生生不息之根本,此即"生生之谓易"。生命之所以获得诞生,乃是"易"的驱动力;生命乃是"易"的载体。"'生生之谓易',生则一时生,皆完此理"(《遗书》卷二上)。"生生之谓易"可转义与延展为"生生之谓译"。依此而见,翻译生成论所指向的是"生生之理"与"生成之理"。"天地之大德曰生"意味着,生生不息是翻译的"大德",翻译乃是"生生"所孕育而成的。

翻译之易、翻译之异、翻译之"气化流行",皆源于翻译之"生生""生成"。
"阴阳二气五行流行、生生不息,有流行,便有生成,生成在流行之后,有了
流行,自然生成万物。"(陈来,2014:21)翻译就在"生生不息"之中"流行",
"流行"就有了"生成","生成"就有了"生命"。因而,翻译就是"生生之理"
"生成之理"的体现,更是"生生不息"的涌现。"生"是宇宙万物发展的根
源,也是翻译得以发展的本源。"生生""生成"避开了翻译看上去是终极有
效的确定性、客观性与对等性,这种避开在生命意义上是指向翻译的延续
性、生成性、成长性与涌现性,指向一种隐藏在所有翻译之中的普适性,这
种性质仍然可以以生成为视角被挖掘并且被释放出来。此乃释放翻译作
为文本生命在异域之中的生成,它存在着一种翻译的生成性,这触及了翻
译最内在的范畴核心。

　　从本源来看,翻译之所以是其所是,亦在于生成。生成是"易"的内在
动力,因为生成概念与"生生之谓易"及其转化而成的"生生之谓译"具有内
在的本质关联。"译"就是由"生生"引发而产生的,进一步说,"译"之所以
生成,在于"生生"的内生力量。前一个"生"是生命之意,后一个"生"是化
生而成之意,"生生"就是生命的生成之意。依此而论之,"生生"就是翻译
作为文本生命的生成过程,是文本生命从"生"到"成"的演化过程。翻译的
生成过程就是文本生命的生成过程,它表达了翻译的过程性、动态性、持续
性与成长性。"作为文本生命的存在,翻译展现为一个包含文本生命的生
长、发育、代谢、繁衍、发展、生态平衡的过程,就是'在世代之中存在'的'生
生',是自我与他者之间孕育着新生命的过程。"(罗迪江,2021g:21)"生成"
概念与"生生"息息相关,内涵丰富,不仅包含了文本生命的生长、发育与繁
衍之意,还包含文本生命的延续、成长与发展之意。当我们将生成概念与
翻译联系起来时,翻译就是作为文本生命存在而"出场""显现"的,它既包
含文本生命之"生",又包含文本生命之"成",彼此造就了翻译生成性与成
长性。如果承认翻译不是既成的,不是单纯的语言转换或文化操纵活动,
而是作为一种文本生命的存在,那么翻译生成性就不会被遮蔽与撤开。如
果承认翻译存在于文本生命的生成之中,那么翻译作为文本生命的存在不
仅在空间维度上不断地拓展而且在时间维度上不断地延绵,因而翻译具有
延续性、创生性与成长性。

　　事实上,关于生成概念的基本陈述,实质上就是生命维度的一种具体
阐释,也是对生成性的一种特征探讨。生成性始于对事物发展所彰显的过
程问题的探讨,它是以生成观念来认识与理解世界及其事物之间的动态关

系，强调事物发展是一个从"生"到"成"的演化过程而表现出动态性与过程性特征。回归到翻译研究的主题，翻译就是一种文本生命在异域之中动态的"生"与"成"过程。"生成概念对翻译研究的重要性在于，它为我们理解和认识翻译提供了新的视点，在此视点上，翻译被看作是一条生成之流，在生成原作新生命的同时，翻译自身的生命力也不断涌现。"（黄婷、刘云虹，2020:87）简而言之，生成概念就是用来表达翻译按照自身作为文本生命在异域之中得以延续的承诺来展开活动，就是以对文本生命的生成性的确认与反思形成的理性思考。

二、"生成性"概念的内涵

"生成性"是一个特殊性的概念，它具有特定的翻译思想的结构性基础，如此的生成结构涉及翻译的延续性、成长性、创生性等复杂性特征。目前，翻译学界对"生成性"概念的引入，就是试图打破与超越传统翻译的既成性，开启与释放当代翻译的延续性、成长性与创生性。翻译研究不仅要从"既成性"中释放出来，还要从被囚禁于传统翻译的"生成性"中释放出来，以使翻译能够展开整体论意义上的探讨。"生成性"概念可以借用多种概念来表达其内涵，这是因为作为借用对象的延续性、创生性、成长性等概念与生成性一样具有复杂性特征。从概念层面看，由于我们把"生成性"概念视为与翻译生成论的研究主题相互对应的生命体存在形式，因而它就不再仅仅是翻译生成论中的一个基本概念，而是被视为翻译生成论的"概念母体"。作为一种概念母体，生成性与延续性、创生性、成长性等概念是一种蕴含关系或者说包含关系。基于生成性作为概念母体所建构的翻译生成论的理论图景，是翻译生成论在概念层面的一种理论形态，这就使得"生成性"概念不仅被确立为翻译作为文本生命延续的基本动力，而且被理解为翻译与文本生命之间生成关系的基准点。根本而言，"生成性"概念契合"生生"思想，既指向"生生之理"的生命状态，又指向翻译作为文本生命的"生"与"成"。翻译总是与文本生命相伴而行，它既非将文本生命作为"部分"，也不是将文本生命视为"个体"，而是将其视为处于原文生命与译文生命的转渡之中的"统一体"。翻译是随着文本生命在异域之中的生成而被揭示出自身本质的。具体地说，生成性就是翻译作为文本生命的"生"与"成"的视域融合，它包含两个阶段：一是文本生命的"生"（actualize），即文本生命的诞生（birth）过程；二是文本生命的"成"（actuality），即文本生命的延续（continuity）与成长（growth）的结果。因此，"生"与"成"并非割裂的,而是一个联动的、持续的生成整体。(卢冬丽,2022:788)翻译与文本生命的关系,就是一种共存的生成关系。翻译只有作为文本生命的存在而出现,它才会被作为一个鲜活的生命机体来认识与理解,才会被作为文本生命的"生"与"成"来理解与把握。翻译则因文本生命的"生"与"成"之间的连续性而被塑造为一种生命流动的行为,它在文本生命的"生"与"成"之中相遇而又转化文本生命在异域之中生成的形态,如此循环,生生不息。

由上可知,翻译的意义在于生成性的展开,如何解释生成性就成为理解翻译的关键。生成性在于建构翻译作为文本生命存在的延续性、成长性与创生性。从生成性的角度来解释翻译活动,实际上是肯定了翻译作为文本生命的存在,强调翻译的延续性、生成性与成长性,摒弃了西方翻译研究的还原论思想。翻译研究不仅需要关注翻译的延续性与生成性,而且还要考察翻译的成长性。翻译研究不应该只关注语言转换,因为那样只会导致翻译本身的自我分裂而失去内在的生命内涵,它应该回归生命,应该超越仅仅作为语言转换的翻译,把延续性、生成性与成长性的维度纳入其中,进而揭示将翻译视为一种文本生命在异域之中体现出的延续性、生成性与成长性。那么,翻译研究就离不开生成的介入,更离不开文本生命的渗透,而翻译作为文本生命存在是在异域的考验中生成的,也是一个不断拓展其生命可能性、不断追求其存在之"真"的成长过程。它因"异"而起、为"异"而生,其使命是赋予原作崭新的生命而使其在异域之中诞生、延续与发展。因此,"翻译是具有建构力量的一种生命存在,在极限处获得成长的潜能,这正是翻译自身生命力的体现"(刘云虹,2018a:99)。翻译显现了对文本生命的生成方式,文本生命成为翻译的真实性形式。文本生命在翻译之中获得持续的生命,因而会处于由原文生命向译文生命的转渡之中。翻译不再单纯地只能建立在文本基础之上,而是指向文本生命的根基。翻译作为文本生命的存在,它则朝向文本生命在异域之中的生成。翻译存在就是文本生命的生成,它将开启翻译作为文本生命存在的异域之旅与生成之旅。由于生成之旅有了一种自身的生存维度与叙事方式,它并不能通过那种被叙述的客观性与确定性获得,哪怕正是因为被叙述的客观性与确定性使得翻译看起来更加容易。翻译则以它作为文本生命的存在方式在异域之中承担着这种生成的任务,并且面对着客观性与确定性所带来的简单性的挑战。翻译之所以是其所是,就在于文本生命的"生"与"成"的连续性与持续性,"生"与"成"的视域融合与延展,开创了翻译研究的生成性思维,它允许客观性与确定性存在的同时又关注延续性、涌现性、成长性,成为在生成之中确认客观性与确定性,又在生成之中找到客观性存在的动态性与确定性存在的生成性。

显而易见,生成性离不开对生成的关联与构想。关于"生成"的构想在很大程度上是借用了"生生之谓易"的生成观念,其中"生生"的思维既可以指向文本生命的"生",又可以指向文本生命的"成"。"生生"与"生成"的思想再一次被示范性地牵引在一起,它们从根本上塑造了翻译的生成性本质,并且也使当代的翻译问题清晰地显现出来。当代的翻译问题应该既是内在的,也是外在的,它紧密关涉翻译作为文本生命存在的自我理解与自我塑造,同时也关涉翻译作为人类存在的根本方式之一的辩护立场。不论是作为文本生命的存在,还是作为人类存在的根本方式,翻译总是在生成之中显现,从生成之中引出文本生命的延续。文本生命是翻译的最内在之物,它超越了语言、文化、社会等层次的外在之物。作为内在之物,文本生命是不断生成的,亦是不断成长的,由此可以推断出翻译的生成性本质。如果不内嵌于"生成"之中思考翻译,或许就难以体会到翻译作为文本生命存在的动态性与过程性。"生成"抓住了翻译的一切动态性、规定了翻译的一切过程性,并且一切动态性与过程性都从这个"生成"出发而显现出来。所有翻译行为都是对"生成"的一种生命性审视。所以对"生成"的生命性审视,预设了翻译蕴含的生成性、延续性与成长性。翻译不仅在生成之中,而且也在它的存在与现实之中成长。"无尽的生成(becoming unlimited)是观念事件与非物质性事件(incorporeal event),拥有揭示未来与过去、能动与受动、原因与结果等关系的全部特征。"(Deleuze,1990:8)强调翻译的生成性,就是强调翻译作为事件的"非物质性",就是强调翻译作为事件的"生命性"(lifeness)。文本生命的生成过程,就是"事件的生成过程"(the becoming of the event)。"事件(event)并不是指真实发生的事件,而是指一种持续的内在生成之流在潜在区域里(the virtual region)影响了历史的呈现(historical present)。"(Rowner,2015:141)从事件的角度来看,翻译具有了事件的不确定性、非物质性与生成性。翻译的生成意味着文本生命的生成;生成意味着某种奠基性的生成性过程,这也表明了文本生命是在生成之中获得生命延续的。倘若不去思考翻译的生成性,那么翻译就失去了作为文本生命存在的本质。生命存在高于一切存在者,它以某种生成的方式隐藏于翻译存在之内并使之与文本生命发生关联。只要是文本生命的存在者,翻译就必定在其中存在,并且因而属于生成。翻译因此设定了不同的存在方式,既可以作为文本生命的存在者,又可以作为人类生存的存在者。

广义而言,"生成性"概念的提出直接针对翻译研究的"既成性",并重新看待翻译本质,重新看待西方翻译理论。作为一种翻译理念,生成性对于西方翻译理论固有的既成性、对等性等概念是一种极大的思维挑战,也丰富了翻译学对于相关问题的论述。翻译生成论之"生成"概念不仅指所谓的"翻译过程"或"翻译行为",更重要的是一个具有由"一"向"多"变化的创生性与成长性内涵的翻译概念;生成不再是一个单纯的封闭性与静态性概念,而是一个具有开放性、包容性、动态性的翻译概念。总而言之,生成概念凝聚着创生性、生成性、成长性、延续性、涌现性、受限性等复杂性特征的思想内涵,而非传统翻译所谓单一的转换性与操纵性。正是因为生成概念蕴含着这些特征的思想品质,翻译才拥有了普遍的生成性基因,具有向翻译敞开的基本动力与内生动力。翻译生成论把延续性、生成性、成长性、创生性、涌现性等复杂性特征纳入翻译研究,将翻译视为一种文本生命在异域之中的生成过程,这就潜在地摆脱了翻译研究的还原论思维的束缚,既凸显了机体主义的特点,又具有典型的生成论特征。可以预见的是,随着生成观念的普遍性及其蕴含的生成性、成长性、创生性、涌现性等复杂性特征在翻译研究中越来越显现出来,生成性概念对于翻译研究来说越来越具有启示性意义。

三、"翻译"概念的内涵

著名美国翻译家奈达将"翻译"定义为:"以意义为首、以文体为次,用译语（the receptor language）最切近而又最自然的对等语再现（reproducing）源语（the source language）的信息。"（Nida & Taber,1969:87）奈达的"翻译"概念中运用了一个关键词"再现"（reproduce）,而这个词本身就是一个关涉翻译过程与"生命"的隐喻术语。动词"再现",可以被诠释为"再生"（reproductive cycle of life）;然而长期以来它是以"复制"（replicate）的意义运用于英语语言之中的,从而导致"再生"这层内涵未能展现于读者。（André,2014:2）当前,翻译研究是以"再现"所指向的"复制"内涵来界定"翻译"概念的,这就在很大程度上将翻译视为一种可"复制"的实体来考察与审视。事实上,翻译作为一种动态的再生过程,是与生命互生共存的生成过程。就此而言,翻译生成论关乎的是翻译作为文本生命的存在,是作为文本生命的"再生"过程,它的根隐喻（root metaphor）是文本生命,它的本质特征是生成性。谈论翻译生成论,既离不开文本生命,也离不开生成及其生成性。

文本生命永远处于发展与变化的过程中，因而翻译生成论的解释模式要求用动态的、开放的视域研究翻译的生成性。这种动态的、开放的视域实质上就是以生成的视野来探讨翻译问题。随着复杂生命系统的变化，文本生命必将在异域之中获得新的生命力，同时，翻译生成论的解释范畴也在持续扩张。作为文本生命的生成，它具有横向的宽度与纵向的深度，那么文本生命就是一个不断成长的过程。与文本生命相关联的"翻译"，既表示它作为文本生命之存在，又指向它作为文本生命之多元。正因为翻译存在的多元，其关涉的文本生命在异域之中的存在形态就指向特定的生成。翻译本身包含翻译存在与翻译生存：翻译存在强调文本生命是原文生命的一种生命状态；翻译生存是文本生命的变化状态，这就在异域之中涉及翻译生成。因而，翻译意味着文本生命在异域之中获得新的生命形态，它指向的不是文本生命的断裂性，而是文本生命的延续性，呈现出生生不息的意蕴。概而言之，翻译可以界定为：翻译是以文本生命为阐释基底、文本生命的再生、延续与成长为任务的一项跨时空的生成活动。

"生命—生成"概念的界定，不仅是生命思维在翻译研究中的显现，更是生成之力在翻译研究中的凸显；不仅塑造了一种新的翻译理论，而且还改变了翻译的思维逻辑与价值导向。强调翻译的生命形态，则是强调翻译的生成形态；强调翻译是生成的，则是强调翻译作为一种文本生命的成长形态，两者互诠互释，形成了"翻译即生命—生成"思想。"生命"与"生成"构成了认识与理解翻译的双重逻辑，也成为把握翻译研究的元概念与元话语。因此，翻译概念包含两个层面的意蕴：翻译即生命、翻译即生成。"翻译即生命"是"生生"思想阐释的延伸：一是它返回"生生之谓易"之"本"，领悟翻译研究的生命之道；二是它以文本生命为本位，将翻译视为一种文本生命的生成过程，挖掘出翻译生成的生命形态。诚然，"翻译即生命"的前提是，翻译应该具有生成性特性——翻译即生成。"翻译即生成"是"翻译即生命"的进一步阐释，它意味着翻译的本质是一种文本生命的生成过程，而文本生命是翻译的根本方式，反映了翻译的延续性与成长性。翻译作为文本生命的存在，基本上就是一个生成性的存在，生命与生成密不可分，把握文本生命必然要用一种生成的方式。

从"翻译"概念的界定来看，翻译蕴含"生命"与"生成"两个核心要素，它指向的是从原文生命的"生"到译文生命的"成"的延续与成长过程。进一步说，翻译生成论的两个基础概念是"生命"与"生成"。"生命"的核心内涵可归纳为：翻译是由文本生命构成的，而且是作为一种文本生命而存在的。"生命"概念不但从本体论层面消解了翻译的文本化,而且为重新界定翻译提供了新的视域。换而言之,翻译生成论将"生命"视为翻译得以进行的原点,从最本源之处回归翻译的本真形态。翻译本身并不是固定不变的实体,而是由原文生命、译文生命、文本生命与来世生命之间的内在联系所生成的,因而翻译的生成过程决定了其自身的发展能够被视为一种持续交互的文本生命的传承与延续过程。因此,翻译是一种以文本生命为导向,以投胎转世为转化方式的生成性活动。从原文生命到译文生命,翻译起到了生成作用,是原文生命与译文生命相互转化的"生成子"(generator)。只有从生命与生成的双重逻辑出发,才能理解"翻译作为文本生命的存在"与"翻译作为文本生命的生成"的实质内涵,才能理解与领悟翻译生成论的真谛是"翻译即生命—生成"。由此翻译概念创造出这样相互联系的三重内涵:一是翻译作为一种文本生命而存在;二是文本生命是翻译活动的前提与结果;三是文本生命在翻译过程中以投胎转世为方式获得来世生命。那么,描写一个完整的翻译过程就如图 4-1 所示。

图 4-1　翻译过程

如果说"生命"概念的独特之处是将翻译的文本解释拓展到翻译作为文本生命存在的范畴,进而将文本生命在翻译研究中加以确立,并在此基础上构成了"翻译即生命"的观点,那么"生成"概念则通过梳理"生命"的思想内涵建构出具有显著"延续性""生成性""成长性""创生性"等复杂性特征的翻译生成论。"生成"概念的内涵是:生成指向翻译作为文本生命在异域之中的生成过程,它是一个不断生成的复杂动态过程,以文本生命在异域之中延续、成长与发展的方式涌现。翻译不再只是一个单纯的名词,而是一个不断生成的动词。"动词意味着变化,意味着发生了一个操作而把一个存在状态变成另一个状态,因此,变化即提出问题,于是有理由追问为什么、凭什么、怎么办、接下来怎么办。"(赵汀阳,2022:36)翻译作为文本生命的存在就是生生不息的"动词",它意味着翻译从潜在性的存在状态变成现实性的生成状态。这就要将翻译理解为一个不断生成的、动态发展的生成过程,它启发了翻译学领域重新思考翻译与文本生命之间的交互作用。从翻译过程的内涵来看,翻译的本质是"生成",它既表现为文本生命是在翻译实践过程中得以生成、实现和确证的,又表现为翻译过程是以投胎转世的方式促使文本生命从原文生命的"生"到译文生命的"成"再到来世生命的"延续"过程。翻译在本质上就是文本生命在异域之中得以生成的存在方式,促使原文生命转化为译文生命,使来世生命得以延续与发展,因而翻译之本质就是生成性,是文本生命在异域之中延续而呈现出生成性特点。"翻译乃是把源语言中的某倾向性加以个体化,并把受此翻译行为的促动或激发而在目标语言中出现的另一倾向性加以个体化。"(成中英,2014:64)翻译将"某种倾向性"加以"个体化",实质上是将翻译过程中某种倾向性行为视为"突现"(emergence)。"从英语词源来看,'emergence'源于拉丁语'emerge',本意为从液体中浮出,引申为现出、显现、生成、露出……汉语'涌现'更符合英语'emergence'词源之意——液体中的显现。"(魏屹东、苏圆娟,2021:1)翻译过程中倾向性行为所展开的"涌现"现象,本质上所指向的是翻译的显现与生成,它由翻译之"生"与翻译之"成"构成而显现出本真形态。翻译的生成过程就是作为文本生命的生成,它包含原文生命的"生"与译文生命的"成",因而翻译生成的本质就是从原文生命的"生"到译文生命的"成"的融会贯通的过程。原文生命的"生"意味着文本生命在异域之中的生成,译文生命的"成",则意味着来世生命在异域之中的成长。

翻译的生成过程就是文本生命从"诞生"到"成长"的发展过程。"生"与"成"构成了生成概念的核心范畴:"生"是文本生命在异域之中生成的开始,"成"是文本生命在异域之中生成的结果。翻译是从"生"到"成"的过程,体现了翻译作为文本生命的生成性特征。作为被生成的文本生命来说,它并非单纯的语言/文本转换,而是融合了原文生命、译文生命与来世生命的延续历程以及翻译的生命价值取向。因而理解翻译必然要从过去单纯的文本介入拓展到对文本生命在异域之中生成的理解。这样,翻译及其本质才能被理解,才能体现"生生""生成"的意涵。"生成"既是文本生命在异域之中再生、延续与成长的动力,也是翻译行为得以产生的动力。"生成"本身是文本生命动态变化的一个驱动力,文本生命只有在不断的生成过程中才得以再生、延续与成长;一旦无法完成这个"生成",文本生命在异域之中就会陷入无源之水的困境。原文生命是文本生命当中需要在异域之中诞生的一种生命,译文生命则是对原文生命的生成。一旦译文生命完成了"生成",来世生命便在异域之中得以不断地延续与绽放。翻译在文本生命中生成,总是以不同的生命形态展现自身的本质力量与生成能力,这种本质力量与生成能力,就是文本生命在异域之中生成的形态。简而言之,翻译是从文本生命中显现与生成的。

"生成"作为独立的词语既包含翻译的"生",又包含翻译的"成"。机体主义范畴下的"翻译生成"就是由"生成"观念构成的翻译行为。"生成"就是翻译的第一要素,翻译作为文本生命之所以存在就在于"生成"的驱动。从本质上说,翻译就具有生成性,其核心内涵在于"生成"二字,它是翻译主体与文本生命、翻译环境在持续互动过程中指向文本生命在异域之中的生成过程。翻译与文本生命、译者生存、翻译环境一样,都是作为有机体而存在的,并不是单独地存在,而是作为有机体的整体具有生成能力,因而翻译生成与文本生命形成了统一的、连续的、内在的整体。如果将翻译视为一种文本生命的生成活动,那么翻译与文本生命之间的生成关系就是两个有机体共同参与的"生命—生成"活动。作为一种文本生命的生成活动,翻译不是像语言转换论、文化操纵论那样透过"实体"的解释与说明被带到语言、文化与社会语境中,而是文本生命让翻译具有动态的生成性。"生成"本身就涵盖三个层面:一是生成"文本生命"的主体;二是"生成"行为本身;三是作为结果的"来世生命"。这意味着,翻译与文本生命之间的生成关系,形成了动态的耦合关系,它们所指向的是原文生命与译文生命相互转化的内在关联,彼此既能在耦合中调节自身的生命形态,又能保持其自身的独特性,因而这种互动的生成性与文本生命是关联的。翻译的生成过程意味着,文本生命是在翻译实践中"成其所是""如其所是"(即生成的),因而文本生命在异域之中生成是在翻译实践中得到确认的。"翻译必然具有一种建构性的力量,使原作得以在新环境中重新生成。"(过倩、刘云虹,2020:7)翻译的生成过程处在不同的时间、空间中,处于不同的延续与发展状态,因此原文生命与译文生命在时空中的表征性质并不相同。翻译生成论的性质是由翻译生成的内在性质与表征性质共同决定的,贯穿始终的是文本生命,最终归宿是来世生命。即使内在性质相同的翻译生成,由于表征性质的不同,翻译的生成过程不具有原文生命与译文生命之间的完全同一性。即使原文生命在异域之中所呈现的形式、功能或语义等表征性质不同,或者说在翻译过程中出现缺省或增补,翻译的生成过程总是有一个核心的生命共同体在这个生命系统中具有决定性作用的能力。这就是翻译的内在性质,它决定了文本生命、原文生命与译文生命之间的生成关系,也决定了翻译生成论的概念范畴的基本要素。

翻译生成论是一种描述与解释文本生命及其相关现象(原文生命、译文生命、来世生命)的生命表达与生命立场。具体地说,翻译生成论是指翻译与文本生命之间的生成关系,它通过求解"文本生命何以生成"的问题来揭示"翻译生成何以可能"的问题,因而"翻译生成"与侧重译者主体性的"翻译行为""翻译过程"截然不同。翻译离不开文本生命的生成,进而言之,翻译的生成过程就是指文本生命在异域之中再生、延续与成长的动态过程,是原文生命与译文生命相互作用的过程;原文生命的潜在性是翻译生成之源,再生是翻译生成之途,来世生命是翻译生成之果。"译作不依赖于原作而生,相反,原作依赖于译作而生(the translation for its survival)"(Davis,2001:40),"因而译作赋予(confer)了原作新意义;没有翻译的存在,原作生命便不复存在"(Tymoczko,2007:48)。因而译文生命的诞生过程就既是原文生命在异域之中的生成过程,也是原文生命转化为译文生命的再生过程。总体而言,翻译的生成过程是整合了文本生命、原文生命与译文生命的内在关系,即在从原文生命的潜在性到译文生命的显现过程中将相关因素都整合在其中,从而生成具有个体性的来世生命。因此,翻译的生成过程是在文本生命之中对翻译现象的解释,这种解释是对文本生命在异域之中的解释,且这种解释是基于文本生命的。

四、翻译生成论的英译名

翻译生成论是对翻译与生成之间关系的观念表述和理论建构,它开辟了一种重新看待翻译与文本生命之间关系的新视域。在翻译生成论的建构过程中,其核心概念是"生成",而翻译不再是一个既成不变的文本,而是作为生生不息的文本生命而存在的。作为翻译生成论的核心概念,"生成"的英语是 generation。从英语词源来看,generation 概念可以从拉丁语与法语中追根溯源:一方面,generation 直接来源于拉丁语 generationem(主格词为 generatio),它的动名词 generating 源于过去分词词干 generare,本意为生育(bring forth)、产生(beget)、生产(produce),引申为生殖、繁殖、孕育;另一方面,generation 源于法语 génération,本意为生育(act of procreating),引申为生殖、繁衍。不论是源于拉丁语还是源于法语,generation 概念都蕴含生育、繁衍、生长之意。由此可见,"生成"概念的英语表达是 generation,它蕴含着 emergence(凸显)、creation(创生)、evolution(衍生)等意涵。相应地,"生成性"的英语是 generativity,它涵盖了 emergence(涌现性)、creativity(创生性)、evolution(衍生性)等思想内涵。生成概念具有一种统合功能,即把翻译的延续性、生成性、成长性、创生性、涌现性等复杂性特征都统合到"生"与"成"中来，统合到"生成"中来。翻译的生成并不是单纯地指翻译作为文本生命的变化，而是指翻译作为文本生命在异域之中的创生(creativity)。"创生"是生成论思想的关键概念，也是翻译生成论的核心概念之一，更是翻译生成论区别于语言转换论、文化操纵论的关键。宽泛地说，翻译作为文本生命的生成不仅蕴含着文本生命的"延续"之义，而且包含着文本生命的"成长"与"创生"之义。在这个意义上说，将 generation 译为"生成"，将 generativism 译为"生成论"符合词源本意，那么翻译研究与生成论的交叉融合便形成了独具一格的翻译生成论(translation generativism)。

　　翻译生成论将"生命"与"生成"纳入翻译学领域，并对"生命"与"生成"在翻译实践中的地位给予肯定，从而超越了语言转换论、文化操纵论。这种超越是在"生命"与"生成"两个维度的共同作用下完成的："生命"之维来源于翻译生成论将文本生命作为考察翻译的起点并贯穿于翻译过程；"生成"之维将"生成"作为分析方式并有效地解释与说明翻译的生成性、成长性与创生性，从而摆脱了语言转换论固守的对等性与文化操纵论坚持的操纵性。正是"生命"之维与"生成"之维的交织，且"生成"之维最终作为翻译研究的一种生成分析方法，突破了翻译的确定性与客观性，揭示了翻译的延续性、生成性、成长性与创生性。不论是成长性，还是创生性，抑或是延续性，都离不开生成性。翻译的生成性成为翻译不同性质与特征的聚集地，散发着翻译的生命之光。翻译的生成性先于翻译的客观性与确定性，这种"先于"的认识指向的是翻译的生命关联；翻译的生命关联则朝向"生成关联"，存在着那种"成长"的意蕴，这种"成长"使一个关涉翻译作为文本生命存在的生成结构逐渐显现并且进入翻译行为之中。

　　"生成关联"的最终目的，就是让翻译"是其所是"与"成其所是"。"是其所是"指向的是翻译的生命之维——翻译是一种生命现象，它是作为文本生命而存在的；"成其所是"指向的是翻译的生成之维——翻译是一种生命活动，它是作为文本生命在异域之中的生成过程。这就将翻译作为文本生命的存在指向了生命之源而呈现出生成之力，并由此探讨翻译作为文本生命存在的根源、动力与目的。因而，翻译不是一种单纯的"质料"，而是包含了由生成之力驱动的生命之"目的""动力""形式"的整体。"生一定伴随着成，即本性的实现；作为目的的'成'内生于'生'之中，而无论是生还是成，都内在于形式和质料。"(吴功青，2020：103)"生"及其指向的"文本生命的存在"与"文本生命的生成"，构成了翻译最根本的特征。生命与生成具有本原性,彼此造就了翻译,并且使翻译具有延续性、生成性、成长性、创生性等复杂性特征。关于翻译的认识是通过文本生命的生成来表达的,因而探讨翻译以及与翻译相关的问题会涉及文本生命,这是翻译生成论自然而然的事情。

五、翻译生成论的基本含义

建构翻译生成论,是持续深入探讨"生生之谓易""天地之大德曰生""道生万物"等思想的创造性转化而推进翻译理论创新提出的标志性观念,是翻译理论走向生成主义的标识性理念,也是一个正在生成发展的、正在超越传统译论的简单性范式的议题。翻译生成论是对翻译作为文本生命存在的生成性现象的高度概括和集中反映,体现了翻译的延续性、创生性、生成性与成长性,进而将翻译视为一种文本生命在异域之中的生成活动,这就明显有别于语言转换论、文化操纵论。翻译生成论将"生成"视为翻译研究的出发点,将翻译视为一种文本生命的存在,让翻译展开为一种显著的生成性、创生性与成长性,或许这才是翻译研究与翻译过程的真谛所在。翻译生成论可以从四个向度阐释其基本含义,以契合其问题域——"文本生命何以生成"。

其一,翻译生成论具有"生成"规定。它是与生成哲学、生成论、生成主义本质相关的概念,属于生成性向度。"生成"具有翻译研究的本源性,它首先与生成论、生成主义的解释模式相契合。进而言之,翻译生成论以生成哲学、生成论为"根"与"本",归属生成哲学、生成论的"基因",它在翻译现象的解释与说明过程中坚守生成哲学、生成论的根本立场与价值取向。这种根本立场与价值取向是通过将翻译作为一种文本生成在异域之中的生命来获得的。"生成"规定了翻译作为文本生命存在的生成性,它指向的是文本生命。翻译的"生成"是对文本生命的具体展开,它将文本生命置入异域之中,延展文本生命的空间,升华文本生命的视界,呈现出一种时空维度上流动的成长之势。

其二,翻译生成论具有"关系"规定。它是与关系理性直接相关的概念,属于关联性向度。它是在深刻反思客观理性与主观理性以及创造性地提出关系理性的基础上发展起来的。翻译生成论既要超越以客观理性为主导的语言转换论的客观性话语、以主观理性为主导的文化操纵论的主观性话语,更要深刻地展现并书写以关系理性为主导的翻译生成论的关联性话语或生成性话语。从客观理性到主观理性,再到关系理性,是翻译理论在理性逻辑上的认识转换，进而内生出翻译研究的关联性话语或生成性话语，因而是一种更为整体性、关联性、动态性的表述。翻译生成论以关系理性为原则，把翻译问题看作是一种关系问题，勾勒出与翻译紧密相关的"类生命"、生命共同体、复杂生命系统等议题。

其三，翻译生成论具有"过程"规定。它是与生成性意识、历史性意识有鲜明关联的概念，属于过程性向度。历史性意识指向的是翻译作为文本生命的存在在时空维度上的生成过程，即传承原文生命的"过去"，延续译文生命的"现在"，面向来世生命的"未来"。翻译的"现在"与"未来"，意味着翻译是一种"活着的过去"，"现在"与"未来"蕴含着"过去"的基因，而"过去"的基因内嵌于"现在"与"未来"的生命机体之中。进而言之，不论是"过去"，还是"现在"与"未来"，彼此之间不仅是一种传承与延续关系，更是一种创造与成长关系。翻译生成论的"过程"规定意味着，翻译具有历史性。历史性意味着在原文之"过去"、译文之"现在"与来世之"未来"之间建立动态的过程性与延续性，因而历史性既不能失去原文的过去，也不能没有来世的未来。这正是翻译生成论的"过程"规定的内在结构："过去"化生为"现在"而使翻译得以在场，同时"过去"必须在"未来"那里拥有落脚点才能证明翻译在异域之中获得延续与成长。在此，历史性意味着翻译使"过去"获得了来世的未来性。对于翻译而言，未来性越显著，翻译的生成性就越丰富，翻译的生成性就是朝向未来存在的可能性。翻译生成的意义在于如何筹划翻译主体选择未来的可能性，因而研究翻译生成的深层实质就是研究翻译存在的可能性，是为了理解翻译的生成性蕴含何种未来的可能性。

其四，翻译生成论具有"功能"规定。它是与从生成的观点去看翻译相关的概念，属于话语向度，是考察与解释翻译与文本生命之间关系的生成性话语。翻译生成论对翻译的解释离不开"生命""生成""生生""成长""延续""创生"等生成性话语，它能克服翻译的简单性、确定性、客观性与既成性，以生成性消解既成性、以不确定性消解确定性、以成长性应对客观性，凸显翻译作为文本生命在异域之中延续而拥有一系列潜在的可能性，因而具有解释层面上的优势。它注重运用整体论思维考察翻译现象，注重运用生成性思维去理解与把握翻译的本质，有助于从整体论思维与生成性思维层面探讨翻译与文本生命之间的生成关系，以应对翻译的延续性、生成性、成长性等复杂性特征。

第四节　翻译生成论的阐释基底

自霍姆斯(Holmes,2004)的《翻译研究的名与实》("The Name and Nature of Translation Studies")发表以来,翻译研究中还原论思想的兴起,导致翻译概念和翻译实践需要在语言学范式的语境中建构与把握,形成一种静态的、分析的文本主义翻译观。随着翻译学界对本雅明(Benjamin,1923)的"来世生命"与钱钟书(1981)的"化境说"的深入研究与持续探讨,一种或隐或显的机体主义翻译观呼之欲出。因而,文本主义的解释模式也伴随着其自身单一、静态的翻译观的缺陷而遭遇质疑与批判,机体主义的解释模式将翻译视为一种文本生命在异域之中的生成,强调翻译的生成性、成长性、创生性等复杂性特征。这些充分表明了,翻译并非只是单一的语言转换模式,文本主义的研究路径,其实源于一种机械主义所衍生出的还原论预设,进而预示了自身解释力在翻译研究的深入发展中的匮乏。翻译研究与翻译实践的本质决定了翻译是复杂的、动态的与整体的生成过程,又是指向"生生之谓译"的思想内涵,因而是与文本生命相关的。由此,翻译生成论的建构能够从机体主义中引出一种新的生成性解释模式,并以文本生命为阐释基底,因而翻译解释只能从文本生命的生成性加以透视才能获得真正的本己。文本生命是解释与说明翻译的基本单位,因而与翻译相关的探讨会涉及、围绕甚至基于文本生命及其解释与说明,这也是自然而然的事情。倘若想要穿透复杂多变的翻译现象而切中翻译的本质,必须至少抓住翻译作为文本生命存在所开启的生存论深层维度,或者遵循着"生生之谓译"的思想再跨出一步,深入翻译作为文本生命存在及其在异域之中生成的观念之中。翻译生成论为翻译研究开启了一个生成论的维度,从这个维度出发,那种被称之为"生成"的文本生命被理解为源自最基础层次的生命机体,生成性就成为文本生命的本质特征。这表明了最深层的根基并不是一种存在状态,而是文本生命在异域之中的一种生成形式、一种生成方式,由此出发才拥有翻译存在的一切形式。既然翻译的存在方式是生成性的,而翻译生成论是对翻译作为文本生命存在方式的反思与探讨,那么翻译便是通过创造文本生命为自己创造了特有的存在方式,从而凸显了自身内在的生成性。于是,翻译与生成、生成性在认识与理解文本生命的问题上是一致的。文本生命是如何生成的? 又如何在不断生成中建构了翻译的生成性? 这是翻译生成论需要解决的问题。

　　探讨翻译生成论的阐释基底，它要解决的问题无疑是"文本生命何以生成"，所探讨的聚焦点无疑是富有生成性特质的文本生命。文本生命从介入翻译研究开始，其意义就在于研究对象从简单性范式的语言/文化转向复杂性范式的文本生命，从而使思维方式从简单性思维转向复杂性思维。"文本生命"就是翻译存在的根本方式，它并不是一个静止不动的术语，而是一个不断丰富自身思想与转换自身地位的概念范畴，就是翻译研究的一种"诠释文本的转换"。"诠释文本（hermeneutical text）的转换，是中国哲学创新的承继特征，是学术流派创立的文献标志。"（张立文，2004：35）翻译生成论是将以"文本"为阐释基底的传统翻译理论转换成以"文本生命"为阐释基底的观念，就是一种"诠释文本的转换"。现有诸多研究都为认识与理解文本生命概念及其与翻译的本质关系提供了较为丰富的参考资料。中国传统哲学中"生生之谓易""天地之大德曰生"蕴含的生命形态，就是翻译的本质形态：生生。没有了"生生"，翻译就失去了生存的生命力，成为一个孤独的、静态的机械物。我们不仅要以复杂性范式来诠释"文本生命就是翻译的存在方式"，而且还要解答"文本生命何以生成"的问题。如果文本生命的整个生成过程将伴随着翻译而展开与持续地生成新的生命，那么我们究竟应当如何理解文本生命，进而以文本生命为切入点探讨翻译生成论的复杂性范式，这就是一个不可回避的问题。

一、文本生命的来源脉络

　　目前翻译研究对文本生命的认识更多涉及的是零散的概念介入而非系统的思想研究，使其在翻译研究中似乎形成一种"有名无实"的尴尬境地。文本生命作为翻译研究一种特有的概念范畴，其在渗入的过程中并不是以一个完整的概念范畴进入翻译研究。历史地看，文本生命概念首先与钱钟书（1981：18）将造诣高的翻译喻为原作的"投胎转世"（the transmigration of souls）紧密相关。"投胎转世"成为文本生命介入翻译研究的切入点，也成为文本生命与翻译发生关联的阐述基底；认识与理解翻译，就蕴含着对翻译与文本生命关系的理解。按钱钟书之见，原作与译作如同两种共存的生命体，涉及躯体、气韵、灵魂、精髓、脉络等生命形态，因而翻译就是原作的投胎转世、借尸还魂、灵魂转生，就是一种"人化"或"生命化"（animism）（钱钟书，1997：191）的转世、转生、还魂过程。翻译就是原文生命朝向自身的转世谋划自身，成就自己在借尸、换体、还魂过程中的来世存在。在此，"文本"悄然退隐，而"文本生命"在原文生命的投胎转世中逐渐地显身。显然,文本生命超越了翻译研究中的文本,喻指为原作的转生、转世、再生的指称。这意味着文本生命概念开始作为研究对象而渗透于翻译研究之中,翻译研究的生命思维逐渐趋向形成与显现。与以往翻译研究相比,文本生命的思想内涵,在某种程度上否认了翻译活动仅仅是一种简单的语言转换或文化操纵活动,否认了以文本为导向的翻译过程是单纯的对等性表征与忠实性追求的观点,主张翻译是一种文本生命在异域之中的生成过程,强调翻译与文本生命之间的生成关系,凸显文本生命在翻译过程中的生成性、成长性与创生性。由此论之,文本生命之于翻译研究的探讨,使我们认识到把生命视角纳入翻译研究的范畴是必要且有价值的。

钱锺书将翻译理解的重心转向原作的"投胎转世",翻译所指向的是原作的"躯壳换了一个而精魂依然故我"。而本雅明(Benjamin,1923:71-83)则更进一步,明确地将翻译视为一个文本的"生命延续"(continued life)与"来世生命"(afterlife)。文本生命概念在本雅明的《译者的任务》("The Task of the Translator")中获得进一步的显现,"文本因经过翻译而被赋予了新的意义,并获得了新的生命"(郭建中,2000:197)。"原作与译作休戚相关,犹如生命表征(the manifestations of life)与生命现象紧密相连,与其说译作源自原作,不如说译作是原作的来世生命;原作生命在持续不断地翻译中生根发芽、开花结果。"(Benjamin,1923:16-17)这种立足于原作与译作的生命联系,被德里达(Derrida,1992:227)加以运用并指出:"原文是最先的亏欠者,最先的恳求者;原文需要被翻译,恳求被翻译。""和本雅明一样,德里达认为翻译是再生,是一种试图建立'纯语言'的努力;翻译的重要性也就在于给原文注入活力、青春和生命的过程。"(刘军平,2009:266)随之而来,切斯特曼(Chesterman,2016:1)将翻译视为模因的"生存机器"(survival machine),从本质上说翻译就是一种以"模因"为宿主的再生体。在此,翻译与再生的关系在本雅明、德里达、切斯特曼那里融会贯通、一脉相承;以再生为翻译之源,意味着将译文还原为翻译之本,翻译就是延续文本的生命,持续绽放生命之花。文本生命的"生成"与本雅明的"来世生命"、德里达的"再生"、切斯特曼的"生存机器"的影响密不可分,主要是在原文生命与译文生命的共同作用下催生出来的。可以看出,文本生命处于根隐喻的地位,是翻译生成论的阐释基底与研究对象,它与来世生命、重生、再生、投胎转世、灵魂转世、生命延续、持续的生命、原文生命、译文生命、生命共同体等概念发生内在关联而成为翻译研究中的一个综合性概念。文本生命是指原文生命与译文生命相互转化、相互传承、相互整合的生成过程。这是将翻译解释的视角从文本延展到文本生命，它具有时空维度上的交互性与融通性，即指向前世的原文生命（翻译的潜在性）、指向今生的译文生命（延续原文生命的现实性）与指向未来的来世生命（文本生命生成的新形态）。这样，翻译的生成过程就具有历史性与时间性，它指向的不是文本生命的断裂性，而是文本生命的延续性，呈现出生生不息的意蕴。

　　作为复杂生命系统中的关键因素，文本生命具有开放性、机体性、包容性等特质，真实地表达了自身在异域之中的生成形态，因而翻译始终以文本生命为存在方式，并保持着自身的开放性以呈现自身的生成性。可以说，文本生命是在复杂生命系统的互动中生成的，是在原文生命的广延性与译文生命的绵延性之间的互动中生成的，而不是文本系统自身的产物。翻译并不仅仅是语言转换的结果，也不仅仅是文化操纵的结果，而是文本生命与复杂生命系统相互耦合的结果。翻译研究一旦涉及文本生命，其研究视角就开始摆脱传统的简单性思维范式，而转向一种整体性的复杂性思维范式。传统翻译研究在很大程度上没有恰当地处理好文本—译者—译境之间的内在关系，不能使语言解释与文化解释具备整体的综观能力。以文本生命为考察切入点，翻译研究就可以在文本—译者—译境之间的内在关系中获得一种整体论思维与综观功能，进而有效地探讨翻译与文本生命之间的生成关系。

　　翻译研究的发展与创新，仍依赖于对语言学、文化学、解释学、心理学、现象学、建构主义、解构主义、认知科学、复杂性科学等学说中的新理论、概念、模型的引入，却在哲学层面与本体层面上忽视了翻译最为根本的复杂性研究。近年来，翻译的复杂性思想得到了越来越多的学者的重视，复杂性视角与理念体现出独特优势和学术价值。复杂性思维范式不仅关乎原文在异域之中的再生与译本在异域之中的生成（文本生命），而且与译者的生存状态（译者生存）、翻译的生态环境（翻译生态）相关涉。以原文生命与译文生命之间的生成、译者生存与文本生命之间的互动、译者生存与翻译生态之间的依存以及文本生命与翻译生态之间的交融为形式，复杂性思维范式从不同层面成就了翻译，并赋予翻译多重复杂性规定。复杂性造就了翻译作为文本生命存在的生成性、成长性、创生性等特征。翻译作为文本生命的存在，是一个文本生命在异域之中再生、延续与成长的生成过程。文本生命的本体论的确立是翻译生成论实现自身的理念建构与实践复杂化的必由之路。

事实上，当代翻译研究中以来世生命、投胎转世、翻译模因的生命理念对于简单性范式解释的克服，启示了我们将翻译解释的传统方法论——语言分析或文化分析，置于复杂性范式的框架下重新审视。复杂性范式的重要性也在翻译解释研究中愈发凸显，它旨在以复杂性范式的整体论思想去考察与审视翻译的生成性、成长性、不确定性、创生性、涌现性等现象，避免陷入简单性范式的还原论困境而单纯地追求翻译的确定性、客观性、单一性。超越简单性范式对翻译认识的不全面性，复杂性范式介入了翻译研究的现场，内在地把握翻译生成的复杂性特征，对翻译生成性、成长性等特征做出深刻阐释。对此，翻译生成论可以立足于复杂性范式与生成性思维这两个方面深化对翻译的理性认识。一方面，翻译是一个复杂生命系统，它表明翻译具有适应性、系统性、过程性与涌现性；另一方面，翻译是富有生命特征与生成形态的，它体现为文本生命的生成性、成长性与创生性。翻译生成论强调"翻译作为文本生命在异域之中生成"的观点，语言转换论的语言解释、文化操纵论的文化解释由于对生成性缺乏认识，容易陷入还原论的简单性思维定式。翻译生成论的根本作用在于，不仅仅探讨翻译与文本生命的生成关系，还要揭示"文本生命何以生成"的问题，而这个问题的求解则影响对翻译认识的整个过程。归根结底，塑造文本生命在异域之中的生成在于翻译，而翻译的生成在于文本生命的活力。生成是翻译最具活力的内在力量，翻译因生成而具有延续性、生成性、成长性等特征。

二、文本生命的思想内涵

文本生命是翻译生成论一个最重要的、最核心的概念，因而翻译生成论被界定为与文本生命解释相关的翻译理论。翻译生成论以文本生命为阐释基底，以生生不息为思维方式去理解译者生存与译者发展，以生生不息为思维方式把握文本生命的生成性、成长性、动态性、涌现性、非线性等复杂性特征，促使翻译通向"天人合一"生机盎然的生命形态，进而揭示译者生存与文本生命的成长之旅。文本生命是翻译更为根本的层面，是翻译之为翻译的生成论根基。显然，翻译具有一种建构性力量，是一种能使文本生命在异域之中呈现自身的有机体；文本生命则是翻译得以被表达的存在方式，其所表达的是被文本生命所揭示的生成性特征。因此，翻译的本质要从文本生命的具体存在方式出发，让其在异域之中被领会；翻译不断将自身展开在异域之中，表现为文本生命的存在者，揭示着文本生命与自身之间的生成关系。文本生命在复杂生命系统中总处于动态的生成之中，它不断地受到翻译生态环境的影响而发生变化。文本生命的成长不断地创造出新的翻译生态环境,而翻译生态环境又赋予文本生命新的适应性与生成性。除了关注文本生命的成长性、涌现性等复杂性特征之外,复杂性思维还关注翻译的确定性、既成性、线性等简单性特征,这就使得复杂性思维是在确定性与不确定性、线性与非线性、生成性和既成性的对立统一关系中去思考翻译的辩证统一关系。立足于"投胎转世"、延展于"来世生命",文本生命的概念逐渐显现,其与翻译的本质关系获得了认可与发展:翻译理解的展开将文本生命置于"生生之谓译"的图景之中,以有机性的结构展开,以生成性的力量显现。通过这种展开与显现,文本生命绝不是孤立地存在,而是具有深厚的生成能力与概念能力。这种概念能力不仅将文本生命作为我们认识与理解翻译的重要方式,而且将文本生命视为翻译存在的根本方式的思维结构,越来越渗透于翻译研究的观念之中。理解"文本生命"概念有三种方式,它包含生成分析、生态分析与生命分析。

其一,翻译学界著名翻译家许钧以复译为切入点,强调翻译过程就是"文本生命的拓展与延伸"(2003:123)。这是理解"文本生命"概念的一种生成分析方式。"就翻译而言,无论是语内翻译,还是语际翻译,或是符际翻译,它们要跨越的是语言或符号的障碍,要打开的是文化的疆界,在新的文化空间中,在不断延续的历史中拓展文本的生命","翻译,作为原作生命在时间和空间上的延伸和扩展,其本身却又不可能是超越时间和空间的'不朽'"。(许钧,2003:124;128-129)翻译是要在不断延续的历史中拓展文本的生命空间,延续文本的生命历程,彰显文本的生命价值。不论是拓展文本的生命空间,还是延续文本的生命历程,都指向文本生命的延续性与翻译的生成性。刘云虹从文本生命再生、延续与成长的整个历程出发,"将翻译作为文本生命的存在方式来看待,那么可以说,翻译最核心、最重要的本质特征在于其生成性"(2017:610)。文本生命作为一种有机体的概念范畴获得了生成性的动态意蕴,在翻译中获得了持续的生命,凸显自身的生成性、系统性、整体性与成长性,彰显自身在翻译中的基本立场。因此,"翻译是作品生命延续的一种根本性方式"(刘云虹,2017:612)。文本生命与翻译发生了本质的关联,翻译也因文本生命的出场而不再只是指向单纯的语言转换,而是指向文本生命在异域之中的生成过程。那么,对于翻译生成性的阐述,就将翻译的问题求解从"译本何以产生""译本何以被接受"转向"文本生命何以生成"。翻译的本质并非取决于文本自身,而是在文本生命的生成中"如其所是"地呈现出来的生成性东西。如此看来,传统翻译追求客观性、对等性便被消解了,取而代之的是翻译的生成性、成长性。文本生命不是翻译的行为方式,而是翻译"是其所是"的生成方式。

其二,生态翻译学是一个具有整体论思想的生态范式,它将文本生命、译者生存、翻译生态作为自身特有的研究对象。其中,文本生命是指文本的生命体征与生命境况,译者生存是指译者的生存质量与能力发展,翻译生态是指翻译的生态系统与生态环境。(胡庚申,2013:20)这是认识与理解"文本生命"概念的生态分析方式。从生态翻译学的角度来看,文本生命作为一个研究对象对翻译认识与理解的内在逻辑,一方面使翻译具有了生命与生成的特性,另一方面又强调其与文本再生的本质关联,即文本生命是通过文本再生的方式在异域之中延续、成长与发展。生态翻译学之所以强调文本再生,其目的亦是使原文生命在异域之中"开花结果",使原文生命在异域之中获得最具延续性的"投胎转世"。(胡庚申等,2019:32)翻译不再是一种简单的语言转换活动,而是一种动态的文本再生活动,是文本生命在异域之中的再生活动。翻译过程的产生与发展,体现着文本生命与文本再生的内在关联。这种关联意味着:翻译是通过文本再生的方式获得了持续的生命。由此而来,文本生命的意义被视为一种有机体的存在,它是以有机体的形式存在于翻译之中,以移植的方式使文本在新的翻译生态环境中获得新的生命。

其三,大易翻译学将翻译视为"一种生命运动",其生命之旅可按《周易》的阴阳之道从"交感化生""变化会通""保合太和""终则返始"等方面阐释。(陈东成,2016:122-126)这是从生命过程的视角来认识与理解文本生命概念的基本方式,"生命"构成了大易翻译学的核心范畴,因而"翻译研究不应局限于普通的语言文化现象,而应原始返终,究其本原——生命"(陈东成,2018:8)。翻译研究应该回归生命,进而揭示翻译内在的延续性与生命性。"翻译所肩负的任务是采取变化的手段,使译文与原文相通,让原文的生命得以延续。"(陈东成,2017:123)翻译回归生命,就要冲破原文与译文之间的封闭与阻隔,进入相互融通的生命间性。进而言之,翻译就是一种延续生命的孕育过程,也是一种塑造新生的生命之旅。翻译的生命之旅将原文生命与译文生命之间的关系联结起来认识与理解"文本生命"概念,"文本生命"概念在翻译的生命之旅中获得了不同维度的诠释。这是通过翻译的生命之旅来提升文本生命的活力,从而使自身获得一种新的存在方式。

文本生命概念作为一个语义并不复杂的概念,无论是原文生命还是译文生命,在其演化过程中,投胎转世、来世生命、生命延续、再生、重生、复活等术语始终与其互生共存,成为理解与说明翻译的生命理念与生命视角。以生命视角来重新审视翻译,将逐渐成为翻译研究的一个新增长点,这无疑是翻译认识论意义上的一大进步。诚然,翻译与语言、翻译与文化的关系问题,一直是翻译研究的基本问题,而翻译与文本生命的关系问题,并没有引起翻译学界的足够重视。语言学范式与文化范式的争论表明,对翻译研究的语言分析与文化分析已或隐或显地陷入一定的解释乏力,而可能的出路就是以文本生命为切入点对翻译研究进行复杂性分析。翻译研究对文本生命概念的综合理解,不仅强调翻译本身的动态性与生成性,而且真正做到把语言分析与文化分析囊括进来,实现思维范式的转换。这既符合翻译研究发展的内在需求,也符合翻译研究的复杂性范式。目前,由于翻译学界并没有对文本生命建立起十分明晰的概念范畴与思维结构,往往涉及文本生命概念的使用但却缺乏对其思维结构的深刻认识。倘若我们对于其思维结构有了明确的界定,就可以从新的意义上理解文本与生命、原文生命与译文生命之间的内在逻辑。准确地说,透过文本生命的思维结构可以看到,翻译作为文本生命存在的根本方式是与生成性密切相关的,同时它对翻译本质的理解起到了承上启下的作用。正因为以文本生命为认识与理解翻译的切入点,所以既看到了文本生命本身所蕴含的生成性,又看到了翻译本身所蕴含的生成性。那么,翻译与文本生命的本质关系就在生成性的驱动下架起了沟通的桥梁,展现出文本与生命、原文生命与译文生命之间相互转化与融合的结构形态,进而探讨"文本生命何以生成"问题。

有机体的思想必然带来环境的思想,并且伴随着环境的思想,这就使得我们不再可能将心理生活看作是一个在真空中发展的个体性和孤立的事情。(加拉格尔,2014:264-265)有机体思想,本质上就是强调有机体的生命间性,探讨有机体的生命活力。在这个探究过程中,翻译生成论虽然既重视语言也关注文化,但利用语言/文化的形式是为了尽力揭示语言/文化形式后面的文本生命,挖掘出文本生命在异域之中的生成性与成长性。可以说,文本生命贯穿"文本生命何以生成"问题的始终。有一个比文本概念更核心和更基础的概念就是文本生命,文本生命被提升为翻译研究的一个基本概念,它与文本、语言、文化、社会、存在、知识、意义等术语同等重要,具有对其展开形态研究与视角研究的价值与意义。文本生命的生成过程是翻译活动中动态的、活跃的、有生命的翻译行为,是一种复杂生命系统中的翻译行为。对文本生命的复杂性理解,实质上就是辩证地审视翻译的实体性与客观性,使其转向翻译的生成性、成长性与创生性。因而,翻译的本然形态就是文本生命在异域之中的再生、延续与成长的生成过程,是文本生命对于翻译来说的生成过程。也就是说,翻译不过是文本生命通过翻译活动实现原文生命转向译文生命的生成过程。在这个生成过程中,并不存在着所谓的文本、译者和译境彼此之间的二元对立问题,而是存在着文本、译者和译境组合而成的生命共同体。从深层次来说,关于文本生命概念的综合理解,并不是提出什么翻译理念,而是发现其与翻译之间的生成关系,帮助我们厘清文本生命的思维结构及其带来的研究视域,这就为翻译生成论的建构提供了有效的理据。这可以说是一次复杂性范式对翻译观念的根本性转变,其基本要义就是试图冲破简单性范式固守于确定性与客观性的封闭疆界,为翻译研究建立复杂性范式的途径得以显现的栖所,从而有可能引起翻译话语体系的一些观念嬗变。

三、文本生命的生成性

探讨文本生命的生成过程需要提及时间性问题,因为文本生命的生成之所以是生成,并非静态不变的文本集合体,而是一个基于时间性的成长过程。原文生命、译文生命与来世生命是文本生命在不同语境下存在的体现与展示,更是一种"前世""今世"与"来世"的交互展现与显现。文本生命是原文生命(前世生命)、译文生命(今世生命)与来世生命的统一体。原文生命作为"过去",绵延于"现在",便生成译文生命;译文生命敞开于"未来",便转化为来世生命。原文生命、译文生命、来世生命作为文本生命的三重过程,是一个不断绵延、相互充实的生成过程,它既是延续着原文生命的"过去",又是沉淀着译文生命的"现在",同时又是向"未来"敞开来世生命的绵延过程。翻译生成论考察的对象是文本生命,而文本生命则是通过原文生命、译文生命、来世生命的绵延过程来确定自身在异域之中的生成过程。从时间来看,把握文本生命所展示的三重过程,是认识翻译作为文本生命的存在在时间维度上所蕴含的生成性特性。"生成"则是认识与理解翻译作为文本生命存在的基础。翻译生成论认为,翻译研究应该以某种重要方式像机体哲学那样进行探究,其关注的核心论题是文本生命与翻译之间的生成关系。只有认识到文本生命的生成过程,才能真正认识翻译的生成过程。进而言之,翻译生成论是从翻译与文本生命的生成关系来求解"文本生命何以生成"的问题,进而确认翻译的生成思维及其生成性特征。

文本生命在认识论意义上的本体地位决定了翻译生成论不能单纯地去分析翻译的语言、文化或社会因素,也不能单纯地分析翻译陈述的内容,而是需要从文本生命出发,去探讨翻译作为文本生命存在的生成性。翻译就是文本生命在异域之中得以存在与生成的根本方式,生成则成为文本生命在异域之中获得再生的根本手段。

正是对文本生命的相关性的考察,奠定了翻译生成论的阐释基础。由于文本生命是一种具有本体论性的机体存在,不同的研究对象就有不同的本体论立场。翻译生成论以文本生命为研究对象,体现了自身的生命本体论立场,它探讨的是翻译与文本生命的生成关系及其对这种生成关系内在结构的表征,其本质属性就是为了描述翻译与文本生命的生成关系以及为原文生命与译文生命之间的内在结构提供一种复杂性解释的恰当途径。一个复杂性的翻译观应该具有描述翻译与文本生命之生成关系的可信性、本体论承诺下的信念与表征复杂生命系统的生成要素等特征。从深层次上说,任何翻译观所描述的翻译及其过程都与文本生命发生联系,而翻译生成论的核心问题体现在对其建构所获得的文本生命及其生成性进行说明的问题。文本生命具有动态的、关联的、辩证的和层级的生成特性。我们无法把翻译还原为某种不会发展变化的某种本质,翻译的复杂生命系统本身是不可还原的,它是文本系统、群落系统和译境系统相互作用而形成的生命共同体。同时,文本生命与译者生存、翻译生态密切相关,文本生命的本体地位是一种复杂性的生成统一体,它是通过文本系统、群落系统和译境系统共同显示出来的。翻译生成论立足于复杂性范式,以文本生命为研究对象,其认识论具有复杂性范式的动态性与生成性特征。它围绕复杂性范式这个轴心,努力调和翻译过程中各个适应性主体之间的不同,试图在文本生命、译者生存、翻译生态之间找到融通的平衡点。翻译是一个有机整体的复杂生命系统,复杂生命系统的部分与整体是完全互相依赖的。复杂生命系统的有机整体完全依赖于复杂生命系统的部分,复杂生命系统的部分同样完全依赖于整体。复杂生命系统内的文本系统、群落系统、译境系统和整体的复杂生命系统是相互依存的,子系统中的原文生命、译文生命和文本生命等元素也是互存共生的。

翻译生成论描述的是文本生命在异域之中的生成形态,实质上就是将语言分析与文化语境置于复杂性范式之中去消解简单性范式的单一性与片面性。翻译生成论是一种探讨翻译与文本生命之间生成关系的理念,它旨在求解"文本生命何以生成"问题域,而且强调的是原文生命的广延状态转向译文生命的绵延状态,从而使翻译在生命状态的转换过程中获得一种动态的生成性。翻译作为文本生命存在,就是从复杂生命系统出发,去审视文本生命在异域之中的生成性,并使译文生命与原文生命获得一种本质的内在关联。文本生命的生成性,并不是无缘无故的,而是有理有据的,它源于原文生命又归于译文生命。当译文生命在异域之中获得再生时,文本生命也就相应地获得另一个现实的生成性。就译文生命的现实存在而言,它的形式(生命)是"在文本中的生命",而它的质料(文本)是"在生命中的文本"。"生命"和被实现了的"文本"就是一个可感实体(译文生命)的存在结构。正是这种存在结构,文本生命在异域之中具有了生成性,这种生成性使得翻译的认识根植于原文生命而在异域之中生根发芽,译文生命来到了异域而拥有了存在的家园。

翻译生成论的本体论信念在复杂生命系统中具有生成性与创生性。文本生命只有属于翻译研究的生命共同体,它才有在异域之中存在与创生的前提。从本质上说,创生力就是用来描述译者信念的生成性。译者总是作为一种实施翻译活动的信念而存在。纵观翻译研究的发展历程,译者从隐身到显身,从转换者、操纵者、改写者到创生者的转变,意味着译者在不同阶段、不同视域下被赋予了各种各样的目的、认知或更多其他的能力,以及对翻译所采取的态度与信念,而信念的实在性伴随着译者概念的发展而呈现出不同的表征形态。对于翻译生成论来说,本体论信念的本质属性是文本生命的生成性,它奠定了文本生命在异域之中生成的可能基础。翻译生成论的本体论信念表现为有关翻译本体的一种根本看法,例如,对于文本生命在异域之中的生成过程,关于翻译策略的决定是作为创生者做出的,那么,就可以将"翻译作为文本生命的生成"作为它的基本信念,而这种基本信念对于文本生命在异域之中的生成形态来说又是复杂性的。翻译生成论的本体论信念是复杂的,它对文本生命来说是生成性的。

翻译生成论赋予了文本生命一种本体性的、基础性的概念地位,即具有普遍意义的本体地位。翻译活动是具有生成性的,其产生的新话语形态、新术语体系与新研究视角都有其自身独特的生成性。翻译生成论是翻译研究的范式演化图式的一个重要组成部分,它的结果是产生了翻译本体论的变位,即复杂性范式成为翻译生成论的本体论信念。这种本体论信念强调翻译既是一个复杂适应系统,也是一个复杂生命系统。复杂生命系统是指由相互关联、相互协同、相互制约、相互作用的文本系统、群落系统和译境系统所组成的具有类生命功能的有机整体,因而具有复杂性。从本体论来说,翻译生成论是不断地从复杂性范式去审视与解决翻译问题,就是去解决简单性范式不能解答的生成性问题。它是通过对复杂性范式在翻译研究中运用的理解,对整个与翻译相关的内在机制、基本动力与内在动力的研究体现在生成观念之中,通过对翻译作为文本生命存在的把握体现在生成观念之中,通过对原文生命的"过去"、译文生命的"现在"与来世生命的"未来"之间延续性的把握体现在生成观念之中。生成观念就成为影响翻译研究的一种思维方式,它是以文本生命优先于文本的本体论角度来展现的,是文本生命得以存在的根本方式。

翻译不仅是一个简单的语言转换与文化操纵过程,而且是一个文本生命在异域之中如何生成的动态过程,因而翻译的本质属性是生成性。生成性不再是一个外在的客观实在,而是内在于文本生命的根本属性,是文本生命的内在组成部分。这个组成部分就是文本生命在生成过程中是如何传承、延续与成长的主要内容。不论文本生命何以生成,它总是以生命为内核表现出翻译生命化的过程,而不是那种离开生成关系而形成的客观实在性与外在化的单纯文本。生成性成为文本生命的本质特征,那么考察文本生命就必须回到生成性特征,回到"文本生命何以生成"问题中去阐明与生成性相关的翻译现象。据此,翻译研究的复杂性思维就是一种以文本生命为视角的生成性思维路径,就是一种以文本生命的生成性为导向的复杂性思维模式。

翻译研究曾经固守二元对立的简单性范式,忽略了对文本生命的传承、延续、成长问题的探讨。文本生命作为翻译研究的主要对象,它与译者生存、翻译生态构成了翻译生成论的共生议题与类生命论域,从而促使翻译研究走向生命之路。翻译生成论的求解问题是"文本生命何以生成",它以文本生命为思维方式推进翻译实践,这是翻译生成论的典型特征。它开启了以文本生命为视角的复杂性思维方式,去审视文本生命在异域之中传承、生成与成长的状态。文本生命构成了我们思考翻译时须臾不可脱离的观念,也构成了我们描写与解释翻译现象的基本思维方式。翻译的本体是文本生命;翻译就是文本生命生成的整体,文本生命浸润于生成性才能获得持续的生命。翻译研究的复杂性思维就是建构一种文本生命、译者生存与翻译生态共质下以生成性为导向的观念,促使翻译成为一种内在于生成性并提升对翻译作为文本生命存在的描写与解释的思想力。因此,翻译的核心内涵是文本生命、译者生存与翻译生态共质下形成的和谐共生,这个和谐共生不再仅仅涉及传统翻译研究的文本思考,而是更深入地探讨文本生命在异域之中的再生、延续与成长。

不同于传统译论,翻译生成论的一个新出发点是文本生命的复杂性思维,它的根本目的就是反对纯粹追求翻译的确定性与客观性,试图发现以文本生命为视角的复杂性思维范式,将文本生命的生成形态如其所是地呈现出来。相对于原文生命而言,译文生命时刻处于生成之中,不断地努力向原文生命之外的领域进发,改变并超越自身的生存限度,在异域之中生成以获得延续与成长。文本生命的复杂性思维,不仅仅关注语言层面的转换,还要考察译文生命在翻译过程中是如何从原文生命中延续的,又是如何在异域之中茁壮成长的。从整个发展过程来看,翻译始终处在"未济"状态,生生不息,永无止境。(陈东成,2017:125)生生不息、生命不止、永无止境是翻译作为文本生命存在的内在形态,唯有认识到翻译的这种形态,才能揭示出翻译复杂性蕴含的生成性。这就表明了翻译的复杂性就隐藏于文本生命的生成性之中。文本生命的复杂性造就了翻译的生成性。翻译研究的复杂性思维就是要克服翻译的静态性与抽象性,遵循文本生命的生成规律,以文本生命的生成性为视角践行翻译活动的生命价值。对于翻译生成论来说,它是从复杂性思维出发来获得对文本生命的本质把握,关注的是文本生命在异域之中如何生成与成长的问题。

四、自我生命与他者生命

文本生命是一种具有类生命特征、生生不息的机体存在,是原文生命与译文生命的交互存在,也是自我生命与他者生命的交互存在。"自我"是复杂生命系统中的一个因子,自我通过对复杂生命系统的嵌入而实现自我生命的认同。自我生命的意义与身份通过嵌入复杂生命系统而获得了类生命的特性。自我生命是作为复杂生命系统的自我,是作为生命共同体的自我,是不可能把自己看作是一个个体而存在的。自我深深地嵌入复杂生命系统,与他者形成一个动态的生命共同体,而翻译通达的状态则是自我生命与他者生命的和谐共同体。生命就是自我生命与他者生命的互动统一体,它既是自我生命对自身存在的体验与广延,又是他者生命对文本生命的再生与绵延。自我生命始终无法从根本上脱离复杂生命系统与生命共同体,它总是关涉他者生命,因而自我生命与他者生命是互生互存的,不存在无他者生命的自我,也不存在无自我生命的他者。"翻译本质上是'我'与'他者'相遭遇时生成的东西,因之而引发激发起的自我回归的过程。"(蔡新乐,2014:105)翻译总是涉及自我与他者的沟通与交流,这种沟通与交流就形成一个具有类生命特征的生命共同体,既兼顾自我的独特性又尊重他者的差异性。

复杂性思维范式强调自我生命与他者生命之间的共生性与和谐性。正是在自我生命与他者生命的体验之间、自我世界与他者世界之间的和谐关系,构成了翻译作为文本生命存在的共同体,并使得翻译作为一个生命共同体不断得到确认。自我是原文生命的原初领域,译者拥有的原初领域是由以自我的身体为原点,经由翻译行为到达一切构成的;他者就是译文生命的躯体,亦是翻译的生命。当他者作为躯体显现时,自我在译文生命中发现了另一个与自我一般的原点、一个与自我对等的视角。这就是自我与他者的视域融合。从翻译的生命状态来看,自我是既济状态的"此在",即实际的存在,包含着原文生命的实在与广延;他者是未济状态的"彼在",即未济的存在,包含译文生命的再生与绵延。翻译则是自我生命的既济状态与他者生命的未济状态的共在。以复杂性范式来考察翻译,首先应当区分文本的本然形态与现实形态。本然的翻译固然具有实在性,但对于翻译来说,它却不一定具有现实性的品格。所谓现实性,就是原文生命的既济状态进入译文生命的未济状态而生成的生命状态。因此,翻译由文本生命的本然走向现实的过程,就表现为既济状态与未济状态的历史互动;未济状态展示的则是文本的未完成性。这就需要译者的参与与创生,即"赞天地之化育"。可以说,译者的任务就是扬弃文本生命的本然性,促使文本生命走向译文的现实性。

自我生命与他者生命在翻译过程中的相互融合,其实就是复杂生命系统中不同因素的视域融合,就是一种融合了自我与他者的交互主体性(intersubjectivity)。"纯粹的交互主体性是由我和你(我们和你们),我和他(我们和他们)之间的对称关系决定的。"(Habermas,1984:416)自我与他者是相伴相随的,又是一种相互存在的对称关系。翻译作为文本生命的存在,一方面具有与自然生命相类似的自我创造性,另一方面又具有超越自然生命的他者创造性。自我生命的创造性在于自我生命与他者生命处于分离状态,通过自身活动保存自我本性,通过他者介入而有潜能地在异域之中再生。更为重要的是,翻译具有一种超越自然生命的他者创造的属性。他者创造一方面是译者作为创生者能够凭借创生力把原文生命转化为译文生命而绵延着新的生命;另一方面是译文作为与原文相对应的他者有能力接纳原文并延续其生命的承载体,并使之融于异域之中的译文。因此,翻译是自我生命与他者生命共同创生的统一体。

复杂性思维范式强调的不仅仅是文本的语言转换,更重要的是文本生命的持续生成。翻译作为自我生命延续与他者生命创造的载体以及文本作为自我与他者的二元性,构成了翻译作为文本生命存在的外部结构特征。文本生命是一个动态的极点,它引导着翻译在异域之中展开。翻译过程的展开通往一种更为完整的认识,这种认识向着复杂生命系统敞开,蕴含了自我生命与他者生命之间的视域融合。正是由于文本生命的广延潜能与绵延能力,翻译才有可能不断地再生,因而没有文本生命就没有所谓的翻译生成性。文本生命成为翻译得以运行的必要载体。文本生命包含着自我生命与他者生命之间既有关联又有区别的关系,这种关系具有自反性与创生性。"翻译研究的复杂关系(the complicated relations),诸如思维与语言的关系、精神与文字的关系、意译(translate meaning)还是直译(translated the words)的永恒问题以及跨语言的翻译问题,都源于语言本身的自反性。"(Ricoeur,2006:27-28)"自反"使文本生命在异域之中拥有了广延与存在的可能;"创生"使业已存在的原文生命在异域之中诞生而赋予译文新的生命,是自我生命与他者生命相互关联的存在方式。翻译应立足于"自我的原文生命",认识"本体的原文生命",追求"来世的译文生命"。"自我"是一条忽"隐"忽"现"的自身存在的主线:"隐"指向的是作为潜意识、下意识的原文生命的"隐",代表了原文生命自身存在的潜隐部分;"显"指向的是作为自身意识的"显",代表了原文生命转化为译文生命的显现部分。事实上,作为自我的文本生命,就是一条忽隐忽显的自身存在之"红线":"隐"的是原文生命的原初状态,"显"的是原文生命在异域之中的再生。如果我们在反思中指向"线性自我",那么文本生命就是一个"线性自我",它不再是原文生命原初状态的"点性自我",它由自身的"过去""现在"与"未来"组成,而翻译就将文本生命在空间上的广延状态与时间上的绵延状态融为一体,它作为文本生命的存在是在异域之中生成的。

第五节　翻译生成论的译者身份

任何一种翻译理论,在某种程度上说,都会有相应的译者生存模式。在翻译生成论视角下,译者就是作为文本生命的"创生者"而存在的。"创生者"是对作为语言转换的"转换者"与作为文化操纵的"操纵者"的一种辩证扬弃。翻译作为文本生命的存在意味着,译者是文本生命的创生者,同时译者作为复杂生命系统中的重要成员,是与文本生命、翻译生态互生共存的,因而译者是翻译价值与生存价值的创造者。译者生存价值是为了维护译者在翻译活动中的生存而形成的需求与效用。生存价值是译者存在的基础性价值,是译者生存在翻译活动中的基本要求。译者生存价值之所以成为翻译研究的一个重要问题,主要是因为不同翻译理论对译者生存模式的建构是不同的,这就会形成不同的思维方式。例如,语言转换论的译者生存模式是转换者,文化操纵论的译者生存模式则是操纵者,而翻译生成论的译者生存模式就是创生者(creartor)或生成者(generator)。语言转换论表现为客观主义的单一性,而文化操纵论则表现为主观主义的多元化,它们内在地强调译者对文本具有绝对的转换、操纵功能,这就意味着译者潜在地具有一种功利主义的生存价值。翻译生成论则既强调翻译的客观性又注重翻译的主观性,它将翻译视为一种文本生命的延续与生成活动,强调译者以创生者的生存模式来审视翻译,这就意味着译者具有一种非功利性的创造价值,它是从人类存在与文化交流的精神层面去追求、创造与实现相应的价值。

"翻译学对译者的研究,其意义在于将人作为获得翻译知识的基点,通过揭示翻译中主体与客体的对象性关系,去理解翻译何以发生和发展,进而理解人类自身的存在。"(蓝红军,2017:68)纵观译者研究的发展,译者作为翻译主体历经不同的生存模式。首先,"转换者"生存模式就是一种文本化生存,它是与语言转换论相对应的生存形态,其本质特征是译者与文本处于分离状态,尚未有译者主体性的觉醒。译者被文本化了,处于隐身状态而失去了自身的主体性与能动性,文本与译者的互生共存关系处于缺失状态;文本则以语言转换规律的对等性实现着"以文治人"的理念。其次,"主体人"生存模式就是一种主体化生存,它是与文化操纵论相对应的生存形态,是站在文化立场上求诸文化解释而张扬译者的主体性,文化则成为翻译研究要考察的核心因素,文化语境也相应成为翻译活动的决定性因素。译者成为文化语境下的主角,成为翻译活动的主宰者与操纵者,译者以外的其他因素都失去了自在的、独特的属性,被看作是从属于译者而存在的东西。译者的文化身份则意味着翻译行为应该绝对地、无条件地服从和接受译者对翻译行为的单向性,代表着一种寻求无条件的绝对倾向,是一种绝对的"排他性"倾向而指向纯粹的"为我性"。排他性倾向印证了主体人的自我缺失及其导致翻译研究的零散性与碎片化,这也呼唤着复杂性思维的到来和译者新形态的降生。再次,译者新形态就是创生者,创生者是翻译生成论倡导译者发展的新形态,其现实表现就是翻译的生命化存在,其本质就是赋予文本生命在异域之中的生命延续。

一、文本生命的创生者

译者的生命化存在,实质上就是赋予译者创生力以生命意义,它意味着超越文本生命的本然状态。超越的实质指向,则是译者自身对文本生命的创造——译文生命在异域之中的诞生、生成、延续与发展。以文本生命为主题探讨译者生存模式,总是把翻译思想的自我超越与译者的生命历程、生成境遇紧密地关联起来,进而指向译者的生命性存在。"根据本雅明的思想,译者的终极任务就是释放纯语言;通过翻译,译者成为本雅明的'救世主义范式'(messianic paradigm)下的创生者(creative agents)。"(Disler,2011:196)创生者之力的性质体现了作为适应性主体的译者的创造力,它决定了翻译作为文本生命的生成形态。译者就是作为适应性主体的创生者,就是延续文本生命的创生者。根本而言,创生者的实质是在异域之中的适应性主体,是文本生命的延续者、生成者与转渡者。"译者作为原文生命与译文生命之间的媒婆与转渡者,就是要把这堵墙变成一座生存之桥与生命之道,既要在求解'何谓翻译'与'何为译者'的过程中认识翻译与理解翻译,又在求解过程中认识自我并获得翻译存在的规定而塑造自我,从而促使译者生存与翻译存在、文本生命互生互存而形成翻译的生命共同体。"(罗迪江,2021b:64-65)译者理应基于翻译之道融合自我与他者的本质关系,赋予翻译文本生命的生成之维。翻译的出发点是文本生命,翻译之所以是其所是,就在于翻译自身的生命实在。从翻译的角度来看,译者的存在意义体现于文本生命创造的过程,文本生命的生成植根于译者的创生活动。"译者确实以创生者的身份出现,既要延续原作的世间在场(presence in the world),又要确保原作的来世生命(afterlife)。"(Roesler,2014:225)创生活动并不是维持文本生命的已然状态,而是促使原文生命的广延状态转向译文生命的绵延状态,从原文生命的潜在性转化为译文生命的现实性。以创生为指向,翻译内在地体现了译者创造文本生命的本质力量。按其实质,创生就是翻译赋予文本生命意义再生的过程,同时也是译者的本质力量引发生命化的生成过程,而翻译本身则由此成为文本生命在异域之中的创造之源。

译者生存就是一种生命化存在的根本方式。生命化存在的实质就是强调对译者生存境遇的深切关怀,它视译者生存与文本生命、翻译生态为生命共同体的存在,实现文本、译者和译境关系的和谐共生。从哲学的角度来看,生命化存在就是让译者回归活生生的翻译世界。译者全身心地投入翻译世界,其实就是全身心地投入文本生命。译者就是用自己的生命存在去感悟、体验翻译世界与文本生命在异域之中变动不居的态势。译者生存与翻译世界、文本生命之间的生命共同体决定了对翻译世界与文本生命的内在体验和理解就是翻译的生命存在以及文本的生命存在的特质,它也成为描述翻译世界与文本生命的基本前提。相对而言,文本化存在与主体化存在无法洞察文本生命的内在结构与本质,这就必须运用生命化存在的方式对翻译世界与文本生命的内在体验达成主体间性与生命化的理解,才可能使翻译成为一种复杂生命系统的互动与文本生命脉络的内在绵延。因此,译者既不是文本、翻译环境的仆人,也不是文本、翻译环境的主人,而是文本生命的创生者,是一个与文本生命、翻译生态互生共存的生命共同体,是文本系统、群落系统和译境系统的生命共同体。诚如吕俊、侯向群所言:"从事认知活动的主体也是世界的一部分,因此也被卷入认识之中,人既是认识者也是被认识者,既是主动者又是被动者。"(2015b:8)生命化存在就是对文本化生存与主体化生存的积极扬弃,就是确立了译者生存与文本生命、翻译生态的和谐共性:一方面将译者生存作为翻译的基本前提;另一方面则将译者生存与文本生命、翻译生态有效地结合起来,使译者在复杂生命系统中回归译者的本身状态,在文本和译境的交互过程中实现自身的生命化发展。作为延续与创造文本生命的适应性主体,译者立足译者生存的角度去考察翻译主体与文本、翻译环境的交互作用,才能依其生命化存在去关注译者的生存境遇,进而洞察翻译的生命活力与生生不息的生命化本质。

关于译者生存模式的考察与审视,必然会涉及译者与翻译关系的整体性分析;关于译者与翻译关系的整体性分析必然要分析译者生存与翻译存在、文本生命之间的互动作用与关系,必然要分析"译者生存如何""译者如何生存""译者生存为何"的问题,因为"翻译毕竟是依存于译者生存而存在的客观实在,而且译者生存不可能想象没有文本生命的存在。译者犹如坐在天平中间的媒婆,承接从原文生命转渡为译文生命的责任,需要解决的核心问题是如何实现文本生命在异域中的诞生、延续与发展"(罗迪江,2021b:64)。翻译作为文本生命的存在,它不仅仅是语言转换、文化操纵的活动,而且是文本生命"生生不息"的生成过程。译者生存与文本生命密不可分,原文生命与译文生命之间的转渡是在译者生存与翻译存在的本质关系中获得的。翻译活动不仅涉及翻译如何存在,而且关联着译者如何生存以及文本生命如何生成,而翻译的任务就是肯定译者是文本生命的创生者,揭示译者生存与翻译存在、文本生命之间的内在关联。译者生存模式就是关于译者生存的一种复杂性思维,它关注具有适应性的主体——译者作为最具有主动性和学习性的主体构成了复杂多变的翻译现象的关键所在,它需要探讨"译者生存如何""译者如何生存""译者生存为何",既强调译者作为一个具有主动性、目的性、能动性存在的生命主体,又强调译者作为翻译活动的主体表征出来的境遇性、适应性、动态性、生成性、成长性等复杂性特征。当然,翻译活动中作为具有适应性与学习能力的译者,并没有放弃对文本所表征的思辨性、恒定性、客观性、确定性、既成性等简单性特征的考察与分析。这就使得译者层面的复杂性思维具有了复杂性范式的特征,既表征了译者的生存境遇,又表明了译者是活生生的创生者。

译者的生存模式不仅要以创生者的身份出场,而且要以生态人的身份出场,"它既要考察译者的生存境遇,又要关注文本的生命状态,更要关怀翻译的生态整体,其意旨是通过建构译者生存、文本生命、翻译生态之间的和谐关系去履行生态翻译"(罗迪江,2020:13)。作为生态人,译者总是与文本生命发生内在的关联,是"参赞天地之化育"。译者需要呵护与关爱文本生命,这也意味着,译者是原文生命的创生者,也是文本生命的化育者。作为原文生命的创生者,译者需要在时空维度上使原文生命在异域之中延续,在转渡过程中"从心所欲不逾矩",让原文生命在异域之中再生。翻译不是译者被动接受的,也不是译者主体性的任意渗透,而是一个动态的受限生成过程。一方面,它是关于译者生存境遇及其文本生命在其生存境遇中的生成过程;另一方面,它涉及译者在异域之中会遭遇的"反抗",同时译者也要面临与接受挑战。因而,译者需要秉承"参赞天地之化育"的精神力量去处理原文与译文的"隔","去寻找新的可能性,在异的考验中,在自我与他者的直接抵抗中,探索语言新的可能性,拓展新的表达空间"(许钧,2019b:5)。"寻找新的可能性""探索语言新的可能性""拓展新的表达空间",本质上就是文本生命在异域之中接受异域的考验而生成新的生命形态。译者是以创生者的身份,去承担文本生命在异域之中获得再生的责任,这种创生就是译者在原文生命转化为译文生命的过程中需要"寻找新的可能性""探索语言新的可能性""拓展新的表达空间"。

从译者生存来说,文本生命的生成过程就是在翻译实践中生态理性地处理文本生命与译者生存、翻译生态的和谐共生。译者生存首先受制于文本生命,文本生命的限制又构成了翻译存在与译者存在的界限。翻译实践作为译者自我塑造与自我确证的生存方式：一方面，译者生存与文本生命、翻译生态构成了翻译的"生命场依存性"；另一方面，"生命场依存性"并不是限制译者的创生性，而是促使译者在翻译实践中践行一种全新的生命行为。它是一种以文本生命为基准的、可持续性的生成活动，推进文本生命在异域的考验中获得再生。德里达指出，"翻译不是要说这说那，不是要转达这个内容或那个内容，不是要交流如此负荷的意义，而是要重新标明语言间的亲和性，展示其自身的可能性……我说'重新标明'语言间的亲和性以称呼一种'表达'的陌生性，这不是简单的'表现'，也不简单是别的什么"（2005:28）。翻译所指向的"语言间的亲和性"，本质上就是文本生命在异域的考验中获得再生。再生不只是简单的语言表现或文化传递，而是文本生命的延续与生成。文本生命的生成，既不是基于特定的文本中心主义消除文本生命在异域之中的差异性，也不是以原文生命的本原性去固化、夸大其与译文生命之间的差异性，而是容纳文本生命在异域之中的差异与变化，让原文生命与译文生命之间的延续性"是其所是"地呈现、"成其所是"地展开。作为文本生命的存在，翻译既要容纳在异域之中的差异与变迁而"绽出"新的生命力，又要在异域之中保留原文生命自身固有的基因内核。它不是在翻译过程中趋于文本生命的绝对同一性，而是在翻译过程中追求"同中求异"与"异中存同"而达到"和而不同"的理想境界。

二、译者生存的类生命特征

翻译生成论终究会将我们引向对译者生存的认识，首先是对译者自身的认识，在与翻译群落中的他者相遇中，纠正自我中心主义。这就意味着译者生存不是孤立的自我，而是与他者互生共存的"类生命"体。类生命是一种把与译者相关的主体联系起来的生命共同体，它能够使以译者为核心的翻译主体具有"共同灵魂"。译者生存是一个属于生存论的思想范畴，展现了译者在复杂生命系统中对自身生存身份的寻找与确定。"译者总是栖居于翻译生态环境，其出现是某个翻译生态环境的要求，并随着翻译生态环境的变化不断发展。这是译者安身立命的方式。"（罗迪江，2018b:123）唯有译者与自身的存在，以及译者与文本生命、翻译生态的交互作用发生了，才有可能形成译者生存的类生命特征。译者的类生命使译者成为自由的存在，这是因为作为"类存在"的译者具有意向性的生命活动。译者作为类生命的存在，实质上既是一个复杂性的创生者，也是一个复杂性的生态人，能够将自身的生命活动嵌入翻译行为。正因为译者是作为类生命存在的创生者,译者行为成为一种自由的翻译活动。自由的翻译活动是有意识的、有意向的,这种意识性与意向性成为译者的类生命特性。"因此,人的特有本质(the very nature of human being)可被设定为一个更复杂的人(a more complex being):实质上是一个潜在的、非线性的人(a potentially nonlinear human being)。"(Jörg,2011:40)作为创生者存在的译者,不仅是作为类生命的存在,更是作为复杂性的存在,其所要挖掘的是翻译的复杂性、非线性与动态性。这既是译者存在的方式,也是译者得以生存与发展的根本动力。以类生命的视角去审视译者,实质上就是以复杂性思维范式去解释译者的生成性,进而去描述翻译作为"新生命的生成性"(the generativity of new life)。(Jardine,1990:231)"新生命的生成性"指向的是创生者为文本生命在异域之中的再生与成长赋予新的生命力。译者作为文本生命存在的创生者,其生存方式也就决定了文本生命在异域之中的生成形态。译者置身于、生存于翻译环境而呈现出类生命特性,并总是以不同的生命方式展现自身的本质力量。这种本质力量的展现本身就是一种类生命力量,它不仅仅蕴含着译者在翻译实践中的能动性与创造性,更意味着译者在翻译实践中的生命责任与道德意识。译者的类生命不仅使译者成为有道德的生命存在,而且使译者成为有德性的力量存在,这是因为类生命把译者的创生力的轴心放置于整个翻译系统与翻译世界之中并通过整体来实现自身的德性力量。

作为翻译的创生者,译者只有在生命共同体中才能获得自由与全面发展。作为类生命的译者,就是试图超越译者与文本、译境之间的二元对立,既要使译者成为类生命的存在者,又要使译者具有类生命性。类生命正是从译者自由发展的理性映照中引申出对译者的新理解方式,是对译者的类存在、类本性的表征。译者需要自觉地按照类生命来理解译者的生命存在以及翻译的生成性,所以译者只有把真实的自我生存转向于生命共同体,才能实现自身的翻译价值,获得自由全面的发展。作为生态人存在的译者,就是一个"在世代之中"存在的主体,就是一个具有类生命特征的、活生生的创生者。译者置身于复杂生命系统,依寓于复杂生命系统,繁忙于复杂生命系统,类生命就成为译者的特殊结构或本质特征。作为类生命存在的译者是复杂生命系统的展示窗口,翻译在"此在"中被照亮,文本生命在"此在"中获得再生。译者生存的复杂性思维不仅要摆脱"以文为本"的思维方式,以类生命的新思维使译者自我突破译者中心主义的限囿,超越译者与文本之间的对立,消除译者主体与译者责任之间的隔离,而且要使译者主体性在自身的生存活动中获得新的思维方式与本质规定性。这种本质规定性表明：译者的自我性变成了融合于文本生命、翻译生态之中的生命存在；译者作为语言转换者变成了具有生命智慧与生存意识的创生者而指向生命理念的生成形态；文本化、隐身的译者变成了人本化、显形的译者；单一的译者主体结构变成了具有主导意识、责任意识、发展意识规定的在场的复杂性结构。译者不再是单一性的主体，而是作为一个具有类生命特征的创生者，把译者生存与文本生命、翻译主体与客体等诸方面的对立统一起来，以摆脱简单性思维方式耽于以文为本的自我推理。因此，"译者是本体论意义上的翻译之本，是栖居于翻译存在之中的主体，是居住于翻译活动中的主体，最终在翻译存在与翻译活动中成为翻译生态的守护者与看家者"（罗迪江，2019a：95）。说到底，译者与文本生命的关系最终体现为翻译与文本生命的生成关系，体现为对翻译进行观照的生存形态与生成形态的特质。任何翻译活动及其逻辑、规则都不会自行空转，倘若没有译者用自己的生命行为、生命价值、生命理念参与其中，没有发生在译者与其他主体之间的互动过程将翻译逻辑与规则激活，没有译者对自身与他者的生命历程加以叙述转化，翻译作为文本生命的存在就无法在异域之中传承、延续、生成与成长。只有进入译者的创生行为，翻译作为文本生命的存在才会在异域之中敞开，才会获得生命延续。

语言转换论确定了文本与无限理性的核心地位；文本作为探讨翻译的出发点，确立了文本的认知思维方式，它必然以文本与译者、原文与译文的二元分离与对立为特征。由于追求文本的确定性，认知思维方式在起点上就将译者置于与文本相互对立的状态，这就决定了译者在其生存方式上处于被遮蔽的状态。翻译生成论反思以文本为视角的认知思维方式的内在矛盾，对译者生存境遇予以深切的关注，确立了译者生存模式的类生命特征与复杂性思维，确立了以创生者为主体的译者生存模式。从生存论的视角看，译者层面的复杂性思维实质上就是译者的生存思维，它把译者生存和文本生命、翻译生态视为一种内在关联的生命共同性并赋予一种类生命的思考。译者作为创生者，是自我界定的创生性主体。由于翻译生态不同，或者找到了更合适地对翻译现象进行描述的解释方式，译者的自我界定也发生了变化，并在复杂生命系统中改变自身而形成了类生命主体。因此，翻译生成论的最大优势之一就在于强调译者生存意识，建构文本、译者和译境的生命共同体，塑造译者的创生者身份。语言转换论是以内在于文本而外在于文本、译者和译境之间的共生关系，统摄并界定着翻译活动的语言转换过程;翻译生成论对于文本、译者和译境的共生关系,表明了自身与复杂性范式更加整体化与本质化,从而使译者的生存境遇在翻译实践中得到关注。

复杂生命系统中要素的结构关系是以文本生命为中心的,这一点需要特别强调。但以文本生命为中心并不意味着文本生命是翻译过程的唯一来源,需要进一步关联译者生存与翻译生态,着重考察它们的不同功能及其相互关系。译者生存与翻译生态虽然对文本生命的生成具有不同程度的受限影响,但两者是有所差异、有所区别的范畴。译者生存属于以译者为代表的主体范畴,翻译生态是客体范畴,文本生命是生命范畴,而翻译乃是生命范畴与主体范畴、客体范畴之间的某种生成性与关系性的综合产物。因而,译者生存具有显著的类生命特征。类生命特征意味着,译者作为适应性主体的创生者、生态人具有明显的境遇性,它需要去处理译者生存与文本生命、翻译生态的存在关系。"关系构成了存在之整体,亦构成了存在之个体;所以,存在即关系,关系即存在。"(唐代兴,2005:24)事实上,译者时时刻刻处于动态的存在关系之中,又始终处于不断变化的翻译生态之中,同时需要持续地适应、建构与塑造翻译生态,因而这种关系是由文本系统、群落系统和译境系统共同组成的生命共同体。翻译实践是在文本系统、群落系统和译境系统的基础上对翻译活动显现的存在方式,译者对于翻译实践来说是一种境遇性而非嵌入性的存在。因此,译者生存与文本生命、翻译生态相互融合构成了译者的生存境遇,生存境遇是作为译者生存的构成部分与文本生命的诞生发展而存在的。

纵观译者研究的发展,译者身份在不同历史时期始终是动态生成的。语言转换论强调翻译是一种语言转换活动,自然而然地被打上了语言转换的印记而被视为转换者。文化操纵论强调文化语境对翻译活动的操纵作用,译者就有意无意地被打上了文化语境的烙印而被视为操纵者。复杂性范式将译者置于复杂生命系统之中审视自身的生命意识与生存形态,因而译者是作为文本生命的创生者而出场的。作为文本生命的创生者,译者只有从思想认识上有所改变,践行翻译实践的生命价值,才能改变译者作为转换者、操纵者的身份。一方面,翻译是复杂多样的,它必定依赖于译者,而译者作为文本生命的创生者出场,其着力点是创生者的翻译实践,其思维范式是符合生命观念、生命价值与生命意义的实践方式。另一方面,译者作为翻译的适应性主体,由于受到文本生命与翻译环境的制约,需要不断地做出选择性适应,由此就形成了具有境遇性的创生者。译者作为文本生命的创生者应该认识到,译者作为适应性主体的境遇性不只是关注从一个文本到另一个文本的语言转换,应该认识到译者作为文本生命的创生者不仅要审视译者生存与文本生命的共在关系,而且要考察文本—译者—译境的和谐共生关系。可见,翻译实践的本质是一个具有境遇性的生成过程,它具有很强的生存理念与生命观念;译者生存的本质就是一个具有类生命特征,是生存于复杂生命系统且与文本生命、翻译生态息息相关的适应性主体。

第六节　翻译生成论的基本原则

翻译作为文本生命的生成方式,就是需要避免既成性的封闭,敞开自身以处于持续不断的生成之中。"生成"构成了一个具有统摄力的原初概念,构建了理解翻译作为文本生命存在的框架性观念,它不仅使翻译处于差异之中,而且使翻译能够牵引出一种基于文本生命生成性的生命共同体。翻译之为翻译最重要的是在生成中勾连起文本生命之间的关联,由此获得生命性的存在。在翻译研究中,最重要的特质应该不是既成的事实,也不是确定的机械物,而是具有生命性的生成者。基于生成的框架性观念,翻译承担了建构文本生命在异域之中的延续与生成,进而获得一种生命性存在的使命。凡是以文本生命为方式存在的翻译,必是翻译作为文本生命存在的生成者。以生成来看待翻译现象,可以打破传统翻译的既成性;从文本生命的角度来理解翻译与文本生命的生成关系,翻译就是一种生命性的存在。翻译不是一种永恒的存在者,也不是一种绝对的既成物,更不是脱离文本生命而存在的机械物。翻译作为文本生命的生成者始终贯穿于差异之中,始终是生生不息的。可以说,生成的首要问题就是确立翻译作为文本生命的生成者,表明翻译展开着多样的差异化。生成不仅指向翻译敞开自身形态的差异化,而且构成翻译遭遇异域考验的差异化。承认生成,就是承认翻译作为文本生命的生成者。它既栖居于异域之中又栖居于差异之中;有了异域与差异,翻译才有归家的可能性。因此,差异与生成的关系问题成为翻译研究需要探讨的根本问题之一。

一、生成:翻译差异化存在的基础

翻译生成论以"生成"的复杂性思想为其理论问题之核心,它所指向的翻译活动是动态的、流动的、成长的。"生成"总是与"差异""差异性""可能性""差异化"等有着直接的内在关联。作为文本生命的生成者,翻译的根本意旨在于强调生命的变易与流动特点,因而生成性是翻译差异化得以存在的基础,也是翻译差异化得以表达自身"和而不同"的核心。翻译是生生不息的,尤其被理解为文本生命在异域之中的生成活动。生成的核心要义是翻译充满多样的可能性与差异性,是翻译差异化的现实反映,它意味着翻译的开放性、对话性与差异性,而这种具有差异性的翻译生成正是推进翻译活动的基础。不论是作为一个复杂适应系统还是一个复杂生命系统,翻译作为文本生命的存在总是在复杂适应系统中不断生成而产生无限多样的差异性。通过翻译与文本生命之间的对话与沟通,具有差异化的特质进入翻译活动之中,差异化并没有因为翻译的复杂性而被遮蔽与消解,而是得到了充分的显现与尊重。生成是翻译作为文本生命存在而得以展开活动的出发点,它使翻译存在于可能性之中且持续不断地敞开自身:翻译总是在持续的自我更新、自我敞开、自我塑造中展开自身不同的可能性——诞生于异域之中而延续于差异化之中。无论是"过去"还是"现在"抑或是"未来",翻译总是在异域之中不断地生成,作为差异化隐藏在一个与文本生命互生共存的整体之中。翻译的过程是贯穿"过去""现在""未来"的生成过程,而"过去""现在""未来"是一种传承与延续的关系,"现在"与"未来"则是对"过去"的一种创造与发展。尽管翻译历经"过去"、把握"当下"以及延续"未来"都是有限的,但它们却都作为多样的差异化隐藏在整体之中。可以说,翻译不是一种永恒不变的存在者,停滞于既成性之中而封闭了自身的差异性,而是作为一种生生不息的生成者而不断地打开自身的差异性。翻译是一个不断流动的生成过程,这必然会有所更新而有所差异,它塑造着一个具有文本生命的延续性却又不断自我差异化的生成性身份。可见,差异性和流动性是"生成"的要义。(黄婷、刘云虹,2020:87)生成将翻译抛入了异域的考验之中:每次生成都使翻译获得诞生新生命的可能性,从而使自身能够在异域之中获得持续的生命以及持续的成长。

翻译因生成而能够不断越出文本生命的范畴,筹划并打开新生命的可能性。翻译通过文本生命的改变发生新陈代谢,将文本生命带向新的异域而创造新生命。即使文本生命在异域之中传承了自身内在的基因,翻译也总是把文本生命差异化为新生命,或者说在异域之中投胎转世。翻译随时能够重新书写文本生命的基因,重新理解文本生命的形态,重新筹划文本生命的延续,因而它并不是既成的、被封闭的同质性存在,它的同质性恰恰始终植根于差异化,始终保持在能够生成的可能性之中。生成使翻译处于差异之中,翻译又因差异化而处于无限多样的可能性之中。一旦翻译生成,文本生命就会被带入异域之中而显现自身的差异性。生成在使翻译从文本生命中吸取相同基因而塑造统一性的同时,也使翻译永远无法消除文本生命之间的差异性,甚至使文本生命之间的差异性多于统一性。如果说翻译有什么共同的本质,那就是"生成"。恰恰是生成,使翻译始终处于差异之中。翻译就处于生成之中而引发差异化并充满各种差异性,差异化使翻译不断认识自身并不断为自己在异域之中获得独特的定位。以文本生命的生成方式跳出语言转换的既成性,翻译就能够突破既成性对自身的规制,不断地打开翻译内在的生成性。翻译具有文本生命的生成性,因而其本性就是一种能够突破既成性、超越自身生命的本性。翻译因来自语言转换而表征既成性,又因突破既成性而存在于生成之中,这不仅能超越语言转换而置身于文本生命之中,而且能持续地生成与筹划各种差异。正是在持续地生成与筹划差异之中,翻译才能发现自身拥有不同的差异性,以及存在差异的合理性,因而应当给予尊重。尊重的对象是翻译的差异性,而翻译的差异性则是出于生成又基于生成。

二、宽容:接受翻译差异化的原则

翻译生成论清楚地意识到语言转换论在对待翻译差异化时遭遇的困境:通过语言转换的活动,翻译似乎没有差异;进一步说,语言转换论将翻译特有的差异强行普遍化为对等性,从而造就了虚假、不真实的对等性。翻译的任务就是既要在异域之中延续原文生命的世间在场,又要确保原文生命在异域之中获得重生与再生,这必然涉及翻译的差异化现象。翻译生成论的独特性恰恰就在于,它不再以对等性、同一性作为翻译获得自我认同的唯一标准,而是以生成性、差异化作为翻译获得成长与发展的基础。可以说,翻译总是与差异化互生共存,它使文本生命在异域之中不断地延续与再生。延续与再生表明了,每一次翻译活动都会面临"世间在场"与"来世生命"的考验而遭遇不同程度的差异化,它既要接受自我的独特性又要尊重他者的差异性。这意味着,翻译的生成过程需要宽容差异化的存在。宽容的对象不是谋求急功近利的翻译行为,更不是连编带改的翻译行为,而是接受翻译生成的差异化。所谓的宽容,就是指尊重翻译的同中存异与接受翻译的异中求同,具体切入翻译就是对语言/文化差异化的接受。宽容就是翻译穿行于同中存异、异中求同之中,以生成的姿态来接纳存在的差异化。差异化意味着,翻译不是追求语言转换的整齐划一,而是追求语言转换的同中存异、异中求同,保持翻译作为文本生命在异域之中生成的差异性。倘若没有以生成的姿态、没有以差异化的姿态在抵抗中呼唤翻译的宽容,那么就"有可能导致翻译者放弃对原文特质加以深刻的理解与创造性传达,其直接结果,就是遮蔽、扼杀了原文的异质性,违背了翻译为异而生的本质使命"(许钧,2021:96-97)。面对无限多样的差异化,宽容则应当成为翻译生成的一条首要原则,也是翻译得以进行的前提条件。从这个角度来说,宽容与翻译的关系问题会成为翻译学界需要思考与审视的关键问题。

宽容原则就是允诺翻译的"和而不同",是承诺自我与他者都有自身的生成空间,而这种生成空间是在自我与他者的耦合性关系中建立起来的。只要翻译存在着,自我就要与他者打交道,就要面对他者。"翻译可以说永远面向未来,面向自我与他者关系中的无限可能。"(刘云虹,2018a:99)对于翻译来说,生成开启了自我与他者之间的差异,打开的是一个全新的生命。翻译向无限多样的可能性开放,在异域之中延续自我的生命并创造他者的新生命,因而他者拥有一个自我不能而只能由他者拥有的生成空间,他者能够按照自身的意志去成长,自我不能取代与同化。差异化表明了,自我不能在坚守自己的独特性的同时取代他者的差异性,或者说,自我不能通过取代他者的差异性来维护自身的独特性。因此,宽容原则把翻译引向自我与他者的相互尊重与维护各自的生成空间,它包含着承认自我与他者的生成空间以不相互取代为基础。相互承认与维护各自的生成空间,也就是承认与维护自我之为自我、他者之为他者的本质所在。

翻译作为文本生命的延续者与生成者,就是维护自我与他者的延续空间与生成空间,它需要遵循的首要原则是自我与他者的宽容。宽容之于翻译的必要性,是因为自我与他者之间始终存在着差异,是因为自我与他者的生成空间永远是成长的,因而翻译总是面向自我与他者存在的差异性。翻译是不断生成的,因而宽容的主旨是接受翻译过程中自我的独特性,接纳他者的差异化。自我的独特性与他者的差异化在翻译过程中是被宽容的。自我的独特性与他者的差异化意味着翻译的本质是"和而不同"。"和而不同"构成了翻译的生命本色,宽容则成为翻译差异化的生成空间。每个自主的生成空间,不仅将翻译展开为各种可能性,也蕴含着多样的可能性。如果不能接受并容忍他者的差异,那么翻译就不可能接受与容忍自我在异域之中的存在,也就不可能承认与尊重他者作为自主存在者的差异性。承认与尊重自我与他者的差异,就是承认与尊重翻译作为文本生命在异域之中存在的生成空间。对自我与他者差异的承认与尊重就是基于对自我与他者差异的接受与容忍。这种接受与容忍就是翻译应该遵循的宽容原则。在翻译实践层面上，宽容比生成更重要，因为只有在翻译实践上自我与他者的相互宽容，翻译才能作为文本生命的存在享受生成的空间。当然，生成作为文本生命得以延续的根本方式被翻译带入异域之中，生成优先于宽容，因为生成使翻译既存在于差异化，也存在于异域的考验。宽容不只是接受翻译面向自我与他者的异中求同，而且应该容忍翻译的同中存异。因此，宽容之于翻译目标在于接受与容忍异中求同、同中存异而通达"和而不同"的理想境界。

第七节　翻译生成论的问题域

翻译生成论聚焦于考察翻译与文本生命的生成关系，因而它要突破语言转换论的"译本何以产生"问题与文化操纵论的"译本何以被接受"问题，转向"文本生命何以生成"问题的求解与探讨。"文本生命何以生成"成为翻译生成论的问题域。传统译论的翻译构想被论证为受到客观性与确定性的限制，这种客观性与确定性或隐或显地被确定为西方译论得以存在与发展的基础。只有已然触及一个客观的、确定的翻译之根基时，我们才能够完全且在整体上洞察到，语言转换论基本上还是将翻译的本质确立于客观性之上，将客观性确立于确定性之上，将确定性确立于对等性之上，将对等性确立于既成性之上。当翻译研究致力于确立翻译的既成性、客观性与确定性，而且只能在既成性、客观性与确定性的范畴内被探究，那么接下来一切都成为静态物、固定物，并且因此始终只能被确立为静止的、给定的存在物。翻译之本质自身的融合性被排除了，即使本质具有生成性、成长性与创生性的生存论意义。翻译本质的运动与现实性整体的翻译行为的发生，以及诸如此类的东西，在语言转换论之内已经被排除了。追求客观性与确定性的翻译思想就获得了那种不可撼动的绝对性，这看起来使语言转换论获得了相对于不确定性、涌现性、成长性、生成性等思想的优势地位。如果翻译只以客观性与确定性为存在方式，那么它就必然确立起绝对性的权威，并且语言转换论与其他理论的差别还必须被理解为以追求绝对性为己任。如果翻译只是一种寻找绝对性的权威，它的存在方式就会失去孕育与诞生的土壤，它的存在简直是难以想象的。这种想象需要被消解，既要消解翻译的客观性与确定性，又要消解翻译的绝对性与既成性。

翻译生成论欲要突破这个自我确证且使自身绝对化的藩篱,去追寻文本生命的生成性。生成性比绝对性、既成性要更加本原,甚至它就是本原自身;生成性优先于客观性和确定性,更能揭示翻译过程的内在机制。翻译生成论聚焦于生成性,而生成性是翻译生成论最核心、最本质的特征。翻译生成论通过对翻译进行具体的生成性分析,不仅揭示了翻译结构的既成性与确定性,而且展现了自身作为文本生命存在的生成性与成长性,从而阐明以生成性与成长性为基本特征的翻译所具有的既成性与确定性。如果将生成性理解为翻译作为文本生命生成方式的根据,那么生成性视域就是指翻译生成论在其反思与批判翻译既成性中所展现的关于翻译作为文本生命生成方式的根据的特定理解。根本而言,生成性既是对传统翻译追求的对等性、既成性的反思与批判的结果,也开启了"文本生命何以生成"问题域的自觉澄明、自主诠释与自由说明。

一、问题域澄明的生成性自觉

翻译生成论的思想内涵意味着,生成性开启了"文本生命何以生成"问题域的自觉澄明。翻译生成论本质上并不满足于对"译本何以产生""译本何以被接受"问题的求解,而是立足于复杂性范式去解答"文本生命何以生成"问题。它必须基于对"译本何以产生""译本何以被接受"问题域的理性反思,从复杂性范式的视角去求解"文本生命何以生成"问题,揭示翻译的延续性、生成性与创生性等复杂性特征,实现翻译研究从简单性思维转向复杂性思维。翻译生成论是基于复杂性范式的视角去求解"文本生命何以生成"问题并对其话语模式的一种复杂性综观,是本体论、认识论与方法论"三位一体"的整体性思维模式。这个思维模式表现为:作为本体论,它以文本生命为核心观念推导演绎出翻译的生成观念,对于理解与把握翻译的生成性具有本体论意义。文本生命具有普遍性而成为翻译问题的出发点。作为认识论,它既关注译者的生存境遇,又考察翻译的生态整体,更注重文本的生命状态,将译者生存、翻译生态与文本生命内在地统一起来,开启了翻译研究的复杂性思维模式。作为方法论,其主旨就是在翻译过程中结构性地求解以"文本生命何以生成"问题为中心的"生成分析"的整体论思维,为语言分析与文化分析之间的融合架起沟通的桥梁。探讨翻译生成论,就是要确定翻译生成论在求解"文本生命何以生成"问题中的生成观念与生成分析,它不再秉承简单性范式的还原论思想,而是走向复杂性范式的整体论思想,其背后应该是以复杂性来看待与认识翻译的生成性、成长性与创生性,使得翻译生成论在本体论、认识论、方法论方面具有独特的思维范式,进一步确认翻译生成论的合理性与科学性。

以文本生命为出发点的翻译研究,不能停留在对文本存在的客观性理解基础之上,必须将翻译作为文本生命的存在进行生成性分析,在对文本生命在异域之中再生、延续与成长进行分析的基础上阐明翻译的生成性特征。作为生成性的存在,翻译的本质不是确定不变的,而是在文本生命的转化过程中现实地生成。作为生成性的存在,翻译生成论不只是一个探讨翻译确定性、客观性、既成性的简单性范式,更是一个揭示延续性、生成性、成长性的复杂性范式。"复杂性范式的根基是由因果互动(causal interaction)的生成效力与潜在非线性整体效力(potentially nonlinear total effects)构成的。"(Jörg,2011:211)作为文本生命的存在,翻译是一种受"生成性驱动"(generativity-driven)而产生效力的行为,是一种动态的、非线性的、不确定的生成过程。文本生命在异域之中传承与延续并不是无限制地生成着,而是被现实的复杂生命系统所限定。只有通过具体分析复杂生命系统中的各个元素,才能真正理解文本生命的生存状态与生成境遇。只有通过对文本生命的生存状况及其生成境遇的现实分析,才能阐明翻译的本然形态及其文本生命在异域之中生成过程中的可能性。可以说,生成性分析已成为求解"文本生命何以生成"问题的一个不可或缺的组成部分,脱离了生成性分析,翻译生成论对于翻译之本然形态的理解就失去了牢固的根基。只有获得复杂生命系统的源头活水的滋养,翻译生成论以生成的思想逻辑建构起来的翻译之本然形态才具有鲜活的生命力。

文本生命生存于复杂生命系统,和文本系统、译境系统、群落系统不可分割地联系着,构成一个互联互动的整体,时刻受到复杂生命系统的运行规律的制约,其内在过程本质上表现为一个动态的受限生成过程。也就是说,翻译既受限于翻译环境,又生成于翻译环境,因而翻译具有环境敏感性与依存性。文本生命的意义并非像简单性范式所说的只是对翻译环境的简单反映,它是一个自我理解、自我发展与自我塑造的生成性问题。文本生命会把复杂生命系统中各个因素结合起来,使之彼此相互作用;这种作用既改变了文本生命的外部因素的特征,也改变了文本生命的内部因素的特征,最终在异域之中获得再生与重生。翻译的生成过程不仅仅呈现出确定性、同一性、同质性等简单性特征,更多涌现的是不确定性、生成性、成长性等复杂性特征。因此,翻译生成论需要将翻译视为文本生命的存在方式来看待,关注文本生命从传承、延续到成长的整个生成历程。唯有从文本生命的生成过程来看待翻译,才能全面深刻地理解翻译的延续性、生成性、成长性,把握确定性与不确定性、既成性与生成性、同质性与异质性的辩证统一,从而更好地理解与把握翻译的复杂性本质。从复杂性范式来看,翻译过程必然会是一个文本生命从诞生、延续、生长到成长的复杂性过程;从简单性范式来看,翻译过程只是两种语言之间的转换活动,它从本质上遮蔽了翻译的动态性、过程性、生成性等复杂性特征。"文本生命何以生成"的问题内在地要求翻译回归生命,回归到其栖居的复杂生命系统而展现其真实的生命形态,回归文本生命的生存之道。这就是复杂性范式对翻译的认识与理解,也是生成性开启了对翻译问题的复杂性认识与理解。

翻译并不是一个预先设定好对等性的线性过程,而是一个不断生成的非线性过程,这个非线性过程具有生成性、延续性、成长性与创生性,并且使文本生命在异域之中传承、延续与成长朝向更开放的未来。传统译论关于翻译的核心观点是语言转换的对等性,即从一种文本转换到另一种文本的一致性。翻译过程就是一种基于两种语言转换的行为方式,其对等性是根据原文与译文之间的一致性来判定的。这就使得翻译陷入了静态化与抽象化的泥潭。"所有翻译问题根源于词语的语义场(the semantic field)及其指称的整个复杂网络意义从未确切地匹配(matches exactly)其他语言中词语的语义场;正因为如此,所有翻译都是变异体(distortion),所有译者都是背叛者(traitors)。"(Holmes,2007:9)当将翻译视为"变异体"、将译者视为"背叛者"时,翻译就不再是一种单纯的语言转换活动,而是一种动态的生成活动。翻译生成论促使我们逐渐认识到,翻译的对等性难以涵盖复杂多变的翻译现象。只有从复杂性范式去审视翻译的本质,才能揭示翻译在复杂多变的语境中显现的生成性特征。翻译生成论将文本生命视为研究对象,建构了一种旨在揭示翻译生成性的复杂性范式。这样,翻译就在文本生命的轨迹上获得了自身内在的生成性。翻译的生成性决定译者的认知,决定译者如何看待翻译之"生"与"成",强调文本生命在翻译过程中的生成与成长。"翻译也是一个具有生成性本质特征的动态发展过程,以自身生命在时间上的延续、在空间上的拓展为根本诉求。"(刘云虹,2017:617)因此,生成性就构成了翻译的根本属性与本质特征。若以简单性范式来解释翻译现象,则从根本上忽视了文本生命的生成性,硬生生地将文本生命在异域之中的生成形态拆解、扭曲或遮蔽。当然,在考察翻译生成论的思想时,我们不能偏执于翻译生成性中的某一个因素,而应当着眼于构成翻译生成性的诸多要素及其相互关系,关注既成性与生成性、确定性与不确定性、客观性与主观性、译者的创生力与翻译实践的价值性及其种种内在的关联。唯其如此，翻译生成论才能有效地避免简单性范式的单一性，避免传统译论的片面性，达到对翻译作为文本生命存在及其在异域之中生成的整体理解。

生成性是贯穿翻译生成论的根本特征，也是解释与重新认识翻译的一种根本方式。若用生成性的视角来看待与审视翻译，翻译便是作为文本生命在异域之中动态生成的。翻译离不开生成，文本生命离不开生成；生成性是翻译生成论的一种内在机制。埃尔斯特（Elster）指出，"机制是由普遍未知条件（unknown conditions）或不确定性后果（indeterminate consequences）触发而成的"（Elster，2007：39）。翻译生成论的内在机制就是以生成性为触发点，由作为未知条件的文本生命与作为不确定性的来世生命触发而成的。这就进一步阐明了翻译的不确定性与复杂性。翻译生成论将翻译视为复杂生命系统中动态的、活跃的、积极的、有目的的事件，因而翻译也不再是孤立的语言转换行为，而是一种与文本生命发生的生成关系，翻译不再是孤立的文化操纵的一部分，而是围绕确定性与不确定性、既成性与生成性的辩证关系展开，作为一种复杂生命系统而具有独特的生成性特征。因此，翻译生成论并不是着眼于"过去"的原文生命，而是着眼于"现在"的译文生命；不是关注已经发生的翻译行为，而是关注正在生成的翻译行为。由此，我们可以为翻译现象的复杂性、翻译本质的生成性以及翻译过程的成长性等问题提供一种合理的运行机制，而翻译生成论也开启了"文本生命何以生成"问题域的自觉澄明。

二、问题域诠释的生成性自主

翻译生成论对"译本何以产生""译本何以被接受"问题加以反思的同时去求解"文本生命何以生成"问题，隐含着反对传统译论的简单性思维立场，进而开启了问题域的自主诠释。语言转换论是语言学范式的产物，它是翻译研究的单纯"文本化"的体现，以原文中心为表征形式；文化操纵论是文化范式的产物，它是翻译研究绝对"主体化"的结果，以译文中心为表征形式。传统译论在翻译研究中塑造了单一的本质目标，归根结底它的本体依然是文本（原文与译文），它们在思想观念上力求达成文本之间的同一性，不过这个同一性在根本性质上说仍然是理论观念对翻译的简化表达而已。翻译现象的复杂性仍然无法实现文本之间的绝对同一性。在同一性的视域下，传统翻译理论的观念仍然是同质性与异质性的矛盾体。"目前，翻译研究所经历的转向、范式转换、新视角都聚焦于翻译特有的生成性（change in and through translation），翻译实践与翻译理论追求绝对的既成性（total invariance）与对等性（full equivalence）的不可能性颠覆了既成性范式。"（Van Doorslaer，2019：222）既成性范式向生成性范式的转换意味着翻译拥有生成性的特质而能够使自身成为文本生命在异域之中得以延续的基本动力。坚守翻译的生成性，就是有意识地摆脱对既成性的自我沉溺（self-indulgence），确立起翻译作为文本生命在异域之中延续的生成者。翻译本身仍然是向着既成性与生成性敞开的，永无止境地在文本生命之中流动与生成。译者置身于其中，既是能动者又是受动者，更是一个与文本、译境发生关联而具有类生命特质的复杂性主体。翻译又是一个在复杂性主体的能动性与受动性中生成复杂性的动态过程，它本身就处于复杂生命系统并与复杂生命系统进行不断的互动。以"文本生命何以生成"为问题域的翻译生成论，涉及的最基本的论域是生成与文本生命的本质关系。当生成与文本生命介入翻译时，翻译不仅作为一种文本生命的存在，而且是作为文本生命在异域之中的生成，这就让翻译呈现出生成性、成长性、创生性等复杂性特征。

文本生命作为翻译存在的根本方式以及翻译作为文本生命得以生成的根本方式，是翻译生成论需要辩证看待与审视的两个基本事实。揭示翻译与文本生命之间的生成关系，就是将翻译作为文本生命存在的根本方式来看待，又是将翻译视为文本生命在异域之中的生成过程来考察。翻译能够被视为一种持续交互的文本生命的延续过程，因而生成性不仅被视为翻译的灵魂，而且被看作是翻译的本体特征，这就意味着生成性开启了"文本生命何以生成"问题域的自主诠释。"文本生命何以生成"所探讨的是，文本生命在异域之中是以怎么样的方式延续的。翻译与文本生命之间是一种相互依存，或者说是一种相互依赖而生成的类生命关系，而不是二元对立的文本—译者关系。翻译生成论寻求文本生命背后的生命本身，将翻译的本然形态理解为文本生命在异域之中不断延续的生成过程，并由此建立翻译与文本生命之间的生成关系，这是一种富于启发性、自主性的翻译理念。翻译生成论的重要启示在于它不再简单地以语言/文化分析去揭示翻译的本质，而是专注于文本生命在异域之中是如何延续与成长的问题，把原文生命的广延状态与译文生命的绵延状态内在地联系起来，以生成性为理解方式来促使翻译从原文生命的潜在性转向译文生命的现实性，从而获得文本生命在异域之中的自主再生。

　　语言转换论所追求的对等性,实际上概括了以语言分析为主的研究视域,其核心理念是认为通过原文与译文之间构筑固定不变的对等关系,就可以达到翻译确定性与清晰性的目标。对等关系作为一种原文与译文之间的语言转换,翻译成功的标志是语言转换的对等,具体表现为对原文与译文之间的一致性的理性认识和判断基准。然而,这种理性认识的产生,不是一种内在的翻译本质,而是追求原文与译文之间的一致性导致翻译实践陷入简单性范式的认识论困境。对等性是翻译研究所追求的目标与标准,它是从原文与译文之间的外在的理性判断来确认翻译的成功与否。从简单性范式来看,它的认识论困境是忽视了文本生命在异域之中的延续、生成与成长问题,缺乏对延续性、生成性与成长性的深入理解。在翻译学领域内,对等性是既成性的具体表征,也是确定性的具体体现。当然,强调翻译生成性,并不是否认翻译既成性,而是强调对翻译生成性的自主考察与动态揭示。侧重于翻译生成性,意味着翻译是一种差异化的自主存在,既成性与生成性并没有优劣之分,生成性是翻译作为文本生命存在的自主张扬,而既成性是翻译作为文本存在的静态内敛。

　　从对对等性的讨论过渡到对生成性的探讨,使翻译研究摆脱了简单性范式关于二元对立的认识论困境,也表现出翻译生成论对翻译认识的深化与拓展。生成性是基于对既成性/对等性的反思与批判而提出的概念,而且也是来源于复杂性科学体系之中的动态概念。纵观哲学、生物学、社会学、进化论、语言学、翻译学等等,无一不涉及生成性概念;它不仅仅是一个复杂性科学与生成哲学领域里的概念,还是一个语言学、翻译学、社会学等学科内的概念。"文本生命何以生成"是通过对"译本何以产生""译本何以被接受"问题的反思与扬弃而形成并发展起来的。正是对"文本生命何以生成"的自主诠释的开启,构成了翻译生成论建构的批判性视角,把文本生命的延续、生长、生成与成长落实到翻译过程之中,进而体现出翻译内在的生命意义。无论如何,翻译与文本生命的生存方式的生成性是相互关涉的,它旨在诠释与澄清"文本生命何以生成"的问题,而这就已内在地与文本生命的解释相互关联。这就充分表明了,翻译不是语言或文化的实体性存在,而是文本生命的机体性存在,是在原文生命与译文生命的相互作用中不断耦合、展现自身生命的生成过程。因此,生成性不仅是文本生命的一种生存方式,而且是翻译的一种基础性、本质性、自主性的存在方式。

　　翻译生成论是在语言转换论与文化操纵论的博弈中确立了复杂性范式的原创性过程,这是翻译生成论的问题意识与自主诠释。它致力于翻译行为的整体追求,强调的是翻译的生成性,是要在原文生命与译文生命、来世生命的传承与延续中促进文本生命的衍生与化生,如此才能保证文本生命在异域之中获得再生。这对于推进翻译研究的复杂性思维范式的合法性命题无疑是颇为重要的。翻译生成论选取的立足点是文本生命,揭示的目标是翻译的生成性,它是通过对文本生命的元分析,剖析自身的运行机制以及探讨"文本生命何以生成"的问题,实现翻译研究从机械认识论转向生命认识论,从简单性范式转向复杂性范式。翻译生成维系于文本生命的生成,而这种生成性正是原文与译文之间生命间性的合生过程。"天地合而万物生,阴阳接而变化起,性伪合而天下治。"(《荀子·礼论》)"每一个现实存有都在一'合生'(concrescence)的历程中并通过'合生'的历程构成它自身,即指向一个共同目标之实现的不同活动或功能的'共同生长',而这个共同目标则构成所谓的'主体鹄的'(subjective aim)(摄受主体的目的)。"(唐力权,1998:18)翻译就是作为现实存有的文本生命在合生的历程中动态生成的。"合"与"生"的视域融合,既指向文本生命衍生而成的译文生命以及内在地包含原文生命与译文生命之"合",又指向原文生命之"生",更指向译文生命之"成"。"合生"构成了解释翻译与文本生命之间生成关系的根源,生成性就成为文本生命在异域之中得以诞生的土壤。生成性既延续原文的生命,又创造新的生命,是原文生命的"生"与译文生命的"成"相互涌现的结果。

三、问题域说明的生成性自由

翻译生成论的思想表明,生成性开启了"文本生命何以生成"问题域的自由说明。探究"文本生命何以生成",就是探讨文本生命朝着怎么样的方式展开其在异域之中生成、成长与发展的态势。文本生命存在于复杂生命系统之中,并潜在地存在于过去与现在、原文生命与译文生命的视域融合之中,作为文本生命存在的翻译活动绝不只是简单的语言行为,而是一个新陈代谢的生成过程。文本生命的生成之势,就在于启动自身现存的潜在性而使原文生命的广延状态转向绵延状态,不断地扩展自身的生存状态,在时空维度中实现原文生命与译文生命的交互性与融合性,使原文生命在异域之中自由地再生,进而使译文生命开启来世生命之旅。以文本生命为关注点,翻译生成论所指向的是文本生命之"生"与"成"。作为翻译的存在方式,文本生命本身就是一种自由的生成过程。寻求一种生成性开启的"文本生命何以生成"的问题域澄明,就是探索原文生命与译文生命以一种生成的方式使文本生命在异域之中诞生、生长与成长,从而把原文生命与译文生命在时空维度中自由地联系起来。生成性是文本生命的根本特征,翻译是在不断延续之中生成的;与此同时,文本生命与来世生命、原文生命与译文生命之间的内在逻辑与转生关系需要用生成观念来呈现与实现。翻译生成性的确认,阐明生成性既可以在语言/文化/社会维度上解释与说明翻译的确定性,又可以在生命维度上理解与把握翻译的动态性,从而规范翻译生成的合理性与自由性。生成与文本生命、来世生命的本质关系,为我们认识与把握翻译的本质提供了新观念,进而将理解与把握翻译的生成观念安置于其未来的可能性与自由性之中。概而言之,翻译内嵌于文本生命,生成使文本生命不断自由地成长。

翻译生成论是从生成的视角既强调翻译的确定性和既成性,又强调翻译的不确定性与生成性,这就从整体论的视域将翻译当成一种具有生命力、自由性的有机体,它能够通过从复杂生命系统中获得生命形态与信息反馈,不断地调整自己的生成性,促使自己在与复杂生命系统进行交互过程中作为文本生命在异域之中自由地诞生、延续、生成与成长。传统翻译研究侧重于语言转换的对等性,它缺乏对文本生命在异域之中诞生与延续的理解与把握。这就遮蔽了翻译的生成性与成长性,遮蔽了翻译与文本生命之间的生成关系。固然,生成关系离不开文本生命,但是生成关系一旦形成和确立之后,便需要对文本生命的生成性进行挖掘,才能揭示出翻译的本然形态与本真现实。从生成关系作用于文本生命的角度来看,翻译生成论需要探讨文本生命的内在性,而文本生命的内在性离不开文本生命的生成关系;离开了生成关系,也就无所谓文本生命的内在性。生成关系成为文本生命之生存形态的内核;文本生命是对于自身和对于译者而言的一种生成关系,它内化于文本生命的生存形态,外在于译者生存的境遇。文本生命因而表现为自身生成的对象,进一步表现为译者创造的对象。可以说,生成性本质上是围绕“文本生命何以生成”的问题展开的,其表现为文本生命在异域之中的生成问题,其关键观点在于翻译是由原文生命与译文生命之间的生成性所塑造而成的自由存在者。

生成性的确定成为翻译生成论的最基本特征之一,它是对传统翻译研究的对等性的反思与重构,更加符合翻译内在的复杂性与动态性,因而对翻译的描写与解释更加系统化与合理化。当然,生成性对对等性的重构,并不是意味着否定与颠覆,而是一种反思性的动态建构,是通过对文本生命的理解与反思,阐释出生成性是一个复杂而多义的又包含文本生命在异域之中的再生、延续、生长、成长等多维度综合体。生成性的多维度综合体,彼此相关,构成了一个关于文本生命在异域之中不同生存状态的开放系统,它由译者创生力赋予了文本生命从原文生命的广延状态转向译文生命的绵延状态,它表现为译者赋予文本生命一种创生性的自我实践,是一种对翻译过程的主观性原则。同时,生成性又总蕴含着向外的维度,即在处理译者生存与翻译生态、文本生命之间关系的过程中实践智慧,是一种对翻译本身的客观性原则。如此一来,生成性就沟通了主观原则与客观原则。在此意义上,"文本生命何以生成"问题域开启的是对等性向生成性的根本转移。翻译生成论的目的在于以复杂性范式为视角消解能动性与受动性、既成性与生成性、确定性与不确定性的二元对立关系,回到翻译更为本源的内因与外因相互作用的生成观念上。一方面,翻译生成论的复杂性特征必然带来不确定性、偶然性、延续性、涌现性、生成性与成长性;另一方面,翻译生成论的既成性特征又会使翻译指向自身固有的确定性、必然性、客观性、延续性和生成性。可见,翻译生成论不仅要消解确定性与不确定性、必然性与偶然性、既成性与生成性、客观性与主观性、能动性与受动性之间的消极对立,也是"生成分析"对"构成分析"的一种积极扬弃。

翻译生成论的内在机制是一个生生不息的动态结构,它既源于翻译的生成性,又以生成性为探讨目标而触发翻译与文本生命之间的生成关系。它以文本生命为出发点,以复杂性为翻译的根本特征,通过原文生命与译文生命之间的转渡与转化,还原与显现原文生命的传承性与延续性,生生不息。翻译生成论所关注的不是翻译外在的、客观的、抽象的实体,而是翻译与文本生命的生成关系。这样一来,翻译研究必然与文本生命以及翻译的生成性问题密切相关。生成性是翻译生成论理解与把握翻译的一种根本方式,它之所以区别于传统译论,就在于翻译观念形态的生成意识。生成性意味着每一次翻译,都有所塑造、有所创生与有所成长。每一次翻译,都会通过不断地塑造、创生与成长而通向持续的生命。生成性的实质是将翻译作为文本生命在异域之中的再生而显现出延续性、创生性与成长性特征,它重塑翻译的本质特征,将翻译描述为一种根植于文本生命,内在地负载着文本生命的生成维度。唯有与文本生命、生成观念统一起来,翻译才有可能通过生成性的方式获得再生。翻译不是一种纯粹的实体存在,而是与文本生命的生成性紧密关联着。翻译生成论以生成性为触发点,或者说生成性是翻译生成论的内在逻辑起点。它不仅扩充了翻译的范围、空间与内涵,还揭示了翻译与文本生命之间的生成性及其衍生而来的延续性、创生性、成长性等复杂性特征,实现了"文本生命何以生成"的有效求解,从而开启了翻译生成论的问题域的自由说明。

第八节　小　结

一套完整的翻译理论应当包括五个组成部分:①阐明翻译的实质;②描述翻译的过程;③厘定翻译的原则与标准;④描述翻译的方法;⑤说明翻译中的各类矛盾。(谭载喜,1988:27)作为一套完整的翻译理论,翻译生成论的首要任务就是阐明翻译的实质。从翻译生成论的相关概念来看,翻译被理解为一种文本生命在异域之中的生成活动。这就是翻译作为文本生命存在的本质所在与核心要义。就翻译过程而言,翻译就是从原文生命的"生"到译文生命的"成"再到"来世生命"的"延续"的生成过程。这就是翻译作为文本生命在异域之中再生、延续与成长的生成过程。可以说,翻译生成论是以生成为核心概念的理论,凸显出翻译的生成力量,使翻译作为文本生命在异域之中真正地展现自身的生成性、成长性与创生性。认识与理解翻译的关键通道,就是生成;通过生成,翻译的生成性就获得最充分的表现方式;通过生成,才能使被诠释的文本生命成为翻译生成论的阐释基底,使之有可能融入自我塑造的过程并且成就新的生命。因而,生成并不是翻译的外来因素,不是被给予的机械物,而是形成于文本生命之中,是"生生"思想在翻译过程中的一种体现,也是推动翻译作为文本生命不断成长的内生力量。生成不仅构成了翻译与文本生命相互沟通的桥梁,而且是创生者与翻译隐含的生命创造进行沟通和对话的平台。翻译既是文本生命的塑造过程,更是译者创造文本生命的再生过程。生成内嵌于翻译,翻译则有赖于生成获得再生,而翻译作为文本生命的存在,就体现为动态的生成性特征。通过认识翻译作为文本生命的存在而把握其生成性,本质上是使文本生命在异域之中得以延续的根本方式。翻译生成论表明,任何一种生成性因素的出现,都离不开文本生命,翻译是一种作为文本生命的存在与生成的双重耦合体。

翻译生成论是借鉴实践生成论、机体哲学与生成哲学的生成观念与思想,去解决"文本生命何以生成"的问题,它旨在克服传统译论纯粹聚焦于"文本"研究的局限,从"语言上的解释"与"文化上的解释"的相互对立的困境中解脱出来,在翻译与文本生命的生成关系中探索"文本生命的解释",从而揭示出翻译的生成性、成长性、创生性等复杂性特征。显然,翻译生成论试图从文本生命的维度,通过生成的观念将翻译置于文本生命之中进行解释而获得对翻译生成性、成长性、创生性的认识与理解。翻译隐含着文本生命的生成,翻译的展开则开启了文本生命的生成活动。换而言之,每一次翻译,都具有其独特的生成性魅力,都为文本生命的延续与成长提供了生生不息的内在动力。翻译作为文本生命的生成过程,是在生成观念的基础上对翻译作为语言转换、文化操纵活动的观念加以修正与拓展。生成观念对翻译的解释与说明具有整体性,它赋予翻译过程以生成性意义,使其成为一种文本生命的生成活动,呈现出鲜明的复杂性特征。对翻译现象的解释与说明离不开生成观念,对翻译现象的有效解释中必然蕴含着生成观念的决定性作用。就此而言,翻译生成论是一种被赋予丰富内涵且包含生成性、成长性、创生性等复杂性特征的综合思想,对翻译现象的解释就此获得了独特的理论框架:"翻译"概念的界定早已超越了语言转换层面上的对等性与文化操纵层面上的改写性,其过程就是从原文生命的"生"到译文生命的"成"的再生过程。

综上所述,生成观念是从实践生成论、机体哲学与生成哲学的思想中提炼出来的,它勾勒出文本生命的来源脉络、思想内涵、实在性以及相关的问题域,凸显了自我生命与他者生命的辩证统一,明确了译者生存模式以及译者的类生命特征,强调翻译作为文本生命的生成性、创生性与成长性。因此,翻译生成论可以进一步增进翻译理论的包容性、全面性与开放性,导向一种更为广义的复杂性范式与方法论的整体观念。面对翻译研究的后现代性趋向,复杂性范式既是对后现代性的某种认可,同时也是对后现代性无限延伸的某种反拨。它伴随着整体论思想在翻译研究中的凸显而具有反对后现代性之无限延伸的倾向。翻译生成论所持有的复杂性思维,成为对简单性思维进行反拨的一种尝试,它的关键问题就是如何建构自身的本体论、认识论、方法论等,它的理论基础是机体哲学、生成哲学与实践生成论,因而它的任务就是要揭示翻译的延续性、生成性、成长性、创生性等复杂性特征。翻译研究对复杂性范式的关注,反映出翻译本身就是一项复杂多样、变化不居的生成活动。如果立足翻译生成论的观点来分析,翻译是作为一个整体将可知的文本生命带入生成语境之中,那么,翻译生成论的任务不仅要解释翻译的确定性、客观性和既成性,还要给翻译的生成性、成长性与创生性提供一种合理的解释与说明。同时,对翻译生成论的思想构架做出一个准确的理论界定,以此来明晰翻译生成论的合理论域,这不仅在相当程度上扩大了翻译研究的范畴与层面,而且有助于翻译学界更加清晰地意识到翻译生成论的建构所昭示出的一种朝向生成主义的思想。朝向生成主义会随着对翻译复杂性的深入研究,特别是随着复杂性范式对翻译研究的不断渗透而越发凸显出来,而凸显出来的正是以生成观念来解说翻译现象。无论如何,翻译生成论的建构将有可能成为当代翻译学一个重要的扩张面,更是近年来复杂性范式渗透于翻译研究中的一个显著的研究面。翻译生成论就是要强化复杂性范式研究的思想意识,凸显生成性思维研究的理论建构,"超越传统的语言学层面的翻译论,而寻求跨学科的综合视角,从而促使翻译思想的不断产生"(王向远,2015:158)。翻译生成论对生成性的探索以及生成观念在翻译学领域的应用不仅提供了更加全面的复杂性思维再扩张,重要的是它所引发的更为深入的以文本生命为阐释基底的再突破,这或许是翻译生成论研究一个重要的理论价值。因此,将生成观念理解为一个综合性的有机整体,成为认识与理解翻译生成论及其思想的密码,也对克服传统译论忽视对翻译生成性、成长性、创生性等复杂性特征的把握,具有极其重要的范式性效应。

第五章 翻译生成论的思想构架

第一节 引　言

　　20 世纪后期以来，以语言转换论与文化操纵论两大理论汇聚为特征的翻译形态，正塑造着翻译过程的运行规律与翻译研究的思维方式，也越来越多地渗入翻译理论的建构与翻译特征的揭示之中。翻译多元化发展所催生的新观念，不仅导引着翻译学界对翻译与语言、文化关系的新理解，而且不断地突破翻译学界对于翻译现象的阐释的传统框架。"何谓翻译"问题始终是翻译学界探讨与求解的核心论题。目前，翻译学领域应用较为熟知的、影响力极其重要的是语言转换论与文化操纵论，这两者分别代表了语言学转向与文化转向所形成的理论形态。语言转换论的本质就是化翻译为语言，认为语言层面的描述与分析是理解与把握翻译的主要方式，因而对翻译的解释难以超出语言的界限而遮蔽了翻译的生成性与成长性；文化操纵论认为权力关系、赞助商、意识形态与主流诗学等文化构架对翻译产生决定性作用，翻译则奠基于文化构架之上。肯定翻译基于文化构架就自然地确认了翻译解释的外部性，但翻译更多地表现为本然的内在性与机体性。不论是语言转换论，还是文化操纵论，翻译研究在很大程度上都承诺了翻译的文本化，它难以呈现出翻译作为文本生命存在的思想形态，翻译的生命形态似乎不再是翻译研究中一个必备要素，生成性问题也就被排除于翻译研究之外，这点显然有悖于探讨翻译本质的初衷。更进一步，我们是在假设翻译是在客观不变的条件下来揭示翻译的本质，那么从文本生命的视角我们如何正确地认识与理解翻译的生成性？传统译论似乎既无法解释翻译的复杂性，也无法解释翻译的生成性。因此，我们希望通过在认识论层面构建一个新的翻译理论来求解翻译的生成性问题，揭示翻译的生命形态。

　　依循语言转换论与文化操纵论来认识翻译，我们就能够洞穿语言与文化的外表而切中翻译的本质？我们就能够在语言学转向与文化转向的交叉过程中获得翻译的求真本质？这是需要我们不得不面对与思考的翻译问题。翻译研究无可辩驳地与语言、文化维度紧密相关,而洞察语言、文化维度内蕴的简单性范式在翻译研究中的解释乏力,不仅是当代翻译研究的理论任务,更是翻译承载与进行复杂性范式研究的客观要求。当务之急就是要消解简单性范式关于语言分析的单一性与确定性,消解简单性范式在翻译研究中的绝对地位,将之转化为以文本生命为切入点,将翻译视为文本生命在异域之中生成的观念,开启翻译研究的复杂性范式,还翻译以生成性的本来面目,让翻译的本质如其所是地呈现,让翻译在求真的过程中逼近"生生之谓译"思想。既然如此,翻译研究的展开,无非就是要透过简单性范式的外表,揭示文本生命与翻译之间的生成关系,彰显出翻译之为翻译的生成性、成长性、创生性等复杂性特征。

"何谓翻译"问题的相关解释与说明包含了语言转换论与文化操纵论两大根本观点,目前最具交叉性与跨域性的特征就是超越翻译的语言性与文化性,去谋求一个更具开放性与包容性的译学整体论观念。目前,译学整体论观念的显著特征之一就是强调翻译的生成性特征,或隐或显地将生成概念提到翻译研究的本体地位,推动以翻译研究与生成论交叉融合的实践途径来挖掘与探讨翻译的生成性,以契合"生生之谓译"思想,并进一步挖掘与诠释"生生"的内涵。围绕生成概念及其相关理论,探讨"文本生命何以生成"的问题,建构具有译学整体论思想的翻译生成论,旨在以复杂性范式的认识论为翻译与文本生命的生成关系的整体机制提供合理的描写与科学的解释,从而揭示翻译的生成性、成长性与创生性。(罗迪江,2023:16)这不仅为翻译学界借鉴与反思以往翻译理论、拓展翻译研究的发展空间创造了条件,而且也是翻译研究发展的一种新的整体论趋向。探讨与求解"文本生命何以生成"的问题,既有哲学的思考,亦有翻译现实的考量,同时还蕴含着对翻译与文本生命的生成性关系的求解。正是因为翻译生成论与翻译本质、文本生命紧密关联,翻译研究才需要将翻译与文本生命的关系视为互存共生的生成关系。

第二节 翻译生成论的核心思想

翻译生成论的推进离不开异质多元的理论智慧。在传统译论的视域下,理论资源往往会受到明显的限制,例如,语言转换论的特点是不断在语言学的单一视域中兜圈子。翻译生成论善于接纳实践生成论、机体哲学、生成哲学等理论资源并进行创造性的思考,建构自身的生成性话语体系而凸显自身的个性与独创性。"一个理论,强调其个性和独创性,证明其结构有个可依托的基本体系,是该理论得以存在和发展的根本。"(朱纯深,2008:8)翻译生成论是以实践生成论、机体哲学、生成哲学中的生成观念对语言转换论的客观理性、文化操纵论的主观理性等基本观念的深切反思,具有自身独特的核心思想与可依托的基本体系。作为翻译研究的两大主流理论,语言转换论与文化操纵论在本质上仍然属于一种"分析—综合"的还原论思维。翻译生成论将还原论思维当成一种反思的对象,对这些基本观念进行整体性反思,以实践生成论、机体哲学、生成哲学对其中的思想进行分析,试图揭示翻译的复杂性特征,表征了翻译作为文本生命在异域之中的生成性、成长性与创生性,从而实现了从简单性范式到复杂性范式、从"构成分析"到"生成分析"的升华与超越。

翻译生成论既是研究如何使翻译作为文本生命存在的"多"生成为"一"的理论,也是探究翻译作为文本生命存在如何不因"一"而固化为"多"的理论,它实质上要探讨的是如何处理"一"与"多"、同质性与异质性的辩证统一的问题。进而言之,翻译生成论并不是翻译研究与实践生成论、机体哲学、生成哲学的简单嫁接,而是由彼此之间共同蕴含的"一"与"多"、同质性与异质性的深度整合转化成新的翻译观。作为一种新的翻译观,翻译生成论虽然是从实践生成论、机体哲学与生成哲学那里吸取理论营养,但它却深深根植于"生生之谓易"及其衍生而来的"生生之谓译"特有的思想土壤。在目标上,翻译生成论追求一种具有整体论意识与生成性思想的翻译观;在方法论上,它强调融合"一"与"多"、同质性与异质性的辩证方法;在翻译伦理上,它倡导一种将自我生命与他者生命融为一体的类生命意识。因此,翻译生成论既是关于翻译研究的理论,也是关于翻译作为文本生命存在如何凸显其在异域之中生成的方法论与伦理观。

翻译生成论内在地具有生成性与成长性特征,与语言转换论、文化操纵论有根本性的区别。翻译的生成性与成长性越是凸显,就越能体现翻译作为文本生命在异域之中的生成活动。翻译研究的发展进程不仅将翻译作为一种语言转换、文化操纵活动来理解,而且将翻译作为文本生命的生成活动来把握。由此可见,翻译生成论是以文本生命为根隐喻,以生成性为探究归宿,以探讨"文本生命何以生成"为旨意,将翻译与文本生命的关系理解为一种生命机体存在的生成关系,是翻译在文本生命之中现实地生成,形成一种以"生命—生成"为导向的观念。"生命—生成"问题既是翻译生成论建构的核心问题,也是翻译生成论诠释的基础和关键,它包含两层内涵:一是翻译作为文本生命的存在;二是翻译作为文本生命在异域之中的生成活动。两层内涵融为一体就是:翻译即"生命—生成"。因而,翻译就是原文生命的"生"与译文生命的"成"的生生过程。翻译生成论所关注的是翻译过程及其文本生命在异域之中的生成,这或隐或显地意味着翻译思维方式从构成分析转向生成分析、从简单性思维转向复杂性思维,于是复杂性与整体性、生成性、成长性、创生性等特征就进入翻译研究的视域。归根结底,翻译生成论的思想根源是"生生之谓易"与"生生之谓译",它诠释了翻译就是作为文本生命在异域之中生成的思想。翻译之所以"生之""成之",乃是其栖居于文本生命而内具生成性的体现与表达。因此,构成翻译生成论的基本单元不再是静止孤立的单个文本,而是处于不断生成中的文本生命。归根结底,翻译生成论的思想起点就是"超越文本"(transtext)与"回归文本生命"(return-to-textual life),强调"文本生命优位"(textual life-priority),它所指向的"生命—生成"思想,就是对"翻译"概念进行返本开新式的阐释,并使之能真正地体现"生生"的基本内涵。概而言之,翻译生成论是"道生之,德畜之,物形之,势成之"在翻译研究中一种具体的生成性体现与成长性表达,也是"中国古代译论的现代转换"(张柏然,2008:85)。

一、道生之:翻译生成论的生命源泉

"道生之"的本质乃是"生生"之道。从"生生之谓译"的层面来看,"道生之"指向的是翻译之道,可谓翻译生成的"尊道"。"尊道"既是翻译得以生成的根源,也是翻译获得生命形态的源泉,它体现了翻译是通过文本生命的认识与理解的方式来体悟到翻译作为文本生命的机体存在,并赋予了翻译"道"之本与"道"之理。"中国哲学所理解的'道',体现的是一种生命本性,'生命'与'物种'的区别就在于,它不是预先包含一切,而是在变化中化育万物,生成一切。"(高清海,2004:73)翻译之道就是生命之道,文本生命是翻译之所以存在的思想内核。从机体哲学角度看,"道"是一种具有适应性机体特征的改造世界的方法论……"道"带来并引导"生机"展开的过程,是一种深刻的生存和生活智慧。(王前,2017:259)"道生之"之"道",既成为翻译生成论解释与说明翻译现象的生命源泉,也是翻译生成论认识与把握翻译本质的本体论承诺,体现了翻译生成论的生命智慧。生命智慧意味着,"'生'是中国哲学的核心观念,'生'是动态的,是生命创造和生命的延续发展"(蒙培元,2010a:13)。翻译之道,就是一种生命智慧,就是一种生命之道,就是一种生成之道。生命之道是翻译生成的基础,是翻译生成之所以能够展开的源头与归宿。这与"道生万物"的思想一脉相承,它是"生成—生命""生成—文本生命""生成—翻译"。翻译之"生之""成之",是在遵循生命之道的过程中实现的。文本生命构成了翻译之道的基础,正因为翻译存在着"生成—文本生命"之"道",翻译之生命才会推陈出新。生命之道意味着,翻译的本质在于文本生命在异域之中的生成与成长。作为一种"生命—生成"关系,文本生命不只是满足于生成译文生命,还要将译文生命发展为来世生命。此可谓文本生命的"成己"与"成物"的合生过程:一是使原文生命在异域之中诞生;二是使译文生命获得来世的延续与成长。可以说,翻译之道就是把文本生命赋予翻译,使翻译按照文本生命的形成改变自身的形态,从而让文本生命实现把外在于"自我"的原文生命转化为"本我"的译文生命的生成过程。译文生命若要在异域之中生成与成长,就应该在原文生命中确证自身、实现自身。

作为宇宙进化史上可能最为复杂的活动(Richards,1953:250;Wolfram,2001:111),翻译如同宇宙演化一样生生不息,生命始终是其演化与发展的根源。"根据中国哲学,整个宇宙乃是由一以贯之的生命之流所旁通统贯。"(方东美,1980:13)生命是宇宙的本体,是宇宙万物演化与发展的根源,因而"生命流衍""化生万物"贯穿宇宙万物演化与发展的始终——万物有生论。推而论之,翻译之道,亦是生命之道。翻译生成论的"道生之"意味着,翻译之道就是文本生命之道,因而翻译就是文本生命的生成之道。"道生之"决定了翻译之本体是文本生命,就是"自仁其生""自诚其性"的文本生命。翻译之本、之源、之根乃是本能地"求仁""求诚"。"这本能的'求仁'乃是生命最原始的'道德',这本能的'求诚'乃是生命最原始的'理性'。"(唐力权,2001:181)翻译作为文本生命的存在亦是一种本能的"求仁"、本能的"求诚"。换而言之,翻译的生命之道,就是"求仁""求诚"之道。翻译之"求仁"会自然而然地指向生命之"道德","求诚"则会指向生命之"理性"。"诚者,真实无妄之谓,天理之本然也;诚之者,未能真实无妄而欲其真实无妄之谓,人事之当然也。"(《礼记·中庸》)"诚者"意味着,翻译不是人为设定的,而是如此这般的"本然"——"生生之谓译";"诚之者"则意味着,翻译有所偏差有所缺失,因而就当作回归翻译之"本然",这可谓翻译的"当然"。不论如何,翻译之"诚"的内涵总是指向翻译之"仁"与"真",其本真状态乃是翻译与文本生命的生成关联。"这所谓'生生',不是通常所说的生成,而是生命创造;不是一次性的创造,而是'生生不穷'的不断创造。因此，'生'才是'易'的真义所在。"(蒙培元，2010b：7)可以说，翻译就是"生生"，"生生"所指向的是生命创造，是生生不息的创生过程。相反，翻译作为一种语言转换或文化操纵时，翻译之本真性就以扭曲的方式显现且被遮蔽于机械僵化的实体之中，实体的遮蔽在于翻译生命的"缺席"与"不在场"，那么翻译之真在实体的遮蔽中就难以出场、显现。翻译存在之本真性的遮蔽与不在场，就是翻译之"妄"。因此，要使翻译之真得以澄明，就必然解除翻译作为一种静态实体的遮蔽，使翻译之生命形态处于无蔽的状态而使其在异域之中得到敞开、显现与生成。

　　"求仁""求诚"就是翻译的"生命—生成"立场，"生命—生成"立场就是翻译的一切生命活动之根源的生命立场。"求诚"经由原文生命的"成己"到译文生命的"成物"再到更高一层的"再生"，便完成了文本生命的"成己"与"成物"的"再生"。翻译一旦开始与发生，文本生命就要求原文生命与译文生命之间同中存异、异中求同，以便在异域之中传承、生成与成长。就此而言，翻译生成是一个兼顾文本生命、原文生命与译文生命的三元结构的存在，其中，文本生命是原文生命与译文生命相互转化的基底。翻译生成既要考虑原文生命，又要重视译文生命，更要关注来世生命。无疑，翻译生成必须是有灵魂的、有生命的。没有生命的翻译，就不能称为真正的翻译，翻译也因此成为一种"妄"，翻译之"诚"就无法敞开而使自己处于"不诚"状态。翻译之道乃是生命之道，生命之道就是要回到翻译之"诚"，使翻译的生命形态得到显现与敞开。从本质上说，翻译是文本生命在异域之中的生成活动，而文本生命是翻译生成的根本方式，它反映了翻译的传承性、成长性与创生性。揭示翻译与文本生命之间的生成关联，就是将翻译作为文本生命存在的根本方式，又是将翻译视为文本生命在异域之中的生成活动。简而言之，翻译是一种文本的"生命—生成"的动态过程。"生命—生成"揭示、解释与说明了翻译的存在形态与生成过程。这就决定了翻译能够被视为一种持续交互的文本生命的延续过程，也可将这种延续视为揭示翻译作为文本生命的生成方式。

　　如何"生"？如何"成"？或者说，如何翻译？此可谓"至诚"。翻译之诚，乃是真实地认识翻译本身而"尽其性"，真实地认识文本生命而"尽其性"，认识原文生命与译文生命的转化关系而"尽物之性"。唯有以"至诚之势"践行翻译之为，译者才能"赞天地之化育"，促使文本生命"尽其性"，在异域之中获得持续的生命。以生命观之，翻译研究摆脱了自身一直习惯性地穿着的西方哲学的"紧身衣"，更充分地显现出其"朝向生命本身"的主旨,让翻译回归中国哲学的发生源头与显现方式——生命,自觉地进入原初生成的生命性结构之中,从而看到翻译与生命本身的终极真实性,自明地感受到翻译的至诚、自由与自在。

翻译作为文本生命的存在,首先在于它的生成;生成不仅是翻译存在的基本形式,更是将所有文本生命的形态表达为"生成的轨迹"。"生成"取得了基础地位,较之"过程""转换""操纵""改写"拥有的地位来说,"生成"成了打开"如何翻译"的关键钥匙。创生性、涌现性、成长性、生成性等成为揭示与显现翻译的关键概念,因为它们能够清楚地说明,翻译是如何从原文生命转化为译文生命的,因而在其中它们最先成为翻译所要理解与挖掘的特征。生成概念获得了翻译研究的基础地位,如果翻译与文本生命二者相互关联且相互触发地生成出来,翻译就超越了自身迄今为止所得到的"转换""操纵""改写"的认识与理解。翻译不再被看作外在于生命,而是内在于"生生"之中,共同创造着文本生命,推进文本生命在异域之中再生、延续与成长。生成概念正是以这种特殊的基础地位不再表现为翻译作为语言转换、文化操纵的观念,而是表现为翻译作为文本生命存在的思想。

二、德畜之:翻译生成论的生命涵养

"德畜之"实质上就是"贵德"之义,它是以"道"为依归的"生德"过程。换而言之,"贵德"总是以"尊道"为基础,也是践行"尊道"的具体表征。"德"就是对"道"的理解与遵循,而不违逆道性(物之性的集合体),表现为"德者,得也",是合于物之性的德行。(郭刚,2011:107)在翻译研究层面上,"德畜之"指向的是,翻译生成是文本生命获得再生的根本存在方式,翻译生成唯有置于文本生命中才能揭示翻译的本质,可谓"物得以生谓之德"(《庄子·天地》)。"贵德"是翻译生成的灵魂,也是翻译生成的力量与生机。翻译生成的"贵德"蕴含着翻译主体在翻译过程中以"克己"为基本特征的自我规范与自我约束。不难看出,"贵德"要求翻译主体有一种"克己"的超然态度,正是这种超然态度使翻译主体敢于展现出自身的"克己"姿态,能够遵循道德规范去从事翻译。翻译之"德"就是对"翻译之道"的理解,它遵循翻译之"道性"与"德性"(翻译即生命),这典型地体现了翻译所采取的"德性"姿态。"德性"是在翻译主体灵魂深处拥有的一种对翻译行为的好坏进行判断的道德原则。正所谓"翻译之大德曰生"(冯全功,2022:85)。进而言之,德性是优先于翻译事实的,这显示了"贵德"优先的翻译特质,凸显出翻译的生命价值。翻译要使文本生命在异域之中获得再生,就

需要"畜德"；如果没有翻译之德，翻译之道就失去了意义。"畜德"就是通过内在的自我规范与自我约束使自我中心主义得到扬弃，进而以"德性"去赋予翻译一种生命价值。翻译之德是翻译之道在异域之中的实现，也是翻译之道的主体化。换而言之，翻译生成就是对翻译现象及其运行规律的认识与因循，其在异域之中的生成过程本身就是一种"德行"，体现的是翻译生成之"道"与"德"合二为一基础上的"尊道"而"贵德"。从这个意义上说，翻译研究就是对翻译生成之"道"的认识与理解，而翻译生成就是一种体现"生生"的德性与德行。正所谓"德者，得也"而"继之者善""成之者性"。"善"就是德的体现，"性"就是德的本原。（章关键，2013:4）进而言之，"德畜之"表明了，翻译之"德"是翻译之"得"的根本途径和手段，而翻译之"得"是翻译之"德"的价值取向。

　　在翻译之"德"与"得"的交互下，翻译作为文本生命存在就获得了本体论意义上的地位，"生生之谓译"得到进一步的阐释与展开。唐力权指出，"中国哲学寻求生命之'道'，但发现它，既不在'根地（Ground）'中也不在世界中，而是在'根地'与世界的相依性中；既不在'阴'中也不在'阳'中，而是在阴和阳的交互作用与相互转换中；既不在生命之极端或抽象的这一面中，也不在那一面中，而是在辩证作用与所有对立极统一得以发生的自然之场中"（2001:32）。对于生命之道来说，翻译是在"根地"与世界的相依性中、在阴和阳的交互作用与相互转换中、在辩证作用与所有对立统一得以发生的自然之场中生成的，而文本生命在异域之中的生成亦是如此。翻译嵌入文本生命之中呈现出生命价值与生命涵养可称之为"德"。"德"使翻译形成了整体性与关联性，使文本生命具有成长性。合乎翻译之道，则为翻译之德；"生生之道"必然会通向"生生之德"。翻译之德，就是能使文本生命在异域之中生成。翻译生成合乎生命之道，则为翻译生成之德。翻译作为文本生命的"生生之道"，必然会导向"生生之德"，即凡是能够使文本生命在异域之中获得再生，即为翻译生成之德，这可谓是"贵德"。

　　《庄子·天地》中的"物得以生谓之德"、《周易·系辞下》中所谓的"天地之大德曰生"，从翻译研究的角度来看则意味着，生成性是翻译内在的根本属性、德行与功德，生生不息就是翻译生成的一种"德性"。翻译的德性根植于文本生命。翻译生成论区别于传统译论的根本标志之一，就是强调翻译生成的德性。翻译作为文本生命的存在，其德性在生成与成长的过程中不断地自我完善与塑造，因而翻译的生成过程就是一个不断完善德性的过程；德性的完善在于实现文本生命在异域之中获得持续的生命。进而论之,文本生命的再生就成为翻译生成的"德",就是翻译本质的生成之"德"。"从德性实践的态度出发,是以自己的生命本身为对象,绝不是如希腊哲人之以自己生命以外的自然为对象,因此能对生命完全正视。"(牟宗三,2008a:9-10)文本生命成为翻译活动中的"德",翻译则需要以文本生命为"德"且在实践中"遵德""贵德"。进而言之,翻译生成论之所以"遵德""贵德",在于强调自身是以文本生命为对象来研究的。

当然,翻译生成之"德性"的实现,必须依赖于具有创生力的译者;翻译作为文本生命在异域之中的生成活动,它必然而且只能面对译者本身,而且需要依赖于译者的创生力,这就使得翻译成为一种不断生成的、成长的德性活动。翻译生成论将翻译生成之"德"的根本属性融入翻译研究之中,从而为诠释文本生命的生成过程提供了较为坚实的理论支撑。翻译之"德"在于文本生命的生成,它不仅能够延续文本生命,而且能够超越文本生命,从而呈现出翻译的生命关怀与生命涵养。唯有从"德"之"生成"才能把握"翻译之道"的生生不息,也即"翻译之大德曰生"。钱纪芳指出,"语内(intralingual)翻译、语际(interlingual)翻译、符际(intersemiotic)翻译,甚至包括不同地域、不同时代、不同译者所创造的不同译本,都是一个个新生命的化生过程,也是一个生生不息的流程,体现了人类对'生命'存在的深切关怀"(2010:13)。翻译是一个生生不息的生命机体,而生成之德贯穿于翻译的始终,"生"与"成"就成了审视与看待翻译的透视镜。"天地之大德曰生"意味着,"德"是"生生之德",而且也是"成生之德"或"生成之德"。那么,翻译之"大德"就是"生生",就是"生命",就是"生成"。翻译需要以"生"与"成"去理解与把握文本生命,将"生生"及其衍生而来的"生成"或"成生"融入文本生命,进而显现"德"的孕育之润、化育之泽。翻译活动的"德畜之",就是要体现文本生命在异域之中的孕育、培养与再生过程,它承载着翻译的生命延续性,体现了翻译的生命关怀与生命涵养。翻译如果不能体现其内在的生命延续,就不具有翻译的生命本质,就不能成为真实的翻译,甚至它不再是翻译的本质。显然,在翻译之为翻译的意义上,原文生命与译文生命都服务于文本生命在异域之中的生成,原文生命与译文生命并不具有独立的机体性,而是互存共生的,彼此之间具有传承性与延续性。这就确认了翻译是生生之德、生成之德。回归"生生之德""生成之德"的阐释方式,意欲勾勒出翻译生成论的生命涵养,试图"养成我们中国式的人文情怀、文化姿态和叙事方式,直接进入中华文明的历史发展的过程,体验和思辨出具有自己文化专利权的原理、原则"(张柏然,2008:86)。从这个意义上说,翻译乃是贯穿"德性"的生成行为,"德性"蕴含着翻译的生命涵养,因为只有在"德性"的生命涵养中翻译才能"成其所是"。

三、物形之:翻译生成论的生命形态

"物形之"中之"物"在翻译研究中可表现为作为质料的文本生命,文本生命是构成翻译生成的"质料"或者说"质料因"。质料因(material causes)是翻译活动的"必要条件",是影响最深刻、最深远的"因素"(factors),它的确认能够显示翻译行为(movement)的"可能性"。(Pym,1998:151)作为质料因的文本生命是翻译进行转化的必要条件,它为原文生命转化为译文生命提供了逻辑上的可能性。翻译的转化结果就是在原文生命与译文生命这个转渡过程中引发"新颖性的产物"(production of novelty)或"新共在的产物"(production of novel togetherness)。(Whitehead,1978:21)作为质料的文本生命获得再生就是一个新创造的"产物",就是原文生命与译文生命转化而成的"新共在的产物"。因此,"物形之"是围绕着"生命"这个质料因进行解释与说明,翻译就显示出自身内在的传承性、生成性、成长性与创生性。仅仅用语言、文化或社会等某个维度对翻译进行探讨,"物"则失去了翻译内在的生命形态而成为僵化的机械物,也遮蔽了翻译作为文本生命的生成性。换而言之,翻译作为一种质料因的"物",是生命形态的"物",是活生生的"事件"。翻译的实体性解释则失去了"物"的生命形态,它难以有效地揭示翻译内在的生命形态。要有效地揭示翻译的生命形态,就需要将翻译作为文本生命来考察与审视,那么,翻译就是一种与文本生命发生相互作用并显现出自身生命形态的生成过程。

作为文本生命的存在,翻译就是一种具有生命活力的机体,其本身就是一个动态的复杂生命系统。就原文生命而言,翻译具有自组织性、自治性与开放性;就译文生命而言,翻译具有生成性、成长性与创生性。这些特征在翻译过程中的联合运作促进了复杂生命系统的发展,其中蕴含了文本生命的内部变化与外部行为,以及这些变化和行为中涉及的翻译过程。原文生命与译文生命之间的转化过程,本质上就是文本生命在异域之中的生成活动。重视以生命—生成的视域来审视翻译,可以摆脱传统译论忽视翻译的生命意义与生命价值所带来的困境,从而建构一种以生命—生成为核心、以文本生命为阐释基底的翻译生成论。文本生命层面上的"物",就是原文生命与译文生命之间的生成形态与共生形态,就是"贺麟糅[揉]合了东西方哲学理念的'明道知意'之'道'"(曹明伦,2013:142)。不论翻译如

何复杂多变,只要翻译活动的本质属性不变,翻译之道就不会改变。文本生命是翻译内在的本质属性,是"道"所承载之"物"的生命形态。文本生命成为翻译生成之形态,生命之道成为翻译的"生成之德"与"生生之德"。翻译是承载生命的,它通过文本生命孕育、延续、创造翻译的生命形态。"真正的成就不是归还(restitution)意义,甚至不是保留意义,而应主张或要求文字性(literality),或本雅明所说的'纯语言'","正是纯语言的思想规定了译者的真正目的和任务"(格拉海姆,2005:76)。翻译生成之"物",既要遵循翻译之"道"在翻译过程中的运行机制,又要顺应翻译之"德"在翻译过程中的孕育化生。翻译之"物"是翻译之"道""德"塑造而成的生命形态,它是译者找到的"纯语言"的生命形态,是译者找到的蕴含着"德性"的翻译形态,是译者以"纯语言"与"德性"找到的翻译生成带来的新生。

四、势成之:翻译生成论的生命图景

"势成之"是翻译生成论呈现的一种生命图景,它凸显翻译之"势",象征着翻译生成论内在的生命力。势可以"理解为万物成长的地理位置、气候特征等自然环境,以及由这些因素之间构成的一种自然力"(刘占虎,2018:66)。翻译之"势",既指向翻译的"时势",也指向翻译的"态势";既指向翻译的"势力",也指向翻译的"形势",还可以指向翻译的"趋势"。不论翻译的哪一种"势",它总是与文本生命在异域之中的生成分不开。文本生命在不同的翻译环境中传承、延续与成长,往往呈现出不同的生成态势与成长趋向,这种态势与趋向可以用庄子的"时势"来形容:"当尧舜而天下无穷人,非知得也;当桀纣而天下无通人,非知失也,时势适然。"(《庄子·秋水》)以此类推论及翻译之势,"尧舜""桀纣"可以表征文本生命在演化过程中的不同历史阶段,而"穷""通"则涉及文本生命处于不同的生活境遇。翻译之所以"穷",之所以"通",乃是由不同的翻译境遇或境域造成的,此乃源于"时势"的不同。翻译的"时势",既隐含着文本生命所处的某种历史境域的必然,又以综合的形式展示了某种历史境域的特点,进而表现为一种对文本生命在异域之中生成的力量。进而言之,翻译受到"时势"制约,但又能在"时势"当中成就自我、塑造自我。翻译既源于"时势"又顺于"时势",但又需要突破"时势"的限制与束缚。这就意味着,"翻译将在'困境'处'绝处逢生',像德勒兹所言的块茎式生成那样,曲折迂回地寻找新的生长点,孕育出译本新生命的无限可能性,也迸发出翻译自身的创造性与建构性力量。可以说,翻译正是一个不断拓展其生命可能性、不断追求其存在之

'真'的成长过程"(刘云虹,2017:617)。作为文本生命存在的"势成之",翻译遭遇"时势"的困囿,也需要"时势"的滋养,才能迸发出自身在"困境"处"绝处逢生"的创造性与建构性力量。

以文本生命作为翻译之"势",就是彰显翻译之"生生",推动原文生命向译文生命的转化以及来世生命在异域之中的生成。作为一种生命力,文本生命之"势"的形成与作用,始终包含翻译主体的"参赞天地之化育",其生成不仅依赖于翻译主体的"化育",而且渗透于文本生命所栖居的翻译生态环境。翻译毕竟是依存于译者生存而存在的客观实在,而且译者生存与文本生命的"存在"及其不断生成的"时势"密切相关。面对文本生命的"时势",作为适应性主体、创生性主体的译者,需要以"参赞天地之化育"的方式去承接从原文生命转渡为译文生命的责任,需要解决的核心问题是如何实现文本生命在异域之中的再生、延续与成长。同时,翻译研究中所说的"顺势而为",乃是顺着"翻译之道""生命之道"而"译有所生",使翻译行为通向和谐平衡,使翻译获得一种"求真善美"的生成之道。那么,"翻译就是一种生命的发展,是译者生命的发展,也是语言生命的发展,是生命通过语言的劳作而获得的舒展"(胡桑,2017:64)。翻译生成论是从"生生之谓译"的现代阐释中获得"翻译即生命—生成"的理念,以"生命—生成"为"根隐喻"思考并重构翻译问题,并展开为探讨翻译与文本生命之间生成关系的新路径。这就是翻译作为文本生命在异域之中的生成问题,而翻译生成论的目标就是求解"文本生命何以生成"问题。"势成之"的生命图景彰显了两个基本事实:翻译之"势"唯有朝向文本生命才能揭示自身的生命形态,而文本生命又必须在翻译过程中才能获得异域之中的生成。翻译生成之"势"充当了一个生命形态的图景,以使原文生命、译文生命、文本生命、来世生命能够获得视域整合,也正因此,翻译才能发现自身存在并生成于文本生命。可以说,翻译之所以"是其所是"在于翻译的生成行为,翻译就是通过文本生命在异域之中的生成而获得自身的存在方式。一旦翻译离开了文本生命,翻译就不能"成其所是",也就不能形成生命形态之"势"。从"势成之"来看,文本生命的生成就是翻译之"势",因而考察文本生命的生成就构成了考察翻译生成之"势";考察翻译生成之限度,就构成了考察翻译之"势"的限度。

五、翻译生成的"四函数"

"道生万物""道生之、德畜之、物形之、势成之"源自中国传统哲学思想,其在翻译生成论的建构中得到新的阐发,内在地凸显出"翻译即生命"与"翻译即生成"的双重意蕴,并将之视为翻译蕴含的思想品格。运用"生命"与"生成"的范畴去认识与理解翻译,就是要打破西方翻译理论关注"语言""文化"的隔阂,将翻译视为一种文本生命在异域之中的生成过程,因而翻译是从原文生命的"生"到译文生命的"成"的再生过程。生命与生成成为翻译的底色及其存在的源泉,这本身就是对翻译认识的一种突破。这种突破是以"道生之""德畜之""物形之"与"势成之"的方式不断迈向翻译研究的纵深,生成性思维方式正以生成之力重新构造着翻译行为、翻译结构,这就引发了翻译概念的根本性变化。翻译不仅是一种动态的生命机体,而且是一种跨越时空的生命机体。归根结底,翻译生成论的核心思想就是"翻译即生命—生成",它正是沿着"道生之、德畜之、物形之、势成之"的思想旨意寻找翻译的生命形态,所求解的是"文本生命何以生成"的问题。"道生之、德畜之、物形之、势成之"是对翻译生成论的核心思想的挖掘与呈现,是对"文本生命何以生成"问题进行的"形而上"的思考与探讨,并由之获得了整体论的思考与解答。它是以"生、畜、形、成"为函数对翻译现象进行整体论的描写与解释,构成了翻译生成的"四函数"。不论是以"道"为指向的"生"还是以"德"为规范的"畜",不论是以"物"为取向的"形"还是以"势"为面向的"成",都指向以"生命"贯通翻译始终的"生成"。因而,翻译生成的"四函数"均涉及翻译最为根本的生成性、延续性、成长性与创生性。具体地说:

函数1:"生"即"创生"。文本生命是在翻译过程中生成的,又是翻译生成的存在方式。而翻译乃是文本生命在异域之中得以延续的内在根据,源自文本生命作为翻译的存在方式,它以文本生命"创生"的形式潜藏于翻译的生成结构之中,这是翻译的"是其所是"。译者以生命之道为根本,将翻译视为文本生命的存在来考察,相信面对的文本是有生命的,怀着生命智慧之心来审视翻译过程中"成己"与"成物"的整体关系:"成己"是使原文生命在异域之中诞生,"成物"是使译文生命获得来世的延续与成长,进而使译者相信翻译总是"朝向生命""向生而行",由此开启了译者的创生之旅。

函数2:"畜"即"化育"。翻译始终是以文本生命的方式进行"化育"的。翻译作为生命机体的存在物,不仅因为翻译在"生生之谓译"的思想上将生命当成自身行动的驱动力。作为生命机体的存在物,它始终处于"化育"之中,因而翻译是"向生而行"的,译者以"贵德之心"去孕育原文生命的意义、价值、内容、认知,以"赞天地之化育"为翻译德性去规范自身行为,将生命意义、生命价值、生命内容、生命认知等因素转化为译文生命的形态,建构原文与译文视域融合的生命韵律。

函数 3:"形"即"形塑"。翻译既是实体的存在者,又是生命机体的存在者,于是实体与机体就赋予翻译以"命运",即实体与机体"形塑"了翻译的"命运"。"命运"意味着,翻译是一个文本生命不断诞生、生成与成长的存在。翻译既是形塑者,又是被形塑者:翻译塑造了文本生命的延续;翻译被文本生命塑造了自身的生成。基于原文与译文的生命融合,译者将原文生命的不同形态塑造为译文生命的独特形态。"形塑"既可指原文生命的形态,又可指译文生命的形态,这两种形态的交互融合就是生命的塑造。塑造与被塑造,是翻译在"形塑"的过程中具有双重性质:翻译是文本生命在异域之中延续的塑造者;翻译在文本生命的塑造中不断地生成。

函数 4:"成"即"成生"。翻译预设了"成生","成生"预设了文本生命在异域中的延续。"成生"意味着文本生命在异域之中的塑造。基于原文与译文的生命塑造,译者"立身行事",通过生命智慧的方式让文本生命在异域之中"顺势而为"地成长,生长为新的生命。新生命的"成生"过程,既是翻译之形的延续,又是翻译之势的敞开与展开;既是翻译之道的规范,也是翻译德性的显现。译者通过翻译意识对自身德性做出生命智慧的反思,其中最重要的是坚守"真诚"原则,拒斥将翻译异化为一种静态的实体,在翻译活动中证成自身德性的"立身行事",这就是显德而弘译的成生过程。

从翻译生成论来看,翻译生成的"四函数"可以合理地解释文本生命在异域之中延续、成长的发展过程。没有译者的"创生"(生)意识,任何对翻译的生成性理解都难以发生,更谈不上理解翻译的深度与广度;"化育"(畜)揭示了译者的"赞天地之化育",进而以"创生"之力旨在从原文生命的潜在性转化为译文生命的现实性;"形塑"(形)则将原文生命的潜在性转化为译文生命的现实性,它使翻译在异域之中获得了生命形态的现实可能性;"成生"(成)则是翻译在异域之中的成长与发展。以翻译之"道"为始,进入翻译之"德""物"与"势"这一动态生命实现的观念,正是"生生"思想的根本体现,翻译生成就得以在文本生命之中显现与实现。翻译的生成过程以"生""畜""形""成"为函数,共同作用于文本生命,并使之在异域之中获得再生。翻译生成的显现(道)、翻译主体的创生(德)、文本生命的生成(物)与来世生命的成长(势),合生而行,合生一致。翻译生成之"道"印证了翻译主体的意向性内化过程,它就是翻译生成之"德性"的显现;"德性"

与"德行"的显现,创生了文本生命的"物形";"物形"以生命形态的方式在异域之中衍生,在"道"与"德"的共质下,由上而下贯通的"势"(生命形态与生成质性)在异域之中获得生命延续。简而言之,翻译作为文本生命的生成活动,由"道""德""物""势"合生而成,由"生""畜""形""成"涵生而成,缺一不可。由此可见,翻译的生命—生成形态,就是翻译概念的内涵所指,它是由"道"之生、"德"之畜、"物"之形、"势"之成共同作用而形成的。

翻译的生命—生成形态是翻译内涵中较为稳定的核心函数,表征的是翻译的本真形态。这是翻译生成论对翻译进行生成性阐释的前提和基础,因为翻译行为不可能离开文本生命,其过程不可或缺的主要质料,如原文生命、译文生命与来世生命,均需经由文本生命衍生而来。作为一种涉及文本生命、原文生命、译文生命、来世生命的存在,翻译生成论的概念内涵所指不可能是实体路径所指向的某个对象性实体,而应该是一个翻译生成的有机体。因此,传统译论就难以成为翻译概念的本真内涵所指向的"道"之生、"德"之畜、"物"之形、"势"之成的诠释者。在翻译生成论的视域下,这种诠释者可以合理地将翻译的本真内涵归结为文本生命的生成形态,它呈现出一个结构化与整体性的动态演化的翻译系统。翻译是作为文本生命在异域之中生成的动态过程,而不是传统意义上所谓静止的、给定的概念范畴,这根本上决定了翻译的概念内涵具有延续性、生成性、成长性、涌现性、创生性等复杂性特征。

第三节　翻译生成论的支配力量:三元结构

基于思想内涵丰富的翻译生成论,选择一个具体的对象,会易于切入翻译研究,而文本生命正是这样一个易于切入翻译生成论的研究对象,它从复杂性范式的层面诠释翻译的生成性,关注翻译与文本生命的生成关系。不同于翻译研究的实体性理解,翻译生成论是以文本生命为根隐喻对"文本生命何以生成"的认识和把握,确立与揭示"翻译即生命—生成"的核心理念,翻译就拥有了"道生之""德畜之""物形之""势成之"的内在驱动力。翻译本质上是以"道""德""物""势"四者"合生"而成的,它们都聚焦于文本生命。通过"道生之,德畜之,物形之,势成之"的分析,有力地揭示了翻译生成论的生命源泉、生命涵养、生命形态与生命图景,它既维护了翻译认识的客观性与确定性,又涵盖了翻译认识的生成性与成长性。不仅如此,翻译生成论还将作为一种有效认识翻译的复杂性、具有生成性的方法论呈现出来。从概念来说，翻译就是"生成中的文本生命"；从本体论上说，翻译的生成形态就是生生不息的、新陈代谢的；从认识论来看，翻译就是一种不断成长的、生命延续的生成形态；从方法论上看，翻译就是一种生成分析的思维方式，它强调翻译就是文本生命的"生"与"成"的共同体。作为一种整体方法论的理论，翻译生成论既可以为理解翻译作为文本生命的存在提供坚实的依据，又可以为揭示翻译的生成性、成长性、创生性等复杂性特征提供新的视域。

翻译是受到什么力量支配的呢？翻译是否有规律可循？这是翻译生成论的复杂性范式研究要求解的根本问题。根据"道生之、德畜之、物形之、势成之"的思想，"道""德""物"与"势"驱动着翻译活动的整体生成，随意概然性、因果决定性与广义目的性构成了翻译活动的支配力量。因而，翻译研究既要遵循翻译之"道""德""物"与"势"，又要揭示蕴含于翻译活动之中的随意概然性、因果决定性与广义目的性。"道""德""物"与"势"构成一个动态的复杂适应系统，"道"与"德"决定了翻译是受因果关系及其运行规律支配的；"物"决定了翻译作为文本生命存在的目的性；"势"决定了翻译在复杂生命系统中的概然性。"道""德""物"与"势"相互作用形成了动态的复杂生命系统，也共同支配了文本生命的生成过程。"道""德""物"与"势"对翻译过程的共同塑造，随意概然性、因果决定性与广义目的性对翻译过程的共同支配，从根本上构成了解释翻译现象的复杂性范式。

从翻译生成论的视域来看，复杂性范式强调翻译延续性、生成性、成长性等复杂性特征，它表明了翻译是一个由以文本生命为阐释基底的、相互作用的适应性主体组成的复杂生命系统。复杂系统的研究向我们表明任何事物的生成与运行，受到因果决定性、随意概然性与广义目的性三种相互作用的支配。(张华夏，2003：4)翻译不但取决于文本生命在异域之中所产生的因果决定性与广义目的性，而且取决于文本生命在异域之中产生的随意概然性。随意概然性是将翻译的生成性、涌现性、延续性、成长性、创生性、自治性等特征凸显出来，并由此确定翻译的复杂性；广义目的性就是将翻译的意向性、目的性、价值性揭示出来，以保证翻译行为的合理性与合法性；因果决定性是显现翻译的确定性、既成性、客观性与规律性，以确保翻译生成的有效性。基于张华夏的"事物过程的生成机制和运行机构的三角形结构"(2003：5)，随意概然性、因果决定性与广义目的性成为一个相互制约、相互作用、循环发展并推动着翻译生成的支配力量。简而言之，翻译过程的运行机制是按照文本生命在异域之中生成的随意概然性、因果决定性与广义目的性共同作用与交叉支配而进行的(如图 5-1 所示)。

图 5-1　翻译运行机制的三元结构

　　作为一种新的翻译观念,翻译生成论在构建翻译与文本生命的生成关系过程中发挥着基础性的作用,它基于翻译作为文本生命存在的观点,既能包含翻译的客观性与确定性又能涵盖翻译的生成性与成长性,同时在这个过程中伴随着客观性、确定性和生成性、成长性的视域融合,促使随意概然性、因果决定性与广义目的性形成一股独特的支配力量并推动着文本生命在异域之中不断地生成与成长。翻译必然牵涉文本生命,在本质上是与文本生命相关的。因而,翻译生成论的实质是对翻译过程所涉及的文本生命及其相关要素之间的生成关系进行分析,然后在这个基础上通过生成分析将这种关系呈现出来。翻译本身就是文本生命在异域之中不断地再生、延续与成长,体现出确定性和不确定性、客观性和主观性、既成性和生成性、必然性和偶然性等不同层级的特征,同时这些特征在生成的视角下是辩证互补的关系。可以说,翻译生成论是以文本生命为核心而受到随意概然性、因果决定性与广义目的性的支配。它们决定了文本生命的生成过程,也凸显了翻译的因果性与偶然性、确定性与不确定性、目的性与涌现性之间的辩证统一性。翻译过程的运行机制是以文本生命为轴心而互相联系、不可分割的,广义目的性是翻译的主导因素,是因果决定性与随意概然性的调节机制;随意概然性在广义目的性的指向下会转换成因果决定性。这就可从解释为文本生命在异域之中生成的多样性与丰富性,也能解释为什么翻译行为在很大程度上可以预测的,又在一定程度上不可预测。翻译在广义目的性、因果决定性与随意概然性这个三元结构的相互作用下,不再是一个线性的、固定的、静态不动的封闭系统,而是一个非线性的、动态的、不断演化的复杂适应系统,也是一个具有整体性、生成性、成长性与创生性的复杂生命系统。如果将翻译生成论的运行机制的三元结构无限压缩,那么它就可以简化为:

随意概然性——►广义目的性——►因果决定性

　　换而言之,翻译过程中存在着随意概然性,这种随意概然性在很大程度上会导致文本生命在异域之中生成的不确定性、非线性、涌现性。随着对翻译生态环境的适应与改善,译者会以广义目的性为导向推动文本生命在异域之中的生成与成长,考察文本生命的涌现性、非线性、不确定性,使随意概然性转向因果决定性,进而揭示翻译的生成性、成长性与创生性。翻译生成论的支配力量,是一个由随意概然性、广义目的性、因果决定性构成了相互联系、不可分割的思想体与生成体;广义目的性是翻译生成论的运行机制中的核心机制,随意概然性与因果决定性是调节机制。作为文本生命的存在,翻译是译者以广义目的性为指向,通过因果决定性的 IF-THEN 规则对原文生命与译文生命进行适应性调配,在考察确定性的基础上揭示文本生命在异域之中的涌现性、生成性、成长性与创生性。可以说,翻译生成论是作为一种译学整体论的方式出现的,它需要辩证地考察与审视翻译的随意概然性、广义目的性与因果决定性之间的对立统一关系。

一、随意概然性

　　随着复杂性范式在翻译学领域中的影响与渗透,翻译内涵特征出现了显著的变动,翻译研究随之发生深刻变化。翻译的复杂性正在不断显现与延展,其表征内容正处于动态变化之中。翻译研究的复杂性渗透,造成翻译系统的高度不确定性,又在高度的不确定性中寻找相对的确定性,成为当下翻译研究面临的一个难题。从复杂性范式来看,翻译过程是一个动态的、非线性的、不确定的复杂适应系统,而文本生命在异域之中的生成在很大程度上体现出不确定性、偶然性、随机性与概然性。简而言之,翻译生成论的第一种支配力量是随意概然性。随意概然性是翻译的内在属性。翻译总是在随意概然性之中发生与发展,在随意概然性之中变化与生成。随意概然性与翻译同在同构,无论翻译主体的认知能力与翻译素养达到什么地步,随意概然性始终存在于翻译活动之中。由于随意概然性的作用,一个文本生命的出现和运作只能给出它的出现概率和运作的可能状态,至于文本生命在异域之中生成与否,生成形态如何,并没有决定性条件可循,它是随机的、偶然的,是个机遇的问题。随意概然性在翻译过程中是普遍存在的,因为翻译过程是一个动态的、不确定的、非线性的复杂适应系统,其生成过程必然会产生随机性与偶然性,这就涉及翻译的生成性、成长性与涌现性。对于翻译生成的随意概然性，我们可以用温舍（Wuensche，1999）的"输入熵"（Input Entropy）的变化来判断文本生命在异域之中的生成过程中是否处于有序状态。根据概率论的信息理论，翻译生成是一个动态的、不断与翻译生态环境进行信息交换的存在，即负熵存在。负熵是随机变量离散程度的一种度量，是剩余信息量大小的一种度量。假定翻译生成中原文生命与译文生命之间的转化规则有 m 种组合，n 是翻译生成中原文生命与译文生命之间转化的个数，Q 是规则 i 在 t 时刻整个生成中使用的次数，第 i 种原文生命与译文生命之间转化组合的概率是 Q_i^t/n，那么可以用这种概率来定义翻译的生成过程第 t 步的输入熵就被定义为：

$$S^t = -\sum_{i=1}^{m} \frac{Q_i^t}{n} \ln \frac{Q_i^t}{n}$$

如果原文生命与译文生命之间转化的规则信息有组合的最大任意性，那么每种组合的概率都相等，$\frac{Q_i^t}{n} = \frac{1}{n}$，输入熵 S^t 取最大值 $S_{\max}^t$，此时文本生命在异域之中生成的生命状态最混乱，处于混沌状态，随意概然性高，涌现性、非线性、不确定性特征愈加明显。这种随意概然性表明了翻译是一个基于原文生命与译文生命之间转化的规则信息，译者有意识或无意识地不断做出选择的动态过程，因而翻译具有涌现性、非线性与不确定性特征。"确乎其然，译者一旦进入工作状态，其所思、所虑、所忖、所量，不外乎就是对原文义项的抉剔、对译文措词的挑拣、对文体风格的甄录、对句型句式的取舍；而译者最后奉献给读者的译文，可以说就是这番选择的结果。"（曹明伦，2021：176）不论是选择翻译还是翻译选择，这个过程都会呈现出明显的随意概然性，因为它涉及译者对原文义项、译文措词、文本风格、句型句式等规则信息的综合思考与取舍问题。相反，如果原文生命与译文生命之间相互转化的规则信息组合有最小的任意性，那么输入熵 S^t 取最小值，即 $S_{\min}^t = 0$ 或接近 0，表明文本生命在异域之中生成的生命形态是有序的，原文生命与译文生命之间相互转化的规则信息相同或相似，文本生命之间的转化关系是确定的、对等的。概而言之，作为一种文本生命的存在，翻译生成的有序或混沌会随着输入熵的变化而变化。

既然随意概然性是翻译的内在属性，不确定性现象就成为翻译的一种常态，随意概然性就不仅仅表现为翻译已经发生的结果，而是一个不断生成的复杂过程。既然翻译是一个复杂过程，仅仅依赖原文与译文的对等性就不能够充分地解释随意概然性现象。如果说翻译本身就是随意概然的，因果决定性不能充分地描写与解释翻译的复杂过程，那么对翻译的认知与界定则需要将随意概然性作为一个重要的前提条件。当我们把翻译作为一种复杂生命系统时，这种复杂性研究进一步克服了研究者在探讨翻译时陷入以"有序、分割、理性"为根基的简单性思维定势。基于简单性范式只是处理那些具有简单性特征的翻译现象，而排斥那些被纳入复杂性科学领域的无序性、复杂性、整体性、不确定性等现象，因而不利于把握复杂生命系统的整体性研究，阻碍了对复杂生命系统潜在的生命性、复杂性、非线性的揭示。这既忽视了系统要素之间的适应性行为，也限制了对复杂生命系统的运行机制的动态表征。复杂性范式是在简单性范式因解释翻译的复杂性问题而面临各种困境时表现出不适用性的情况下提出的，因而如何认识翻译复杂性就成为复杂性范式的核心问题。

二、因果决定性

翻译生成论的第二种支配力量是因果决定性，它致力于发现原文与译文之间的因果关系。在一个确定的翻译系统里，翻译的发生总会存在着一定的因果关系，这就意味着，发现了原文与译文之间的因果关系，也就发现了翻译的运行机制。在当前翻译理论中，语言转换论的侧重点就是寻找翻译的运行机制，其重要目标是揭示以原文与译文之间的对等性为运行机制的因果决定性。对于翻译生成论来说，因果决定性所指的是翻译生成过程中存在这样一种相互作用，由于它的作用，一个翻译行为具备了这样的条件组合，这些条件对于该行为的出现，联合起来是充分的，分开起来是必要的。以复杂适应系统为视角，复杂适应系统中的翻译行为在某些方面是可预测的，在另一些方面是不可预测的；在一些事件中，因果关系可能是明晰可辨的，而在另一些事件中，因果关系链条很可能在复杂的相互作用中出现断裂。一般来说，文本生命在复杂适应系统中的总体形式、总体特征是可以预测的。然而，其具体形式是无法预测的，因为系统总是可能出现意想不到的新奇形式，这正是翻译过程中确定性与不确定性、线性与非线性、既成性与生成性等特征交互产生的主要根源。对于可以预测的翻译来说，发现原文与译文的因果关系是翻译研究的主要目的，其前提假设是翻译的运行机制表现为原文与译文之间的因果决定性。也就是说，翻译活动包含因果关系，有果必有因。因果关系受到复杂适应系统的约束，必然是先有因后有果，因果关系也相应地被限制在一个特定的复杂适应系统内，不能超越原文与译文的对等性而产生额外的效果。

从因果决定性来看，翻译是以确定性或对等性为前提的，译者的选择总是在原文与译文之间的对等性或确定性条件规定下做出的选择。翻译的确定性可以通过 IF-THEN 规则来表征翻译的对等性，即表征原文与译文之间的因果决定性。因果决定性是以语法 IF-THEN 规则，对翻译生成进行有效的预测。根据霍兰(2000:25-28)的观点，主体被描述为一组信息处理规则(message-processing rules)。信息处理规则的形式如下：

IF(有适合的信息)THEN(发出指定的信息)

假设翻译作为文本生命的存在，它在异域之中生成的生命信息可以用二进制字符串来表述，即 1(原文生命与译文生命的属性、特征相同)和 0(原文生命与译文生命的属性、特征不同)字符串，同时，字符"♯"表示"在译者或适应性主体大脑中任意可接受的信息"，且它们都有标准长度 L，所有可能的信息的集合 M；所有可能条件 C 就是所有长度为 L 的 1、0 和♯的字符串集合。该翻译生成集合 M 的正规表述为：{1,0,♯}^{L}。例如：

该条件对倒数第三个位置 L 上是 1 和最后一个位置 L 上是 0 的任何信息做出反应。这说明翻译生成过程中可能凸显的是确定性与客观性，也可能是涌现性与生成性。为此，所有可能的条件 C，就是长度为 L 的 1、0 和♯的字符串集合。该集合正规的表示是：{1,0,♯}^{L}。其中，规则的唯一动作就是发送信息，因而翻译生成的因果决定性可表示如下：

IF 满足(C 的条件)THEN(从 N 发送信息)

IF-THEN 规则设定，翻译生成的基本机构的个数是原文生命 A 与译文生命 B，C 的条件为原文生命与译文生命的属性/特征之间的异同，M 的集合正规表示原文生命 A 与译文生命 B 之间的集合：{M,M-1,M-2,M-3,…}，其状态转换函数大体上分为确定性与不确定性、既成性与生成性，规则的唯一动作就是从 M 中发送信息。在翻译过程中，译者会以广义目的性为指向对翻译进行处理，其语法是 IF-THEN 规则，两个基本机构(原文生命 A 与译文生命 B)所执行的 IF-THEN 规则可以产生不同的状态系统和不同的运用方式，且它们受到各部分之间联系的限制，又在变化生成过程中涌现。例如，如果 M 中原文生命 A 有 M、M-1、M-2、M-3，而译文生命 B 只有 M、M-1、M-2，那么 M 集合中原文生命 A 中的 M-3 对于译文生命 B 来说就存在着差异性；从 M 集合中发送的信息如果不满足 C 的条件，就易于产生翻译的涌现性、不确定性与非线性；从 M 集合中发送的信息如果满足 C 的条件，就容易产生翻译的确定性、对等性、客观性。翻译的确定性与对等性是谋求语言转换之间的同一性,这表明翻译知识是从语言转换中把握翻译获得的,而语言转换对翻译的把握就必然是基于翻译知识的一种简单图景。以语言转换把握翻译,就是基于翻译知识的确定性与客观性去表达翻译的本质。然而,翻译的许多属性,不可能被完全地把握在语言转换之中,这就是翻译认识的矛盾之所在。正是这种矛盾的存在,翻译生成论将翻译视为一种文本生命的存在,进而揭示翻译的涌现性、生成性与成长性。当将翻译的视域置于生成性与成长性时,语言转换就具有了生命性质,表征为原文生命转渡为译文生命。

在此,我们可以以"回译"为例来诠释翻译中因果决定性的还原性功能与建构性力量。"回译"是通过语法 IF-THEN 规则来还原翻译的一种建构性力量。例如,"If you suspect a man, do not employ him; if you emoploy him, do not suspect him.(疑人不用,用人不疑)"(曹明伦,2023:171)。"回译"其实是立足"翻译中国"的立场去建构民族形象或中国形象,以因果决定性把已译成特定语言的文本译回源语。语法 IF-THEN 规则表明,因果决定性在很大程度上决定了文本生命在异域之中生成的预测性,译者从 M 中发送的信息决定了文本生命从"生"到"成"的成长形态。"回译"进一步肯定了语法 IF-THEN 规则的"还原性"功能,它能使译者以 M 中发送的信息回溯源语的存在,而且这种"源语与译语"的存在关系就是一种因果决定关系。"疑人不用,用人不疑"作为一个中国谚语,与卢伯克(Lubbock)的《生命之用》(*The Use of Life*)中的"If you suspect a man, do not employ him; if you employ him, do not suspect him"(Lubbock,1895:34)相互对应,可以进行模仿性还原翻译,这就不仅具有较强的因果决定性,而且也具有有效的预测性。再如将源自中文的英文表述 Confucius、Li Bai、Du Fu、Beijing/Peking、Qinghua/Tsinghua、*The Book of Songs*、*The Book of Changes*、dim sum、Mahjong、Kungfu、marshal art 分别译成孔子、李白、杜甫、北京、清华、《诗经》、《易经》、点心、麻将、功夫、武术等,将"five in stances of losing the source and three difficulites (in translation)"、fung shui、paper tiger、Chinese animal symbols、the Beginning of Spring、the Waking of Insects、Lesser Fullness of Grain、Greater Cold、Prime Minister (in ancient China)、Minister of Millitary Affairs (in ancient China)分别译成五失本、三不易、风水、纸老虎、十二生肖、立春、惊蛰、小满、大寒、宰相、兵部尚书等属于语言层面与概念层面上的回译。(谭载喜,2018a:4-5)回译是两种文本之间的翻译获得一种溯源式与还原性的重构,这种溯源式与还原性是以因果决定关系来寻找源语与译语之间的语言对应、文化重构与形象重塑,因而翻译具有较强的可预测性。

按照语法 IF-THEN 规则,如果是 1,那么发送的信息意味着文本生命在异域之中获得持续的生命;如果是 0,那么就意味着文本生命在异域之中发生断裂,文本生命的生成难以形成。以"回译"为例,如果语法 IF-THEN 规则所输出的信息是 0,就意味着翻译难以找到原先存在的源语,需要"模仿性还原翻译":"一是明知所译的外文有中文原文,但因外文译文不准确或因译者学浅而无法找到原文,无法进行'对应性还原翻译'的情况……另一种是中文著作被翻译成外文后中文原本却佚失,只好根据外文译本回译成中文的情况。"(曹明伦,2023:171-172)文本生命的生成在语法 IF-THEN 规则的运行下是可以预测的;如果是不可预测的,它可以通过"模仿性还原翻译"的方法进行,使之具有可预测性。换而言之,译文生命的形态与原文生命的形态越接近,两者形态之间的转化就越容易,文本生命在异域之中生成的涌现性与非线性就越不明显。可以说,译者是在利用原文生命中的 IF-THEN 规则进行生命形态的转化,如果译文生命与原文生命的形态越接近,其译文生命与原文生命的 IF-THEN 规则越接近甚至相同,文本生命在异域之中就越容易获得持续的生命;反之,译文生命的形态与原文生命的形态越远离,原文生命在转化过程中的概念化程度就越高,那么译者就倾向于使用原文生命中的 IF-THEN 规则转化译文生命的形态,翻译的涌现性、不确定性、非线性就越显著。

在复杂生命系统中,译者按照复杂生命系统中一定的翻译规律顺着文本生命的生成形态运用 IF-THEN 规则进行转化,而转化的根本目标是促使原文生命的形态与译文生命的形态相互匹配。通常来说,译者会按照 IF-THEN 规则进行翻译,随着翻译的不断进行而生成相应的译文生命。译者在没有完全认识原文生命之前,只能从已有原文生命的知识与规则中选择与译文生命相关的、相似的若干属性,形成对译文生命的一个简化的趋同版本。也就是说,翻译的生成过程是以聚集方式去建构与原文具有趋同效应的译文生命,译者以广义目的性为指向,把原文与译文相似或相同归类,形成原文与译文相互匹配的趋同效应,涌现出翻译的生成性特征。"成功的翻译取决于相关因素之间的趋同效应(convergence)。"(Chesterman,2016:33)趋同效应就是原文生命与译文生命之间相互耦合的一种聚集现象。聚集不是原文生命与译文生命简单的合并,也不是译文生命对原文生命的吞并，而是新类型的、更高层次上的来世生命的出现。原文生命没有消失，而是在新的更适合自己生存的环境中得到了再生、延续与成长，生成更为复杂的译文生命以获得持续的新生命。生成过程重复几次后，就得到了复杂生命系统的层次组织。翻译的生成过程，是原文生命与译文生命在广义目的性的作用下以聚集为方式通过延续与再生获得的结果。IF-THEN 规则的作用下，翻译的生成过程，就是原文生命与译文生命相互聚集的结果，其最根本动力不在于复杂生命系统中因素相互影响的结果，而在于原文生命与译文生命之间的重新组合与聚集，其涌现程度取决于译者能否以广义目的性为指向按照 IF-THEN 规则将原文生命与译文生命之间相互耦合的关系聚集起来。

从翻译生成论的视角理解，翻译主体基于 IF-THEN 规则与理性推理，对翻译现象及其运行规律的研究与认识，都有一定的合理性。由于整个翻译过程不是某种既成不变的实体所驱动的，翻译研究所发现的并非永恒的对等性，只是从 IF-THEN 规则的角度去认识与理解翻译运行的规律。随着翻译研究的视角与范式转换，我们对翻译运行规律的解释也在不断变化。语言转换论、文化操纵论受到因果决定性的影响，认为翻译研究所揭示的就是翻译的确定性、客观性与既成性。然而，翻译生成论基于生成的动态视角，承认翻译作为一种生命活动而存在的，它既可以在 IF-THEN 规则或因果关系中对翻译进行合理的规律性理解，也可以在生成关系中对翻译进行动态性的理解，因为作为宇宙进化史上可能最复杂的活动的翻译，根本就没有一个固定不变的实体能够纯粹地按照某种规律或严密的因果链条而生成。

三、广义目的性

翻译生成论的第三种支配力量是广义的目的性。所谓目的性，广义地说，它就是文本生命在异域之中生成的状态，文本生命在异域之中的延续、生长、成长总是倾向于达到来世生命。来世生命就成为文本生命在异域之中延续的目标与成长的目的，而与其相关联并促进文本生命延续、生长与成长的方式，称为手段。翻译生成论表明，翻译是一个以实现文本生命在异域之中的延续、生长与成长为目标的复杂生命系统，翻译过程的展开促使复杂生命系统中文本生命倾向于延续、生长与成长状态的作用可称之为广义目的性作用。译者的创生力是有自由意志的、有意识的驱动作用，它促使文本生命从原文生命的广延状态转向译文生命的绵延状态，使得自身能在异域之中生成与成长。目的性既是复杂生命系统的一个主要特征，又是译者创造文本生命的意向性表征。没有目的性，译者就会失去了翻译行为的能动性，而翻译行为也不能适应翻译生态环境，更不用说适应与改善翻译生态环境。因而翻译行为会更多地显示出独特的目的性。从深层次来说，译者会以广义目的性为指引，使原文生命与译文生命两个潜在的系统发生转生与转化的趋同效应，使得彼此之间相互影响，进行相同或相似的适应学习活动。趋同效应不仅指原文生命与译文生命之间表层结构的趋同，还指原文生命与译文生命之间深层结构的趋同，即乔姆斯基普遍语法中深层结构具有共同的"参数值"、本雅明《译者的任务》中共同追求的"纯语言"。据此，文本生命在异域之中生成的成功或生成度（translation generativity，TG）取决于原文生命与译文生命之间生命意义与生命形态的趋同度（convergence degree）与译者的目的性程度（即译者能否利用 IF-THEN 规则对翻译进行聚集，生成原文与译文的生命共同体，或者能否根据翻译的相关因素修正自己的规则并进行适应性的生成）。换而言之，翻译的"生成度"受限于原文与译文之间的趋同度和译者目的性程度。为便于理解，我们可以将"翻译生成度"的转换函数公式表示如下：

$$TG = \frac{\text{趋同} + \text{目的性}}{\text{趋异}}$$

趋同、目的性和趋异（divergence）是反比例的：一方面，原文与译文之间的趋同度大，则趋异度小，文本生命在异域之中的生成性就高，翻译的客观性与确定性就易于生成；反之，原文与译文之间的趋同度小，则趋异度大，生成性就低，翻译的涌现性、不确定性、延续性、创生性、成长性就凸显。另一方面，趋同度小、趋异度大，若目的性程度高，文本生命在异域之中的生成性就高，容易产生翻译的客观性与确定性；反之，趋同度小、趋异度大，若目的性程度低，文本生命在异域之中的生成性就低，翻译的涌现性、不确定性、延续性、创生性、成长性就凸显。概而言之，翻译的目的性行为是有目标的，这个目标既可以是翻译主体和译境系统、文本系统发生时空关系而获得文本生命在异域之中的诞生与延续；它可以是保持复杂生命系统中不同子系统的和谐关系，也可以是文本生命在异域之中保持其生存状态。一般地说，翻译总是倾向于文本生命在异域之中的生成。翻译生成可被看作原文生命、译文生命、译者目的性相互作用而产生一种受限生成过程中的涌现性特征（emergent property）。如果我们将翻译目标看作复杂生命系统中文本生命的生成形态，其生成空间域值为 $\{x_1, x_2, x_3, \cdots, x_n\}$，而译

文生命的生存状态 $x_i(i=1,2,3,\cdots,n)$ 总要经历一定的变换 $\emptyset$ 达到译文生命在异域之中的状态 $\emptyset(x_i)=\{x_1,x_2,x_3,\cdots,x_n\}$。因此,文本生命经过翻译的生成活动就不再是纯粹的线性作用的因果关系,而是内嵌着翻译目的性与目标性的生存状态而在异域之中呈现着生成性特征,包含文本生命的延续性、生成性、成长性、涌现性、创生性等。在翻译生成的过程中,译者以目的性为指向,源于译文生命的转化导致原文生命的变化,或者原文生命的存在导致译文生命的变化,译文生命与原文生命之间相互作用和反馈约束、限制了翻译生成的可能性。进而言之,翻译生成的目的性行为是通过相互作用与反馈来达到目标的。这就是说翻译主体必须与一定的目标相互耦合,即翻译主体必须从复杂生命系统中获得文本生命的相关信息,并依据原文生命的信息 $\{x_1,x_2,x_3,\cdots,x_n\}$ 与译文生命的信息 $x_i(i=1,2,3,\cdots,n)$ 的差距,来不断地调整与修正自身的翻译行为,以使原文信息与译文信息相互会通与融合。

以《道德经》英译本为例,作为一种信息机体与文本生命的存在,《三字经》的生存状态 $x_i(i=1,2,3,\cdots,n)$ 总要经历一定的变换 $\emptyset$ 达到其英译本在异域之中的状态 $\emptyset(x_i)=\{x_1,x_2,x_3,\cdots,x_n\}$。据相关研究统计,《三字经》的西方之旅始于 1835 年传教士马礼逊(Robert Morrison)的英译本,随之而来出现了裨治文(Elijah Coleman Bridgeman)、欧德理(Ernest John Eitel)、翟理斯(Herbert Allen Giles)等的十多种英译本。翻译《三字经》就是一个积极的、动态的经典化过程,它需要解决原作与译作之间的延续关系,完善与强化《三字经》的"纯语言",其英译本的更新迭出就是一次生命之旅的诞生历程,诞生了与《三字经》相关的英文版著作。然而,以西方传教士为主的《三字经》英译本实质上是以语义诠释为主的翻译,它所产生的并非真正意义上的英韵《三字经》。鉴于《三字经》英译存在的问题,中国学者开始重新审视《三字经》的翻译,先后出现了 2007 年的孟凡君英译本、2008 年的王宝童英译本、2013 年的马之骕英译本、2014 年的赵彦春英译本等等。从广义目的性的视域来看,赵彦春英译本的目标在于冲破《三字经》既有翻译的语义解释束缚,致力于还原《三字经》的"三字音韵"与"三字灵韵",注重《三字经》与《三字经》英译本之间"三字韵律"的高度契合,开启了《三字经》英译的"以经译经"的"直译"之旅,实现《三字经》思想在异域之中的再生。"他(赵彦春)极为忠实地原汁原味地把中国经典'直译'成英文的做法体现出的强烈的文化自信和文化自觉正是我们当下所需和所缺的东西。"(朱振武,2016:83)赵彦春的"直译"之旅,打破了《三字经》翻译既有的传统模式,挑战了《三字经》英译在异域之中固有的语义解释模式,使《三字经》英译回归到"三字韵律"上来。赵彦春的《英韵三字经》本身就是"三字"意义的生成,是一个不断延续《三字经》思想的生成性活动。事实上,赵彦春的《英韵三字经》(*Three Word Primer in English Rhyme*)意味着对《三字经》传统翻译规范与语义诠释模式的扭转与更新,以及对三字韵律的缺失与断裂的弥补。正如赵彦春的书名《英韵三字经》所示,赵彦春在中国文化"走出去"的时代语境下打破传统翻译模式的"非英韵"《三字经》,将其重塑为 *Three Word Primer in English Rhyme*,使得西方读者能够领悟到《三字经》的超拔魅力与精神价值,而译者对翻译策略"以经译经"的灵活调用以及对《三字经》的韵律重塑则存在于任何翻译行为之中,"韵律重塑"意味着《三字经》在异域之中的重生与再生。以广义目的性为视角,"以经译经"忠实再现《三字经》的英韵格律与诗经意境,以意译解构《三字经》的文本符号,开启其三字的韵律空间,挖掘出《三字经》文本与历史语境的互相映射,进而在西方读者眼中呈现出它应有的三字韵律与精神价值,使《三字经》蕴含的精神价值在异域之中获得持续的生命而焕发新生。

广义目的性是一个综合性的概念,既可以指语言层面上的目的,也可以指文化层面上的目的,也可以指复杂生命系统层面上的有机体目的性。不论是语言转换论,还是文化操纵论,它们仅仅承认翻译行为的目的而忽视了复杂生命系统中文本系统和译境系统的目的,尤其是文本生命自身所蕴含的有机体目的性。翻译生成论的建构就是要遵循复杂性范式的研究思路,以文本生命为研究对象,以生成观念为视域,以"文本生命何以生成"为问题域,对翻译本质进行新的审视,因而在批判简单性范式或单向因果关系的基础上,建构以文本生命为根隐喻的复杂性范式或者说双向因果关系,表明文本生命在异域之中的生成是因果决定性与随机偶然性联合作用的结果。当然,复杂性范式中的目的性并不是传统意义上的功利性或工具性,而是赋予了翻译目的性以生命意义。单纯的还原论思想在理解翻译时会遮蔽翻译的复杂性特征;为了把握翻译现象的复杂性特征,就必须使目的性与生命意义、生命价值发生内在联系。作为一种复杂生命系统,翻译既是描述性的——描述文本生命的信息,又是规范性的——为文本生命在异域之中生成的新生命提供各种规范。可见,翻译既是作为文本生命生成的一个意向系统(propoistional set),也是作为文本生命生成的指令系统(command system),文本生命在异域之中生成的目的、计划、意向与期待都在异域之中加以规定,并驱动它从原文生命的潜在性向译文生命的现实性转换,以在异域之中获得再生。

从广义目的性来看,语言转换论对翻译的理解是观念性的、对象化的文本,也是事先既定的、给定的文本;而翻译生成论所关注的目的也不再是观念性的东西,而是以文本生命的生成为形式存在,经过原文生命转化成译文生命以获得持续的生命。目的本身并不是一种实体,但依赖于文本生命在异域之中生成而存在。由此而来,复杂性范式将翻译生成的目的性概念推广到复杂生命系统的各个子系统,从而能整体地看待翻译生成中目的性所产生的相互作用。"目的因是非对称性的,它暗含了一种个体与其当前状态中不完全实现的形式之间的依存关系。"(费多益,2019:152)翻译的目的是非对称的,是不确定的,它蕴含了原文生命与译文生命之间的依存关系与传承关系,同样也暗含了文本生命在异域之中的成长关系。对翻译进行广义目的性的解释与说明,本身就是一个评价系统,它以生命视角对复杂生命系统进行评价,以区分出文本生命的"好""坏""善""恶"、哪些对文本生命的诞生与发展有利、哪些对文本生命的诞生与发展不利、文本生命能否适应翻译生态环境、以判断翻译的存在价值与意义。既然翻译是一个有目标的生成活动,并具有文本生命的描述性与规定性、意向性与评价性,那么翻译活动就有可能根据文本生命的信息与生成目标,区别出文本生命的"好""坏""善""恶"。正因如此,它将文本生命在异域之中的再生、延续与成长作为内在价值的评价维度,对于翻译生态环境的有利与不利因素不断地做出工具价值的评价。

翻译作为文本生命的存在是由它的整体性和生成性来表征的,这就意味着,文本生命在异域之中需要译者创生力来获得有目的性的再生。也就是说,翻译的整体性与生成性是需要用目的性来呈现的。正是在广义目的性的驱动下,译文生命在未来时刻的未济状态并不一定蕴含原文生命在过去时刻的既济状态,因为译文生命与原文生命是非对称性的,它蕴含了译文生命与其当前状态的原文生命中不完全实现对称的依存关系。文本生命的目的因,是面向未来的维度思考译文生命在异域之中生成何以可能的问题,即它意味着文本生命的存在将在异域之中生长为另一种再生样态的可能性。复杂性范式进一步揭示了翻译作为文本生命存在的广义目的性,以及既成性和生成性、偶然性与因果性之间的相互融合,使翻译过程的生成机制和运行机制形成以文本生命为核心的广义目的性、随意概然性与因果决定性相互作用的三元结构。

总体而言,翻译生成论的运行受到广义目的性、随意概然性与因果决定性这三元结构的力量支配,或者说,翻译是广义目的性、随意概然性与因果决定性共同作用的结果。三元支配力量体现为六层内涵:生成性、创生性、延续性、涌现性、成长性与受限性。波普尔曾指出,"探讨'哲学问题(philosophical problems)的特征是什么'是一个比探讨'哲学是什么'(what is philosophy)稍微更好的形式(a slightly better form)(Popper, 2002a:89)"。推而论之,与其说探讨"翻译是什么"的问题,不如探讨"翻译的特征是什么"的问题,这可能是一个更有效的研究路径。探讨翻译的三元支配力量,实质上就是在宏观层面上探讨"翻译的特征是什么",并通过"翻译的特征是什么"来揭示"翻译是什么"的问题,进而在微观层面上揭示翻译内在的生成性、创生性与成长性。其中,生成性是翻译生成论的内在机制,是翻译生成的源泉;创生性是翻译生成论的基本动力,是翻译生成的途径;成长性是翻译生成论的内在动力,是翻译生成的显现。生成性、成长性、创生性、延续性、涌现性、受限性等复杂性特征都显现于文本生命在异域之中的生成过程。

第四节 翻译生成论的内在机制:生成性

"生成性"进入翻译学领域的研究视野,某种程度上是翻译学界对传统翻译理论愈加凸显的"既成性"进行深刻反思的结果,因而"生成性"研究的出现本身就具有动态性特征与不确定性色彩。国内著名学者刘云虹(2017:610)开启与激活了当代翻译学领域关于生成性的研究,这一根本性问题所关注的是:倘若将翻译作为一种文本生命的存在方式来看待,那么生成性是翻译最重要的本质特征。生成性将翻译问题看作对文本生命之"生"与"成"的双重确认——通过诉诸文本生命与翻译之间的生成关系,来分析翻译如何通过文本生命的诞生、延续与成长相互关联,由此决定翻译是否具有生成性。一旦将注意力聚焦于翻译的生成性,就可以探寻生成性如何为翻译提供特定的意义与价值。生成性是翻译使文本生命在异域之中的生成成为现实的可能。翻译总是生成性的,它是由翻译与文本生命之间的生成关系形成的,因而生成性是对既成性的一个新挑战,也构成了翻译研究的一个新论域,其引入与探讨是目前翻译学界进行的一项重要的研究活动。翻译生成论的最根本特征是生成性。所谓生成性,就是翻译作为文本生命存在的一个本质特征,这种本质特征表现为它是对文本生命在异域之中再生、延续与成长的描述与说明。也就是说,生成性无疑是翻译生成论中最核心、最本质的概念,它实质上是翻译的一种根本性特征,体现了文本生命在异域之中的延续性、创生性、成长性、涌现性等复杂性特征。

翻译生成论的建构必须有自身的根基,"根不深则叶难茂","生成性"是翻译生成论最重要的根基。翻译作为文本生命的存在获得生成性,就获得了翻译得以成立的坚实根基,由此才能在中西方翻译理论中确立自己的身份与地位。从根本意义上说,"生成性"可以说是波普尔(2014:489)所说的"倾向性或趋向性"(a tendency or propensity)。"这种对趋向性的见解允许我们用新的眼光来看待我们这个世界的构成过程,即世界过程(the world process)。这个世界不再是一架因果机器——它现在可以被看作一个趋向性的世界,被看作一个将可能性予以实在化的展现过程,以及展现新的可能性的展现过程。"(波普尔,2014:495)翻译生成论用生成性所表示的,不是发生在跨语言、跨文化之间的确定的对象化关系,而是文本生命在异域之中的生成行为;它不是一个单纯的因果关系的决定过程,而是一个将可能性予以实在化与呈现新可能性的展现过程。换而言之,生成性是翻译行为本身具有的生命—生成的机体结构与机体立场。翻译作为文本生命的存在就是自身指向的生命—生成,本身内含着生成性即"被生命化"的生成立场(generative stance)与生成序(generative order)。"生成序"是非线性、复杂性现实的根本特征;"生成立场"涉及复杂性动态结构(dynamic architecture of complexity)发展的生成动态性(generative dynamics),它聚焦于生成原则(generative principles)、生成机制(generative mechanisms)与生成结构(generative structures);生成原则、机制与结构是未知生成空间(generative spaces)概念化的基本工具。(Jörg,2011:205)从这个角度来说,翻译生成论将翻译视为文本生命在异域之中的生成过程,就是赋予翻译一种"生成立场"与"生成序",凸显文本生命的复杂性结构,展现文本生命在异域之中的生成动态性,并将翻译视为一种"未知生成空间"在异域之中的再生、延续与成长。生成性造就了翻译与文本生命之间相互关联的生成结构与内在机制:一方面,翻译作为文本生命而存在;另一方面,翻译是文本生命在异域之中生成的内生力量。

一、翻译的生成性存在

翻译生成论认为,翻译以文本生命为核心而受到随意概然性、因果决定性与广义目的性三个相互作用力量的支配。它们决定了文本生命的生成过程,也凸显了翻译的因果性与偶然性、确定性与不确定性、目的性与涌现性之间的辩证统一,以此来求解"文本生命何以生成"的问题域。"文本生命"概念在翻译生成论中的地位有多么显要,精确理解"文本生命"概念对于翻译生成论研究就有多么重要,对于翻译的生成性理解也就多么重要。翻译生成论研究的生成性要求,呼唤从复杂性范式的角度反思语言转换论存在的既成性问题。复杂性范式是一个综观性概念,它在翻译研究的层面上蕴含着研究"文本生命何以生成"的问题。翻译生成性具有双重的内在机制:一方面,它可以超越原文生命而在异域之中生成译文生命,即这种生成性具有一种成长的超越性,指向超越原文生命而呈现出翻译的延续性与成长性;另一方面,译文生命的生成,必须来源于原文生命而不是无源之水,即这种生成性又具有一种连续的潜在性。严格意义上的生成性,是植根于文本生命在异域之中的延续与成长,是充满不确定性、动态性的生成性,是充满延续性、成长性的生成性。以本真的生成性为依据,翻译拒绝或抛弃了纯粹理性的、确定不变的既成性,却弥足珍贵地将文本生命视为自身的存在方式,挖掘出充满着"生命呼吸"的生成性。翻译就是在这种生成性基础上"让文本生命说话",由此将自身视为一种对文本生命的生成性认识与理解。说到底,只有把握了文本生命的生成性特质,我们才能厘清翻译作为文本生命存在的真正意义。

要获得对翻译生成论的准确而深刻认识的最佳途径,就是对翻译生成论构架中的生成性概念做出通盘的观察与思考。从认识论角度来说,生成性是关于翻译生成论所形成的概念思想和话语表达方式,它具有创生性、成长性、延续性、涌现性等其他性质无可比拟的优先性。进而言之,不是创生性优先于生成性,不是成长性高出于生成性,恰恰相反,生成性使翻译的成长性成为可能,生成性使创生性成为现实,生成性使涌现性成为可能。生成性总是优先考虑翻译作为文本生命存在的可能性,进而将延续性、成长性、创生性、涌现性等复杂性特征纳入自身的思想范畴。生成性具有整合延续性、成长性、创生性、涌现性等特征的描述能力,对翻译的描述都需要通过生成性得到重新表述与评价。无疑,翻译只有获得这种重新表述与评价的机会,才能使文本生命在跨越空间与超越时间的异域之中再生、复活。因此,将生成性视为翻译生成论的内在机制,就成为翻译生成论的一种自然选择与必然趋向。

当然,翻译生成论的表述与随意概然性、因果决定性和广义目的性三大支配力量存在千丝万缕的互动关系。生成性内嵌于随意概然性、因果决定性和广义目的性三大支配力量之中,它与创生性、成长性、涌现性等概念形成表意的互文关系。如果说生成性是"词根",那么创生性、成长性、涌现性等多个概念则是生成性"词根"吸收随意概然性、因果决定性与广义目的性三大支配力量所衍生的变体。生成性"词根"在复杂多变的翻译观念中传播开来,不断发生话语碰撞,产生不同的翻译特征变体。生成性就是翻译生成论在概念意义上的"根隐喻"。翻译生成论的本质则表现为任何文本生命都是在翻译过程中得以生成的,因而生成性既是翻译的本质属性,也是翻译生成论的内在机制。翻译之"生",就是文本生命的诞生过程;翻译之"成",就是文本生命的成长过程。文本生命不是一个业已完成的文本实体物,而是基于翻译并有待于异域之中延续与成长的生成物,它具有生成性功能,与其说它是既济的,不如说是未济的,它在原文生命转化为译文生命的过程中不断丰富自身的生命形态而获得持续的生命,这就是生成性的本质特征。生成性是翻译生成论的内在机制,它的生命形态是一个逐渐由"生"到"成"展开的概念,是一个不断被翻译赋予新生命的复杂性概念。所谓翻译生成,就是文本生命在翻译过程中的诞生、延续、生长与成长过程,它可以用具体的时间、空间来理解与把握文本生命,进而彰显翻译的过程性与历史性。实际上,翻译是一种富有生命力的生成活动,"本身并没有一个封闭的界限,而是一个不断运动(constant movement)和扩展(extension)的过程"(Gadamer,2004:297)。翻译不是一个过去已逝的事物,而是一个现在存活的事件;翻译是一个"再生"的事件,它是现实的而非可能的,是生成的而非既成的,是正在发生的而非封闭的。由此可见,翻译的基本内涵是生成,意味着翻译向着文本生命而生成,去"观照"文本生命,而"观照"所指向的就是文本生命在异域之中的生成。

　　生成性作为翻译的核心特征之一,它本质上就是一种复杂性特质,自然而然地与翻译的生成性程度有着密切的关联。"生成性是不同元素通过互动过程的生成本质(generative nature)获得的一种根本性的复杂性特质;将生成性概念与生成性程度(a degree of generativity)联系起来,复杂性的程度就是一种流动性的程度。"(Jörg,2011:206)以生成性观之,"翻译活动是一个生成性的发展过程"(许钧,2022:5)。翻译的本质则被转换为关于生命性的存在,是一种流动性的存在,它被理解为生成本身所引发的文本生命在异域之中的延续。流动性与延续性的存在就意味着对"同一性"的消解。所谓原文与译文的"同一性"本身是一个抹杀翻译活动的差异性的既成性观念;翻译的"生成性"则是在"差异性"的视域下探寻原文与译文之间客观存在的异质性,探究对翻译进行生成性理解而产生的一系列的可能性。那么,翻译就是以生成性为根本方式敞开自身,翻译的存在不是纯粹的"存在"(being),存在总是在发展之中成长而"生成"(becoming)。生成性既可以作为一种关于文本生命的动态刻画,表征一种与既成性概念相对应的新特性,也可以被用来表达一种翻译研究的反思态度,代表一种对翻译事实的既成性的批判导向,由此形成一种关于翻译的"生成性心态"(generative mentality)与"生成性取向"(generative orientation)。所谓生成性取向,就是在不抹杀翻译的确定性与不确定性、同质性与异质性的差异的前提下探寻原文与译文之间的同中存异、异中求同。显然,在生成性心态下,翻译生成论既要探讨确定性与不确定性、同质性与异质性之间的内在关联,又要确保两者之间的差异性而通向翻译的"和而不同"。

生成性是翻译的思想内核,它意味着翻译是一个动态的生成过程,既可以趋同又可以趋异,因为翻译是生成性与差异化的价值创造活动,而非可以单纯地凭借语言转换获得的既成性的追求知识的活动。生成性是在确认翻译之既成性事实的同时,指向翻译之多元生成的可能性。从翻译的三大支配力量来看,生成性的内涵指向的是翻译的多种可能性与差异性。它明确地透露出翻译拥有无限多样的可能性与差异性,而非永恒不变的既成性与同质性。对生成性的探讨既是一种同中存异、异中求同的摄义,也是一种超越既成性而趋向可能性与差异性的观念塑造。"翻译因而具有双重伦理目标:既要克服差异,使翻译成为可能,又要表现差异,使作品的异质生命因子得以传承。"(刘云虹,2017:616)生成性蕴含着多种可能性与差异性,呈现出翻译的多样化生成形态。正是这样,生成性呈现出翻译生成论的理论光辉,同中存异、异中求同就是本真的生成性。

与传统译论不同,翻译生成论并不是将翻译看作由语言转换决定的,而是由文本生命在异域之中的延续与成长决定的。由此,"生成"赋予翻译一种生命性存在的角色,这是因为翻译所依赖的生成性意识源于文本生命。基于这种生成性意识的翻译比传统翻译所赋予的既成性更加复杂多样,更具有鲜活的生命性存在。强调生成性,就是强调翻译的生命性存在,因而生成过程就是一种持续的内在生成之流在文本生命之中影响翻译的"事件的生成过程"。生成性正是从一个生命性存在的视角去探索翻译的本质:翻译作为文本生命存在的生成者,就是以生命性存在的方式来突破传统翻译的既成性限定。作为文本生命延续的一种存在方式,生成性一方面使翻译能够摆脱语言转换的既成性对翻译的封闭,另一方面使翻译从既成性的限定中释放出来而使自身必然地处于差异化的存在境域。正是拥有生成性的驱动，翻译才能够打开语言转换中被遮蔽的差异化，创造出语言转换所缺失的生命力；正是拥有生成性的驱动，翻译不会沦为完全被语言转换限定的既成性，不会变成被既成同质化而没有其他差异化的活动。这意味着，生成性使文本生命在异域之中不断地延续，成为永远产生差异化的存在者。生成性不仅使翻译存在于差异之中，而且使翻译永远处于未济状态而不断地成长；它使翻译成为文本生命在异域之中的未完成者，成为永远衍生不同生命形态的可能性存在者。

二、翻译的生成性基础

回到翻译的"生生"本身，便可以意识到翻译生成论是以"生命—生成"为探寻方式的解释模式，其中包含着翻译的生命问题与生成问题："生命"涉及翻译作为文本生命的存在，"生成"涉及翻译作为文本生命在异域之中的生成过程。"生命"与"生成"关切的翻译问题，也就是如何理解翻译与文本生命之间的"生生"过程。翻译是一种文本生命在异域之中的生成活动，而生成是翻译之为翻译的一种本真存在状态，这种本真存在状态使翻译在异域之中保持自身的生命力，从而使翻译成为有生命性的存在。本真性的生成使翻译遵循自身内在的生成性去理解自我与塑造自我。"显然，翻译概念不只是摘要（abstractions），它们需要置于历史语境中加以分析才能有助于翻译理论与实践的任何解释或审视。"（Venuti，2000：6）当将翻译置于历史语境中加以考察时，翻译就会展现自身的历史性与时间性。历史性与时间性内在地蕴含着延展性与绵延性，延展性与绵延性蕴含着必然的生成性。"延展性（expansion）与绵延性（duration）相互涵摄（mutually embrace）与相互包容，空间的每一部分都内嵌于（being）绵延性之中，绵延性的每一部分都内嵌于延展性之中。"（Locke，1995：257）这是将翻译生成论置于生成性之上建立的，实质上就是遵循文本生命的生成逻辑，注重从文本生命的生成性来认识与理解翻译，体现了翻译在时空维度上的延展性与绵延性。它表明翻译不仅仅是一种语言转换或文化操纵活动，而且是一种文本生命在异域之中的生成活动，因而"翻译能够延续文本的生命（the life of the text）"（Pym，2014b：275）。翻译的生成性有承上启下的三个层面：其一，翻译在本质上就是改变文本生命的形态，使原文生命转渡为译文生命而获得再生，因而翻译的本质就是生成性；其二，生成就是塑造、造就与发展文本生命在异域之中的延续、生长与成长，是从原文生命到译文生命再到来世生命的创生过程；其三，翻译生成意味着任何文本生命都是在翻译过程中"成其所是"而生成的,都是在翻译过程中得到确证与实现的。可以说,生成构成了翻译作为文本生命存在的基础。

翻译是生生不息的,它拥有自身的生成之途与生命之道。如果说文本生命的生成是使翻译"是其所是"的基础,那么意味着是文本生命使翻译生成且栖居于复杂生命系统。翻译既不是一个具有超越性的精神实体,也不是一个精心设计与制造的机械装置,而是一个由文本生命生成的复杂生命系统。文本生命的生成当然是有目标的,但这种目标并不是一个精神实体赋予的,也不是对精神实体的僭越,而是来自翻译的生命性存在本身,因而"翻译是有机的(organic)、宏观的(thoroughgoing)"(Gramsci,1995:307)。作为有机体的生命性存在,翻译在赋予文本生命生成性的同时,也在创造出文本生命的"不朽"。文本生命的生成都具有目的性,否则翻译就失去了生成的目标。翻译能够在异域之中设置目标的存在者,是以其存在不仅局限于语言转换所赋予的既成性为前提,进而言之就是要求存在者能够突破语言转换的既定性限定,能够在生命共同体中打开翻译的生成性。翻译所设置的目标意味着,它不是将语言转换仅仅当作翻译的既成事实,而是打破语言转换的既成性存在并且将自身置于跨越了其既成性之外的生成性关联。只有突破语言转换的既成性而将其置于与文本生命的生成性关联之中,翻译才会成为超越语言转换的生成者,成为文本生命在异域之中生成的存在者。重要的是,设置目标的翻译还意味着朝向"不出场"的生成之物,它不仅将"在场"的原文生命置于某种生成之物的关联整体中,成为实现某一目标的译文生命,而且会把某种"不在场"的生成之物当成目标来设定,并力图使之成为未来的再生。翻译的目标设置就是作为文本生命的存在朝向生成之物的活动,并在这种朝向中打开"不在场"的译文生命,展现未来生成的再生。

依照翻译生成论的观点,翻译根本上是以生成性为基础用生成观念来解释与说明翻译的活动,翻译的生成性决定了翻译活动的根本内涵是生成。"它(生成)是译作从无到有的一种生成,是翻译不断抵抗不可能性的一种生成,也是原作超越自身走向生命拓展的一种生成。"(刘云虹,2022b:598)倘若生成是翻译作为文本生命存在的基础,那么生命性就是翻译不断抵抗不可能性的一个根本特征,也是翻译不断拓展自身生命论域的一个核心特征。生成之所以是翻译特有的生命性存在,就在于它能突破语言转换的既成性限定与规定。作为文本生命存在的翻译,它可以逾越语言转换的既成性限定而以生成性的开放方式不断进行自我超越、自我更新,构造出栖居于其中的生命共同体。发生于生命共同体的翻译,以文本生命的生成性为前提,指向的是文本生命的延续与成长。生成总是文本生命在异域之中的生成,翻译总是以文本生命在异域之中生成为前提,并以文本生命的生成为目标而展开。要展开并实现这种目标,翻译需要达成一种生命性的生成关系,而这种生成关系就展开为文本生命的传承性。在生成关系的基础上,翻译需要达成最根本的生命传承性:传承与延续文本生命的基因,生成与创造来世生命的形态。翻译不仅能够"是其所是"地传承文本生命的基因,而且能够"成其所是"地创造出来世生命的形态。作为一种生命性存在,翻译不仅存在于生命共同体之中,而且生成于生命共同体之中。这就要求翻译确立起自身作为文本生命的生成者,在异域之中不断地差异化而持续地生成,同时包含着对文本生命的显现、生成乃至成长。

生成作为一种翻译意识,更作为一种翻译实践,是内在于翻译之为翻译之中的,甚至可以说生成就是翻译之为翻译的本质力量。生成是翻译的本质,这个本质从未离开文本生命而孤立存在;通过生成这个本质,文本生命在异域之中才是延续性的、成长性的生成者,也才能够体现出翻译的生成性。通过生成这个本质,翻译才能突破既成性的封闭与压制,从而使自身成为文本生命的生成者。只有突破既成性的封闭并作为文本生命的生成者,翻译才能展开文本生命在异域之中诞生、延续与成长的生成性关系。生成性关系是建立在作为文本生命的存在者的基础上的:生命性就在于翻译能够超出语言转换的既成性的封闭且作为文本生命存在而在异域之中生成的,因为"生命是在经验的显露(disclosure)中传承的","完全一致性(complete conformity)意味着生命的缺失"(Whitehead,1938:87)。如果文本生命确实是翻译的基础,而生命性是翻译的最根本特征,那么翻译作为文本生命的生成者能够超越既成性而打开既成性之外的多种可能性,这种超越与打开就是翻译的生成方式,"能生成"无疑可以被视为翻译作为文本生命存在的一个逻辑前提。换言之,生成性才使翻译能够以文本生命的方式存在,生命性存在则反过来表明翻译被赋予了"能生成"这种本性。

三、翻译的生成性意识

因为"能生成"这个本性,翻译才会拥有生成性的"纯语言"(pure language)与生成性的意识。将"能生成"这个本性作为翻译的生成性描述,其目标在于确立翻译的生成性意识。生成性意识的确立是解释翻译现象的意识基础,如果没有将生成性意识确立于其中,便难以达到解决"文本生命何以生成"问题的深度。翻译生成性足以将"文本生命何以生成"问题的整体内涵表述出来,以至于我们对翻译的理解必然要通过"能生成""成为是"的形式发生,翻译就是使文本生命本身得到生成性表述。将生成性意识扩展开来便是纯语言的创造问题,即文本生命何以生成出纯语言的可能性问题。翻译与纯语言的内在关联,是生成不断认识自己,为自己在翻译中定位,同时也不断承担起创造纯语言的责任。翻译生成的范围越大,对纯语言的认识就越全面,因而以翻译作为文本生命的生成者就越可靠。翻译不是一个纯粹的既成事实,而是基于生成与纯语言、文本生命之间的内在关系给出的整体观念。正是生成的存在,才使翻译自身及其置身于其中的生命共同体需要纯语言,从而使翻译能够打破既成之物,促使文本生命在异域之中诞生。正是生成的存在,才使翻译能够成为文本生命的生成者,从而使纯语言成为翻译展开差异与朝向未来的方式。差异,作为一个客观存在的事实,构成任何一次翻译生成进行的基本前提。这本身表明,生成概念从一开始便蕴含着翻译存在着多种可能性,呈现出多样性、差异性的成长状态。因为只有生成,翻译才能置身于各种可能性中并出于各种可能性的境域去谋求纯语言的显现,而文本生命也才能以置身于各种可能性的方式来认识纯语言所发出的生命呼唤,并将之理解为抵达新生命的境界。

翻译的"能生成"特质,意味着翻译拥有内在的生成性意识。生成性意识影响下的翻译观念,包含了一种"能生成"特质的思想,它使翻译跳出了语言转换的困囿而能置身于可能性,翻译才能"成其所是"地将自身带入各种可能性之中。如果翻译没有生成性意识而只能置身于语言转换之中,那么翻译只能置身于既成性。如果翻译只存在于既成性,那么就意味着翻译只是作为既成性的产物而被封闭于某种可能性,翻译只拥有既成的对等性而没有其他可能性。"翻译恰恰有可能打破现实,令可能性重新浮现,而每一次的翻译都是一种新的可能性成为现实的过程。"(曹丹红,2023:112)正因为如此,翻译就是一个不断生成的过程,这个生成过程就是使新的可能性变为现实的动态过程。如果仅仅从语言的视角来考察翻译,那么作为一种语言转换的活动,翻译就陷入既成性之中的被动行为,进而失去自我更新、自我涌现的生成空间。如此一来,翻译既不可能作为文本生命的生成者,也不可能作为文本生命在异域之中的成长者。如果没有生成,就没有翻译作为文本生命存在的需要,也没有翻译作为文本生命存在的生成能力。翻译是在超越既成性的生成性意识中被赋予作为文本生命的生成者。

所谓生成性意识，是指翻译置身于生命共同体而超越既成性的意识。翻译被赋予的是生成性意识，它不是作为既成性的结果被赋予的，而是作为文本生命的生成性被赋予的，更是一种生命性的存在。

作为文本生命的生成者，翻译总是蕴含着一种生成性意识，即超越既成性的意识。翻译总是在既成与生成之间被给予，而不是单纯地作为既成性的结果被给予。这就意味着，翻译不是作为一个被封闭在既成性里的机械之物出现的，而是作为超出既成性的生成之物被给予的。作为文本生命的存在就是在异域之中生成着，除此之外，翻译没有既成性的规定，它不是封闭的既成之物，而是动态地生成着。当然，翻译具有既成性特征，但如果消解了生成性特征，那么就会使自身趋向于同质性而无差异化，进而会阻碍翻译的生成性。生成使翻译能够从既成性的限定中突破出来，打开既成性本来没有的差异性与可能性，让翻译存在于各种生成性，就意味着翻译被抛入作为文本生命的存在境域：翻译不得不置身于复杂多样的差异性与可能性，而且不得不从封闭的既成性中释放出来，以便把文本生命也置入可能性来审视而与新生命相遇。只有翻译存在于可能性，翻译才存在于被生成之中。"生成（becoming）是一种向新事物（novelty）的演进；每一种存在都是潜在的生成。"（Whitehead,1978:28,65）生成使翻译走向一种新生命的演化；翻译就是一种潜在的生成。翻译不仅存在于各种可能性，而且置身于生命共同体并总是处于不断生成的各种可能性之中。翻译因生成而总是存在于文本生命延续的整体，而所有可能的延续都来自这个整体的延续性。文本生命在异域之中的延续才足以使翻译能够回应并揭示被生成置入了整体之中而涌现出来的各种可能性，使翻译置身于其中的整体成为一个呈现差异性与朝向未来的生命共同体。

翻译被抛入了生成而不得不打破沉默与冲突封闭，进入"纯语言"（pure language）之中。翻译的生成是纯语言的一部分，因为翻译的根本任务就是"释放自身语言中被放逐（under the spell）于陌生语言中的纯语言，解放翻译作品中被囚禁于该作品中的纯语言"（Benjamin,1923:22）。纯语言就是要绽放翻译的生命力，在生生不息之中显现出翻译的生命性存在。要在翻译与纯语言之间寻求生命性存在，并不是刻意地放弃语言转换的既成性，而是应该始终聚焦于文本生命的生成性，这是翻译与纯语言的交汇点。纯语言就是让翻译"成其所是"，它不仅在空间维度上强调翻译作为文本生命的延展性，而且在时间维度上强调翻译的绵延性。"如果纯语言持续不断地成长，那么翻译本质就是绽放作品的永恒生命与语言的生生不息。"(Benjamin,1923:17-18)通过纯语言,翻译能够打破既成性的封闭而打开空间上的延展性与时间上的绵延性。只有能够触碰纯语言的翻译才是生命性存在的翻译,只有能够触碰到纯语言的生命共同体才是真实的生命共同体。翻译并非仅仅存在于语言转换之中,它只有被带入纯语言之中才能揭示与显现自身的生命性存在。实质上,纯语言就是一种生命性的存在:翻译总是表达着翻译自身之外的文本生命,总是指示着翻译所指之外的文本生命,因而纯语言本身总是存在于可能性之中,是不断生成的文本生命,是翻译的生命性存在。

翻译不能仅仅凭借单向的语言转换,只有真切地展现自身创造的纯语言的内在力量,才能获得本质性的显现与敞开。纯语言的产生将翻译从对既成性的过分依赖中释放出来,让翻译渗入自身的差异性与生成性。纯语言通过把翻译带入文本生命的共同体,使翻译得以在异域之中绵延,从而使翻译有可能被文本生命显现与生成。正是通过文本生命的显现与生成,翻译以更多元化、差异化、整体性的生命形态显现出来。纯语言不仅让翻译更接近文本生命以及更逼近它的生命性存在,也使翻译拥有文本生命在异域之中延续而能觉悟到它的生成性。纯语言可以使翻译在时空维度上一直延展与绵延着,这不仅使翻译作为文本生命的存在成为可能,而且使翻译具有文本生命存在的生成性成为可能。正是生成性将翻译带上了一种不断自我突破、自我塑造的生成轨迹。这也是翻译作为文本生命的存在在延续性中完成突破又在突破中保持着延续性的发展之径——"与其说翻译是一种生命,不如说它是一种承载生命延续性的责任,这是翻译生生不息的意义所在"(罗迪江,2021g:20)。

事实上,纯语言不仅使翻译在文本生命里接近生成性成为可能,更为重要的是使文本生命在异域之中延续成为可能。如果说文本生命通过打破语言转换的既成性而开启了翻译的生成性,那么纯语言便是通过生成的方式突破语言转换的无差异化而开启了翻译的生成性。纯语言通过突破无差异化的语言转换勾勒出生成性,从而使翻译成为文本生命在异域之中的生成者与创造者。"语言所能抵达的地方,就是其生命的极限,这种极限是未知的、未定的,对生命的追求不止,语言的历险便不止。"(许钧,2020:92)这使翻译可以通过纯语言来打开生命共同体及其一切可能性的生成之物,从而抵达生命的极限。纯语言是一种创造文本生命的语言,是一种抵达生命极限的语言。纯语言将翻译带进了一个能够创造文本生命的平台,进而使翻译能够近乎人类创造者一样创造人类的文化与文明。翻译在纯语言中以打开、揭示生成的方式创造着人类的文化与文明，或者说，翻译以创造人类文化与文明的方式打开、揭示着人类的文化与文明。"作为人类存在的根本方式之一，翻译始终是一种建构性力量"，"是主导世界文化的一种重大力量"（刘云虹、许钧，2016：98-100）。因此，翻译永远是一个在人类文化与文明的创造中不断生成与传播人类文化与文明的活动。人类文化与文明由此展开为一个新陈代谢的、不断翻译的文化与文明，而追求"和而不同"应该成为翻译学界致力于翻译研究的基本思维。由于纯语言使翻译得以生成，纯语言的出现不仅标志着翻译作为人类存在的根本方式、作为沟通人类文化与维护多样性文明的根本方式成为可能，而且开启了翻译加速人类文化沟通与多样文明维护的新趋向。

　　翻译研究建立在生成论的基础上，通过差异化、宽容、纯语言、文本生命进行自我理解与自我塑造。这需要将翻译研究的普遍性重置为生成，才能获得新的生长点。作为文本生命的生成者，翻译使人类文化沟通与文明多元化成为可能，并由此突破语言转换的既成性封闭。这使翻译作为文本生命的存在，无论在诞生阶段还是延续阶段抑或是成长阶段，都会造就一系列的差异性。翻译既出于文本生命，又创造出文本生命——它以生成的方式而有所创造，以打破既成性的方式超越，以生命延续的方式创造。只要翻译存在于文本生命之中，更确切地说，只要翻译以文本生命的方式存在着，那么翻译就以最清晰的生成方式表明，翻译不仅相互差异地生成着，而且翻译不断差异化着自己。这就意味着翻译的确只生成于差异化。翻译只有生成于差异化，文本生命才会在异域之中诞生、延续与成长，翻译才是生命性的存在。翻译因生成而存在于可能性，并置身于文本生命的差异化。生成、差异与翻译的生命性存在本身是一种视域融合，由此逐渐渗透于翻译研究，不断拓展翻译研究的视域，成为当代翻译学发展的一种驱动力。

　　高度自觉于当代翻译学的生成研究，本质上是一项翻译生命性存在的研究工作，也是翻译研究获得生命性表达与生成性取向的根本方式。正是生成能够成为翻译研究的一个新视域，它不仅构成了翻译差异化、生命性存在、纯语言显现的前提，而且构成了翻译之为翻译的前提，有能力在翻译学领域中对传统译论的概念做出清晰的生成性阐释，从而使生成概念在翻译研究中显露出生命性存在。可以说，翻译生成论的内在机制就是生成性，它是对既成性的一种超越与扬弃，强调翻译作为文本生命的存在是一个生成过程。以生成性来看待翻译，翻译就处于持续不断地生成中。因而,翻译的本质就是一种生成,是作为文本生命的生成而形成的生命体;没有生成就不能将翻译作为文本生命的存在。探讨翻译的本质,既离不开文本生命,也离不开生成。从这个意义上说,翻译与文本生命就是一种生成关系,就是一种过程关系。生成关系与过程关系强调翻译是未完成的、开放的,总是处于文本生命在异域之中诞生、延续、变化、成长与发展的过程中。概而言之,翻译的本质就是作为文本生命的生成过程,生成性是翻译之为翻译的本质特征。

第五节　翻译生成论的基本动力:创生性

翻译生成论的最基本概念是"生成",由"生成"衍生而来的"成生"或蕴含的"生生"都是一种创生活动,因而它的显著特征是创生性。翻译的意义是创生性的,总是打破既成性的束缚,总是创生性地界定翻译行为,因而翻译的本质是创生,不以既成性、确定性为其终点或归宿。从认识论角度来看,创生性是翻译生成论的基本动力,它是文本生命存在在异域之中的创造过程。当然文本生命的创造过程并不是静态的,而是从"潜在"到"现实"、"黑暗"到"光明"的诞生过程,并在异域之中获得延续与成长。"一切诞生都是从黑暗向光明诞生,种子必须种入土地并在黑暗中死去,为了是让更美的光明形态(Lichtgestalt)成长起来,得以在阳光下发展。"(谢林,2008:74)翻译生成就是在原文生命的"母体"中成形,从原文生命的土壤中再生,到异域之中的土壤才能成长出灿烂的生命形态。这就是本雅明所谓的"来世生命":"真正的翻译是透明的,它既不遮蔽原作(cover the original)亦不掩蔽原作光芒(black its light),而是让如其所是的纯语言充分地绽放原作光芒。"(Benjamin,1923:21)对于翻译而言,不是客观性优先于创生性,不是确定性高于创生性,恰恰相反,创生性使翻译作为文本生命的存在成为可能,创生性使翻译作为文本生命在异域之中的生成成为现实。因此,创生性总是优先地考虑为生成性、成长性。或许只有创生性才具有动态的、能动的过程描写,翻译的过程描写都需要通过创生性得到重新界定与定位。翻译因为创生性而使文本生命在异域之中获得再生,而创生性凸显的是一种符合翻译的新颖性与多样性。反观西方译论,无论是语言转换论还是文化操纵论,可能有时缺失的恰恰就是这种创生性意识。当然,创生性也需要涵盖语言转换论的确定性与文化操纵论的多元性,即创生性概念是基于翻译的确定性与多元性的一种延伸与拓展,是将翻译视为一种文本生命存在而凸显出来的复杂性特征。

哲学家怀特海指出，"创生性(creativity)是描述终极事实普适性特征中的普适性(the universal of universals)……是将新颖性引入世界之'多样'而呈现世界之繁杂(disjunctively)"(Whitehead，1978：21)。创生性作为事物发展具有新颖性的一个根本原则，可视为哲学家唐力权所说的"隐机"："'隐'指蕴微生命的退隐与不朽，'机'指蕴微生命之待用与再生(成为造化的因子或因素)。"(2001：212)"隐机"实质上就是张扬造化流行、生生不息，强调事物发展的创生性。如果将"隐机"视为文本生命的生成过程，那么，"隐"可指原文生命，"机"可指译文生命，两者的创生过程就是文本生命从"隐"到"机"的显现过程。创生性是文本生命在异域之中的生成之源与生成之途，显现过程就是文本生命的创生过程。创生过程包含文本生命的诞生与延续过程，表现为原文生命转渡为译文生命的显现过程。创生性贯穿于翻译活动的始终，"译语也像上帝，它在回应、回指的过程中以一个新文本的形式赋予源文一个后续生命"(朱纯深，2019：15)。赋予原文一个后续生命，实质上就是强调"创生性"蕴含着"延续性"。翻译的本质是一个渐进的创生过程，它的奥秘在于尊重文本生命的基础上的创新与成长。反过来说，一个仅仅强调语言转换或重复着语言符合却未能延续与继承文本生命的内在基因，那绝不是翻译的创生性。创生性内在地包含着延续性与传承性，这种延续性与传承性既是创生性的基础，也是文本生命在异域之中成长的基础。可见，翻译生成论强调创生性并非纯粹地推崇创新，而是将延续性与传承性视为文本生命在异域之中再生与创生的平台以及防止翻译任意发展的保障。

"生生之谓易"突出了创生的本质，创生的存在决定了文本生命在异域之中的诞生、生成与生长，决定了翻译的本质特征。由此而来，"翻译可以被理解为一种文本生命而不断处于'生生''转生''化生'的动态过程，其要旨在于创造生命而形成新的生命实体，'生生'成为了翻译之道"(罗迪江，2021d：137)。如果没有"生生""创生"的范畴，讨论与原文生命、译文生命、来世生命相关的各种问题就失去了必要的根基。正如余光中所说，"真正有灵感的译文，像投胎重生的灵魂一般，令人觉得是一种再创造"(2002：30)。翻译的产生不是单纯的语言转换或文化操纵活动，而是一种在"生生""创生"交互作用的整体背景下形成的生命机体。它强调文本生命在"生生""创生"中有所延续、有所创造并在异域之中新陈代谢、革故鼎新。可以说，创生性是翻译生成论的基本动力，它是通过翻译过程的延续性与涌现性体现出来的。

一、翻译的延续性

翻译积淀着文本生命在异域之中的生气,是文本生命生生不息的驱动力,因而翻译具有显著的延续性,它决定了文本生命在再生过程中的延续问题。作为文本生命的存在,翻译必然蕴含着延续性,否则就是翻译走向死亡之时,即原文生命的"过去"与译文生命的"现在"以及来世生命的"未来"之间必然存在着贯穿始终的延续性。那就是翻译始终在场的延续性,而翻译只有具有始终在场的延续性才可能使文本生命在异域之中不断地新陈代谢。延续性是赓续原文生命的基因,它决定了原文与译文之间的生命间性。如果不能从延续性来认识原文与译文的生命间性,就不可能理解翻译的"过去",也不可能理解翻译的"现在",更不可能理解翻译的"未来"。翻译的延续性类似于生命的基因,不论翻译如何变化,其在异域之中有着贯穿始终的延续性。翻译的延续性,既保证了原文生命的基因,也为译文生命指明了生成之势。延续性就是文本生命的生成,就是独特的"文本再生"。"文本再生"作为认识与理解翻译生成论的核心概念之一,它是实现文本生命的整体性存在的核心载体和基本途径。从文本再生出发把握文本生命的延续性及其生存状况,构成了翻译生成论研究的生命意识与基本动力。作为探讨翻译的问题意识,文本再生是以文本生命的传承与延续为核心理念来理解翻译的,反映了翻译过程的生命意识。翻译过程的传承性,意味着文本生命的延续性;文本生命的延续性体现在文本再生的延续性。它意味着,具有创生力的译者与适应性主体的译者将原文生命转渡为译文生命。在转渡过程中,异域之中的生态位会被译文生命的诞生生成;原文生命在基因方面具有对应性的生命形态,由此形成了原文生命与译文生命之间的生态位的和谐性,这样文本生命在转渡过程中得以在异域之中再生与成长。当翻译研究不再囿于以文本为定向的、还原式的视界去讨论翻译问题时,我们就会自然而然地悬置语言转换论的思维方式而转向翻译生成论的思维方式,翻译所关注的是文本再生后如何使文本生命在异域之中获得新生,所表征的是文本生命的延续状态在异域之中重生与复活。换而言之,翻译生成论以文本生命为根隐喻,突破了语言转换论的"文本"层面,它不再以静态的文本为唯一对象,而是以文本生命为阐释基底,有意识地将研究视域聚焦于文本生命在异域之中的延续、再生与生长问题,而再生与生长构成了文本生命在异域之中延续的根本方式。再生与生长意味着文本生命的延续性,这就成为文本生命在异域之中得以延续与成长的根本原因。(罗迪江、陶友兰、陶李春,2019:13)。从这个角度来说,翻译就是一种再生、生长的延续过程,其延续性体现在文本生命的延续性,体现在文本再生的延续性,体现在翻译主体对文本生命的认识与理解的延续性。

延续性是文本再生的基因,它能够为翻译提供共同的语言记忆与丰富的意义阐释,汇聚原文与译文之间独特的生命间性以及成长历程。在文本再生的过程中,翻译主体会根据翻译环境的变化选择原文的主要特征与属性,确定文本生命的意义再生,考察原文与译文的生命间性关系,决定进行适应性的意义再生。凭借文本再生的独特基因,翻译主体需要赋予文本生命再生性基因。再生性基因是翻译主体利用翻译环境的有效信息,为文本生命的生成提供延续性的土壤,并由此形成与调整对文本再生的成长趋向。这就是说,再生性基因是文本生命在异域之中获得延续的初始基因,它既是确定译文再生性的基础,也是翻译主体进行积极创生的结果。翻译主体需要对文本生命进行再生性塑造,确定译文生命在异域之中的再生性,通过意义再生塑造文本生命与译者生存、翻译生态相互耦合而成的生命共同体。翻译主体为了适应生命共同体的需要,不断地做出选择性适应来调整自身行为以进行文本再生,通过不同的翻译策略来进行适应性选择与选择性适应,以求更好地适应翻译环境选择的需要,依归于原文与译文的生命间性。至此,文本生命在异域之中获得了再生的生成性,译文生命就相应地获得了诞生与成长。译文生命的诞生并不表明翻译走向了成长的终点,而是意味着翻译有了新的成长历程,并开启生生不息的生命之旅。从生命之旅来看,翻译主体需要对文本生命进行意义再生的建构与塑造,促使文本生命在异域之中获得这个延续性基因,进而再生、延续与成长,生生不息。

延续性并不是停滞不前的,更不是机械僵化的,而是以成长为生命支撑的"守正创新"过程。所谓"守正",是指翻译需要传承原文的生命基因并使之在异域之中有所体现、有所传承;所谓"创新",是指翻译基于原文与译文的生命间性赓续原文的生命基因,并使文本生命在异域之中有所成长、有所发展。换而言之,翻译就是要凸显文本生命的延续性,在异域之中接受异域的考验而获得生命的延续。"翻译是一个不断生成与成长的动态过程,而译本的诞生是在'异的考验'与'适者生存的考验'中获得新的生命力而不断地成长着。"(罗迪江,2019b:38)翻译生成论将翻译理解为一个动态过程,而不是单一的静态结果;它既强调翻译的过程性,也强调翻译的延续性。强调过程性凸显了翻译对文本生命的依赖性与生成性,强调延续性体现了文本生命在异域之中的传承性与成长性。延续性才能使翻译不迷失自我、不迷失方向,进而使翻译能够在异域之中保持自身的生命主体性。因此,我们应该始终在一个动态的复杂性范式中理解翻译的延续性特征。翻译的本质既不像语言转换论所要求的那样是对实体性对象的客观反映,也不像各种形式的文化操纵论所描述的那样是文化操纵的产物或主体性张扬的结果,而是关于翻译研究的一种"生生之谓译"的阐释与展开。延续生命基因是翻译之为翻译的根本所在,最能展现翻译之为翻译的生命基础是文本生命的延续性。文本生命是翻译得以延续的基本载体;拥有了文本生命的延续性,就拥有了坚实的生命主体性,翻译活动就拥有了本原的成长基因。

语言转换论是建构在确定性与客观性上的观念,翻译需要进行的是如何通过无限推理进行语言转换并获得有效的对等性。这就是将翻译视为一个既成不变的固定物,掩盖了文本生命的延续性。翻译终究不只是简单的语言转换,而应该是一种文本生命的再生过程。语言转换论注重的是封闭的跨语言系统如何转换的问题,翻译生成论强调的是一种延展至语言之外的文本生命如何再生的问题。我们对翻译的认知,是通过文本生命的延续性来获得其在异域之中的成长趋向。文本生命是在延续性之中生成并成长的,因而延续性乃是翻译的另一种属性。翻译要通过文本生命的再生才能推动原文生命之"生"转向译文生命之"成",从而获得生命延续。延续性体现了"生生之谓易"中"生"与"易"的内在关系:"译之言易也,谓以所有易所无也。譬诸枳橘焉,由易土而殖,橘化为枳。枳橘之呼虽殊,而辛芳干叶无异。"(赞宁,1987:3)这就是通过"易"的方式让文本生命在异域之中"易土而殖",即文本再生获得了持续的生命,原文生命(橘)转化为译文生命(枳),"橘"与"枳"通过"易"的方式发生了生命形态的变化(枳橘之呼虽殊),但其生命价值却是一致的(辛芳干叶无异),即原文与译文获得了生命间性的内在延续而形成了"易"与"生"共同塑造的生命共同体。这个生命共同体深深植根于文本生命的延续性,植根于原文与译文的生命间性,解答了"我是谁""我从哪里来""我要到何处去"的翻译之问,汇聚了原文与译文的生命间性之力,这正是翻译之为翻译的根基。

二、翻译的涌现性

翻译过程涉及文本系统、群落系统和译境系统等各个子系统,它不仅是一个动态的受限生成过程，也是一个具有涌现性、非线性的复杂适应系统。涌现性(emergence)是创生性的进一步显现，是翻译生成论的基本动力所需要的显著特征之一。"Emergence 所表示的结果是一个'成'的过程(becoming process)。所谓'成'也是从结果来看的，如果从开始那一端来看，则是'生'。因而，'生'与'成'则是 emerge 一词的起点和终点。"(金吾伦，2000：168)从"生"与"成"来看，翻译的涌现性是与文本再生密切相关的。翻译就是将原文生命转渡为异域之中的译文生命，使包括不同形态等在内的原文生命与译文生命保持内在的适应性与共生性。翻译就是文本生命在异域之中的再生活动，它促使文本生命在异域之中诞生、延续与成长。文本再生意味着生态位的"空缺"与"填补"。文本生命在对文本再生的反应中与对生态位的建构中被改造，译者对生态位建构的知觉与适应，反过来会塑造文本生命在异域之中的诞生历程。这种诞生历程其实就是从原文生命转化为译文生命。原文生命转化为译文生命，就是一个创造性的适应与涌现过程，适应与涌现都起着"承"原文生命而"启"译文生命的作用。当我们说这个诞生历程是一种转化时，其实就是把文本生命作为一种根隐喻，就是把文本生命作为一种适应性来看待与考察。翻译生成论所关注的是文本再生后如何使文本生命在异域之中填补空缺的生态位以获得再生并能够持续地生长，它所表征的是文本生命被转渡之后的生命状态在异域之中的成长形态。

翻译过程中文本系统、群落系统和译境系统的非线性作用造成了翻译作为生命形态的信息增殖，是涌现性产生的深层原因。涌现性在翻译过程中表现出格式塔效应，即整体大于部分之和，这是因信息增殖造成复杂生命系统的结构与功能的改变，即翻译的生成过程是由简单到复杂、由单一性到多元性地自然涌现出来，从而实现翻译从原文生命的潜在性向译文生命的现实性的转变。作为文本生命的创生者，译者并非一个全知全能的适应性主体；倘若其创生力比较薄弱，译者就难以利用翻译规律对原文生命与译文生命进行聚集，做出错误判断而运用不恰当的翻译策略或方法，难以进行适应性创造。这就阻碍了译者对原文生命与译文生命的共同演化，文本生命在异域之中的生成就会受阻。当然，涌现性是翻译过程中普遍存在的现象。当译文生命无法在异域之中表征原文生命时，文本生命就失去了生命活力，也就失去了存在的家园。当译文生命在异域之中能表征原文生命时，那就意味着，它在异域之中孕育了另一种生命力。作为文本生命的创生者，译者若要避免译文生命在异域之中失去生命力，就需要译者在翻译过程中发挥自身的创生力,使译文生命既能表征原文生命,又能使原文生命在异域之中得到孕育、延续与成长。

译者按照复杂生命系统中一定的翻译规律顺着文本生命的信息指示的方向进行翻译,在潜在实体的原文生命中寻找与译文生命相匹配的信息与译文生命相匹配的信息。文本生命按照一定的翻译规律,随着不断地翻译而生成复杂的适应系统。译者没有对文本生命完全认识之前,只能从已有原文生命的信息,选择与译文生命相关的或相似的若干属性,形成对译文生命的一个简化的趋同版本。文本生命的生成过程,是以聚集方式去建构与原文生命具有趋同效应的生命基因。译者以创生力为指向,把原文生命与译文生命聚集成类,形成趋同效应,从而在异域之中涌现出新生命。文本生命的聚集不是原文生命与译文生命简单的合并,也不是原文生命的消失,而是在更高层次上获得译文生命。原文生命并没有消失,而是在更适合自己生存的翻译环境中获得再生而形成新生命。从复杂适应系统来看,翻译过程就是复杂生命系统中各个子系统的一种非线性相互作用,文本生命的生成过程就是文本生命与各个子系统之间的一种非线性相互作用,就是原文生命与译文生命在异域之中相互耦合的聚集过程。当然,译者的创生力与适应性越强,其文本生命的生成意识就越强,那么译者就能够按照规律对翻译进行文本生命的信息聚集,通向原文与译文的生命融合。翻译过程就是基于译者的创生力实现原文与译文相互作用而聚集与生成的再生过程。聚集与生成使原文与译文之间产生一种生命间性的趋同效应:文本生命从潜在实体趋向于现实实体,从广延状态趋向于绵延状态,从离散性趋向于连续性,从断裂性趋向于延续性。

显而易见,按照复杂性范式的观点,翻译生成论秉持的是一种以生成性为导向的差异化翻译,它不再只是强调语言转换的对等性,而是更重视探讨文本生命的生成性特征。翻译是一个不同因素相互作用、相互耦合而成的受限生成过程。任何受限生成过程都能表现出涌现性特征,其表现为"整体大于部分之和",其本质是"由小生大,由简入繁"。当翻译处于文本系统、群落系统和译境系统相互作用时,各个系统之间的相互制约力就不断扩大,随之而来的差异性也不断加深,并在翻译过程中不断地改变着复杂生命系统的结构与方式,促使文本生命产生分化与质变,从而产生涌现性现象,最终使文本生命在异域之中再生与重生。涌现性表明了,翻译是差异化存在的。差异化翻译承诺的不是绝对的确定性与对等性,而是自我生命与他者生命在转化过程中具有自身的独特性。文本生命是自我生命塑造与他者生命建构的统一体,潜在实体的原文生命在翻译过程中发生了变化,它拓展与丰富了原文生命的内在属性、本质特征、价值功能。然而,原文生命与译文生命的传承基因是一致的,这就使得文本生命在异域之中的生成具有随意概然性、临时性或者说非持久性。同时,文本生命总是处于变化之中,复杂生命系统中不同子系统的非线性相互作用,使文本生命生成的复杂性迅速增长,表现出原文生命没有的特性,使文本生命的生成具有偶然性或者说非决定性。此时,任何翻译行为的变化都会导致文本生命的临时性与偶然性发生变化,从而生成更高层次的译文生命,最终成为译者所认定的具有稳定性或恒新性的译文生命,即文本生命产生涌现性,译文生命在异域之中获得了延续与成长。

文本系统、群落系统和译境系统的非线性作用造成了复杂生命系统的增殖,是文本生命涌现性产生的深层原因。涌现性表现出来的"整体大于部分之和",往往是由复杂生命系统的增殖造成整个文本生命的结构和功能的改变,即由自我生命的封闭状态到与他者生命的视野融合、由潜在实体到现实实体、由广延状态到绵延状态、由单一性到多样性涌现出来,最终呈现出文本生命的成长态势与发展趋势。可以说,翻译的涌现性造就了翻译的创生性。这种立场既避免了语言转换论只抓住语言分析而追求对等性的做法,又避免了文化操纵论只抓住文化语境而追求多样性的做法,且有利于把确定性与不确定性、单一性与多样性、线性与非线性、因果性与随机性等有机地结合起来考察,以辩证的眼光从更高理论层面上揭示翻译的创生性特征。

第六节 翻译生成论的内生动力:成长性

著名学者刘云虹(2018a)在《翻译定位与翻译成长性——中国文学外译语境下的多元系统论再思考》一文中,明确提出了翻译"成长性"这一重要概念,标志着国内翻译学界正式开启了对此领域的深入研究。翻译的成长性是与生成性相伴而行,相生不离的。刘云虹指出,翻译的成长性包含两层内涵。首先,翻译作为对自我与他者关系的建构与反映:翻译可以说永远面向未来,面向自我与他者关系中的无限可能。其次,翻译作为一种"不可能性的必要性":翻译是具有建构力量的一种生命存在,在极限处获得成长的潜能,这正是翻译自身生命力的体现。(2018a:98-99)成长性意味着,翻译永远面向未来一系列的可能性,它构成了翻译生成论的内生动力。拉卡托斯(Lakatos,1986:48)指出,一切科学研究纲领都拥有以"无可反驳"为特征的"硬核"(hard core),而具有灵活性、简洁性与创新性特征的辅助假说(auxiliary hypotheses)就在这个"硬核"周围形成一种可持续调整的、可整体替换的"保护带"(protective belt)。以此观之,成长性是以硬核的形态作为翻译生成论的内生动力,在文本生命的成长过程中也呈现出灵活性、简洁性与创新性特征。文本生命、原文生命、译文生命与来世生命之间不仅是生成的、相互作用的,而且表现出"合生"的成长性特征。按照怀特海的机体哲学,文本生命就是翻译的"现实存有",原文与译文之间的生命间性转化行为就是"合生"历程。不论是创生性,还是生成性,翻译指向的都是原文生命与译文生命的"共同生长"而体现出文本生命的成长性特征。"生生之谓易""天地之大德曰生""万物化生"中的"生",都体现了文本生命的成长性特征。将成长性作为翻译要追求的目标,能够合理地说明与诠释翻译在文本生命生成过程中的内生动力。我们知道,译本的诞生并不意味着翻译的完结,而恰恰是在"异"的考验中、在不同文化相互碰撞与理解中翻译成长历程的开始。(刘云虹、胡陈尧,2019:1)只有认识到翻译作为文本生命的成长过程,才有可能真正认识到:翻译的成长性始终是文本生命诞生、生长与发展的根本方式之一,始终是文本生命在异域的考验中获得再现与再生的根本力量与内生动力。

一、翻译的成长性

翻译的生成性与创生性,决定了翻译的成长性特征。翻译使文本生命处于生生不息的状态,文本生命时时刻刻地朝向、体验并接纳这种生生不息状态,每时每刻都受到这种生生不息状态与指向的推动。正是这种推动,翻译才获得成长性,从而使自身在异域之中获得再生。成长性特征凸显了文本生命在异域之中的再生、延续与成长,它就是要在翻译实践过程中促使文本生命不断地去生成化(de-generationalized)与再生成化(re-generationalized)的结果。去生成化就是对翻译认识中的主观性因素的扬弃而形成"客体通过生成主体而表达自身"的受动过程;再生成化就是对翻译过程中新的客观性因素的接纳而形成"主体通过生成客体而表达自身"的能动过程。也就是说,文本生命的成长过程通常向纵横两个方向发展:横向运动是通过文本生命成长的受动过程与能动过程的交叉融合体现出来的,是对已有翻译认识的扩展与检验;纵向运动表现为文本生命的演进与变化。可见,翻译是一个动态的受限生成过程,体现出文本生命在接受异域的考验中从诞生到延续、生长的成长过程。

文本生命的成长性呈现出翻译与文本生命的生成关系，这种生成关系既体现了文本生命的历史性与时间性，又凸显了翻译生成的延续性与创造性。翻译的时间性是一个文本生命的整体生成现象，这总是包含着原文生命的"前世"、译文生命的"今生"与来世生命的"未来"。只要翻译呈现出时间性，原文生命与译文生命的生成性就会在视域融合中涌现，它最终会在异域之中"成其所是"。换而言之，翻译的生成就是"如其所是"地扎根于来世生命的"未来"。这就表明了，翻译需要超越原文生命的潜在性，发现译文生命的现实性，落脚于来世生命的未来性。翻译的成长过程，体现了文本生命的成长性、发展性与时间性。肯定文本生命的成长性，不仅意味着翻译是一个生生不息的过程，也意味着新的文本生命生成的开始，即来世生命的开始。翻译的成长性离不开翻译的生成性。翻译的生成性既包含文本生命在异域之中的诞生，也包含文本生命在异域之中的成长。

翻译就是以文本生命为中介的成长活动，体现出自身的成长性。如果将文本生命视为具有"生生"内涵的"一"，它在异域之中生成出来的两端便是"二"——原文生命与译文生命，那么两者之间的传承性与延续性之后又复归为"一"，此时的"一"就是第一个"一"的自身同一，是原文生命与译文生命组合而成的"二"，并且成长为"三"的来世生命。一言以蔽之，翻译是生成的"三"（来世生命）："一分为三"并且"涵三为一"。作为文本生命的生成体，翻译的使命就是实现生成的"三"（来世生命）。翻译对文本生命的意义，以及对成长的理解与阐释，成为一切翻译活动的根本出发点。探讨文本生命的成长过程，就是在异域之中不断延续与创造来世生命的过程。从本质上说，翻译表达的是文本生命与来世生命的成长关系，成长关系意味着文本生命在异域之中形成新的生命形态——来世生命。当然，文本生命本身无所谓来世生命，当我们从成长性的角度理解文本生命时，本质上乃是从翻译主体的认识视域出发去考察翻译与文本生命之间的生成关系，表现为文本生命在异域之中获得再生。原文生命存在于翻译生成之前，后有译文生命的现实性与延续性。翻译是文本生命在异域之中生成的结果。可见，翻译生成论与以往基于实体性对象分析的语言转换论不同，着重于认识与理解翻译的生成性与成长性，依赖于对文本生命的理解与把握去认识翻译的本真形态与生命价值。

"现实世界是一个过程，并且过程是现实实有的生成。"（Whitehead，1978:22）依照怀特海的机体哲学，翻译是一个从潜在实有到现实实有的生成过程,这个潜在实有就是原文生命,现实实有就是译文生命,而翻译生成就是从原文生命生成而来的译文生命。作为现实实有的译文生命,它是基于作为潜在实有的原文生命之上生成的,这是一个不断再生的"摄入"过程。"'摄入'(prehension)概念,即现实实有间的动态过程。"(李健民,2019:23)也就是说,翻译就是现实实有的译文生命从潜在实有的原文生命摄入新生能量的生成过程。摄入是原文生命与译文生命的现实发生之间的纽带,翻译就是通过摄入使"在那的东西"(原文生命)成为"在这的东西"(译文生命)的方式。"在那的东西"与"在这的东西"相互耦合,就构成了翻译的同一关系,也构成了翻译的因果功效。"回头来看新的发生,可以说新的发生把过去的发生拉入自身当中,因而同一关系既可以被看作过去的因果功效也可被看作现在的一个摄入。"(Cobb,2008:31)这既是文本生命在异域之中的生成性,也是原文生命的发生对译文生命的摄入产生的因果功效。以摄入观之,翻译过程就是译文生命(新的实有发生)把过去处于原文生命中的潜在实有摄入、吸纳进自身生命。

翻译生成论开启了关于生成性的研究,而生成性构成了翻译研究中重要的不可或缺的组成部分。翻译是在生成之中形成的,是文本生命在异域之中获得生命延续的生成性形态。翻译的意义在于生成性的展开,而如何解释生成性就成为理解翻译的关键。生成性的核心在于建构文本生命在异域之中的诞生、延续与成长。如果翻译只局限于语言转换的对等性,那么生成性就趋于最小化甚至是等于零值形态。显然,生成性的问题超出了语言转换的对等性而显现自身的动态性、延续性与成长性。翻译关心的是文本生命的"生成",而不是文本生命的"事实";翻译不属于"事实"的客观存在,而是"事实"的生成过程,是"事实"蕴含的成长性。因此,翻译的价值就在于显现文本生命的生成性,以此来解释文本生命的成长趋向。翻译在维持自己的生成性的同时还应当具有成长性,否则这样的生成性就失去了文本生命的成长与发展。所谓翻译的成长性,是指文本生命在新的翻译环境中"适者生存"而孕育着新的生命,生生不息——"二语交际,化生翻译,译文生生而变化无穷焉"(方梦之,2011:4)。"译文生生"意味着,翻译文本生命在异域之中获得了持续不断的再生与成长。可以说,翻译不是一个既成不变的封闭体,也不是纯粹的语言转换,而是一个接受异域的考验而处于不断生成、持续成长的生生过程。"如果我们在语言转换论的根基处那里得到的'适者生存'还只是语言转换的对等性的话,那么,翻译的受限生成过程就是文本生命的'适者生存'。"(罗迪江,2021e:103)概而言之,语言转换论对对等性的探究不是生成性的议题，因而与确定性、客观性有关；翻译生成论对生成性的反思不是确定性、客观性的议题，它与成长性、创生性等复杂性特征相关。

从翻译生成论的视域来看，探究生成性的基点在于文本生命。作为翻译的存在方式，文本生命在成长过程中总会接受异域的考验并在其中孕育着新生。因此，翻译的意义在于提出了超越客观性与确定性的生成性问题。如果翻译的生成是一次性的，那么翻译就是既成不变的，也就变成静态的机械物。在此，翻译成长性的真正问题呈现出来，它强调文本生命既是一种适应性的诞生，也是一种在异域之中的生命延续，更是一种接受"适者生存的考验"的成长。这种成长表明了翻译活动在异域的考验与"适者生存"的考验中具有成长性特征。"翻译是一种孕育、培养和成就生命的活动，其过程可视为生命之旅……文本经过翻译被赋予新的意义，从而获得新的生命，在异域传播。"（陈东成，2017：125）成长性的翻译需要翻译生态环境的土壤，因为翻译始终栖居于翻译生态环境。成长性不仅与翻译生态环境密切相关，而且受限于翻译生态环境。翻译生态环境是翻译成长的空间，因而翻译需要超越语言转换的对等性，揭示文本生命的成长性，否则翻译就会失去自身的生命活力。"成长"才是翻译的"时势"与"态势"，所以翻译需要以成长性为参数，"成长"是翻译朝向的意向和再生的极限。翻译就是一个受限于翻译环境的生成过程，具有成长性特征。如果没有成长性，翻译就失去了生存的空间；如果没有成长性，翻译就只能是生存空间的机械物。这也就意味着，对成长性的理解与说明应当成为翻译生成论研究的题中之义。只有认识到翻译作为一个动态的受限生成过程，才有可能真正认识到：翻译的生成性始终是文本生命在异域之中诞生、延续、成长的根本方式之一，始终是文本生命在异域的考验中获得再生的活力。受限生成过程意味着，翻译行为是文本系统、群落系统和译境系统约束下的生成性产物，它关注翻译共享的复杂生命系统通过何种复杂关系、何种机制整体性地对翻译产生约束性的影响，以使自身在异域之中获得新的成长。同时，翻译也推动与塑造着文本系统、群落系统和译境系统的完善创新，即复杂生命系统在翻译实践过程中得以改变并被翻译实践重新塑造。不论是新的成长还是重新塑造，它们都表明了文本生命在异域之中获得新的塑形与发展。

研究"成长"如何塑造与表达翻译，就需要将成长性理解为一个描述文本生命如何在异域之中创生性地生成。翻译成长性形成于动态多变的复杂适应系统,它既试图操纵文本生命的时间,又试图启动文本生命的时间,两者都在化时间为文本生命的成长性,而成长性的秘密在于文本生命在时间维度上的演化。正是翻译具有成长性特征,才使得翻译生成论与复杂适应系统有了契合之处。复杂适应系统强调的生成性以适应性主体的共同演化为标志,"共同演化产生了无数能够完善地相互适应并能够适应于生存环境的适应性主体"(张君弟,2005:44)。由于共同演化具有了这种成长性特征,才使得适应性主体在演化过程中既合作又竞争,形成了相互作用、相互制约的复杂生命系统。共同演化正是适应性主体之间的非中心化生成的,它维持了翻译环境的完整、和谐、平衡与持续存在。正因为如此,适应性主体通过不断寻求相互适应和自我成长来孕育文本生命的传承、延续与成长,从而形成了翻译的涌现性与成长性。成长性是当代翻译研究发展中需要探讨与揭示的特征,是翻译生成论研究的根本要求,也是对翻译复杂性研究的根本诉求。翻译生成论将成长性理解为翻译的存在方式,反映了翻译生成论所内蕴的复杂性思想;借用复杂性思想的术语,翻译成长的能量在复杂生命系统的临界中形成了"涌现"。概而言之,翻译生成论的内生动力就是翻译的成长性。

二、翻译的受限性

复杂性范式在翻译生成论的理论建构中之所以能够引人注目,就在于它不仅承载了翻译生成论的方法论路径,还承载了能使翻译研究所蕴含的复杂性得到显现的认识论视域。复杂性范式的方法论路径与认识论视域为翻译生成论的思维范式提供了复杂性思想与复杂性思维范式:翻译不仅是一个生生不息的复杂生命系统,也是一个动态的受限生成过程(constrained generating procedures,CGP)。翻译活动是受限(受动)过程与生成(能动)过程的整体统一;受限生成作为对翻译活动的实践意识,体现了受限性与生成性的实践意识的整体统一。翻译的受限生成过程可以基本概括为:"寻找环境中的规律性,作出预言并建构试探性的行为,然后再观察这种行为对现实世界产生的影响,进而再依据行动结果进行修正,即在不断的反复中使系统达到对环境的适应。"(董春雨,2011:25)也就是说,受限生成过程决定了受限性过程与生成性过程的彼此交融,形成了现实翻译的实践生成过程。"受限生成过程"是翻译生成论的核心理念;作为诠释翻译的"受限生成",其主词显然是"生成";"生成"的限定词是"受限"。翻译生成论强调,不能仅仅从生成的逻辑来界定翻译的能动性,还必须从翻译环境的逻辑来理解翻译的受限性。翻译生成论的复杂性研究强调翻译要受限于翻译环境，它以翻译的生成过程为模型，确证了翻译的本来面目不是简单孤立的语言转换，而是翻译环境里中种适应性主体之间相互作用、相互制约的过程中生成的文本生命。于是，翻译不再仅仅是以对等性为基础的语言转换，而是以适应性主体之间的相互作用为基础，建立了动态的翻译生态场；翻译的性质也不再是简单性的语言对等的性质，而是复杂性的生成过程的性质。以 CGP 模型来理解翻译，至少包含两方面内涵：①翻译从复杂生命系统中产生，又在复杂生命系统中不断延续与演化。复杂生命系统指的是文本系统、群落系统和译境系统共同呈现的类生命形态，因而翻译具有复杂生命系统的依赖性与敏感性。②翻译之所以被称为"过程"就在于 CGP 模型是动态的，过程的运行机制就是复杂生命系统中各种因素之间的相互作用与耦合。复杂生命系统的相互作用与耦合，决定和影响文本生命的生成及其成长的"时势"与"运势"。既然翻译是受限生成的，而翻译生成论是对文本生命的"存在"与"生成"的探讨，那么翻译生成论与 CGP 模型是一致的。CGP 模型的运行机制生成了动态的翻译行为；翻译行为发生于复杂生命系统，而复杂生命系统限制与导引了翻译行为的"时势"与"态势"。

语言转换论与文化操纵论提倡的是"以文本为中心的二元对立思维，这在很大程度上忽略了文本生命的诞生、延续与成长问题"（罗迪江，2022c:91）。这不仅不利于我们真正把握与实现翻译的价值、评价翻译的地位，不利于我们把握翻译活动的生成性、成长性、创生性等复杂性特征，也不利于我们深入探讨翻译研究的复杂性范式。基于对传统译论的反思，翻译生成论将翻译视为一个动态的受限生成过程，这就决定了翻译过程的受限性特征。翻译过程首先反映了复杂生命系统的受限性，它主要受到翻译的复杂性、文本生命在异域之中的延续性与成长性、译者创生力的不同意识程度、翻译环境的动态性、翻译行为的规约性、翻译策略的多种选择可能性等因素的制约。复杂生命系统中各个子系统的相互作用、相互制约与相互影响形成了翻译的约束力量。翻译的约束力量既体现了翻译作为一种复杂生命系统的复杂性，又体现了翻译作为一种复杂适应系统的涌现性、生成性与成长性。它刻画了翻译生成的多样性与复杂性，也表明翻译是新生命涌现与生命形态不断演化的动态过程。翻译是动态生成的，是在生成过程中不断变化与更新的。因而，翻译并不是一个严格按照单纯的因果关系来获得语言转换的对等性的逻辑系统，而是一个由随意概然性、因果决定性与广义目的性综合作用的复杂生命系统,是充满偶然性与必然性、确定性与不确定性、因果性与涌现性、既成性与生成性、静态性与动态性相互交织的复杂适应系统。

其一,翻译在复杂生命系统中产生出来,又在复杂生命系统中运行、延续与演化。就译境系统而言,译境系统对翻译具有约束或限制作用;也就是说,翻译对译境系统具有依赖性。事实上,翻译过程受到翻译行为的不确定性与偶然性的约束与限制。对于群落系统来说,翻译过程受到意识形态、社会地位、权力关系、主流诗学、赞助商等因素的影响与制约;就文本系统来说,翻译受到原文生命与译文生命之间的同质异构或同构异质因素的影响与制约。这就意味着,翻译受到复杂生命系统的约束与限制,但是作为文本生命的存在是生成的。翻译生成论强调,翻译是生成着的文本生命,文本生命是未完成的存在;翻译存在是生成性的,文本生命的存在是在翻译过程中获得存在的价值。这样,翻译的根本特征在于,它始终是作为文本生命在异域之中生成的或未完成的存在。翻译是由作为文本生命的"存在"与作为文本生命的"生成"交织而成的动态网,它是在生成之中存在的,又在存在之中生成。于是,翻译通过"存在"与"生成"的方式得以在复杂生命系统中展开为生命的延续。

其二,翻译过程中存在着不同因素的干涉,因而翻译是一个由复杂生命系统中不同因素相互作用、相互制约的生成过程。翻译过程不再只是由确定性、客观性和既成性主导的,而是与不确定性、主观性和生成性共同作用的受限生成过程。由于语言/文化的不完备性、译者创生力的有限性、译境系统的动态性、文本生命的生成性、群落系统的不确定性,这就需要在考虑翻译行为的因果关系时还要充分考察翻译行为的偶然性与不确定性。翻译是一个因果性与偶然性交互作用的受限生成过程。受限生成过程的实质就是强调翻译生成论的整体性特征。整体性特征是将翻译作为一个动态的生命整体来考察,它是由文本系统、群落系统和译境系统相互作用、相互适应的动态生成表现出的受限性特征,也构成了翻译生成论的显著特征。翻译生成论所刻画的整体性,意味着翻译既是创造的又是受限的,它是不同系统的确定性与不确定性、客观性与主观性、因果性与偶然性相互交织的结果,也造成了整体上翻译生成的信息增殖。信息增殖就是文本生命的新陈代谢,它促使文本生命的生成由简单性到复杂性、由单一性到多样性、由既成性到成长性地自然涌现出来。

其三,译者在复杂生命系统中处于创生者的核心地位,文本系统、群落系统和译境系统中与翻译有关的因素都依赖于译者的创生力激活,这涉及译者的翻译直觉、翻译认知、翻译能力、翻译素养等。译者建构文本生命的翻译认知、翻译能力、创生意向等不同的意识程度,在很大程度上决定了或约束了文本生命在异域之中的再生、延续与成长。文本生命在某种程度上也是主动建构的,这就潜在地影响或限制了译者的创生力。翻译关涉的是文本生命,它表明了翻译是由文本生命构成的,而不是由单纯的文本构成的。文本生命是原文生命与译文生命视域融合的结果。当我们使用文本生命来描述翻译时,进入翻译的是处于生命区域间涌现或者说生命间性涌现的形态,体现为翻译的类生命形态,翻译作为一种文本生命才能被呈现。由于文本生命不同的生成方式,翻译才能显示出不同的生命形态。

翻译的生成过程,既有文本生命在量上的扩张,也有文本生命在度上的突破与质上的提升,体现了文本生命在异域之中诞生与延续过程中质与量的相互变化。翻译的"质"是文本生命保持自身并区别于译文生命的固有规定性,它与原文生命的存在直接同质化。翻译的"量"是文本生命在异域之中再生、延续与成长的规模、程度、速度等数量的规定性,翻译的"量"在"度"的范围内的变化不影响文本生命既兼具原文生命又融通译文生命。翻译的"度"是文本生命保持自己生命"质"的"量"的限度。不论文本生命在"量"上的扩张还是"度"上的突破,抑或是"质"上的提升,翻译都是以文本生命为"度"对原文生命与译文生命在"量"与"质"上进行有效的生成转换。应该说,文本生命在异域之中再生、延续与成长构成了受限生成过程模型的关键;由于支撑受限生成过程模型的运行机制生成了动态的翻译行为,复杂生命系统就约束或限制了翻译行为,因而复杂生命系统的改变必然会使文本生命在"量"的扩张、"度"的突破与"质"的提升方面有所改变。有了复杂生命系统的改变,文本生命才能从原文生命的潜在性转变为译文生命的现实性,翻译也因此产生了新生命的生成性,以达成新的复杂生命系统的依存关系。

翻译既是一种动态的受限生成过程,也是适应性主体进行适应性学习的复杂过程。就翻译生成论而言,CGP 模型一般是基于大量参数的适应性主体(以译者为代表的翻译群落、以文本生命为核心的原文生命与译文生命、以翻译环境为主的译境系统)进行的,它强调翻译群落的适应性、文本生命的生成性与成长性以及翻译环境的整体性之间的交互融合。CGP模型的主要手段与思路是正反馈和适应,它最关心的是活生生的,具有主动性、适应性与创生性的译者;译者既因置身于复杂生命系统而受限于翻译环境,又要从所得到的正反馈中,特别是从翻译环境的语境敏感性加强自身作为文本生命存在的创生者,增强自己在复杂生命系统中的适应性与创生性,使文本生命从一种潜在性(广延状态)的原文生命转变为另一种现实性(绵延状态)的译文生命,这就是翻译的受限生成过程。

翻译不是一个单纯的语言转换活动,而是一个动态的受限生成过程。受限生成过程的研究不仅仅限于对翻译客观性与确定性的描述,而是更着重于揭示翻译生成过程的原因及其演化背后的规律,以揭示翻译内在的运行机制。(罗迪江、杨华,2013:110)翻译作为一个受限生成过程,更能有效地揭示翻译自身的原因及其深化的过程。文本生命的生成过程是文本在异域之中的"适者生存",体现为对新的翻译环境的适应性,这种适应性随着文本生命的生成、成长与发展延伸到时空维度之中,从而增加了自身的差异性、多样性、生态性与复杂性。(罗迪江,2021f:95)翻译的生成过程,不仅要使文本生命在异域之中能够接受"异的考验"与"适者生存的考验"而获得自身的延续性与受限性,而且要使文本生命在异域之中获得自身的生成性、成长性、丰富性与差异性。就此而言,翻译的缘起就在于自身的生成性、延续性与受限性,如果没有生成性、延续性与受限性,就没有翻译作为文本生命存在的必要性。

翻译是文本生命在异域之中诞生、延续、成长与发展的生成过程,它通过文本再生的方式使原文生命基于"适者生存"法则在异域之中生成新的译文生命;当译文生命在异域之中诞生时,文本生命的移植在新的生态位获得了适应性的生存,译文生命得以成长与发展,形成了生生不息的生存姿态。可见,翻译的生成历程是一次文本生命"生生不息"的生成过程。(罗迪江,2021e:102)根据霍兰的受限生成过程,"我们用 $n(C)$ 来表示受限生成过程 C 中机制的总个数(回忆一下那些每一个机制都是 F 中某一机制副本的情况)。那么根据集合 $\{1,2,\cdots,n(C)\}$,就可以给受限生成过程 C 中的每一个机制分配一个唯一的标识(地址)"(2006:137)。翻译过程的受限生成过程可表示如下:

首先,若翻译的受限生成过程 C 由一个单一的机制(文本生命) $f \in F$ 构成,则 f 的标识就是 $x=1$;

其次,若一个受限生成过程 C'(文本生命)是由 C(原文生命与译文生命)中的一个自由输入和一些机制(译者生存、翻译生态)连接构成的,则标识不变;

最后,若一个受限生成过程 C'(文本生命)是由 C_1(原文生命)和 C_2

（译文生命）通过 C_1（原文生命）中的一个自由输入与 C_2（译文生命）中的一个机制（译者生存、翻译生态）相连接形成的，则 C_1（原文生命）的标识不变，C_2（译文生命）中的每一个标识都增加 $n(C_1)$ 以生成一个新的标识 $x' = x + n(C_1)$，即 $n(C') = n(C_1) + n(C_2)$。这就意味着，文本生命 C' 在异域之中再生与成长，是原文生命的广延状态转化为译文生命的绵延状态，而文本生命就在异域之中生成一个新的标识，即文本生命在异域之中获得生命延续。

受限生成过程是文本生命由原文生命的量变到突破临界点而生成译文生命的质变，导致了译文生命从量变到质变的发生，即文本生命在异域之中再生与成长不是突然发生的，而是一个渐变的、动态的受限生成过程。翻译生成论的 CGP 模型把文本生命的量变与质变看作是文本生命在异域之中再生、延续与成长的受限生成过程。作为一个动态的过程，CGP 模型认为文本生命就是持续不断地处于变化之中，原文生命与译文生命是相伴相随的，而原文生命与译文生命是文本生命的统一体，这个统一体是作为一个整体被生成的。当文本生命的结构的"量"在译者的创生力作用下充分地变化达到临界点时，文本生命的"质"就会发生变化，也就是原文生命的量变积累到质变过程而生成了译文生命。原文生命的量变过程中包含了部分译文生命的质变，译文生命的质变过程中又具有原文生命量变的特征。原文生命是译文生命的载体，译文生命是原文生命在异域之中新的传承与延续。可见，翻译生成论所涉及的内在机制、基本动力与内生动力，使得翻译生成的观念通过生成性、创生性与成长性的表征方式获得了具体体现。翻译生成论强调翻译作为文本生命的存在与生成的观念，它既在当代翻译学领域中展现出自身独特思想，也是生成观念在当代翻译学中的独特彰显。

第七节　小　结

现代翻译研究的认识论困境在于翻译学界固守与受限于简单性范式的思维方式，难以搭建翻译主体与客体的沟通桥梁，没有意识到翻译与文本生命的生成关系。翻译生成论是当代翻译跨学科研究出现的一种新观点，它有力地揭示了翻译作为文本生命的本体特征，它既维护翻译的确定性与客观性，也涵盖翻译的创生性、生成性与成长性。由此可以看出，翻译生成论不只是既定的、历史的翻译观，而且具有包容、动态、开放、系统的性质,因而翻译生成论的思想品质可展开为既成性与生成性的辩证统一。由于翻译生成论与文本生命具有本质的关联,因而翻译生成论天然地与翻译作为文本生命在异域之中的生成联系在一起。翻译生成论触及了翻译与文本生命的生成关系问题,形成了"翻译即生命—生成"思想。生命—生成思想本质上不仅是回归"生生之谓易"的思想,而且是通过实践生成论、机体哲学与生成哲学对"生生之谓易"进行现代阐释的产物,更是探讨与求解"文本生命何以生成"问题产生的理论形态。许钧指出,"以西方现代译学和哲学为参照框架,进一步对传统翻译理论中的相关问题进行清理,寻找有价值的相关论题,加以理论阐释,使之条理化和明晰化,以形成和国际译界对话的资格和条件"(2018c:130)。翻译生成论基于对语言转换论与文化操纵论的反思,以复杂性范式为认识框架,以实践生成论、机体哲学、生成哲学为参照框架,对"文本生命何以生成"问题进行探讨,它既有助于对翻译生成性深入认识与把握,又有助于推进复杂性范式在翻译研究中的应用与发展。

"整体"翻译理论包含三大元素:功能与目标的详述(specification)、行为(operations)的述析、目标与行为关系的评述(critical comment)。(Kelly,1979:1)翻译生成论是翻译研究与实践生成论、机体哲学、生成哲学的视域融合在翻译学领域中的当代阐发与表达,它理应拥有自身特有的功能与目标的详述、行为的描述与分析以及目标与行为相互关联的评述。翻译生成论意味着,翻译不是作为孤立的抽象实体,而是作为一种文本生命在异域之中获得再生的生成过程,因而"文本生命何以生成"构成了翻译生成论的问题域,它聚焦于文本生命与翻译的生成关系问题,揭示翻译的生成性、成长性与创生性。如果说传统译论中文本生命与翻译的生成关系还只是初露端倪,那么在当代翻译研究的多学科、多范式与多话语已成大势,文本生命与翻译的生成关系愈加显著而成为翻译学界中一种有效的显性研究。当文本生命作为一个研究对象时,翻译的生成性问题就是从对文本生命的探讨开始的。翻译的生成活动,本质上就是对翻译生成性的理解。翻译生成论的任务就是对翻译与文本生命的生成性关系进行有效的解释并给出合理的说明。翻译被视为一种文本生命的生成过程,它潜在地否定了传统译论对翻译确定性与客观性的规定地位。"生命"与"生成"就成为解释与说明翻译的双重逻辑。翻译的认识不再纯粹地被理解为对语言转换的对等性或对文化语境的操纵性的把握,而是被理解为源于文本生命的生成性做出的复杂性解释。翻译行为不再被视为"拆卸—组装""操纵—改写"的活动,而是被视为一种"生命—生成"的活动,"生命—生成"在翻译研究中获得了一种稳定的地位。翻译之所以"是其所是",在于文本生命的生成行为,它是通过文本生命在异域之中的生成而获得其自身的存在方式;一旦离开了文本生命的生成行为,翻译也就不能"成其所是"。可以说,翻译作为文本生命的存在形态造就了翻译作为文本生命的生成形态,即翻译的生命形态造就了翻译的生成形态。那么,翻译的核心论域就趋向于翻译作为文本生命的"存在"与"生成"的双重贯通,趋向于"生命"与"生成"的双向贯通。

用"生命"与"生成"的眼光看翻译,整个翻译就可以表达为:翻译在文本生命之中生成(Translation is generated in the textual life)。这是翻译生成论不同于语言转换论、文化操纵论的根本特征。"生命"与"生成"始终内嵌于翻译,内嵌于翻译研究,它们创造了复杂多样的翻译形态,既造就了翻译的随意概然性、因果决定性与广义目的性的辩证统一,又造就了翻译的生成性、成长性与创生性的复杂现象。认识与把握"生命"与"生成",正是文本生命在异域之中得以再生、延续、生成与成长的终极理由。概而言之,翻译生成论以文本生命为阐释基底,其目标是揭示翻译的生成性、成长性与创生性。这不仅对如何把握翻译研究的复杂性范式及其发展过程、主流思想的内在逻辑,以及如何促进翻译研究的复杂性范式发展,避免翻译研究受限于简单性范式的偏颇,具有积极的理论意义,而且对如何加强翻译研究本身的复杂性理解、现代阐述与自我拓展,在翻译学领域与生成哲学领域架构起融通的桥梁,恢复翻译研究之于"生生之谓译"及其翻译生成性方面具有深刻的理论意义。这都体现了翻译生成论蕴含着显著的跨学科特征与复杂性范式特征。在复杂性范式的视域下,翻译研究与生成观念的整合体现了翻译生成论的建构,彰显了一种"生成"的超越性。这种超越性蕴含着复杂性范式对简单性范式的超越,整体论对还原论的超越,翻译生成论对语言转换论、文化操纵论的超越,还意味着"生命"与"生成"维度对"语言"与"文化"维度的超越。之所以能对"语言""文化"维度形成超越,源自翻译生成论自身对翻译作为文本生命的"存在"与"生成"的双重逻辑的深刻揭示,以及对翻译研究的生命本体、生命方法、生命认识与生命价值的关涉。

纵观翻译研究的发展历程,我们能够看到一种明晰的关于翻译现象的研究。它与语言有关,与文化有关,与生成有关。由于翻译理论经历从语言转换论到文化操纵论再到翻译生成论的变化,因而翻译研究过程也显示出相应的特征变化,比如从既成性到生成性、确定性到不确定性、因果决定性到随意概然性的变化。对于翻译生成论来说,生成性始终是翻译最核心的根本特征。应该指出,推进翻译生成论研究要认识到,翻译是生成性的,它是关于翻译的动态认识,由于翻译与生成有关,因而翻译理论天然地与生成联系在一起。我们应该重视翻译研究对生成的探讨,重视对生成与翻译之间关系的认识与研究。生成是翻译生成论的本质,真正的翻译问题可以还原为生成问题。从翻译生成论的字面上看,可以看出翻译与生成是不可分割的。如果认识到翻译是生成性的,那么翻译问题也是生成性的,而不是既成性的。不论如何,生成观念与翻译研究的互动融合表明了,翻译生成论是一种有效地认识与理解翻译生成性、成长性与创生性的译学整体论,而翻译的生成性、成长性与创生性决定了对翻译问题的探究就不可能是一种单一的解释方式。作为一种新的译学整体论,翻译生成论并不是要取代语言转换论与文化操纵论的解释方式,相反,它强调的是翻译研究应该是跨学科的。翻译生成论是对翻译研究理论的一种有效补充,既关注翻译的确定性与客观性,又关注翻译的生成性与成长性。

第六章　翻译生成论的内容取向

第一节　引　言

伴随着翻译研究的领域不断地延伸与拓展,翻译学界也在不断地反思翻译研究的发展历程。一方面,翻译学界重新解读语言转换论与文化操纵论的各种观点,以适应当代翻译研究的多理论、多范式、多模式、多话语的发展趋向;另一方面,翻译学界试图通过这种重新解读,找出当代翻译研究发展特别是其方法论的新路向,探究翻译解释的复杂性质。作为翻译研究的核心论题,翻译解释触及翻译学科的科学性、合理性与规范性等本质问题,涉及不同的视域与路径。为了认识翻译过程与翻译现象,语言转换论会常常习惯于将其从翻译环境中分割出来并假定其具有确定的文本意义,可以凭借简单性范式对翻译进行有效的认识与理解。简单性思维指导下的翻译研究把语言视为理想的工具,翻译活动成了一种简单化与程序化的技术操作,译者主体被物化,成为可以任意替换而结果不变的机器零件,因而失去了主观能动作用与创造性。(吕俊,2004:53)就文化操纵论而言,它源于解构主义思想而强调了主体性的作用,但却使译者走向主体单子化,译者为了文本而文本,变成了文本的附属品。"而主体单子化的根源恰恰就在于非理性化……但是它把工具理性当成了理性的全部内容,以至一切理性的内容全变成了批判与否定的对象,于是一切规则与规范,约束与制约都被破坏。"(吕俊、候向群,2010:44)简单地说,文本化就是否认文本与译者之间的内在关联性与双向互动性,仅仅从原文或译文的单一视角去看待翻译的本质就会使翻译失去了自身固有的复杂性特征。语言/文化分析把翻译视为一种简单性的语言转换与文化操纵过程,要么文本脱离译者,要么译者脱离文本,文本与译者之间的内在关联性被简单性范式割裂开来。显而易见,翻译被视为一个文本存在或文化存在,它独立于文本与译者之间的互动性,独立于翻译主体与客体之间的互动性,所贯彻的就是翻译的单一性与独立性,而不是翻译的互动性与过程性,这就使得翻译本身失去了自身特有的复杂性特征。

　　不论是语言转换论,还是文化操纵论,它们的解释模式实质上属于简单性范式的研究思路,而且还原论思维始终内嵌于其中。囿于还原论思维的解释模式,无疑就是强调翻译的语言性与文化性,这在很大程度上遮蔽了其内在的生成性。在这种背景下,翻译生成论既是对传统译论的简单性范式的辩证扬弃,也是对翻译研究所涉及的文本系统、群落系统和译境系统及其彼此之间相互作用形成的复杂生命系统的整体认识,为揭示翻译生成性、成长性与创生性特征提供了一种复杂性范式的研究路径。文本系统、群落系统和译境系统是一个综合性的复杂生命系统,它强调对翻译的解释与说明要以复杂性范式展开其复杂性研究。翻译研究应该以复杂性范式展开对文本系统、群落系统和译境系统的整体性思考与探讨。翻译不再仅仅是一个与文本相关联的概念,而是一个与文本系统、群落系统和译境系统相互关联的被包括进复杂性范式之中,进而凸显文本生命在异域之中的生成过程。从发展的角度来看,翻译生成论将直接带来本体论信念、认识论视域、方法论路径等方面的观念嬗变,促使翻译研究回归复杂性范式。翻译研究从简单性范式转向复杂性范式表明了,探寻与建构翻译理论之途,不是翻译研究中各种翻译理论的相互替代与否定,而是不同理论在相互碰撞与相互继承的过程中不断拓展翻译理论的包容性与融合性。翻译生成论的建构将在一个更深层次的复杂性范式上探讨翻译生成性、成长性与创生性,既促使翻译研究在对象、方法、视角上发生变化,又促使翻译研究的简单性思维消解在整体论之中而转化为复杂性思维。

第二节　翻译生成论的本体论信念

　　纵观翻译理论的发展历程,可以发现,语言转换论以语言为分析手段来探讨翻译的本质,寻求语言转换的对等性,构成了翻译研究的原文中心论;文化操纵论则将翻译置于文化语境之中,侧重于分析意识形态、权力关系、赞助商与主流诗学对翻译的操纵性,构成了翻译研究的译文中心论。语言转换论与文化操纵论虽然所秉持的理论观点有所不同,但蕴含着共同的逻辑前提,即"文本化"地理解翻译。语言转换论与文化操纵论都未能把握到翻译的生成性、成长性等复杂性特征,也未能以一种动态生成的视角来审视翻译,只是洞察到翻译与文本的某种确定性本质。除此之外,翻译是一种复杂的实践活动,任何脱离文本生命的文本化都必然割裂翻译与文本生命的本然联系,都不能对翻译的生成性做出充分的理解与说明。因此,翻译生成论的本体论信念蕴含着对文本生命的诉求,翻译生成论的研究对象不再是"文本化"了的对象,而是"生命化"了的对象,即文本生命。"生命化"反对纯粹以文本的视角对待翻译,强调翻译的生成性、成长性与创生性;反对纯粹以语言的视角看待翻译,强调翻译的动态性、过程性与不确定性;反对仅仅以工具的态度看待翻译,强调翻译的伦理性、价值性与生命性。

在复杂生命系统中,对象是生命化了的对象,生命是对象化了的生命;对象不能超越文本生命,文本生命不能独立于对象,两者是一致的。文本生命的相对独立性与独立于文本生命的东西,不应当像语言转换论与文化操纵论的观点那样造成翻译与文本、文本与译者、原文与译文之间的二元对立,而应当是辩证统一的。翻译是在复杂生命系统的相互关联中得以表达的,从经验的层面上看,翻译的意义是以文本生命的存在形式在特定的复杂生命系统中展现出来的。这就标志着,不同的翻译本体论态度与不同的研究对象相关联。从这个观念来看,语言转换论与文化操纵论在不同的理论语境中确立自身研究对象的本体论性,不同的理论语境所定义的研究对象的意义就会有所差别,例如,语言转换论所定义的研究对象为语言,文化操纵论所定义的研究对象为文化;反之,语言转换论与文化操纵论的研究对象不同,各自的本体论性在不同的理论语境中就有可能不同。翻译生成论确定了以文本生命为研究对象,而这个对象是一个可以涵盖语言、文化等因素的有机整体,这可以为我们构成一种融合语言转换论与文化操纵论的新的本体论提供思路与方案。

一、翻译生成论的根隐喻

关于"何谓翻译"问题的探讨是翻译研究的最根本问题,也是翻译学界绕不开的最本质问题。20 世纪 70 年代翻译研究聚焦于"何谓翻译"问题,既与自然科学的方法论相关,也与语言学理论介入翻译学领域的认识论有关。翻译本身作为一个独立的研究领域是以自然科学的方式开始形成的,即现代翻译学从一开始就以自然科学的方法来建构自身知识体系的参照。现代翻译学实际上是以自然科学为知识范型,以语言学为理论基础,在确定性、既成性、客观性概念的基础上建构一套具有严密推理逻辑的翻译学理论体系。语言转换论正是这套具有严密推理逻辑的翻译学理论体系的具体表现,语言成为认识与理解翻译的逻辑基础,语言思维的范畴就是翻译思维的范畴,语言逻辑决定了翻译逻辑。然而,以语言为思维逻辑的语言转换论,正是犯了绝对主义与客观主义的错误,因而难以解释与应对翻译现象的复杂性。由于语言转换论开启的翻译理论以确定性作为翻译的根本特征,不确定性、生成性、成长性、创生性等复杂性特征都被语言逻辑所遮蔽。"借助现当代语言学理论力求形式化地、精确地、对等地翻译,脱离文本之知识文化语境去阐释和翻译,实际上是要把精神科学范畴的文学文本装进自然科学的模子,但这中间横亘着精神科学的综合性、体验性特征,存在着生命体悟的差异性。"(陈开举,2023:196)正是由于翻译存在着综合性、体验性、差异性特征,语言转换论将翻译客观化的努力面临着一个根本性的挑战,那就是翻译研究所追求的确定性预设造成了客观性与主观性、既成性与生成性、普遍性与独特性之间的断裂。翻译生成论的提出,正是基于对客观性与主观性、既成性与生成性、普遍性与独特性之间断裂的反思而形成的一种翻译理论,它将翻译作为文本生命在异域之中的生成来考察,以生成性、延续性、成长性等复杂性特征为解释对象,因而翻译生成论要解决的问题是"文本生命何以生成"。它不仅要遵循确定性与既成性的观念,而且同样要遵循不确定性与生成性的观念。真正的翻译理论需要融会确定性与不确定性、既成性与生成性、客观性与主观性,更要兼顾翻译过程的随意概然性、因果决定性与广义目的性以及探讨它们彼此之间的辩证关系。一个翻译行为只有既出于内在的广义目的性,又合乎理性的因果决定性,同时也获得多种因素耦合而成的随意概然性,才有可能成为成功的翻译行为。对于翻译生成论来说,文本生命既能体现翻译内在的广义目的性,又能合乎翻译理性的因果决定性,更能体现翻译生成的随意概然性,因而能成为本体论层面上的根隐喻。

语言转换论的思想实质是注重翻译的确定性和既成性,却忽视了翻译的生成性。如果将确定性和既成性固化于生生不息的翻译,则会遮蔽翻译的复杂性维度,放弃了翻译研究对生成性、延续性、成长性的揭示与诠释。翻译生成论的价值苍穹,始终闪耀着翻译的生成之旅与生生不息,它以一种自我塑造的生成方式参与到翻译研究的认识论之中。翻译与文本生命的生成关系始终是翻译生成论探讨的核心议题,从研究对象来看似乎没有哪一个议题涵盖面比它更宽广,过程性比它更动态。从本源的视角来看,翻译与文本生命的关系不是一个简单的二元关系,而是两者的视域融合形成了一系列关于与生成概念相关的多重复杂关系。切入翻译与文本生命的关系问题应该是:翻译如何与文本生命发生联系,使得对自身的解释获得了生成观念的确认。由此而言,翻译与文本生命之间的生成关系就成为翻译生成论要探讨的核心论域，而文本生命则是透视翻译生成论及其翻译本质的根隐喻。综观翻译研究的发展历程，不同的翻译理论与研究范式因其本体论的主张不同，因而其所诉诸的或是语言之实，或是文化之形，或是社会之力，或是生命之源，或是生成之本。按照美国哲学家佩珀（Pepper，1942：232）的根隐喻理论，形式主义（formalism）、机械主义（mechanism）、机体主义（organism）、语境主义（contextualism）是人类认识与理解世界的四大根隐喻。从世界观的视域来看，翻译生成论是以文本生命为切入点，对文本生命与翻译之间的生成关系进行概括化而成的理论，因而它既涉及根隐喻理论的机体主义，又涉及根隐喻理论的语境主义，既指向翻译的机体性，又指向翻译的语境性。翻译生成论为翻译研究的本体论信念提供了新的根隐喻——文本生命。文本生命成为翻译生成论的本体论信念，而探讨文本生命如何存在以及如何在异域之中生成就成为翻译生成论的本体论要探寻的问题。"翻译本体论如何研究翻译的存在？显然，这不是追问翻译的存在是什么，而是把握翻译如何存在。"（张柏然、辛红娟，2016：15）翻译生成论需要把握的是文本生命"如何是"，或者说文本生命如何在异域之中生成的问题。抓住了文本生命的存在方式与生成形态，就相当于把握了翻译生成论的本体。把握了文本生命，就把握了翻译存在的本身。翻译生成论的根隐喻是文本生命，其所指向的并非静态的、僵化的文本，而是指向动态的、活生生的文本生命。也就是说，包括文本在内的一切翻译活动，都应该是生命化的。翻译生成论的提出，是源于翻译作为文本生命的存在观念，并指向文本生命在异域之中的生成活动，因而其核心观念在于翻译是一种动态的生命—生成行为。翻译的意义具有生成性与成长性，翻译生成论的内涵就意味着在特定的文本生命中对相关翻译问题做出解释与说明。

从研究纲领来看，翻译生成论的"硬核"是文本生命，指向的是翻译的内部；语言转换论、文化操纵论以语言、文化为"保护带"，指向的是翻译的外部。当以语言、文化为保护带偏离以生命为硬核的轨道愈来愈远时，翻译研究的硬核不是被强化而是被削弱了。具体地说，翻译生成论实质上属于内部研究，其生命硬核是相对稳定的。它对翻译现象的解释最具有现实性与本真性，它以生命为把握方式将翻译视为一个生成的生命机体，将翻译的生命形态注入其中并在文本生命的生成中把握自身的本真形态。与此相反，语言转换论、文化操纵论属于外部研究，它聚焦于翻译系统外制约翻译的语言因素与文化因素，将语言系统、译者主体性、译者声音、译者惯习、翻译伦理、译者评价等因素纳入翻译研究之中,稍有不慎容易形成外在主义偏见。换而言之,语言与文化因素本该是文本生命的保护带,但其过多地关注外部因素与主体性而偏离了文本生命的本体,以致难以捍卫翻译的硬核而削弱了其本体地位。语言转换论、文化操纵论虽然扩大了翻译研究的描写性(主体性)特征,但却削弱了翻译生成论的本真性(生成性)说明。翻译生成论是一个以"文本生命何以生成"为问题域的有机整体,它不仅彰显了文本生命的坚硬性与刚性,也凸显了语言、文化与社会等外部因素的韧性、弹性与适应性。

事实上,这些争论源于两种不同研究路径的本体论观点:语言转换论、文化操纵论的本体指向的是实体(文本),翻译生成论的本体指向的是机体(文本生命)。两者的分歧主要表现在对翻译本质认识上的差别,这种差别的根源所在就是本体论的分歧。归根结底,翻译生成论所指向的是解释与说明翻译的生命立场与生成观念,它是对翻译研究以文本生命为根隐喻的进一步演化与延伸,旨在求解"文本生命何以生成"问题。文本生命处于翻译生命系统,它不仅涉及具体话语命题的描述与语言意义的确定,而且强调原文生命与译文生命的交互过程,由此涉及文本生命在异域之中的生成过程。因此,文本生命既是认识翻译的逻辑起点与前提,又是翻译生命形态诞生的"胚胎"。文本生命的问题是贯穿翻译生成论的一个重要问题,理解了文本生命,则意味着把握了翻译生成论的基本内涵。文本生命成为翻译生成论的一种首要元素,它既能表征翻译生成的状态与过程,也能用生命的方式表达自身,由此成为一种使翻译得以展现的生命方式。基于"文本生命"概念的本体论意义,翻译不是一个纯粹的语言转换、文化操纵问题,而是一个借助合理的生成观念实现文本生命在异域之中延续与成长的过程。根本而言,翻译生成论是一种基于对翻译作为文本生命存在的考察而形成的翻译观,既拥有本体论特性的概念模型,又体现为生命思维方式、生成分析方法的观念总结。

翻译生成论不仅关注在特定的时空维度中不断拓展与延伸的文本生命,而且注重动态的翻译赋予文本生命在异域之中存在的生成性、成长性与创生性。文本生命的生成性、成长性与创生性就成为翻译生成论探讨的核心论域。不过需要强调的是,翻译是由文本生命在异域之中诞生和性质相关的文本生命所构成的,这是一种相互关联、相互作用、相互融合的生命图景。文本生命与翻译在时空维度上都具有边界拓展与疆域延伸的演化特征,翻译并非孤立于文本生命,而是根植于文本生命,因而翻译与文本生命相互关联、密不可分;同时文本生命作为翻译存在的根本方式,它的生成性、成长性与创生性状况都会制约着翻译行为。可见,翻译生成论将翻译存在、文本生命、翻译现象等置于整体论的视域中来表达与阐释,因而以文本生命作为研究对象就形成了自身的本体论立场,它所指向的文本生命就具有了生成性的本体论意义。

基于翻译生成论的观念,我们可以看出,翻译不是语言转换论所认为的单纯语言转换或某种绝对的确定性,也不是文化操纵论所认为的纯粹文化操纵或某种任意的不确定性,而"生成"则被翻译生成论理解为确保翻译确定性与不确定性的辩证统一体。值得注意的是,生成性本身由于与文本生命具有一种本质的内在关联,因而翻译具有了生命意义上的成长性、创生性、延续性等显著特征。因为翻译具有生成性特征,所以翻译行为都是文本生命的生成活动。正是认识到翻译具有的生成、成长、变化与发展特征,这样翻译生成论的本体论就将翻译视为文本生命的生成与成长,将翻译阐释为具有生成性、成长性、创生性的活动。因此,我们需要将翻译本体论建立在文本生命而不是文本的基础上来看待。究其原因,一方面,翻译是复杂的、动态的,既表现为以文本为表征的实体性,又表现为以文本生命为表征的机体性。从传统译论来看,以文本来审视翻译,将翻译当作文本来看待,难以调和翻译的两面性与复杂性;从翻译生成论来看,以文本生命来考察翻译,就能够兼容翻译的实体性与机体性的对立统一。另一方面,翻译生成论对于翻译秉持了两种观念倾向:实体性与机体性。具体地说,它通过将翻译理解为文本生命的存在来肯定翻译的实在性,这种理论本质上是机体实在性,而翻译生成论所指向的生成本质上就体现为一种生成中的生命机体。翻译可理解为一种文本生命在异域之中的生成,以生成观念来看待翻译的本质;通过将翻译理解为实体性存在来肯定翻译的生成性,这种理论实质上是一种生成论。语言转换论与文化操纵论各执一词,或者认为语言优先于文化,或者认为文化优先于语言;语言与文化的对立仅仅体现于翻译解释与说明当中。翻译生成论将翻译理解为文本生命的生成,而不是文本所涵盖的语言与文化的集合。由此,翻译生成论的本体论信念恰恰立足于文本生命的立场,重新审视翻译主体与客体、语言与文化、原文与译文等传统译论对翻译的机械二分。翻译生成论的本体论构建也正是在文本生命的统一性上,重新求解翻译认识论中机械二分的一致性难题。可见,翻译生成论的核心观点,就是要将翻译的本体论建基于文本生命,将翻译视为一种文本生命在异域之中的生成,并且以一种不断生成与成长的方式来解释与说明翻译现象。翻译生成论的本体论思想,为语言转换论与文化操纵论的不同本体论立场提供了共同的对话平台,从而使得这些立场能够在文本生命的基础上,构建语言、文化、文本不同范畴的统一性。

二、生命本体论的根本原则

与传统译论将文本作为本体论探讨的出发点不同,翻译生成论将文本生命置于本体论地位,强调翻译不是以语言、文化为导向的文本集合,而是作为文本生命存在的生成集合,并以生命本体论的哲学立场赋予文本生命解释翻译的合法性。回归生命,构成了生命本体论的根本原则。事实上,生命概念已是生命哲学、机体哲学、生成哲学的重要议题,同时这一概念也逐渐渗透于语言学、社会学、翻译学等学科。回归生命,成为翻译研究的一个根本原则。回归生命,对于翻译来说,就是回归文本生命。回归生命原则表明了,文本生命不仅仅可以被视为一个静态的实体性概念,而且是在一种动态的生成视角下被表征为翻译存在的根本方式。因而文本生命成为生命本体论探讨的核心概念之一,这标示出生命本体论独特的本质特征。生命本体论的原则,指向的是回归生命,回归文本生命。唯有回归文本生命,翻译才能"是其所是"。文本生命既是翻译生成论的根隐喻,又是翻译生成论在生命本体论意义上的本源,它可体现在机体哲学对"实际实有"的本体建构思想当中。具体地说,怀特海(Whitehead,1978:18-19)的机体哲学认为,实际实有(actual entities)或者说实际事态(actual occasion)是构成世界的终极实在事物(the final real things);事物的本质总能显现于(be found)确定的实际实有(definite actual entities)的合成性质(the compite nature)之中——最高绝对性(the highest absoluteness)的理由显现于上帝的神性(the nature of God)之中,特定环境关涉的理由显现于确定的时间性实际实有(definite temporal actual entities)的性质之中,因而本体论原则(ontological principle)可归结为:实际实有缺失处(no actual entity),则无理由存在(then no reason)。就此而言,翻译就是文本生命作为一种"实际实有"的"显现","显现"于"确定的时间性实际实有的性质之中"。文本生命的"显现",就是翻译本质的"显现",就是"这个敞开而内部突越其自己"(this opening and inward-jutting-beyond-itself)。"'这个敞开而内部突越其自己'其本身是实有,亦是显现(appearing)。"(牟宗三,2008b:310)翻译的"显现"就是敞开自身又超越自身,在异域之中获得生命延续。

就翻译生成论而言,翻译的终极实有就是文本生命,文本生命(textual life)就是翻译的实际实有(actual entity)。翻译的本质不是一个静态的机械物,而是显现于确定的实际实有的生成性中,显现于文本生命的性质中。每一个文本生命都可以以数不清的方式来加以分析,以生命的方式分析时,文本生命的构成要素会比以文本的方式分析更抽象。将一个文本生命分析成诸个"摄入",这是展现文本生命的性质最有效的一种分析方式。作为一个实际实有,文本生命可被分析与理解为原文生命、译文生命、来世生命及其彼此之间的相互转化关系。文本生命是实有的,原文生命、译文生命、来世生命都是派生的实际实有。事实上,翻译的任何特征都在一个"摄入"之中得到繁衍、延续、生长、成长。文本生命是翻译得以繁衍、延续、生长、成长的唯一理由,从本质来说是生成的,它是翻译之为翻译的根本,也构成了翻译存在的普遍性。文本生命是生命本体论的基元,是翻译生成论的阐释基底。翻译是生成的生命行为,是文本生命在异域之中获得生命繁衍、延续、生长、成长的根本方式。因而,翻译不是静止孤立的单个物体,而是一个不断繁衍、延续、生长、成长的生命机体。

文本生命的本体论特征是翻译生成论的具体表现。文本生命的本体论特征决定了翻译的客观性、确定性与现实性,将文本生命看作本体使得翻译存在在时空维度上得以具体化,因而在复杂生命系统中隐含着不可或缺的客观性、规律性与必然性。生成性、成长性与创生性都是生命本体论上的实有,并且具有相应的多向因果关系。复杂生命系统中存在着多向的相互作用,文本系统、群落系统和译境系统相互影响与相互作用,各个子系统在同一时间既是翻译生成的原因又是翻译生成的结果,因而翻译包含着多向相互作用的生成性与成长性。文本生命作为一种具有本体论特征的实有,为翻译生成提供了基本的框架,成为翻译结构、生成思维与生成模式的一个不可还原的基础。文本生命不是外在于文本意义的事物,而是已嵌入文本意义的诠释并赋予文本以活生生的生命,它起着使文本意义生成的作用。文本与文本生命得到了视域融合,即文本生命是看待文本的立足点,通过文本生命所看到的一切是翻译的生成,而生成则成为文本生命的本体论特征的动态性表征与具体化表征。

国内著名学者刘云虹(2017:612)对"翻译作为一种文本生命的存在"的理解可谓独树一帜,它包含三层思想内涵:①翻译是一种生命的存在,那么延续和发展就是翻译的必然诉求;②翻译是文本生命延续与发展的一种根本性方式;③翻译必然是对原文生命的更新与创生,以获得持续的生命。

这就超越了翻译研究的文本取向,倡导一种以生命视角来探讨翻译,试图引入生命视角对翻译进行本体追问,进而将生命视为翻译的本体。生命本体论的基元是文本生命,翻译存在是生命化的,其由文本生命的生成性构成。将翻译视为文本生命的存在,实质上就是强调翻译的生成性与成长性,主张翻译存在是一个不断生成的活动,是"同中存异"的生成,是"和而不同"的生成。翻译以时空维度的形式与"同中存异"的形式得到呈现,文本生命在空间维度上具有广延性与在时间维度上获得生命延续,因而任何翻译现象都是具有某种生命属性的有机体。这是将文本生命视为通向翻译本质的路径。翻译本质只有通过与文本生命的视域融合才得以建构,它绝不是文本集合的结果,而是将开启翻译生成性的机体称为文本生命。真正的翻译不是始于确定的文本,而是始于动态生成的文本生命,始于仍然处于生成之中的文本生命。实质上,文本生命的根本含义是指向再生、生成与成长,它意味着生命存在的新奇性与创新性。文本生命就成为翻译生成的逻辑前提,翻译生成就是文本生命的生成,文本生命的新奇与创新隐含着翻译生成的可能性。

生命本体论意味着,翻译研究要回归生命,回归到文本生命的生成性,它包含实践生成论的特征。实践生成论强调翻译既是一种能动性过程又是一种受动性过程。实践生成论以"实践"与"生成"为双重视域,超越语言转换论与文化操纵论之争,强调文本生命是在翻译实践中生成的,它反映了文本生命是如何与翻译发生关联的生成性关系。正是如此,生命本体论就是一种实践生成论的本体论。生命本体论与实践生成论有天然的内在联系,强调翻译实践的能动性与受动性的辩证统一关系,并以实践的眼光看待翻译活动,它表明了翻译问题只有放到翻译实践中才能正确地把握。回归文本生命,回归翻译实践,这必然是一种生成的、动态的、发展的、互动的、联系的生命本体论。简而言之,生命本体论是一种实践性、生成性、不断演化的本体论。由于翻译本体不是一个静态的、抽象的机械物,生命本体论以文本生命为本体基元,恰恰突出了这种实践性、生成性、动态性、互动性特征,这正是立足于翻译作为文本生命存在的本体论,正是立足于翻译作为生命实践的本体论。由于语言转换论与文化操纵论都是从文本的视角来看待翻译,它们分享着一个共同前提,即都割裂了原文与译文的关系,因而生命本体论事实上试图以文本生命恢复原文与译文的生成性关系,将文本生命置于具体的翻译实践中进行动态的把握。可以说,翻译生成论本质上就是一种生命本体论。

综上所述,文本生命在翻译生成论中占据着重要的本体地位,这凸显了翻译的生成性、成长性与创生性,它贯穿于翻译研究的动态性与复杂性。同时,翻译生成论以文本生命为翻译基元,遵循翻译学界认识与把握翻译活动的规律,以翻译实践活动的具体性与动态性来标示翻译活动的规律,以文本生命来标示翻译的生成性、成长性与创生性等复杂性特征,为求解语言转换论与文化操纵论之间的割裂并克服其缺陷提供了新的视域。正是如此,立足于生命本体论的思想,翻译并不是一个静止不动的机械物,而是一种文本生命在异域之中不断再生、生成与成长的有机体,我们可以将翻译理解为一种文本生命的生成,所显现的是文本系统、群落系统和译境系统共同塑造的复杂生命系统。

第三节　翻译生成论的方法论路径

随着翻译研究的不断深入,"翻译是什么""翻译理论的本质是什么"等元理论问题被置于翻译学界的面前。从研究语境来看,翻译学界都在有意识或无意识地对这些元理论问题做出回答,逐步形成了对翻译理论本质的认识,即翻译理论观。不难发现,每一个有深刻意义的翻译理论都代表着翻译研究的一种方法论,诸如语言转换论、文化操纵论的方法论以文本为分析对象,形成了拆卸—组装、分析—综合、操纵—改写的还原论式的方法论,这充分说明了其理论观念的分析性、还原性与综合性。以语言转换论和文化操纵论为代表的理论观则代表了不同的研究进路。然而,随着复杂性范式在翻译学领域中的渗透及其具有涵摄力与辐射力的生成观念在翻译研究中的渗入,翻译生成论逐渐显现于翻译理论的当代建构中。作为一种生成哲学意义上的理论观念,翻译生成论是复杂性范式与实践生成论、机体哲学、生成哲学向翻译学领域延伸的必然结果,它基于对语言转换论、文化操纵论的批判消解了语言/文化分析的单一性,这使得复杂性范式得以可能,显示了生成分析的可能性,体现了"生生之谓译"的思想。"生生之谓译"的现代阐释,在很大程度上源自复杂性思维范式对于简单性思维范式、整体论思维对于还原论思维的反拨,使翻译研究的生成分析获得了现实的可能性。随着翻译生成论将生成性观念视为理解翻译的关键所在,翻译生成论对于生成性特征的强调已经成为我们理解翻译必不可少的视角。

"作为超越科学陈述关系(the relations between scientific statements)的纯粹逻辑分析,方法理论(the theory of method)所关注的是方法选择

(the choice of methods)——决定科学陈述的解决方法。当然,这些决定取决于从许多可能目标(possible aims)中选择的目标。"(Popper,2002b:27)翻译研究的方法选择也是如此,它所关注的是翻译方法的选择,以及以何种方法来解决翻译问题,它可以从因果关系中选择合适的方法,比如上向因果关系、下向因果关系、双向因果关系。就方法论而言,翻译生成论是对语言转换论在方法论取向上的上向因果关系与文化操纵论在方法论取向上的下向因果关系的根本性转变,它属于复杂性范式的研究类型,其方法理论决定了它不可能是单纯的上向因果关系或下向因果关系,而是动态的双向因果关系。翻译生成论并不是完全否定与放弃传统译论的单一因果关系,而只是将它限制在一定的适用范围之内,因为传统译论的方法论在翻译的确定性、客观性、转换性、操纵性与多元性范围内还是非常有效的。翻译生成论强调,文本系统、群落系统和译境系统之间是相互关联的,而这种关联让彼此之间构成了翻译的和谐性与整体性。认识到这种互动关系的和谐性与整体性,是我们深刻地理解文本系统、群落系统和译境系统之间和谐关系的认识论基础,也是理解翻译生成论以复杂性范式为视角的双向因果关系的方法论基础。从复杂性范式的视角来审视翻译,还能给出一种翻译过程的因果关系机制。翻译可以被视为一种具有上向因果关系与下向因果关系相互作用的复杂生命系统,复杂性范式将文本系统、群落系统和译境系统都包括进一个更为广泛的复杂生命系统,为打破文本、译者和译境的二元对立关系或单向因果关系提供了有益的思考。概而言之,翻译生成论就是要突破语言转换论的语言解释模式、文化操纵论的文化解释模式的窠臼,以复杂性范式为新的方法论的生长点,注重从文本生命与翻译的生成关系入手,强调翻译的生成性、成长性与创生性,构建生成性思维的解释模式。

一、单向因果关系转向双向因果关系

语言转换论、文化操纵论是经由语言、文化的分析来呈现的,我们对于翻译活动、翻译过程、翻译行为等翻译现象的描述与识别,是对语言与文化及其转换过程进行把握的基础。在语言/文化转换的过程中,翻译学界往往将翻译作为一个实体来看待并以语言/文化作为分析手段来认识与理解翻译,但鉴于翻译的复杂性,将作为两套符号系统的翻译纳入只涉及一套符号系统的源语来加以考察与审视,这就从根本上遮蔽了翻译的动态性、生成性与复杂性,也导致了语言/文化分析与翻译本身不符。从知识的角度来看,语言转换论与文化操纵论属于实体论的范畴,其现有的翻译学知识体系是"从实体论的角度建构的,即以工具理性为基础,以实体要素为研究对象,谋划明晰而确定的学科边界,追求科学范式,生产反映客观事物及其规律的真理知识"(蓝红军,2020:7)。从实体论的角度来看,传统译论的研究对象是文本,它以工具理性为基础,因而在翻译实践活动中常常以单向因果关系将工具理性最大化,导致翻译行为的工具化与功利化。单向因果关系的决定性以及价值信念的丧失使翻译理性蜕变为工具理性,而工具理性不再需要翻译的合法性以及合理的道德约束。工具理性所关注的不是对翻译主体的人文关怀,而是翻译行为目标的效果以及翻译效果得以实现的手段。因而,在工具理性的支配下,作为语言转换的翻译纯粹是从效果最大化的角度来考虑翻译行为的成功与失败。在翻译实践中,工具理性的强化与固化必然会导致翻译主体的"道德贫乏",也会导致翻译陷入功利主义的泥潭,因为工具理性强调翻译手段的绝对主导性,翻译手段赋予翻译目的合法性,"能够翻译什么"成为翻译研究的工具理性要追问的问题。

作为一种对传统译论的思维反叛,翻译生成论是将复杂性范式对翻译观念的重塑视为一种工具理性与价值理性、翻译事实与价值之间的视域融合,将翻译视为文本生命在异域之中生成的动态过程,追求翻译活动的生命意义与生命价值。翻译不再是一种纯粹的语言转换活动,而是一种文本生命的生成活动,它需要超越传统翻译解释的客观性、确定性与对等性,以生成性、成长性与创生性的普遍渗透为理路,以复杂性范式扬弃简单性范式的客观性、确定性与对等性实现方法论从单向因果关系转向双向因果关系。

复杂性范式对于简单性范式的扬弃,为翻译生成论超越二元对立还原论思维的解释模式,进而以一种整体论思维模式从实践层面考察翻译现象提供了启迪。文化操纵论反思与批判语言转换论所带来的片面性与静态性而未能把握翻译的整体性与动态性,对于翻译的认识只是一种简单性范式的结果,它缺乏对翻译复杂性的本质认识。这种反思与批判虽然存在一定的偏颇,但确实为翻译研究指明了简单性范式的困境。语言转换论倾向于还原论的静态观察以及语言分析方法的简单性,它缺乏对既成性与生成性、确定性与不确定性、客观性与主观性之间如何联结为一种动态的复杂性认识。还原论方法尽管看到了翻译的确定性、既成性与客观性,但却将翻译视为一种简单的语言转换活动,而没有一种对于翻译生成性、成长性与创生性的动态认识与整体把握。从本质上说,语言转换论的解释属于上向因果关系(单向因果关系),文化操纵论的解释属于下向因果关系(单向因果关系)。翻译生成论的解释属于双向因果关系,它是将翻译置于具有整体性观念的文本生命之下加以理解,既承认翻译的客观性、确定性与既定性,又关注翻译的生成性、成长性与创生性,从而为翻译的实体性与机体性、既成性与生成性、确定性与不确定性的契合提供了路径。

(一)上向因果关系

在复杂生命系统中,文本系统、群落系统与译境系统之间存在着多种因果关系,是一个高层次与低层次相互作用的多向因果系统。"高层次系统整体及其性质是具有独立性,还是仅仅为低层次的一个副次现象,主要取决于高层次的事物是否具有因果力或因果作用。"(范冬萍,2008:90)复杂生态系统中的任何子系统在作为序参数的"生命"面前都不能各自为政、独善其身,而是以生命为共同体相互作用、协同发展。文本系统、群落系统和译境系统作为低层次的协同作用可以影响整个复杂生命系统的性质和行为,这是一种上向因果(upward causation)作用;作为高层次性质或整体模式的复杂生命系统又会对低层次的子系统产生一种作用,这就是下向因果(downward causation)作用。处于高层次的功能性质对于处于低层次的物理结构所产生的因果作用是下向因果关系;反之,处于低层次的物理结构对于处于高层次的功能性质所产生的因果作用是上向因果关系。(陈晓平,2011:69)从理论的角度来看,语言转换论所主张的是拆卸—组装、分析—综合的思维方式;它的根隐喻是语言,是语言系统不同成分对翻译现象所产生的因果作用,属于上向因果关系,具有单向的、线性的因果性。语言转换论的解释模式只描述了语言转换的原因与结果之间的单向关系,翻译现象常常被拆卸或还原为不同的语言层面与语言因素,但对翻译现象的研究不是部分之间的简单相加。语言转换论是按照拆卸—组装的思维方式,根据某个核心的、基本的语言层面来分析与解释来自不同维度、不同层级的语言部分。相比之下,翻译生成论的解释则重视翻译现象的整体性,关注翻译过程的生成性、成长性与创生性,因而将翻译中不同层面、不同维度的所有变量视为具有同等地位的重要性。

文本系统、群落系统和译境系统作为低层系统及其之间的关联性可以视为一种原因,它可以在作为高层系统的复杂生命系统中引起一定的结果;同样,文本、以译者为代表的翻译群落、翻译环境作为一种原因,它可以在文本系统、群落系统和译境系统中引起一定的结果,这就是翻译研究所谓的"上向因果关系"。翻译系统中的译者行为,其主要约束力不是自身发展的规律,而是翻译系统的运行规律以及文本的生命状态与翻译环境的生态状况。翻译是由以译者为代表的翻译群落、文本与翻译环境组成的复杂生命系统,因而译者行为、文本选择、翻译环境的改变都在很大程度上是翻译系统及其各种翻译规范、翻译过程、翻译价值、翻译伦理出现的原因,即上向因果关系。具体说来,我们通常以译者的百科全书知识、认知背景、翻译能力与翻译素养等影响因子作为原因来解释翻译的生成结果,即译文生命的生存状态与功能属性;以原文生命、译文生命及其生成关系作为原因来解释"文本生命何以生成"的结果,即文本生命在异域之中的再生、延续与成长;以语言、文化、交际、社会、认知等因素及其之间的关联性作为原因来解释翻译环境对翻译过程的影响,即翻译过程的受限性,这样就形成了翻译研究的上向因果关系。上向因果关系充分表明了作为低层系统中的文本、译者和译境及其关联性对于复杂生命系统的基础性作用,它要求翻译研究要从低层系统中元素及其关联性出发,并考虑到相互对应的翻译规则,对复杂生命系统的特征和功能进行递进性的合理阐释。合理的阐释不仅包括对文本、译者和译境之间的互动性规律的分析,也包括对文本、译者和译境之间的关联性关系的分析。我们要解释翻译现象时,首先要依据上向因果关系做出有限的还原解释;其次要根据文本、译者和译境之间的相互作用关系做出横向解释,例如,要说明文本生命在异域之中的生成现象,除了运用语言/文化分析来解释之外,还需要运用文本生命的生成性来进行解释。上向因果关系在很大程度上就是简单性思维范式存在的根本原因,它是一种从部分到整体的单向作用方式。就译者而言,是译者的能动性经过自下而上的顺序,单向地从部分到整体对翻译产生的影响;就翻译环境而言,环境因素通过单向地从部分到整体的方式优先作用于部分,然后再通过部分自下向上地作用于整体。翻译环境对翻译过程的影响是直接的,对翻译整体的影响则是经过部分而间接实现的。

(二)下向因果关系

因果关系自始至终都存在于翻译研究、翻译现象与翻译过程之中,它是翻译活动得以展开与认识翻译现象的一种根本方式。"下向因果关系是高层次现实性(reality)作用于低层次(lower levels)的因果力(causal power);当动力效应(dynamic effects)发生时,不同的高层次情境(higher-level context)产生不同的结果;高层次情境的变动则会导致低层次行动(lower-level actions)的变动,这就是下向因果的效应。"(Ellis,2009:66)对翻译研究而言,翻译规范、翻译伦理、翻译价值、翻译意识形态等一旦涌现,国家翻译实践、国家翻译规划、国家翻译能力、中国范式、中国精神、国家形象、国家叙事等作为高层次的现实性一旦形成,它们对译者的行为就会产生各种约束力,甚至是产生决定性的影响,这种影响就是翻译系统对译者行为的下向因果作用。换而言之,翻译规范、翻译伦理等作为高层次的实有或者说宏观层次上的结构,始终作用于翻译过程涉及的低层次行为等,因而产生翻译的因果力(causal power)。因果力是翻译规范对译者行为的制约作用,它不仅制约了译者对文本的理解与阐释,也规范了译者实施对文本生命的创生力的效果与范围。当然,宏观层次上的结构并非复杂生命系统预先给定的,而是在文本生命的生成过程中形成的一种动态结构。因而,文本生命的生成过程本质上是一个过程结构。"称之为结构的东西,不是由同种成分组成的稳固的结构,而是一种动力学秩序……它是一种过程结构。"(詹奇,1992:27-28)文本生命的生成过程是由不同成分组成的一个动态结构,即由原文生命与译文生命组合而成的且基于译者创生力获得一种从广延状态转向绵延状态的过程结构。

例如,"从心所欲不逾矩"中的"矩"其实就是翻译过程中因果关系中的高层次实有,"心"就是因果关系中的低层次实有。"矩"的存在会始终如一地作用于"心"的"所欲",而"矩"作为高层次的改变,"从心所欲"的行为就会改变。这就是翻译之"矩"对翻译之"心"的下向因果效应。"矩"就相当于复杂生命系统的整体模式。整体模式一旦形成,就会对文本系统、群落系统和译境系统施加一种约束,改变这些子系统的功能、行为与性质,使它们能够在翻译过程中整体性地相互协调而作为一个生命共同体来行为,并使之与其他元素以及翻译环境发生作用。此时,整体模式就变成了一个新的因果力,作用于文本生命在异域之中的再生与成长。当然,翻译所论及的因果力指的是生命机体意义上的信息转化,而不是物理意义上的能量转化。复杂系统科学发展起来之后,因果力或因果作用的基础就不只是能量转化,而是物质的、能量的和信息的转化。(张华夏,2011:108)基于下向因果作用的信息转化,文本生命栖居于复杂生命系统中,它的信息转化来源于复杂生命系统。复杂生命系统是作为高层次存在的"矩"始终作用于文本生命而使其在异域之中的再生与成长。因为拥有了"矩"的因果力,文本生命并不是"随心所欲"地在异域之中再生、延续与成长,源于作为复杂生命系统的"矩",因而翻译是一个动态的受限生成过程。

复杂生命系统作为高层次系统,它对于文本系统、群落系统和译境系统等低层次系统具有一种下向因果关系。"下向因果关系指高层次自然选择的规律(the laws of the higher-level selective system)部分地决定了低层次实体的分布与事件的运行","下向因果关系是一种自然选择(natural selection)和控制(cybernetics)的间接变体(back-handed variety),它是由选择性系统(selective system)产生的因果关系,该系统能够修改(edits)直接物理因果关系(direct physical causation)的结果"。(Campbell,1974:180-181)下向因果关系是译者行为需要遵循的一种原则,也是约束译者行为的一种翻译规范。从描写翻译学派来看,翻译行为所涉及的翻译文本选择、翻译倾向性和具体翻译方法等都会在很大程度上受到复杂生命系统中初始规范、预备规范、操作规范等下向因果力的制约;就翻译操纵学派而言,翻译策略、翻译方法与翻译问题的求解也会受到意识形态、地位权力、主流诗学等下向因果力的操纵与支配。这就意味着译者的创生力不是"随心所欲"地对原文生命的僭越、干预或挑战,而是"戴着镣铐跳舞"的有限制的僭越、干预或挑战。这样,译者创生力是自我与他者之间协调的结果,是在复杂生命系统中对文本生命解读的结果。"译者的自我帮助译者摆脱超我的理想化和本我的混沌性,使译文既能摆脱'超然完美的译文'的美妙梦境的纠缠,又不至于使译文全然不顾现行的翻译规范,在这两级之中寻找一种理性的平衡,呈现出译文动态平衡之后的样貌。"(祝朝伟、林萍,2014:81)翻译的下向因果关系就是使译者在自我与他者(超我)之间获得一种理性的动态平衡,就是使译者在翻译过程中"从心所欲不逾矩","戴着镣铐跳舞"依然能够舞出优雅的舞姿。

(三)双向因果关系

包含随意概然性、因果决定性与广义目的性的支配力量决定了翻译生成论描写与解释翻译现象的因果关系是双向因果关系(多向因果关系)。翻译生成论认为,复杂生命系统的动态性与多样性决定了因果关系的动态性与多样性。因果关系的真实性随着复杂生命系统的变化而改变;复杂生命系统可以被理解为一种翻译现象的可能性集合,这种可能性有助于理解因果关系的差异性产生的翻译差异性,这就是双(多)向因果关系产生的最直接原因。双(多)向因果关系使得翻译生成论对翻译现象的动态性有了更充分的认识,同时也对翻译作为一个复杂生命系统的动态结构给予更充分的整体论解释。复杂生命系统的层次性、多样性与结构性,决定了翻译研究既能够以文本、译者、翻译环境之间的关联性作为原因来解释与说明文本系统、群落系统和译境系统的特征与功能,也能够以复杂生命系统作为高层次系统为原因来说明与阐释文本系统、群落系统和译境系统的性质和作用。简而言之,复杂生命系统的层次结构特点,决定了它的因果关系是双(多)向的,也决定了翻译生成论的方法取向是双(多)向因果关系。一旦在翻译研究与复杂性范式的价值取向上搭建了由此及彼的桥梁,那么翻译活动的整体性及其双(多)向因果范式就会得到实质性的贯通与强化。(罗迪江,2017:111)。基于双(多)向因果范式,翻译研究的序参数"生命"就得到高层次系统与低层次系统相互作用的认识与理解。事实上,翻译研究应该以双(多)向因果关系为认识论来把握翻译的本质。"因果关系的本质(causality in nature)必然是自上而下(top-down)和自下而上(bottom-up)的作用之间的一种双向对话(two-way conversation)。"(Jörg,2011:255)翻译是一种自上而下的因果关系与自下而上的因果关系相互作用、双向对话的结果。复杂生命系统所揭示的不是否定单向因果关系,而是单向因果关系在翻译解释与说明方面的局限性,它旨在引入双向因果关系,以显现翻译过程的复杂性与整体性,显现翻译在文本—译者—译境关系中存在的非线性、复杂性、整体性与不确定性,以及表明任何翻译行为都是复杂生命系统中的一部分,复杂生命系统与文本—译者—译境存在着不可分割的内在关系。归根结底,复杂生命系统是要揭示群落系统、文本系统和译境系统之间相互关系和作用所呈现的层次性、整体性、生命性、自组织性与复杂性,建构双向因果关系的解释机制,使认识论的研究论域得以延伸与拓展。群落系统、文本系统和译境系统以及翻译解释与复杂生命系统的关系问题,已构成了一种翻译复杂性的解释难题,这种复杂性始终是翻译生成论所要解决的核心问题。

翻译生成论在双向因果关系的影响下遵循的是整体论思想,展开为双向因果关系的生成分析。利用生成分析方法不仅可以认识翻译作为一种复杂生命系统的内生过程,更重要的是认识复杂生命系统中内生机制与基本动力的可能性。同时,双向因果关系又限制了单向因果关系的解释力,突破了以单向因果关系对翻译现象进行还原论解释的束缚,以揭示翻译的生成性、成长性与创生性。双向因果关系强调翻译的整体性,从本质上说就是努力打破翻译研究的单向因果关系,除掉单向因果关系的"蔽"与"魅",使翻译活动重新恢复对文本生命、译者生存和翻译生态的整体审视与探讨。翻译生成论的整体,既不是抽象意义上的整体,亦不是脱离文本生命、译者生存与翻译生态的整体,而是翻译在生命意义上的有机整体。翻译的有机整体在于,翻译是以一种生命场、类生命的形式存在着,因而翻译生成论是一个不可分割的并永远是指向文本生命在异域之中再生、延续

与成长的整体,而且这种整体是上向因果关系和下向因果关系共同组成的
生命共同体。"上向因果性和下向因果性的重要性是毋容置疑的,一般的
共识是,它们是联结人类意识与物理世界的通道和桥梁,它们也是人类作
为认知、道德等方面的能动的行为者(agent)的不可或缺的基础。"(黄益
民,2019:113)双向因果性对翻译的认识与理解是至关重要的,它是联结翻
译与文本生命的基石,是认识与理解翻译生成性、成长性、创生性等复杂性
特征的不可或缺的基础。

　　翻译生成论的双(多)向因果关系可以用"从心所欲不逾矩"来加以具
体表征:"心"指称的是译者的直觉智力或者创生力,"矩"指称的是复杂生
命系统。译者之所以能够"从心所欲",是允许译者在其自身创生力的范围
内发挥创造性的功能边界;译者之所以"不逾矩",是复杂生命系统所设置
的结构边界,进而能通过复杂生命系统约束译者的创生力。"从心所欲不
逾矩"是不能分割的,"不逾矩"是低标准,"从心所欲"是高标准;"不逾矩"
比较容易做到,在"不逾矩"的情况下,"从心所欲"是最难做到的。(许渊
冲,2001:50)基于"从心所欲"与"不逾矩"的辩证统一关系,译者的创生性
活动是在复杂生命系统内进行具有创生力的"所欲",这就是复杂生命系统
对翻译具有约束力或者说自上而下因果关系的"矩",它不能毫无目的地
"从心所欲",而得在复杂生命系统(矩)之内寻求与译者直觉、智力(所欲)
相互匹配的创生力,使文本生命在时空维度上获得广延性与绵延性的最佳
融合。它不仅表现为复杂生命系统制约着译者创生力的下向因果关系,而
且表现为译者创生力对复杂生命系统产生影响的上向因果关系:一方面,
复杂生命系统融入译者直觉与智力,译者创生力影响着复杂生命系统的变
化,这是一种上向因果关系;另一方面,译者创生力受制于复杂生命系统,
复杂生命系统的限制也构成了译者创生力的界限,这是一种下向因果关
系。翻译生成论既要强调复杂生命系统对译者创生力的"不逾矩",又要强
调译者在复杂生命系统中的"从心所欲"。从心所欲是发挥主观能动性,是
积极条件,不逾矩是不违反客观规律,不违反原意,是消极条件,所以译文
只要不违反原意,就可以发挥主观能动性,译得越美越好。(许渊冲,2016:
99)可以说,双向因果关系对于翻译认知具有普遍的适用性,合乎翻译实践
与翻译研究的认知方法,它不仅能帮助人们拓宽翻译实践的认知视野,还
能增强人们对翻译规范、翻译伦理、翻译价值、翻译意识形态等在翻译实践
中重要性的认识。

　　复杂生命系统中各个子系统彼此相互作用而交叉融合,因而复杂生命

系统中没有一个因素是真正孤立的存在,而是以类生命的形式相互关联在一起的。因此,翻译生成论对翻译现象及过程的探究,就是要说明作为一个复杂生命系统的翻译与不同因素之间的普遍联系,这种普遍联系表面上看来是传统译论所说的确定性与客观性,但是在翻译生成论看来,这些普遍联系是文本生命在异域之中的生成特征,既体现为翻译的生成性、成长性与创生性,又表现为翻译指向的生命共同体。复杂生命系统是一个由上向因果关系与下向因果关系共同作用形成的一个动态的生命共同体。可以说,翻译生成论是一种整体论视域下的双(多)向因果关系,属于一种宽式内容。语言转换论与文化操纵论遵循的是单向因果关系,以此对翻译问题进行因果思考,属于一种窄式内容。翻译生成论强调翻译活动具有的复杂性及翻译本身具有的复杂性。"运用复杂性思维(thinking in complexity),复杂性或许能够转变成有效的复杂性(effective complexity);运用有效的复杂性,就可以将之转变为复杂性的有利形态(advantageous form of complexity)。"(Jörg,2011:255)探讨翻译的复杂性特征,就是要深入地认识与理解翻译的本质属性,将复杂性转变为有效的复杂性,找到翻译研究的有利方法与形态。翻译生成论所具有的复杂性的内容、特质与结构,决定了由之所显现的方法论取向的纷繁复杂性,也决定了由之所探索的翻译方法的复杂性。翻译生成论的方法论取向是从单向因果关系转向双向因果关系,双向因果关系是基于文本系统、群落系统和译境系统之间的交互融合而生成的生命思维范式。基于复杂性范式,翻译是一个动态的复杂适应系统,双向因果关系有效地揭示了翻译的生成性、成长性与创生性。翻译的存在方式是文本生命向度的回归,它已经体现出复杂生命系统内在的生成观念,并且复杂性思维会将这种生成观念作为翻译生成论的建构动力,形成自身特有的双向因果关系。借助双向因果关系,翻译生成论不仅有助于澄清翻译规律与翻译解释的本质内涵,即确定性与不确定性、既成性与生成性、线性与非线性、客观性与主观性相结合才能构成翻译活动的充分必要条件,而且不谋求对翻译做出绝对的因果律与对等性解释,从而旨在对文本生命在异域之中的生成行为给出明确的复杂性展示。

二、"构成分析"转向"生成分析"

当代翻译研究的论域在不断地拓展与延伸,呈现出多元化的发展趋向。翻译的认知不再仅仅被理解为简单的语言转换活动或是纯粹的文化操纵行为,而是可以被理解为文本生命在异域之中的生成活动。传统译论基于西方固有的还原论翻译观,在译者与文本、译境之间形成强烈的主客二分思想。翻译主体对文本的转换、操纵、主宰观念根深蒂固,要么是原文中心要么是译文中心的对立构成了传统译论的内在线索。与传统译论不同,翻译生成论将翻译理解为一种文本生命的生成过程,它以双向因果关系为方法论路径,既强调翻译的客观性与确定性,又强调翻译的生成性与成长性,实现翻译认识方式从"构成分析"到"生成分析"、从"是"还原论思维到"成为是"整体论思维的转换。"构成分析"属于简单性思维的分析,"生成分析"属于复杂性思维的分析;"是"思维属于还原论思维与简单性思维,"成为是"思维属于整体论思维与复杂性思维。"生成分析"与"成为是"思维成为翻译生成论的基本认识方式。翻译生成论要始终关注翻译实践的"生成分析"与"成为是"思维,这是求解"文本生命何以生成"问题的翻译生成论要探讨与研究的前提。自 21 世纪初的翻译研究多范式形成之后,随着翻译研究的发展及其研究视域的拓宽,翻译思维的复杂性、翻译知识的系统性、翻译本质的生成性以及跨学科路径对翻译研究的影响等一系列不确定性因素对语言分析、文化分析等"构成分析"提出了严峻的挑战,"生成分析"作为一种复杂性分析、"成为是"思维作为一种复杂性思维就应运而生了。探究翻译实践的"生成分析"与"成为是"思维,对翻译生成论的应用价值有着特别重要的意义。

(一)构成分析

语言转换论与文化操纵论将翻译理解为既成语言、文化的集合体,以文本(原文或译文)为本体,相应地就以"构成分析"(constitutive analysis)作为最根本的方法:将翻译视为一种可以拆卸—组装、操纵—改写的文本,它将文本分解成各个部分,然后以各个部分还原为文本的整体,这与还原论思想直接相通。这种认识方式一直沿着还原论方向,用经验分析的方法把整体分解为部分,把高层次还原到低层次,按从大到小、由上而下、由浅而深的方式认识事物,探索万物的奥秘,并由此形成了主体认识论的世界观和方法论。(吕俊,2013:4)如此一来,翻译的整体性质就是由文本的组成部分及其外部相互作用决定的,这就是将翻译视为语言转换、文化操纵的逻辑基础。然而,值得强调的是,翻译的结构首先是翻译过程的结构与翻译活动的结构,翻译不仅作为一个复杂适应系统,而且作为一个复杂生命系统,本身是相对相关的,而不是孤立存在的。"构成分析"偏好于将翻译从它与复杂生命系统中其他元素的相对相关性里抽离出来,然后将翻译机械地客观化、精确化与理性化。例如,中国著作翻译的"天"(Heaven)、

"德"（virtue）、"礼"（rite）、"义"（rightianization）、"善"（good）、"罪"（sin）……汉英词典里充满了类似的神学术语。（吴子林，2021a：63）当把"德"翻译为 virtue 时，"德"就会自然而然地被视为亚里士多德所谓的"virtue ethics"（道德伦理），常常含有强制（coercion）的含义。当把"天"翻译为 heaven 时，就会使西方读者将"天"理解为一种"超验的造物主""灵魂""原罪"等概念内涵。"如果将'天'转化为 Heaven，不仅道家哲学之中的宇宙论被转换成基督教的创世说，而且，孔夫子视为可以效仿的'天'也成为要向之呼吁的'上帝'"，"天"的翻译可以"以'近取诸身'的原则，仿造康德'头上的星空'的英文表达，将'天'直接转换为 the overhead"。（蔡新乐，2017a：98）这就将"天"蕴含的"天，颠也"的生成性状态描写出来。可以说，传统翻译将"天"译为 Heaven，实质上是中国著作翻译西方化的一种体现，它是通过构成分析的方式将中国著作术语与西方著作术语进行一一对应而造成"错位"的翻译，也是通过还原论思维的方式将中西方术语进行既成性的诠释而造成误导性的翻译。不论是"错位"的翻译，还是误导性的翻译，都会自然而然地指向翻译的静态化、抽象化与既成化。

翻译本身不是固定不变的，它总是栖居于复杂生命系统，并依赖于文本、译者、译境之间的互动作用与生成关系。对翻译的认识与理解应该是整体性的，是与文本、译者和译境有关的，这也意味着翻译的相对性与动态性。"构成分析"只侧重于翻译的静态分析，停留在翻译已有文本要素之间的排列组合，它以拆开的方式来将翻译越分越细，从而忽视了翻译的复杂性。这就需要一种复杂的分析手段，才能揭示翻译的生成性、成长性、创生性等复杂性特征。如果说语言转换论注重构成分析，那么翻译生成论则以生成性为探讨意旨，它更注重翻译的生成分析。构成分析属于还原论研究的分析方法，是一种本质性语言的分析；生成分析属于整体论研究的分析方法，是一种自然语言的分析。"西方人使用的是本质性语言，跟汉语以任意性为标志的自然语言是格格不入的，逻辑的、线性的、习语化写作的方式无法表现那些非线性的存在。"（吴子林，2021b：160）从西方语言与汉语语言的差异性来看，构成分析从根本意义上是一种本质性语言的分析，它强调翻译的逻辑性、线性、确定性、客观性等特征。

翻译不仅仅是由单纯的文本所组成的，而且是由其作为文本生命存在所生成的。进一步说，一旦翻译与文本生命之间的视域融合，翻译的认知就形成了"生命—生成"观念。它将翻译视为一种持续不断的文本生命传承与延续的生成过程，翻译的生成观念就获得了一种最终根据的生存论地位。翻译与文本生命是一种相互依赖的生成关系,它们形成了"生命—生成"观念。这种观念强调的是翻译内嵌于文本生命并在其中生成出译文生命,进而催生了来世生命在异域之中的成长。生成分析实质上就是文本的生命—生成分析。以生命—生成分析建构起来的翻译观念有了不一样的看待翻译的认识方式,这样的理解就不会将翻译视为一个实体的、抽象的、可以随意"拆卸—组装""操纵—改写"的机器,而是建立一种原文生命与译文生命、文本生命与来世生命之间互生共存的图景。文本生命是让翻译在异域之中得以生成的先天条件,而生成是文本生命得以延续的一座桥梁。生成分析意味着,语言转换论与文化操纵论只代表了翻译客体与主体、原文与译文的"原像—镜像"二元对立思维模式中的两种极端的理想状态,而翻译实践中实际存在着生成性、多样性、成长性等复杂性特征。事实上,"文本不是诸意义的共存,而是一场旅行,一种穿越;所以它应答的既不是一种诠释,甚至也不是自由的诠释,而是一种成长(explosion),一种散播(dissemination)"(Barthes,1977:159)。翻译生成论排除了构成分析的二元对立形式,并且以"生命—生成"的过程描述取代了语言转换论的"拆卸—组装"、文化操纵论的"操纵—改写"的构成描述。它所坚持的生成分析就是要寻求文本生命与翻译具有的内在生成关系,这就凸显了生成分析的延续性、生成性、成长性与创生性。这样一来,延续性、生成性、成长性、创生性等复杂性特征就会在翻译研究中得到合理的说明。

翻译学发展历程中出现过语言分析、文化分析、社会分析等,这些分析方法是由寻求翻译本质的动机所推动的。尽管这些分析方法对翻译或翻译问题的切入点各不相同,但它们分享了一个共同的基础:构成分析是寻求翻译客观性知识的根本方法。问题是,复杂多变的翻译能够客观化吗?丰富多元的翻译能够通过构成分析而获得翻译的本真形态吗? 如何获得一种动态性的方法来解决翻译问题,是翻译生成论需要解决的基本问题。语言分析、文化分析、社会分析等都曾经一度主导翻译学界,但它们面临的共同问题是构成分析的简单性与片面性,即翻译的延续性、生成性、成长性与创生性无法在其中呈现,而延续性、生成性、成长性与创生性恰恰是翻译确立自身生成分析的基准。在语言转换论的研究路径中,翻译是作为一种语言转换的考虑被强加于语言分析的解释过程,原文与译文以忠实对等为方式相互关联是解释的核心所在,或者说语言转换的对等性成为解释的核心所在。然而,这种理想化的构成分析忽略了翻译解释的动态性、整体性与复杂性。无论我们将翻译解释的对象设定为文本抑或语言,这些解释对象都难以从深层次上表征翻译的本质,因为翻译本身就是一个动态的复杂适应系统,更是一个鲜活的复杂生命系统,它关涉的是文本生命如何在异域之中生成的问题。换而言之,翻译并非用简单的语言转换就能够解释清楚,它是在生成、生生、成长的基础上建构起来的生命形态。对翻译的解释应该与对翻译生成的描述关联起来。倘若我们没有明确地赋予翻译一种生成分析的描述,或者说没有从生成观念中去揭示翻译的本质,那么翻译的解释将在语言转换论的研究路径下失去自身的生命形态,也会失去自身的"安身立命"之栖居处。从生成观念入手,能够澄清"文本生命何以生成"问题。构成分析不应该限制了文本的生命活力,而应该将文本视为一种不断成长的生命机体,文本相应地延伸为文本生命,而以文本生命为本体的生成分析就应运而生。

(二)生成分析

翻译生成论以文本生命为阐释基底,通过"生命—生成"分析方法来规范翻译研究与生命视角、生命思维的匹配。"生成分析"(generative analysis)是"生命—生成"分析方法的简化形式,是翻译生成论在翻译解释与说明过程中的具体表征。如何深入阐释翻译生成论的"生成分析",是翻译生成论进路能否得以顺利展开的关键环节。生成分析是一种对翻译生成的研究方法,它关注文本生成在异域之中的诞生、延续与成长,而不是寻找翻译文本那种确定、客观的变量。这意味着,翻译不是单纯地由一些固定的因果关系来解释,而是由文本生命在异域之中的诞生、延续与成长来解释。生成分析的本质是一种过程分析,它是基于语言分析、文化分析方法的反思提出的一种新的分析方法,以文本生命为展开对象,形成文本生命的生成能力、思维特征与价值理念。生成分析是一个生命集合体,它以原文生命、译文生命、文本生命、来世生命等具体生命形态为其元素,其分析特点由翻译与文本生命的生成关系来决定,求解的是"文本生命何以生成"问题。具体地说,生成分析包含了一个更为综合、更为动态的生命维度,正是这样一种综合与动态分析,为生成性、成长性、创生性等复杂性特征充当了支架性作用。生成分析贯穿于翻译过程,其本质就是生命意义与生命价值的寻求过程,只有找到文本生命与翻译的生成关系,才能更好地理解与把握翻译的生命意义。事实上,翻译生成论是运用文本生命的本体地位,来构建自身的生成分析,使生成分析呈现为一种复合性分析方法。生成分析在翻译解释与说明过程中,使用了生命、生生、生成、成长、创生等概念与表征,并将这些概念与表征整合到翻译现象的生成性理解当中,从而有效赋予翻译一种机体主义的描述。可见,翻译研究不再仅仅是对文本的外在分析,而是对文本生命的存在方式的分析。翻译不是静止不变的,而是持续生成的,因而生成分析不是静态给定的,而是动态生成的。这不仅是一次方法创新,也是翻译生成论的核心主题。从翻译生成论的层面来看,所谓的生成分析实质上就是翻译实践活动的产物,为此我们需要将生成分析解读为特定生成性视角的对应理论结构,以实现对文本生命的生成形态的新理解。当生成分析的"生成性"被融入翻译研究之后,这就意味着构成分析对解释生成性特征的不可能性。

以《论语》之中"仁"的翻译为例,"仁"关涉"天""心""德"与"爱"等思想,其翻译被还原为 benevolence、moral life、good ruler、humaneness、humanity、authoritative conduct 等,意指仁慈、仁爱、善行、人性等内涵。"仁"内嵌于"天行健、君子以自强不息"之中而彰显自身的生机活力与生生不息,它不应该被 humaneness、moral life 等译文静态化与物本化。从生成分析的角度来看,"仁"就是一种充满动态性、过程性的生成过程,当它被静态化为 humaneness、humanity、benevolence 等抽象概念时,"仁"就成为西方目的语的既成性思维或"名词思维"的牺牲品,也相应地成为西方化的"仁"。当"仁"被翻译为 authoritative conduct,其中 authoritative 体现出西方文化的中心主义或逻各斯主义,具有高高在上、权力专断之意,与"仁"之"仁爱之心""仁性为本"截然不同。从生成分析来看,"仁"是一种动态生成的生命体,它既是一种仁爱之心,也是一种仁性为本,是人之为人的最普遍的情感与本性,因而就有所谓的"求仁而得仁"(《论语·述而》)。蔡新乐指出,"立足心源,而扩展视野,推己及人而将爱心爱意传递给天下。这便是仁人的基本作为,亦即为'仁'的基本意指","如此,参照亚氏'反思'(thinking on thinking)和海氏'世界世界化'(The world worlds)的英文翻译,可将'仁'译为 man-manning"(2020a:75-78)。"仁"被阐释为作为名词的"仁人"(man)与作为动词的"仁人"(manning),以"仁人"的立场去实施"仁人"的作为,这是"仁"的本源所在。于是"仁"(man-manning)就具有了双重内涵——求仁而得仁。它在一"名"一"动"之中生成自身的"仁人之心",也在一"静"一"动"之中显现自身的"仁爱之为"。将"仁"译为 man-manning,本质上就是对"仁"或"仁人"进行生成性的描述,它聚焦于"仁"这个作为的生成过程,要解决的是"是什么创造了'仁'"的问题,是一种非西方化、非物本化的翻译过程。在这个意义上说,生成分析就是将语言、文化的生成性展现出来,将一个连续不断的事件呈现出来,以揭示其内在的生成性、延续性与创生性。如果说构成分析体现为一种"逻辑推理的可能性",属于还原论的抽象解析,那么生成分析则更多体现为一种"现实实在的可能性",属于整体论的具体解析。

显然,翻译生成论所追求的是以整体论的生成分析来超越传统译论的构成分析,以"生命—生成"的方法来超越"拆卸—组装""操纵—改写"的方法。翻译生成论以整体论方法为视域来考察翻译,同传统译论坚持以还原论方法来考察翻译,所得出的翻译认识有着根本不同的结果。构建面向文本生命的翻译生成论,需要对文本生命在翻译研究中的本体地位进行具体分析,并在复杂性范式的基础上重塑一种能够支持翻译与文本生命之间关系的生成分析。从生成分析的视角来审视翻译,实际上是与展开、运用与选择研究方法的生成性相一致的。这就是研究方法"生成化"的一种趋向,进而凸显了以揭示生成性、成长性、创生性等复杂性特征为导向的生成分析自身鲜明的方法论特征。生成分析的方法论特征决定了翻译生成论的分析方法在本质上可归结为整体论的复杂性分析模式。目前,虽然相关研究成果涉及文本生命、来世生命、译文生命等概念,但生成分析在翻译学界作为一种研究方法还很少被关注,而且还没有成为一种明确的方法。其实,生成分析具有深厚的理论根基:胡塞尔的"生活世界"、海德格尔的"在世界之中存在"、舍勒的"自然世界观"、维特根斯坦的"生活形式"、本雅明的"来世生命"、钱锺书的"投胎转世"等。这些都与生成分析存在着千丝万缕的联系。然而,这些关联在翻译研究中既没有形成系统的探讨,也没有形成以文本生命为思想范畴的分析框架。虽然如此,但这些思想或讨论都宽泛地肯定生成分析方法应包含生成性、成长性、创生性等复杂性特征对翻译本质的诉求。综观翻译生成论的思想内涵,生成分析最初包含在翻译生成概念中,是翻译生成论阐述文本生命的生成性的一个基本思想,它不仅使生成观念处于动态的翻译过程之中,更衍生出翻译研究的基本方法。

翻译生成论基于当代翻译研究的历史发展,从复杂性范式的维度来分析,有助于我们进一步理解翻译研究的理论实质,以及对翻译及其与文本生命内在关系的理解。生成分析具有广义性与普遍性,它不仅是一种可供译者进行翻译实践活动的复杂性分析手段,更是一个对文本生命与翻译实时交互的"生成体"的具体解释与说明。文本生命不仅仅是联结各种要素之间紧密互动关系的纽带,更被视为生成体中的一个"生成子"。文本生命内生于生成体的稳定结构,同时又处于动态变化着的翻译环境。从生成体的角度来看,文本生命在时空中具有潜在性与现实性,即翻译作为文本生命的生成过程,是从原文生命的潜在性转化为译文生命的现实性,是文本生命在异域之中不断生成的生命传承与生命延续。文本生命的描述在生成的基础上得以建构与评估,那么描写翻译过程就表征为对文本生命进行生成分析的过程。生成分析突破了构成分析的静态性与简单性,它不仅能够解释与说明文本生命的时间性与历史性,还能诠释文本生命的潜在性与现实性。文本生命的生成远不是一种简单的语言转换或文化操纵行为,而是一场永无止境的生命之旅。生命之旅,就在于将原文生命的潜在性转化为译文生命的现实性,在时空中实现原文生命与译文生命的交互性与融合性,使原文生命在异域之中再生、延续与成长。以"一以贯之"的英译为例,"一以贯之"在构成分析的视域下,常常被视为是一种理性的"学说""原理""原则";"理性"的支配与登场,让"一以贯之"成为一种静态的学说与抽象的原理,进而使自身失去了朝向"心"的思想活力。以生成分析为切入点,"一以贯之"需要用"道""心"来诠释与说明,它来源于"吾道一以贯之"(《论语·里仁》)与"予一以贯之"(《论语·卫灵公》),因而"一以贯之"内在地具有"道"的生成之力与"予"的生命之源。蔡新乐(2021:81)对"一以贯之"进行追根溯源的生成分析,"吾道一以贯之"意指"道以仁合一,万物依之合一:道通,而万物亦通;道贯,而万物亦得相贯"。就此而言,考察"一以贯之"的英译离不开对"道"的回溯与诠释,向着"道"的源头追根溯源,即回到"道心"的原初思想。如此,"吾道一以贯之"可译成"My Heart-Way threads itself (and all the things concerned) in its oneness","予一以贯之"可译成"I thread them all in their oneness (by my Heart-Way)"。(蔡新乐,2021:83)将"一以贯之"视为一种生成性的动词,就可以挖掘出它内在的"道心",使之经过"心"的洗礼与赋予和万物构成了"万物贯通"的思想。"万物贯通",就是经由"道"的通道,使世间万物能保持自我的独特性,同时又能与他者互生共存,进而尊重他者的差异性。基于此,"一以贯之"可以翻译成一个生成性的动词词组——threading itself (and all the things concerned) in its oneness。因此,生成分析的重要启示在于不再简单地以语言/文化为导向的构成分析去揭示各个部分与层面,而是专注于文本生命在异域之中是如何再生、延续与成长的问题。这不仅是解释与说明翻译的根本手段,更是认识与理解翻译的根本方式。

生成分析是认识与理解翻译生成论的根本方式。翻译生成论以文本生命作为翻译的存在方式,这既拓展了翻译生成论的解释力,也确立了翻译生成论作为一种生成分析的整体方法论的地位。一方面,翻译是一体多面的,既表现为既成性的一面,又具有生成性的一面。这就表明了,生成分析是认识与理解翻译存在的基本方式。翻译首先表现为文本生命的存在,其次表现为文本生命在异域之中生成的过程。翻译生成论认为,将翻译视为一种可以拆卸—组装、操纵—改写的机械对象来看待,是难以调和翻译的两面性的,而以文本生命来考察翻译,就能兼容既成性与生成性的对立,但其聚焦点在生成性特征。另一方面,翻译生成论将翻译理解为一种文本生命的生成,体现了生成性的复杂性范式,凸显了翻译作为文本生命存在的思想,主张揭示翻译的生成性、成长性、创生性等复杂性特征,这契合复杂性范式与生成分析的复杂性要求。不言而喻,翻译生成论的方法论体现了整体论思想的分析方法,与"和合翻译思想"的思维分析方法具有异曲同工之处:"融合中国以'象'作为动态整体的'非实体性'思维和西方'实体性'研究本原及其'对象性'、'现成性'的分析方法,勾勒出和合翻译思想之'象'体系,使之既具备中国动态整体的'原发创生性'特点,又具有西方逻辑思维的具体性和论证性。"(钱纪芳,2016:1)翻译生成论不仅兼顾翻译作为文本生命存在具有的生成性,又涵摄翻译作为语言转换活动具有的既成性,它所涉及的文本生命、生成、存在与各种翻译现象的联系,都指向整体论的方法,文本生命就构成了翻译生成论的"现实存在"。"现实存在"是一种鲜活的生命机体,强调生成性是翻译作为文本生命存在的最核心特征,它支配着文本生命在异域之中的再生、延续与成长状况。翻译存在只有在一定的生成关系中,才能"是其所是"——翻译作为一种文本生命的存在,才能"成其所是"——翻译作为文本生命在异域之中的生成。从"是其所是""成其所是"的形态来看,翻译生成论的方法论是生成分析。以"性相近、习相远"的英译为例,其中"性""习"构成了翻译的关键之处,而"性"本质上是一个能够生成或产生"习"的动词,它是由"存其心"而"养其性"生发的,是与生俱来的"天命"所赋予的"性",因而对"性"的翻译离不开对"心"的贯通,即"尽其心者,知其性也"(《孟子·尽心上》)。"性"与"心"和"生"相互对应,可称之为本性(nature);词语"性"(nature)的出场,或隐或显地"言说"与"述说"了词语"伪"(nurture),其原因在于"无性则伪之无所加,无伪则性不能自美"(《荀子·礼论》)。(罗迪江,2022c:173)于是,"性相近、习相远"可以被译为"The same nature, varies on nurture"。(赵彦春,2014:1)译者将"性"译为 nature、将"习"译为 nurture,实质上就是将"性"与"心"构成了人与生俱来的生命形态,并强调 nature 对 nurture 的超越性;而 nurture 则体现了主体的功能性调节与建构性力量,使 nature 在异域之中具有了生成性与成长性。

翻译生成论将翻译视为一种文本生命在异域之中的生成过程,因而它是以生成分析为方法论主线的。翻译生成论也对翻译进行文本的构成分析,但将其建立在生成分析的基础上,并认为翻译的基本构成成分不是静态、封闭的文本,而是动态生成的文本生命。构成分析是将翻译理解为一个可以拆卸—组装、操纵—改写的文本,生成分析是将翻译理解为一种"生命—生成"的有机体,是一个由原文生命转渡为译文生命的生成过程。钱钟书(1981:18)的"投胎转世说"(the transmigration of the souls)就是强调翻译是一种生命化(animism)的动态过程,承前启后的"生命—生成"构成了其思想体系中的借尸还魂、灵魂转生过程。原文生命与译文生命是"投胎转世说"中最基本的结构性元素,也是翻译活动最显著的生命价值取向。投胎转世说既基于文章的"生命化",又追求"造诣高的翻译是原作的投胎转世"的理念,从而使原文与译文之间拥有了生命贯通而"不隔"。原文生命与译文生命是不隔的,而且是变化会通的,两者虽然"身无彩凤双飞翼",却在异域之中"心有灵犀一点通"。"通"就是不隔,不隔就是原文生命在译文生命之中的延续,译文生命摄入原文生命的精神,是原文生命与译文生命之间的视域融合。投胎转世说始终关联着翻译的生命理念,以翻译为桥梁,表征着原文与译文相互转渡的生命间性,显现出生生不息的图景。切斯特曼(Chesterman,2016:12-13)的"翻译模因论"(translation memetics)以波普尔的知识演化图式(Popper's schema)——$P_1 \longrightarrow TT \longrightarrow EE \longrightarrow P_2$——为翻译模因的生成与传播机制,其对翻译模因复制、传播与演化过程的分析等是生成分析的典型范例。本雅明(Benjamin,1923:21)的"来世生命说"意味着翻译在文本生命的轮回中沿着自己的轨迹在广袤的时空无限延伸、有所前进和创造。本雅明将翻译视为"来世生命"(afterlife/Überleben)的一部分,它通过转化(transformation)确保异域文本的生存与生长(survival)。(Snell-Hornby,2006:18)每一次翻译,都会推动文本生命有所生长、有所创新,进而获得异域之中的再生。由原文生命转渡为译文生命、文本生命转渡为来世生命的生成过程,构成了探讨翻译生成性的根本存在方式。"来世生命说"对于翻译作为绽放作品永恒生命的观念,让我们不会迷失在时下流行的文本解释里,努力回到最原初的文本生命,它意味着翻译研究需要从"翻译与文本"的关系范畴转向"翻译与文本生命"的关系视角,对翻译历史性与时间性给予充分重视与关注。翻译历史性与时间性表明,翻译就是柯林武德(1997:256)所谓的"活着的过去":从原文生命到译文生命的转化并不是原文生命的死亡,而是原文生命的基因被移植到译文生命的脉络中。从原文生命来说,翻译是一种"活着的过去",是译文生命的显现使之存活下来,因而原文生命的"过去"寓于译文生命的"现在",每一个生命形态的"现在"又都蕴含着来世生命的"将来"。通过返回翻译内在的生命形态来重新发现翻译本质,"来世生命说"表达了这样的理念:翻译拥有自身独特的从"过去"到"现在"再到"未来"的生命形态,因而翻译研究应该借鉴生命哲学的方法,悬置过度的文本阐释与理论预设,保持翻译进行生命呈现的生成过程,以获得异域之中的再生。"来世生命说"旨在消解翻译研究的机械论思想,挖掘出翻译作为一种生命机体存在的观念,强调翻译研究具有机体主义的本质特征。

翻译生成论蕴含了整体论的思想,即翻译行为应该被置于复杂生命系统中的整体语境中加以理解。作为一个复杂生命系统,翻译表现为部分与整体之间的生成关系。生成分析是以文本生命为研究对象,具有整体论思想的分析方法,它对于翻译生成的挖掘和处理是在一种复杂性范式的立场上展开的。它意味着生成分析的对象——翻译生成依赖于文本生命的条件与基础,它决定了生成分析的对象是一种基于复杂性范式的有机体——这些可分析对象包含了文本生命、原文生命、译文生命、来世生命及其彼此之间的相互作用。生成分析利用其生成性与整体性的优势,采用复杂性范式以发现翻译与文本生命、原文与译文之间的生命间性,从而为其赋予生命意义与生命价值。生成分析是翻译生成论的基本方法,它遵循了整体论的思维方式,其本质在于将分析对象(文本生命)置于其所在的复杂生命系统加以理解和说明。在分析过程中,它所注重的并不是构成分析框架中语言转换的对等,而是由于其最大限度地考察构成分析的局限性,从而使翻译生成性得到了深度揭示。由此,语言转换的对等、文化操纵的建构在生成分析的过程中不再占据主导地位,文本生命的生成在复杂性范式的基础上,从行为过程、翻译效果与层次等方面都得到了有效延伸。当然,生成分析在对翻译的整体把握过程中所坚持的整体性原则,并非忽视客观性与确定性。翻译生成论强调翻译与文本生命之间的生成关系,就是一种整体论思维,它旨在揭示生成性、延续性、成长性等复杂性特征。

由上可知,翻译生成论是以文本生命为切入点,对文本生命与翻译之间的生成关系进行概括化而形成的理论观念。具体地说,翻译生成论是以实践生成论、机体哲学与生成哲学为理论基础,以"生命—生成"为分析方法,以复杂性范式为认识方式来解释与说明翻译的生成性问题。它要揭示的是一种在"生生之谓译"的浸润下关于文本生命的生成性观念,其认识论转变是从语言转换论的"拆卸—组装"、文化操纵论的"操纵—改写"转向"生命—生成"的思维结果。这不仅仅为复杂性范式奠定了生命话语与生成话语的根基,也为解决简单性范式面临的认识论鸿沟提供了一种新的认识论视域。翻译生成论要解决的问题是"文本生命何以生成",它包含了翻译的生成问题,也就是说,它需要解决"文本生命为何生成""如何生成"和"生成得如何""如何成长"等基本问题。随着文本生命、原文生命、译文生命、来世生命、翻译生成等概念引入翻译研究之中,翻译生成论以"翻译作为文本生命在异域之中的生成活动"为核心理念表达了一种全新的生成分析,其应该超越传统译论的构成分析。翻译生成论对文本生命的生成性的关注,则意味着翻译研究的探讨对象从客观不变的文本实体,转向充满生机的文本生命,进而显现出生成性、成长性、创生性等复杂性特征。也就是说,生成分析可以适用于翻译现象的分析,因为它有助于把握翻译现象的生成性、成长性、复杂性,而不是用既成的、静态的、确定的概念来描述翻译现象。

三、"是"思维转向"成为是"思维

翻译研究离不开方法论的指引,不论是还原论思维还是整体论思维,两者对翻译研究都产生过深刻的影响。相对而言,还原论思维作为一种简单性方法论因其简单化与客观化而占据着翻译研究的主导地位,而整体论思维作为一种复杂性方法论由于其操作的复杂性而在很大程度上被翻译学界所忽视。"方法是任何事物所不能抗拒的一种绝对的、唯一的、最高的、无限的力量。"(Cassirer,1962:216)方法作为翻译研究的一种理性力量,它力图在翻译研究中发现与认识自己的思维方式。不同的方法,决定了翻译理论的思维方式。翻译生成论引入了复杂性范式并形成了独特的复杂性思维,在方法论论题上与整体论一脉相承,它力图摒弃二元对立的简单性思维,舍弃语言转换论研究视角的单一化与平面化,扬弃文化操纵论研究视角的分散性与泛化性,力求将翻译与文本生命关联起来,并由此把关注的焦点投置于翻译与文本生命的生成关系。如果我们将传统译论的研究途径看作是一种还原论视角下的单向因果关系,那么翻译生成论的研究途径就是一种整体论视角下的双(多)向因果关系。无论是文本与生命的交互性,抑或是自我与他者的互动性,不论是广延与绵延的融合性,抑或是译者与创生力的整合性,不论是翻译作为文本生命的存在还是翻译作

为文本生命的生成，也不论是翻译的潜在性还是翻译的现实性，它们都蕴含着整体论与复杂性范式思想。

翻译生成论的建构一开始就镶嵌于具有整体论意义的多向因果关系，它包含着文本系统、群落系统和译境系统，彼此之间构成一个相互作用、相互依赖的复杂生命系统。从文本系统到群落系统、译境系统，都蕴含着一种动态的互生共存，这种互生共存使传统译论的"窄式内容"转向翻译生成论的"宽式内容"，构成一种方法论意义上的双（多）向因果关系。翻译生成论将翻译活动归结为一种多向因果关系，就必然地要引入复杂性范式。复杂性范式则渗透了整体论的价值取向，构成一种内在的整体性关联融通。一旦在翻译研究与整体论之间搭起了由此及彼的沟通桥梁，那么翻译研究的整体性与多向因果关系就会得到实质性的贯通与强化。当我们说翻译生成论涵盖宽式内容与整体论思想，它表明的是其思维方式不再是单向因果关系的"是"还原论思维，而是双（多）向因果关系的"成为是"整体论思维。作为一种新的译学整体论，翻译生成论既可以为反思翻译研究的"是"还原论思维的局限性提供依据，也可以为"成为是"整体论思维的优势提供保障。

（一）"是"思维

语言转换论与文化操纵论高举"客观理性""主观理性"的旗帜，追求对"何谓翻译"的探究与解释。实证主义的盛行使翻译学界认为翻译问题都可以通过科学手段观察、检验与验证，试图在确定状态下对翻译进行"是"还原论思想的推理而获得答案。还原论思维认为，作为既成"文本"集合体的翻译需要遵循固有的规律，它规定了翻译是从客观理性的视角按照本身固有的必然性推导出自身的客观性与确定性。这就是一种"是"思维（being thinking），它追求翻译的确定性而忽视翻译的不确定性。"是"还原论思维机械而片面地注重翻译的"是"，例如对于"翻译是什么"的问题，它强调"是"就是"是"，于是形成了以对等性为原则的原文中心论；强调"不是"就是"不是"，于是文本与译者、客体与主体、原文与译文产生了二元对立的割裂状态。可以说，翻译研究的"是"思维总是把翻译放置于翻译主体的对面，将翻译外化为对象化的客体，而不是深入研究翻译主体与客体、原文与译文的互动性本质。"是思维"把最重要的"生成"排除到自己的思维之外，把翻译还原为僵化的机械物，还原为缺乏生命意义的固定物，因而其语言是一种由客观性、确定性、非延续性所界定的既成性语言（non-change-oriented language）。

以《道德经》的"道"为例，"道"本身是一种"道生万物"的生成性语言，是一种创造万物、化育万物的"道"，因而"道"的翻译应该是一种融合中西方的关于"道"的生成性姿态与诠释。翻译学界或隐或显地、有意识或无意识地受到"是"思维的影响，"道"的翻译被还原为僵化的机械物，例如音译的 Dao/Tao，直译的 the way、the path、the road，以及意译的 the primal、the cosmic、the existence、the infinity、the infinite、the spirit、the atheism、the ineffable、the guide、the nature、the divine law 等。"道"的翻译被"曲解"为无神论与有神论的思想内涵：①无神论（the tao，the way，the path，the road，the flow of the universe，nature，existence）；②有神论——自然神论、单一神教、多神教（God，Spirit，The Providence，Principle，Reason，The Flow of the universe，Nature，Existence）等认识形态，其中的"the flow of the universe，nature，existence"是无神论和有神论译者共有的语符，但书写方式有大小写之别。（包通法，2018：127）音译 Dao/Tao 虽然与"道"同音异质，但其所指依然无法还原与显现出"道生万物"的内涵。意译的"还原"就是将中国哲学文献《道德经》之"道"实体化与西方化了，造成了既成性取向的西方语言与生成性取向的汉语语言之间的错位，如"道"被还原为"精神"（the spirit）、"存在"（the existence）、"自然"（the nature）、"法则"（the divine law）等。"道"的既成性翻译助长了"道"在西方文化中被认定为那种恒定不变的特征，这实质上不仅把"道"的翻译实体化与西方化了，而且不断地蚕食了"道生万物"的生成性思想与精神。诚然，有些学者将"道"直译为 the Way，进而将 the Way 还原为"蹈"（treading），虽然 the Way 以"蹈"为思想内涵蕴含了"走"的动词之意，但这种还原却割断了"道"的生成之意。从这个意义上说，"是"思维视域下的翻译就是一种追求既成不变的"名词思维"——"名词思维的聚焦点落在概念化的事物之上，及物而不及道，即拒绝'变化'，因为定义要确定的就是事物的不变本质，或者说，名词思维试图解释'什么是什么'"（赵汀阳，2022：35）。"是"思维既强调翻译在逻辑转换上的确定性、精确性与一致性，又凸显了西方翻译理论倾向于这样的思想："存在"是翻译的基础，它优先于"生成"；翻译作为一种"存在"表现为最为根本的既成永恒性。

更为普遍的情况是，单独谈论"翻译是什么"，将它作为翻译研究的对象来谈论并形成翻译的独特认识，即所谓的"翻译是什么"问题或者说与"翻译是什么"相关的问题。对于"翻译是什么"的回答，实质上是按照"是"的思维方式来回答：它首先事先设定翻译具有某种确定与客观的本质。翻译被设定为一种对等性、确定性、既成性的客观存在。这实质上是翻译研究的既成性思维方式，它注重确定性、同质性、对等性与客观性。例如，语言转换论所说的"翻译是语言转换"，文化操纵论所说的"翻译是文化操纵"，等等。所有这些讨论，只要放在"是"思维的框架内，就可以或者至少比较容易获得翻译的确定性认识。然而，"是"思维的根本局限在于，它忽视了不确定性、异质性、成长性和创生性。简而言之，"是"思维忽视了动态性与生成性。还原论的"是"思维注重翻译的单一性而否认翻译的多元性；它注重翻译的既成性而忽视了翻译的生成性、成长性与创生性；它注重翻译的对等性却忽视了翻译的动态性与过程性。以"是"思维来理解与把握翻译，翻译就是一个静态的、能够任意拆卸—组装和操纵—改写的机械物，翻译客体与主体、原文与译文之间的关系只能是"原像—镜像"的二元对立关系。

"是"思维是语言转换论与文化操纵论把握翻译问题的一种思维向度，它指向的是静态性、单一性的认知方式。静态性、单一性意味着，翻译是可以分析与还原的对象，一切翻译问题都可以通过分析与还原的思维方式来加以认识与理解。"是"思维的静态性与单一性，使翻译的语言性与文化性覆盖了翻译的生成性与成长性；语言转换与文化操纵将翻译挤压到封闭的空间。留给翻译的是寻求语言/文化转换的对等性，而缺少对生成性与成长性的探究。随着翻译研究的不断深入发展，翻译学界对"是"还原论思维能否解释翻译及其规范、道德与价值问题产生了疑问。翻译作为文本生命的存在，它需要与复杂生命系统中的不同子系统进行互动，这就不得不重新思考翻译的复杂性，考虑复杂生命系统中不同因素之间的相互影响如何实现，以及做出选择的翻译动机、翻译价值、翻译目的如何作用与转变等问题，对此"是"还原论思维似乎难以给出合理的解释方案。翻译生成论表明，翻译生成与文本生命实质上互为依托、互为关联，其认识方式不是拆卸—组装、操纵—改写观念，而是生命—生成观念。生命—生成观念是翻译实践活动在复杂性思维意义上的一种具体体现方式，它包括文本生命和对文本生命的生成性诠释。它超越了简单性思维方式，对于翻译的理解方式是一种生命—生成视角。生命—生成视角就是重新审视了"拆卸—组装""操纵—改写"思维模式，开始关注文本生命在异域之中再生、延续与成长问题，进而强调文本生命在翻译过程中的独特价值。翻译的生成观念是围绕翻译作为文本生命存在以及求解"文本生命何以生成"问题展开的，其表现为文本生命在异域之中的再生、延续与成长问题，其关键观点就是翻译是由原文生命与译文生命之间的生成性所塑造而成的。因此,翻译生成论强调的不是"是"的还原论思维,而是"成为是"的整体论思维,它诠释的是"文本生命何以生成"的根本问题。

(二)"成为是"思维

"成为是"思维是翻译生成论把握翻译现象的一种思维向度,它是指生成性的认知方式。所谓生成性是指文本生命在异域之中不断生成所凸显的动态性与复杂性特征。生成性具有鲜明的延续性、成长性与涌现性特征,因而翻译的最为根本的特征表现为生成性。"翻译活动是一个生成性的发展过程,从这个意义上说,针对翻译的过程、翻译的实践活动思考理论问题,就能够使它们在实践当中得到梳理、得到科学的阐释、得到升华。"(许钧,2022:5)以生成性来观照翻译,翻译概念的内涵就会得到一种新的生成性阐释,其所指向的翻译观念与思维也会得到新的提升。翻译作为文本生命的存在方式,意味着"翻译即生命—生成"观念得以成立,因而翻译就是文本生命在异域之中的生成活动。那么,认识与理解翻译的思维方式就是"成为是"思维(generating thinking)。"成为是"思维意味着,翻译的问题落实在"翻译成为是什么"问题,而不是"翻译是什么"问题,它跟随"生命—生成"去思考翻译问题。生命与生成所到之处,翻译就是"成为是"的所在,就是"成为是"的所是。翻译是永远具有生成性与未来性的概念,它在"生命—生成"中创造自身,是生成性的存在与概念。翻译以生成性为根本方式展开、敞开自身,翻译的存在不是纯粹孤立的"存在"(being),存在总是在生命之中"生成"(becoming)。以"成为是"思维来描写与解释翻译现象,翻译的本质就会呈现出生成性、创生性、延续性等复杂性特征。

翻译既是一个动态的复杂适应系统,又是一个活生生的复杂生命系统。复杂生命系统是文本生命、译者生存与翻译生态的相互作用、相互嵌入的过程以及由此产生的类生命体或者说生命共同体。作为一个复杂生命系统,翻译所描述的正是这种类生命效应,它是在"成为是"的思维中,无论是文本生命的生成,还是译者生存的境遇,抑或是翻译生态的整体,都呈现出生成性、成长性与创生性特征。"成为是"思维是一种生成性思维方式,是针对"是"思维方式而出现的。"促使我们去思考的不再是自然秩序而是生成(becoming),不再是机体(organism)而是'现实实有'(actual occasion)。"(Stengers,2011:197-198)然而,传统译论难以达到这个程度,它是从既成性思维或"是"思维去考察与审视翻译而获得对翻译的一种客观性、确定性与既成性的解释与说明。从本质上说,促使我们去思考翻译的本质是"生成",它构成了"成为是"思维的一个显著标识。以赵彦春(2018)的《道德经》英译本中的"Word"为例,"道"被还原为 Word 表明了,"道"是一种生命之源与生成之力,因为 Word(道)是以"v＋元音＋r(vVr)"为原型的词汇家族,衍生出家族相似性的 virtue、virus、verge、verpa、vary、virgin、world、valle 等,它意指"生""生成""成生""生生""创生"等生成性词语。Word 使"道"在异域之中获得了生命之源的再生与生成之力的复活,这种再生与复活不仅传承了"道"的生命品格,还融入了海德格尔的"道说"(die Sage)与《新约·约翰福音》的"道"(Word)。这就意味着,将"道"译为 Word,就是中西哲学文化关于"道"(Word 与 Logos)互诠互释的结果,是"道"在"和而不同"之中获得 God 或 Logos 的生命延续。事实上,"把'道'译为 Word 是因为《道德经》的'道'、《圣经》的 Word 和赫拉克利特的《论自然》的 Logos 都是万物的本原······Word 本义是'生殖器',转喻为'生',所以以 Word 对译'道'可以融通中西本体论哲学"(赵彦春,2018:112)。Word(道)就是一种生成之道,它喻指"道"的生命之源与生成之力,它与《圣经》的 Word、赫拉克利特的 Logos 形成了一种中西文化沟通的视域融合,通达同中存异、异中求同。由此可见,"成为是"思维是一种生成之道,它不仅可以指向生成性思维,还可以指向"动词"思维。"成为是"思维有别于"是"思维的根本特征在于翻译的"生成化"与"动词化",即将"名词"中蕴含的生成之意"动词化"。"动词具有存在论上的本源性,动词造事而创造了属于自身的宾语,并且使事物具有价值。使存在(being)成为变在(be-coming)的动词是创造性的,动词的核心问题是创制。"(赵汀阳,2022:24)"成为是"思维强调动词的创造性,本质上就是强调翻译的生成性;翻译始于生成,翻译观念、价值、规范都始于生成。翻译生成论的主题词不是"是",而是"成为是"或者说"生成"。生成之外无翻译的动态性,因此,翻译即生成(to translate is to generate)。翻译本身就是一个生成性的动词,动词的根本意义在于"生成",否则翻译就只是语言转换的"重复",因而翻译的核心在于"生成"。从根本意义上说,"生成"是翻译生成论的出发点,也是翻译的出发点。

翻译生成论的提出,实质上就是从"名词思维"转向"动词思维",就是从既成性思维("是"思维)转向生成性思维("成为是"思维)。翻译研究的这种思维方式的嬗变,实质上就是理论观念的嬗变,它将翻译的发展过程与变化引入翻译研究,注重翻译研究的动态性、过程性与整体性,强调翻译的生成性、成长性与创生性。这正是翻译生成论的实质所在与本质特征。

"成为是"思维是对"是"思维的一种重构与超越,它旨在刻画翻译生成性、成长性与创生性的思维范式,是关注翻译的生成过程、关注文本生命的生成与成长过程的思维范式。翻译生成论反对以确定的设定来把握翻译的"是",而是以动态的过程来认识与理解翻译的"是",使文本生命在翻译过程中成为"是",更重要的是以"成为是"的整体论思维方式来理解与把握翻译。翻译生成论强调"成为是"思维方式,本质上就是认识与理解翻译的过程思维,这种过程思维不是片面地注重"是"就是"是"的还原论思维方式,而是强调翻译作为文本生命的"过程生长",强调文本生命是作为一种过程而存在和成长的。如此,翻译就是一个动态的、变化的、不断生成的文本生命;"成为是"就是一种生成能力。有了生成能力,文本生命才能不断产生,文本生命才能在不断延续的历史中拓展自身的生命。正如雅各布斯(Jacobs)所说,"翻译似乎源于原文而延续前世'生命',犹如原文'种子'进行移植(transplant)、发芽(germination)、成熟(ripening)而绽放生命之花(blossom forth)"(Jacobs,1975:756-757)。以"中庸之道"为例,由于受到"名词思维"与"是"思维的影响,"中庸"时常被视为一种名词来翻译,进而以 the Constant Mean、Perfect Equilibrium、the Middle Use、the Mean、the Golden Mean、the Golden Middle Way、Everyday Life、the Everyday、the invariable 等名词或名词词组来表征它的思想内涵。这些译名大都同质异构,指向的是"中庸"的名词形态与"是"形态——平衡和谐的状态,它们只是"中庸"的一个功能性概念。它们并没有实际的对应物,也不是一个动态过程,其意义只有在语义解释中得到充实。事实上,"中庸"蕴含着动词之意,意味着变化,归根结底关涉"如何做"才能达到它的"德"——"中庸之为德"(《论语·雍也》)。蔡新乐(2020b:88-89)将"中庸"训为"心常",将放失之心求回,使之投入在场,并且成为中心,以"中"为"心",故译之为 heart,以其不可止息昭示"生生"之意,与汉语中的"心源"一样,具有不可比拟的力量,可成为人之为人最为根本的东西;其中以"庸"训为"常","常"可指向海德格尔哲学的"在场化"(presencing)。如此,presencing(在场化)配以 ever 便生成了一个具有动词化意义的"中庸"(the-heart-ever-presencing):总是在场,或曰"常在"或"恒在",可包含日常意义的存在,亦能表达历久弥新而"生生"的存在之意。由此可见,"成为是"思维就是一种将"名词"进行动词化翻译的思维方式,它把翻译的问题落实在动词之上,跟随着"成为是"思维去思考"翻译应该成为什么"。"成为是"指向什么,就去思考什么,因而"成为是"思维是一个不断生成、不断成长的过程思维。

翻译生成论强调的生成性之所以是新颖的,在于它注重翻译的"成为是",它对翻译的理解与把握是从"再生""生成""成长""成为"出发而确立起一种过程思维,也就是说,它既从翻译的相对确定性角度来理解翻译,认为翻译行为都具有相对确定的一面,有其质的规定性,同时又从不确定性角度来理解具体的翻译行为,认为翻译行为具有动态的、多样的、复杂的一面,它处于再生、延续、发展、成长的动态过程,因而没有"译无定本"的翻译行为。进一步说,翻译是一个不断生成、成长的过程,它意味着不存在静止不动的确定性,也不存在抽象固定的绝对性,翻译行为的相对确定的"质"的规定性,是在文本生命的成长中被确定并加以实现的。离开翻译的成长性,翻译所谓的"确定性"的"质"的规定性都是虚无的。以赵彦春(2018:37)的《道德经》英译本中的"I don't know who has fathered it; it may have fathered gods.(吾不知谁之子,象帝之先)"为例,其中"谁之子""象帝之先"是作为一种名词形态出现的,实质上"之子""之先"蕴含了一种生命之源与生成之力,因而在翻译过程中应该赋予两者以动词形态,使其具有内在的生成性与成长性。赵彦春以动词 father 来翻译"之子"与"之先",本质上就增强了翻译的生命化与生成化。以动词 father 译"之子"与"之先",实质上就是强调"动词思维"或"成为是"思维要将翻译问题落实在"动词",将翻译问题落实在"成为是",以凸显翻译所蕴含的生成性。"中文动词之特殊意蕴,往往非西人所能识别。"(吕叔湘,1980:2)以动词去勾勒"成为是"思维,就摆脱了传统译论所坚持的以语法为导向的"是"思维、名词思维的困囿,进而将翻译问题置于"成为是"思维中去考察翻译的生成性。从这个意义上说,翻译生成论是以"成为是"的整体论思维,强调"生成"是在文本生命的再生、延续与成长过程中的"生成",它注重从文本生命的生成过程出发来认识翻译的本质,强调以"成为是"的整体思维来取代"是"的还原论思维来理解翻译的本真面目。

翻译生成论强调以生成性为问题导向,求解"文本生命何以生成"问题,实质上就是一种"成为是"的整体论思维与复杂性思维。"成为是"思维意味着,"翻译是一个以生成性为本质特征的动态发展过程,翻译的生成既在于翻译之'生',即原作新生命的诞生,也在于翻译之'成',即'译本生命在目的语社会文化语境中的不断延续、丰富与传承"(刘云虹,2022c:55)。对于翻译来说,其生成离不开文本生命的存在。每一种文本生命都可以用不同的方式来分析,将文本生命在异域之中的生成作为分析对象,就是要揭示文本生命与翻译的生成关系,因而最具体的要素分析就是文本生命的生成分析。这无疑是翻译生成论在方法论上的有利选择,它引领翻译研究走向一种从以文本为导向的"是"思维转向以文本生命为导向的"成为是"思维的新探索路径,并且在认识论上解决和处理了从简单性范式走向复杂性范式的基本问题。"成为是"思维是翻译生成论从文本的知识逻辑构成的问题意识到以文本生命为基底的现实问题意识的桥梁,它不再按照传统译论的研究范式,这样会致使翻译概念抽象化、语言化与文化化,进而空泛于翻译本身的复杂性与生成性。作为一种新思维,翻译生成论不仅立足于"生生之谓译"的新诠释,更重要的是它着眼于开拓以文本生命的生成性为研究论域的思维模式与解释模式。生成观念表明,翻译研究不是一种"是"还原论思维的既成性探讨,而是一种"成为是"整体论思维的生成性探讨。"成为是"整体论思维就是要探讨翻译如何成为文本生命的存在又要揭示文本生命何以生成的问题。生成性既成为翻译生成论的内在机制,也成为翻译生成论的分析方法;翻译生成论并不是简单地对语言/文化转换的"是"思维的确认,更重要的是以"成为是"思维获得对生成性的认识与理解。

翻译的本质特征就在于它作为文本生命存在而具有生成性特征。翻译生成论以生成性为思维方式,凸显了生成性在翻译研究中的重要地位。生成性或生成性思维方式,是翻译生成论在方法论层面上的本质。换而言之,翻译生成论的实质与本质就是生成性,其方法论视域是"成为是"思维或者说生成性思维方式。然而,翻译生成性的主题在当代翻译研究中却长期遭遇忽视,"生生"思想在现实中并没有被赋予现代的合理形式而形成有效的"成为是"思维,这就导致了翻译学界对生成性问题探究缺乏系统性与整体性。翻译生成论与复杂性思维范式的发展趋向是一致的,这种一致性既能包含简单性范式的解释范围又能对简单性范式所不能覆盖的现实做出解释,进而确立一个以"成为是"思维为方式来揭示翻译的生成性问题。以"成为是"思维为视域,翻译生成论可以在翻译研究多元化的背景下处理翻译、语言、文化、社会乃至生命的关系提供了一种有别于研究范式不可通约性、西方化(westernization)、泛文化主义(pan-culturalism)的路径,为翻译研究由"是"思维走向"成为是"思维提供了方法论框架。从"成为是"思维来看,翻译生成论倾向于持续增强其覆盖性(既涵盖既成性又包含生成性),朝着更加具有概括性(既涵盖简单性又包含复杂性)与更加具有普遍性(既涵盖"是"思维又包含"成为是"思维)的理论发展。

"成为是"思维实质上是基于"如何研究"的问题,考察文本生命与翻译的生成关系,致力于解决"文本生命何以生成"问题而提出的整体论思维。其中所论及的"文本生命",本质就是一种生成性的成长过程。翻译是在文本生命的成长过程中得以显现与实现的。翻译生成论的首要任务就是从文本生命与翻译的生成关系中求解"文本生命何以生成"问题。有了自身的问题域,翻译生成论就在发现问题、呈现问题、求解问题的过程中揭示文本生命与翻译的生成关系,进而探讨文本生命、原文生命、译文生命、来世生命与翻译之间的相互作用,形成自身独特的"成为是"思维。伴随着翻译认识所发生的根本性变化,即从以"是"还原论思维转变为以"成为是"整体论思维为框架,对文本生命与翻译的生成关系进行解释,翻译生成论就逐渐彰显了复杂性思维范式的优势。当我们以具有整体论思想的"成为是"思维来反思翻译实践活动时,可以清晰地看到,翻译生成论实际上就内在于复杂性范式的发展,并逐渐成为当前解释与说明翻译现象的一种新的生成分析与"成为是"思维。作为复杂性范式的一种思维方式,"成为是"思维给我们提供了一个考察翻译现象的新视角,决定或深刻影响着具体的翻译行为,并由此形成一种生成之力,将翻译生成性、延续性、成长性等复杂性特征呈现出来。

第四节 翻译生成论的认识论视域

如果从翻译学领域中寻找翻译研究的基本主题,我们会看到对待基本主题的认识有两种:一种是以语言转换论为线索的认识论,探讨的基本主题是语言转换的对等性,确定了翻译研究的客观理性。所谓翻译研究的客观理性,就是通过对揭示翻译客观性、确定性、既成性等特征的期待,并以对翻译持有的期待为翻译手段,以期实现合乎理性的翻译效果的目的。客观理性实现了西方翻译研究的第一个根本性的突破,其根本意义在于它跳出了传统翻译研究固守于经验层面的困境,标志着翻译理论意识的觉醒。从另一方面来看,为了追求对等性,强调研究对象的确定性与客观性,语言转换论则运用语言分析策略,贯彻原文中心论,恪守对等性原则,导致译者与原文的截然分离。另一种是以文化操纵论为主线的认识论,它的基本主题是跨文化转换问题,确立了翻译研究的主观理性。对翻译研究而言,所谓主观理性,就是对揭示翻译多样性、多元化等特征的期待,并试图将这种翻译期待当成一种翻译手段,以期实现意欲达到的翻译目的。"文化转向"在界定研究对象、规定学科性质、制定研究策略等方面都把翻译置于广阔的文化语境,它厘清了翻译研究的文化性质,颠覆了原文中心论的理念,消解了客观性与确定性,在坚持译文中心论的基础上侧重于发挥主观理性的主导地位,充分肯定了译者能动性与创造性的主体作用,确立了译者对文化语境的建构作用。"翻译研究的文化转向特别强调译者在社会文化语境下的主观能动作用,对译者的主体性认识空前增强,但仍没有把译者放在中心性的位置。"(尚延延、杨萍,2017:112)事实上,"文化转向"强化了翻译的文化性而弱化了翻译的本体性,强化了意识形态、主流诗学、政治权力等因素,弱化了翻译的确定性与客观性,从而滑向译者中心主义与非理性主义。

一、客观/主观理性转向关系理性

不论是客观理性还是主观理性的认识论,它们都是在翻译主客体对立的框架中进行思考,要么过度强调原文而把活生生的译者从其复杂生命系统中抽象出去,要么没有摆正译者主体性而把文本视为译者可以任意主宰的对象,导致复杂生命系统的各要素割裂开来,文本生命在异域之中的再生与延续难以形成一个整体性的生命共同体。翻译生成论不应该像语言转换论的观念那样满足于在语言层面的王国里"兜圈子",也不应该像文化操纵论的观念那样撇开语言的本体研究而满足于译者的文化身份的认可,而应该聚焦于"文本生命何以生成"问题求解,通过复杂性范式来考察文本生命的生成性特征,揭示翻译的本真面目与本真状态。翻译生成论从静态的语言/文化回到动态的文本生命,探讨复杂生命系统中不同元素的共生关系,将认识论主题归结为探讨文本生命与翻译的生成关系的认识视域。文本生命与译者生存、翻译生态,文本系统、群落系统和译境系统之间的共生关系成为翻译生成论需要探讨的认识论视域。文本生命成为翻译生成论的阐释基底,关系理性则成为翻译生成论的认识论取向。关系理性以深度的共生关系照亮复杂生命系统中晦暗不明的元素,由共生关系激发出文本生命的生成性,生成性又在共生关系中逐渐整合为一个更成熟、更有生命活力的有机系统。

(一)客观理性

西方哲学中的理性主义一直渗透并影响着翻译研究的发展,尤其是"语言学转向"为客观理性在翻译学领域内的存在提供了前提和基础。就认识论而言,语言转换论提倡的是客观理性。"语言学转向"以来,语言作为翻译研究的对象与认识翻译的出发点,一方面使得翻译研究从对翻译的直观感受转向在客观理性的意识关涉中思考与求解翻译问题,解决翻译客体与主体的对立统一关系问题;另一方面也使翻译研究逐渐加强了对客观理性的可能性的考察,确立了客观理性及其思维方式的中心位置。基于客观理性的认识思维方式的显著特征是:翻译问题的解释始终处于翻译客体与主体的剥离与对立关系之中。长期以来,客观理性的认识论视域几乎支配和垄断了整个翻译学界,对等性原则成为翻译研究中不可动摇的核心原则。对等性探讨为翻译研究的语言结构描写、微观语言规定、语言转换做出了具体、详细的诠释与描述。由于语言转换论聚焦于语言内部结构,追求对等性而缺失了来自文化、社会、意识形态等外部因素的理性限制,这样外部因素的限制便被排斥在追求对等性的内部结构之外,语言内部结构与语言外部描写难以有效地进入翻译研究的整体认知。

从现实的翻译实践来看,真实的翻译活动绝不可能通过单纯的推理与演绎逻辑就能获得其本质的认识。翻译活动不仅存在着规则性、必然性、客观性与确定性,也存在着生成性、主观性、不确定性与或然性,因而它是不可能仅仅通过译者的无限理性推理就获得两种语言转换的绝对对等性。对等性原则是一种基于无限理性、客观理性推论而出的,在方法论上属于一种简单性思维方式或"是"思维方式。究其实质,运用对等性理解翻译现象不仅导致翻译研究意义上的削足适履,也使翻译解释处于一种单一性的境况,从而难以诠释复杂多变的翻译现象。翻译研究没有固定不变的原则,翻译原则总是相对于一定的参照系与现实语境并在其中才能凸显出来。

要确立翻译的基本原则,就必须清楚它以何种参照系作为建构翻译原则的基底。语言转换论是以一种标准化的对等性为原则或者说以客观理性为原则去一劳永逸地捕获原文与译文之间呈现出的前后一致性,因而,翻译过程就是基于逻辑规则促使原文与译文走向对等性的理性推理过程。翻译本身拥有充分的对等性,不同翻译理念的区别仅仅在于是否以对等性来诠释翻译,因而确定翻译原则的参照系就在于翻译本身的对等性。据此参照系,译者主体遵循的是客观理性原则,基于无限理性模式严格遵循理想的逻辑规则进行信息搜索与推理。具体地说,语言转换论是一种客观理性的建构,它表明了原文是翻译的唯一尺度,是翻译普遍性的、外在客观的尺度,为翻译研究的现代性发展提供了价值规范基础。原文作为翻译的客体具有压倒一切的优越地位,服从原文的需要,是译者行为的最高价值原则。原文极力维护的必然是支配着译者行为的普遍的强制性的价值法则,译者所信奉的也必然是外在于自我、支配着自我的抽象的、普遍的、永恒的价值尺度。这样,翻译的根本特点是原文与译文之间的同质性,同质性的翻译需要同质性的译文与原文来维系整个翻译的机械有序性,并实现原文与译文的同质性对等。可以说,语言转换论将原文视为译者之上的具有普遍性的外在客观价值准则,所确立的是翻译研究的原文中心论,所体现的就是翻译研究的客观理性。

语言转换论的客观理性,代表着翻译具有客观的绝对理性。它揭示和发现了存在于翻译之中的语言是翻译整体的统一性原则与绝对性原理,因而语言是翻译的唯一,即康德(2000:321)所称的"理性的统一性"。客观理性就是把翻译看作在语言这个"理性的统一性"之下获得对等性的能力,并将客观理性的根本功能视为实现对等性的价值准则,它内在地代表着一种寻求"无条件的绝对"的倾向,是一种客观性的、排他性的眼光。翻译的整体面貌在客观理性的支配下被蒙上了阴影:①翻译的历史性消失与时间性的缺失,实质上是让翻译的历史性与时间性服从于既定的对等性原则,语言成为翻译的起点与归宿,翻译于是成为确证对等性原则的工具和策略,翻译所具有的历史性、时间性、开放性、生成性和过程性的意义被还原为对等性的注脚;②客观理性使得充满复杂性、异质性、生命性与多样性的不同翻译立场、翻译取向、翻译观点之间的差异性被遮蔽。其实,翻译是一种历史性的传承过程,也是一种时间性的绵延过程,无论是从事翻译思考的译者,还是翻译的主题和内容,抑或是对文本的理解与诠释,都不可能超越其历史性与时间性而困守于"理性的统一性"。这就决定了翻译的存在形态不可能在绝对的语言转换中被遮蔽,而必然是一种回归翻译实践而呈现出多样性与异质性的翻译形态。

语言转换论是经由语言的分析来呈现的,我们对于翻译活动、翻译过程、翻译行为等翻译现象的描述与识别,是对于语言及其转换过程进行理解与把握的基础。西方翻译理论往往将翻译作为一个实体来看待并以语言作为分析手段来认识与理解,诸如这样的翻译观点:"翻译研究就是语言研究。"(Steiner,1998:49)鉴于翻译的复杂性,将作为源语符号系统与译语符号的翻译纳入只涉及原文符号的系统来加以考察与审视,其描述在很大程度上依赖于源语的忠实对等,这就消解了翻译的整体性、动态性与生成性,也导致了语言分析与翻译复杂性不相符。语言转换论的客观性、确定性与对等性虽然推动着翻译研究的极大发展却不能赋予翻译研究充分的解释力。因此,将翻译纳入广阔的文化语境加以考察就成为翻译学界推动文化转向的根本原因。于是,意识形态、权力地位、赞助商、主流诗学等外在因素成为翻译研究的主导理据,"翻译研究现在意味着与翻译有任何联系的任何东西"(Lefevere & Bassnett,1998:1)。

(二)主观理性

根本而言,"文化转向"的贡献在于确立了译者主体性与主观理性的核心地位,它使先前占统治地位的客观理性让位于主观理性,确定了一种在译者主体性中寻找翻译本质的全新方式。回溯到无可置疑的译者主体性,并在译者主体性中揭示翻译本质的根本源泉就是创建了"创造性背叛"的主体性思维,这种主体性思维在当代翻译研究中充分展示了自身内在的能动性与创造性。文化操纵论与语言转换论虽然在主观理性与客观理性的基础上存在着不同的观点,但两者的根本理念是绝对理性,并将其作为认识与理解翻译的出发点与归宿。追求翻译确定性的基础与标准,成为绝对理性内在的方法论基础:以翻译客体与主体的二元分离与对立为特征。文化操纵论的根本要点是强调译者显现的主体性与能动性,它的主体性思维方式就是将翻译主体与客体做二元对立的还原论处理,这就决定了主观理性作为译者主体性得以存在的根本,一开始便与翻译客观性处于相互对立的状态。与语言转换论的认识一样,文化操纵论也未能解决翻译客体与主体二元对立的割裂状态。文化操纵论把翻译从原文中心论中解放出来,建构译文中心论与认识论上的主观理性,对制约翻译产生与接受的机制进行描述性研究,力图为翻译主体的主观因素、语言转换中的文化移植、影响翻译的文本外部因素等语言学难以深入分析的翻译问题与翻译现象提供解释。虽然主观理性为译者主体性的发挥提供了基础,文化操纵论却以非理性的主观性与主体性破坏了客观理性的确定性与普遍性。文化操纵论所面临的问题,在微观上表现为因过于宽泛的文化分析而产生了在具体翻译研究中难以协调的独立性与零散性,在宏观上表现为缺乏统一的研究意旨,没有形成具有凝聚作用的思想体系。

伴随着"文化转向"的深入发展,翻译学界逐渐对对等性原则的解释力产生怀疑,并进一步对翻译研究做深入探讨,对应性原则就应运而生,与之相适应的主观理性在翻译研究中日益凸显。其实,客观理性、对等性原则一直渗透在笛卡尔二元论的旧框架中,主张原文与译文、译者与文本、主体与客体之间的二元分立,要么用原文中心论掩盖译者的创造性活动,要么用原文中心论掩盖译文读者的可接受性,要么用译文中心论掩盖原文作者的意图,难以在跨语言转换中实现严格意义上的对等性。事实上,译者获得的不是严格意义上的文本"对等性"(textual equivalence),而是一系列的"对应性"(correspondences)或者说动态地接近于"适应"(fit)内涵的"匹配性"(matchings);对应性的获取发生于译本的微观(micro-)、中观(meso-)与宏观结构(macrostructural)层面,而且分为形式对应、语义对应、功能对应、模仿(mimetic)对应或类比(analogical)对应等类型,因而界定"对应性"以及"适应"的最小度与最大度(minimum and maximum degree of fit)将成为翻译理论家的主要任务。(Holmes,2007:101)正由于译者追求并获取的是译本在不同层面上存在着的不同类型的对应性,而不是严格意义上的对等性,这就意味着,对等性难以解释译本在不同层面上多重对应关系的复杂性问题。对等性作为语言转换论的基本议题以及以客观理性作为认识论原则,在当代翻译领域愈发显露出其自身描述与解释的非充分性与不彻底性,它不仅导致翻译解释意义上的"削足适履",也使翻译研究处于一种无所适从的境况。促使翻译学界寻求新的对应性原则替代对等性原则、主观理性替代客观理性,越来越成为翻译研究发展的内在要求。

语言转换论转向文化操纵论,从根本上瓦解了翻译研究的客观理性形态。翻译研究不再接受把语言这个客观理性视为译者无条件服从的抽象的最高价值准则,而是把语言规定为译者主体的本质属性,即主观性。它要求把客观理性从译者之上的抽象体返回到译者自身,强调译者的主观理性而非客观理性,这就构成了翻译的价值源泉和根据。翻译研究的后现代性最根本的特性就是以文化操纵论的主观理性取代语言转换论的客观理性,使之成为当代翻译研究占据主导地位的支配原则,赋予主观理性的译者对翻译进行自主判断的权力。在主观理性的指导下,一系列关于翻译即改写、操纵、背叛、吞噬等的观点获得了广泛的衍生与发展;译者成为翻译的改写者、操纵者、背叛者、吞噬者等,成为翻译研究中可以主宰翻译一切的主体。换而言之,文本(原文与译文)需要被译者认识到,呈现为译者的思维领域中的认识事实,必须以自我的意识作为先在的逻辑根据。它必须以主观意识与主观能动的自我作为一切关于翻译知识的基础,译者的自我主体因而成为翻译的立足点和中心。译者主体性是译者主体意识与能动意识的自我不断地实现中心化的结果,为翻译生成论确立了主观理性的基础。毫无疑问,文化操纵论的根本意旨是回归译者主体性,它立足于译者主体性去试图解决翻译客体与主体的二元对立,既构成了主体性思维方式的特点与任务,同时又表明了主体性思维方式在翻译主客体二元统一上的根本缺失。既然文化操纵论的出发点是基于译者主体性去解决翻译主客体的对立问题,那么文化操纵论的落脚点并非客观地反思翻译问题,而在于为求解翻译问题奠定一个多样性基础的反思方式,因而它所确立的只是强调译者主体的主观理性,而非与客观理性形成一种辩证统一、相辅相成的理性有效性与普遍性,这样便是呈现为只是解释与说明翻译现象而非揭示与显现翻译本质。

(三)关系理性

回溯客观理性、主观理性对翻译现象的解释历程后发现,客观理性、主观理性并未能穷尽对翻译现象的全部理解与整体解释。理性而智慧的翻译主体,以客观理性与主观理性去认识与理解翻译,这就使语言转换论与文化操纵论在翻译学领域里有更大的合法性与合理性。基于客观理性与主观理性,翻译的运行规律与"天地之大德曰生"思想确实存在于翻译过程,然而这种"翻译之大德曰生"不会以客观理性或主观理性的方式显现于翻译,而是呈现出一种不可言说的翻译整体。"生生之谓易""天地之大德曰生""道生万物"等思想,都是对翻译作为具有不可言说的整体的经典表述。从"生生之德"或"翻译之大德曰生"的视角来看,语言转换论所面临的问题是,在微观上表现为过于狭窄的语言转换而导致在复杂多变的翻译现象中难以解释翻译的复杂性;文化操纵论则表现为宏观层面上缺乏统一的研究议题,没有形成具有翻译本体特征的研究体系。无论在微观层面上还是在宏观层面上,语言转换论与文化操纵论都难以解释翻译作为一种复杂生命系统呈现的生成性与共生性。翻译作为一种复杂生命系统,强调的是类生命特征。类生命既强调翻译的生成性与成长性,又强调复杂生命系统中不同因素的交互性与关联性,因而"关系理性"就自然而然地成为翻译生成论的认识论原则。"关系理性"是一种超越单一化、实体化的翻译关系,以"成为是"思维去理解翻译的生成性、延续性、创生性等特征,进而把握翻译作为文本生命存在的规定、意义与根据的理性。关系理性既要求从译者生存、文本生命与翻译生态的交互性关系去理解翻译作为有机体的存在,又要求从复杂生命系统中各个元素之间的互依性关系去理解翻译作为有机体的存在。关系理性不同于客观理性,也不同于主观理性,它试图实现对追求翻译确定性、既成性、对等性的客观理性与追求翻译多样性、主体性与能动性的主观理性的双重超越,意味着对翻译生成性的规定,力图在翻译问题的理解上实现思维方式的根本改变,即实现从"是"思维向"成为是"思维的转换。

翻译生成论将翻译关注的理性原则从"客观""主观"转向"关系""共

生"等范畴，与中国哲学的"生生之谓易"思想趋近，关系理性的思想原则完全契合翻译生成论的精神意旨。如果说语言转换论肇始于对翻译客观性与确定性的研究，那么翻译生成论所探究的则不是译本如何产生的问题，而是文本生命如何生成的问题。从这个意义上说，翻译生成论的理性原则是关系理性。关系理性的确立，是对翻译问题的理解与对翻译现象的解释的一次根本性转变，它代表着一种新的生成性观念的确立，也代表着一种新的复杂性范式的确立。这种生成性观念不再是孤立的实体化的静态思维，而是只有在复杂生命系统各个元素之间的关系中才能确立起来的生成势能。可以说，翻译生成论是基于复杂性范式来探讨与揭示翻译的生成性、成长性、创生性等复杂性特征，它遵循的原则是关系理性。关系理性就是要克服主观理性、客观理性与复杂生命系统中的生命共同体的分裂，实质上就是要超越主观性与客观性、既成性与生成性之间的对立，构建主观性与客观性、既成性与生成性之间的生命共同体或者说类生命关系。也就是说，关系理性既不能停留在语言转换论的客观理性，同时也不能回归到文化操纵论的主观理性，而应该以客观理性的客观性与确定性为基础，克服客观理性的封闭性与单一性，打开文本与译者、客观与主观、自我与他者之间的通道，从而既承认翻译的客观性与确定性，同时又揭示翻译的生成性与成长性，为复杂生命系统中不同元素之间形成生命共同体提供可能性。这种新的理性形态就是翻译生成论所倡导的关系理性。只有关系理性才是翻译生成论的新的思考形式，其根本特征是生成性。生成性既不是客观理性也不是主观理性，而是关系理性的实质与本质。"真正的生成性（what is truly generative）不是理性（reason）本身，而是潜移默化地引导理性走向善（reason silently towards the good）的'某物'（something）。"（Heller，1988：136）引导理性走向善的"某物"，就是"关系"，它指向的是复杂生命系统中文本生命、译者生存与翻译生态之间的共生关系与耦合关系。唯有关系理性，才能显现翻译的生成性与成长性，才能促进翻译走向关系的"善"。关系理性意味着，翻译作为文本生命的存在与生成，离不开复杂生命系统，更离不开与复杂生命系统的共生关系。翻译作为文本生命的存在，意味着文本生命要在异域之中生成、成长，而不论是"生成"还是"成长"，都已经预先地处于与复杂生命系统各个元素构成的共生关系中，离开这种共生关系，翻译不仅无法"生成"而且无法"成长"。

关系理性强调复杂生命系统的要素之间既相互作用、相互依存又相互制约、相互区分的关系，以及彼此之间相互耦合出现的组成要素所具有的整体性质。关系理性就是对翻译作为复杂生命系统中的"关系性"的理解与把握,它强调"关系性"要比"客观性""主观性"更重要,从而区别于客观理性与主观理性。关系理性与复杂生命系统内在地关联着,彼此之间是互生共在的类生命关系。关系理性区别于客观理性与主观理性的最大特征,在于与复杂生命系统的生命共同体之间的共在性关联。关系理性的确立,是翻译的自我理解的一次重要深化,它代表着一种新的复杂性观念的确立,代表着一种复杂生命系统中生成性的确立。复杂性与生成性不是孤立的自我生命,而是在与他者生命的关系中才能确立的新型的生成性与复杂性。复杂性与生成性自觉地意识到,复杂生命系统中的每一个自我生命的存在与成长,都离不开与他者生命的共在关系和共生关系。自我生命的存在与成长意味着,自我生命与他者生命具有相互作用的共生关系。离开这种共生关系,自我生命就无法延续、生成、再生、生长与发展。自我生命与他者生命的共生关系,就是翻译作为一种复杂生命系统的关系理性。

从译者生存的角度来说,共在是译者的基本规定,也是翻译的基本规定。它表明了译者是复杂生命系统的适应性主体,译者的存在离不开生命共同体。译者作为复杂生命系统的适应性主体,具有生存论意义上的共在地位。译者生存是与文本生命、翻译生态互生共存的,因而译者是一个生态整体的生命存在。译者的生命存在,就是译者践行现实的实践活动;译者选择特定的翻译行为,就是译者选择特定的存在方式。翻译以文本生命为存在方式,因而译者是以文本生命的存在为己任谋求文本生命在异域之中的再生、延续与成长。从翻译环境的角度来说,共在是翻译环境与复杂生命系统得以维持与发展的推动力,是翻译整体性得以体现的内在表征。复杂生命系统所关注的共在,是以文本生命为导向的生存论意义上的共在,是自我与他者的生命间性共在。诚如海德格尔(Heidegger)所言:"此在的世界是共同世界(Mitwelt)。在之中就是与他人共同存在(Mitsein mist Anderen)。他人的在世界之内的自在存在就是共同此在(Mitdasein)。"(Heidegger,2006:118;参见马小虎,2018:52)关系理性的共在性表明译者生存与文本生命根植于翻译生态环境,它为翻译描绘了一种全新图景,即文本、译者与译境三大要素之间相互联系、相互影响的整体论思维模式。

关系理性是有理性的翻译主体为自己实施翻译行为并遵循文本生命与译者生存、翻译环境之间共在关系的能力,它将翻译的生命价值奠基并渗透于翻译实践的首要位置,并用这种共生关系的意向来约束追求功利的意向。从文本生命的角度来说,文本生命诞生于、表现于和存活于生生不息的翻译环境,是译者的生存境遇与能动主体性在文本生命延续与成长中的外在体现。离开译者生存与翻译环境的文本生命是不存在的。当我们意识到关系理性的共在性时,翻译存在是文本生命的一种共在关系与共生关系。它意味着,文本生命的存在是以原文生命与译文生命为方式存在的。如果没有文本生命的二重性,就意味着翻译作为有机体存在的缺席;文本生命如果没有原文生命的潜在性,也就无所谓译文生命的现实性。从潜在性到现实性的转变,就是翻译延续性的显现与敞开。文本生命在异域之中的再生与延续,意味着原文生命在异域之中的生成与成长,而译文生命就此产生了,它延续与显现原文生命的存在。正因为如此,文本生命是原文生命与译文生命的关联体,它意味着为翻译创造一个来世生命的关联体。

　　翻译之所以是翻译,是因为它成功地在复杂生命系统中建构了文本生命、译者生存与翻译生态之间的生命共同体或者说类生命关系。翻译作为文本生命的存在,意味着文本生命在异域之中获得了再生、生成与成长。翻译总会涉及不同主体之间的和谐关系,因而"翻译研究要通过主体之间的平等对话,走向关系,达到和谐"(冯全功,2012:50)。走向平等的对话关系,达到平等的和谐关系,是关系理性的具体表征。关系理性意味着,翻译是一种互生共存的生态理性,它试图把文本生命、译者生存与翻译生态之间的和谐关系作为核心问题,并围绕此而展开讨论,体现了一种"天人合一"的思维方式。以杜甫《春望》中的"感时花溅泪,恨别鸟惊心"为例,不论是诗人还是花儿抑或是鸟儿,面对山河破碎、家破人亡都会流露出凄凉之感与悲苦之情,因而在翻译时不论是作为文本生命存在的原诗,还是面对家破人亡的诗人、译者等生存境遇,抑或是诗人、译者以及相关的花儿、鸟儿等生态境域,都应该是一种"天人合一"的互生共存。宾纳(Bynner)将之译为"Where petals have been shed like tears/And lonely birds have sung their grief"(参见吕叔湘,1980:141),其中将"花"(petals)与"鸟"(lonely birds)作为原诗的主语,进而将"花""鸟"与"诗人"对家破人亡的感悟"视域融合",体现了"天人合一"的意蕴。"天人合一,原本就是这样的生动活泼;职是之故,也才可说,在老杜笔下,这个世界是有救的,因为连'鸟'和'花'也都在呼唤并且迫切期盼着美好,因而为之痛哭、为之惊悚,它们的一举一动,也就是天地之间最为真诚的力量的显示。"(蔡新乐,2017b:6)可见,翻译的本质就是强调文本生命在异域之中的生成,而"生成"的本质是一种关系性思想。"生成"是通过"关系"或"和合"的逻辑而融贯起来,翻译在"关系"中获得了共生,其行为只能活动于"关系""天人合一"之中。生成于原文与译文之中的主线,既没有起点也没有终点,它始终位于原文与译文的关系中,翻译只能在"关系"中才能把握它,只能在"天人合一"中才能把握它。

翻译生成论的关系理性,虽然其主要目的是摆脱客观理性、主观理性的思考模式,但同时也体现了"天人合一"富于生命智慧的关系性特质。翻译生成论所蕴含的"天人合一",实质上是指一种超越天与人的界限,抵达主客合一、物我合一的境界,呈现原文生命与译文生命之间"天地感应"的关系性特质。以"天"喻之,原文生命与译文生命之间本来是相通、相合与统一的,是本然的(现实性)。从现实状况来看,原文生命与译文生命之间实际上是对立的、二分的,是实然的(潜在性)。以"人"喻之,译者就是要通过自身的创生力促使原文生命与译文生命之间的"实然"状态走向"本然"状态,达到"应然"状态(未来性)。本然、实然与应然,此三者构成了翻译的三维时空,并由此规定了翻译从潜在性到现实性再到未来性的发展趋向。因此,译者创生力是促使原文生命与译文生命之间的实然状态走向应然状态,这既是对原文生命与译文生命之间的实然状态的消解与超越,又是对其本然状态的复归,通向"天人合一"的和谐形态。"译者的存在与趋向就是促使原文与译文之间的实然状态走向应然状态,这既是对原文与译文之间的实然状态的消解与超越,又是对其本然状态的复归,实现翻译理论的和谐性要求,最终建构'天人合一'的翻译理论。"(罗迪江,2022c:83)"天人合一"的和谐形态,从本质上说就是翻译研究、翻译理论所致力于追求且意欲通达的关系理性。

关系理性意味着,翻译现象的复杂性并不是一个杂乱无章的形态,而是"天人合一"的和谐形态,是"万物各得其和以生"(《荀子·天论》)与"阴阳合和而万物生"(《淮南子·天文训》)中的"和",表征为一个互联互动、多样统一、和谐平衡的有机整体。关系理性就是追求"万物各得其和以生""阴阳合和而万物生"的理想状态,它以"和"的理念去考察与审视复杂生命系统中不同元素之间的和谐关系。关系理性的和谐性既要扬弃原文中心论的观念,也要扬弃译文中心论的观念,更要基于复杂性范式实现译者生存、文本生命与翻译生态的融会贯通,开展具有交互性、共在性与共生性的实践活动。关系理性要求人们在文本、译者和译境交互而成的生命共同体下解答"文本生命何以生成"问题,因而其生命力就在于,它能够尽力以复杂性范式来把握翻译的生成性,并尽可能为自我生命与他者生命的和谐性提供新的解释方式。主体之间的和谐对于客体性的构成而言是本质的,即自我与他者构成了类生命存在的和谐关系。从本质上说,文本生命、译者生存与翻译生态之间的和谐关系就是翻译价值的显现过程,也是关系理性的显现过程。当然,和谐关系不应只是作为关系理性来追求,同时也是翻译价值实现的结果。和谐关系是一种翻译朝向关系理性的活动结果,也是一种基于"天人合一"的生命反省,更是一种基于自我生命与他者生命的整体反省,以促进关系理性的实现。概而言之,文本生命、译者生存与翻译生态的和谐关系,乃是基于关系理性的整体所做的深层探究。

二、机械认识论转向生命认识论

伴随着文化操纵论转向对语言转换论的反思与批判,翻译研究从单一性的迷梦中惊醒。翻译研究在后现代主义的驱动下呈现多元化、多范式、多理论的发展趋向。翻译的本体论问题总是先于认识论问题。有怎么样的本体论就有怎么样的认识论。翻译研究的认识论是植根于自身的本体论,如何认识翻译的本质,已成为当代翻译生成论建构需要求解的核心问题之一。与传统译论的另一个重大区别是,翻译生成论是在求解"文本生命何以生成"问题的基础上,试图在认识论层面通过批判性的分析打破文本—译者—译境相互对立的认识壁垒。翻译生成论认为,文本、译者和译境不是截然对立的,而是不断互动、相互作用、相互协同和相互联系的。它一方面试图调和文本、译者和译境之间的二元对立,另一方面以复杂性范式取代简单性范式,企图弥合因二元对立而造成的裂缝。文本、译者和译境是密不可分的,它们交织在一起而形成了类生命统一体。对于翻译实践来说,文本、译者和译境之间是互动生成的,三者之间的关系空间在不断地拓展,在时间上也在持续地延伸。翻译生成论所关注的是文本、译者和译境在时空中的广延状态与绵延状态,所注重的是文本、译者和译境在时空中交织而形成的生命共同体。翻译生成论基于扬弃"拆卸—组装""操纵—改写"的还原论思想,对客观性与主观性、确定性与不确定性、既成性与生成性、事实性与价值性、工具性与人文性等截然二分提出根本质疑,同时以延续性、生成性、成长性、涌现性等复杂性特征来重新描绘翻译观的图景与揭示翻译的本质。这不仅对于打破传统译论的二元对立思维极为有益,而且对翻译研究所激发的认识论反思产生了积极的影响。

（一）机械认识论

自翻译学以一门独立的学科体系出现以来，就受到多种理论与思想的极大影响，形成了几乎占据主导地位的语言转换论与文化操纵论。由此引发了翻译研究中的一系列争论，在认识论上表现为客观理性与主观理性之争，在方法论上呈现为上向因果关系与下向因果关系之争，在价值论上体现为原文中心主义与译者中心主义之争，等等。当前，翻译学认识论研究可分为两大类：一类是语言转换论的客观理性，另一类是文化操纵论的主观理性。语言转换论强调，翻译内在于语言，语言是翻译的本体，一切翻译行为都应该以语言为核心展开。客观理性要求翻译研究从已有的语言概念出发，强调使用语言分析的方法，经由翻译主体的无限理性进行逻辑演绎就可以推理出两种语言转换的对等性。语言学范式研究的基本信念是：将整个翻译还原为最小的基本构成单位。例如，Chesterman（2016：18-27）把翻译模因还原为词（words）、上帝之语（the word of God）、修辞（rhetoric）、逻各斯（logos）、语言科学（linguistic science）等，这些构成了翻译的基本单位。认识构成翻译的最基本单位，就等于掌握了翻译的本质，就可以按照翻译主体的客观理性进行无限的推理，运用最基本构成单位进行任意组合就可以推导出翻译的对等性。换而言之，翻译是各种语言层面包括词语、小句、句子、段落等单位的总和，只考虑两种语言转换在空间上的广延状态而不用考虑语言转换在时间上的绵延状态。只有从翻译现象中追溯其普遍性的原理或规律，并还原为语言的分层次表达，充分展开翻译规律所导向的路径，才能掌握翻译的本质，理解翻译的深层结构。总体而言，语言转换论代表了 20 世纪六七十年代以来在翻译解释问题上的基本立场与理念。如果坚持语言学转向以来的语言解释的研究思路，将语言解释的理论模式直接移植到翻译研究，我们就会面临语言学与翻译学之间研究对象的异质性，翻译诠释与语言解释存在着不可调和的认识论鸿沟，翻译学相对于语言学的方法论独特性存在着二元对立思维的解释性鸿沟。由语言解释模式介入翻译研究而引发的原文与译文之间对等性的矛盾难题，表征了更深层次的方法论路径的选择问题。翻译学科难以定位于语言学转向以来所熟知的语言解释与语言转换，因为"语言问题只是翻译学的必要条件，而非充分必要条件——没有语言解释无所附丽，但语言问题却不能涵盖翻译问题，因为源语只涉及一套符号系统，而翻译却涉及两套符号系统"（赵彦春，2005：4）。事实上，文化转向已经表明，语言转换论并不是翻译现象的单一解释模式，它的观念源于还原论思想，难以揭示翻译的复杂性、整体性、丰富性与创造性。

　　语言转换论对于翻译现象的解释,其逻辑在于试图建立一个统一的语言解释模式,其实质是以还原论的世界观来诠释翻译,使语言学的方法论在翻译研究中获得一种有效的确立。其中它所涉及的"直译"(word-for-word)与"意译"(sense-for-sense)也变得异常复杂。当前,"直译"与"意译"涵盖不同的论域(different ground):既包含豪斯(House,1977)的"显性翻译"(overt translation)与"隐性翻译"(covert translation),又关涉韦努蒂(Venuti,1995)的"异化"(foreignizing)与"归化"(domesticating)。(Robinson,2006:1)语言转换对翻译现象的解释也变得复杂化,仅靠语言方法难以解决"显性翻译"与"隐性翻译"、"异化"与"归化"的双重问题,因而语言转换论自身存在诸多问题,导致其在翻译研究中备受诟病,也使文化转向的出现获得了历史契机。语言转换论致力于探讨翻译的客观性与忠实性,将翻译视为是一种可以"拆卸—组装"然后"还原—整合"的机械实体,以语言作为"拆卸—组装"对象,谋求语言转换的对等性。语言转换论认为,原文始终处于语言转换活动的核心地位,译文的产生以服务于原文、忠实于原文为旨意,这是一种还原论思维的研究路径。这种还原论思维为翻译问题的科学解释与理论建构提供了简洁的路径,从而避免导向传统翻译研究的经验性与感悟式的必然性,而只需要诉诸语言的必然性。随着对翻译的不断深入探讨,翻译学界越来越意识到,"翻译有可能是宇宙进化史上最为复杂的活动"(Richards,1953:250;Wolfram,2001:111)这个观点对翻译研究具有启示作用。虽然语言解释能求解"译本何以产生"问题而揭示翻译的对等性,但是求解"译本何以被接受"问题却是完全失效的,对翻译复杂性问题的揭示也是徒劳的。由此,在对翻译文化性、社会性、多元性等焦点问题的质疑中,语言解释模式因为自身难以排除的还原论问题而遭遇文化操纵论的批判与扬弃。

　　文化操纵论的主观理性则强调文化语境对翻译的操纵以及译者主体的能动性作用,主要是运用文化多元论方法,认为文化语境是翻译本质的表征,并且把翻译置于文化语境来理解与把握其本质。这就将翻译置于广阔的文化语境进行理解与说明,跳出了语言转换的操作层面,加速了翻译研究的文化转向。虽然文化范式跳出了语言学范式的语言分析层面,从客观理性转向主观理性,其所主张的翻译认识是从文化语境中获得的;但是文化语境是动态多变的,其只能认识翻译的外在现象而不是本质现象。可以说,主观理性仅仅是对翻译现象的认识,不可能是对翻译本质的认识。

对于翻译研究来说,翻译本体永远隐藏着它的真实面容,仅仅在文化语境当中寻求是不可知的,也是不可能的。20 世纪后期以来,翻译研究正从追求对等性原则向坚守多元性原则转变。文化范式的多元话语、自然科学领域中的复杂性科学等视角为翻译研究提供了理解翻译复杂性的话语形态、概念范畴与分析方法,促使人文学科与自然科学在方法论层面汇聚,为翻译复杂性研究提供了认识论基础。

虽然文化范式把翻译研究推进到一种多元化的认识论视域,但是它强调文化的操纵性与改写性,过度地张扬译者的能动性与创造性,在很大程度上拆解了语言的规律性,使翻译陷入了一种主观理性的境地。文化范式虽然主张翻译研究的多元化,但这种多元化是分散零乱的,实质上造成了整体翻译呈现出割裂的状态,这就自然而然地又陷入了还原论思维的认识论困境:翻译是一个认识的对象,这个对象可以还原为各个组成部分;认识与把握了翻译系统的各个组成部分,就等于认识和把握了翻译的整体性。客观理性与主观理性所持有的这种信念是错误的,翻译作为一个复杂生命系统,其整体性并不是简单地等于各部分之和。翻译是一个有机存在,文本系统、群落系统和译境系统只有有机地结合才是一个完整的生命共同体。生命共同体或者大于部分之和,或者小于部分之和。语言转换论把翻译的整体简单地视为部分之和,实际上就是一种机械论的认识论,而不是有机论的认识论。客观理性与主观理性的纠缠使得翻译研究陷入了认识论的危机,它主要使翻译主体如何与翻译客体的实在性相统一的问题陷入了两难境地,使实在性与客观性的确定陷入了困境。实际上,认识论危机深层的问题就是翻译主体与客体之间如何连接与沟通的问题。围绕这一问题,翻译研究在客观理性或主观理性中难以形成一种辩证互补关系,而是一种对立矛盾的关系,它们没能真正解决客观性与主观性的对立统一,也没有真正找到翻译客体与主体统一的根本问题,从而陷入了主客二元对立的还原论迷雾。

翻译是一个不可分割的复杂生命系统,那种分割的破碎观是一种幻觉,只有把翻译视为一个生命共同体,翻译的整体性才能在机体主义的视角下得到全面的理解与把握。传统译论运用还原论的思维方式探讨翻译,把翻译视为是一个孤立的实体,实际上是将整个复杂生命系统割裂为一个个子系统、一个个碎片,还原为一个个独立存在的元素。这样,它们所获得的翻译认识仅仅是对翻译的碎片化认识,从根本意义上说不是对整个有机生命共同体本身的认识。虽然它们对翻译各个组成部分把握得非常清楚,但把握的只是翻译的静态层面而难以揭示翻译的动态层面，以致对翻译复杂性尚未形成有效的解释。翻译本身是什么，翻译的复杂性如何揭示，仍然处于被遮蔽之中。事实上，传统译论的认识论错误在于，把对翻译碎片化的认识当成是对翻译整体化的认识，结果导致对翻译的认知错误。它认为，通过还原论的思维方式所得到的翻译认识是真实的、理性的，殊不知其真实性与理性恰恰在于非真实性与非理性。实质上，它是将翻译分裂成一个个孤立的碎片与失散的单子，使充满生机活力的翻译变得异常贫乏与单一。于是，翻译的碎片化与单子化，构成了机械认识论的显著特征。如果说翻译是一个有机的生命共同体存在，传统译论则以"拆卸—组装""操纵—改写"为分析手段将它还原为一个个没有生命活力的元素或原子，以无生命的实体代替有生命的机体，翻译不再是动态的"翻"也不是动态的"译"，而是游离于生命之外且只剩下一副没有灵魂的躯体、没有灵气的骨骼。

（二）生命认识论

翻译生成论的认识论层面属于生命认识论的范畴。认识论可界定为"知识的理论与认识事物的方式（how we know things）"（Mathews & Ross,2010:23）。翻译生成论是以生成观念去考察翻译研究的知识理论与认识翻译的方式，它聚焦于文本生命的生成，以文本生命为根隐喻，其精神实质与思维内核指向牟宗三（2008a:139）所说的"特有的文化生命"："正德利用厚生"（《尚书·大禹谟》）是中国文化生命里最根源的一个观念形态——表示中华民族首先是"向生命处用心"，因而对翻译的认识与理解首先是"向生命处用心"。翻译生成论以生成观念来解释与说明文本生命在异域之中再生、延续与成长的问题，实质上就是"向生命处用心""向生成处延展"，就是以文本生命来看待翻译，同时又以翻译来延续与生成文本生命。翻译是一个复杂生命系统，其各个子系统以及各元素之间都是在关系中存在的。这表明了，翻译的真实性不完全是孤独的元素存在或原子存在，还应当是生命共同体中各元素的关系存在。"就像一只手那样，它的存在真实性是与身体不可分割地结合在一起的，而一旦脱离身体，其就不再是一只真实的手，只能是一只死手。"（曹孟勤,2018:120）作为一个复杂生命系统，翻译总是处于关系之中；翻译就是一种关系性的存在与关系性的生成，且复杂生命系统中各子系统是相互制约、相互促进的关系性存在。关系理性强调，翻译是一个自我生命与他者生命之间的沟通与对话。如果自我生命脱离了他者生命，翻译就失去了存在的可能，他者生命也难以在异域之中诞生与延续。当自我生命从他者生命那里获得他者的认可与确证，同样他者生命也从自我生命这里获得自我的认可与确证时，翻译才能"成其所是"，才能在异域之中拥有来世生命的家园。脱离他者生命的孤独自我，虽然也能真实地存在着，但孤独的自我的真实性却永远是潜在地生存着，永远无法从自我生命的潜在性转化为他者生命的现实性，翻译只是一种空中楼阁。脱离了与他者生命的视域融合，脱离了与他者生命的关系存在，就无法确认翻译的生成性，翻译也就失去了自我与他者的对话与交流而成为一座缺乏沟通的孤岛。

既然复杂生命系统中每个元素都是系统中的一个不可或缺的存在，翻译的实在性就在于翻译会涉及复杂生命系统中的各种元素，那么，要认识翻译、揭示翻译本质及其运行规律，就应该从复杂生命系统的关系结构出发，把握翻译的"是其所是"。"是其所是"就是复杂生命系统中的类生命。从类生命出发来认识翻译，就需要突破从孤立的、机械的语言/文化出发来认识翻译的基本框架，进入具有整体性的有机体的类生命领域。翻译生成论不再属于静态的机械认识论，而是成为一种动态的"生命认识论"。生命概念本身表达的是一种整体结构，是栖居于复杂生命系统中的整体结构。它研究原文生命与译文生命在复杂生命系统中彼此之间的整体结构。生命概念被定义为文本在复杂生命系统中的生存状态，这种生存状态最凸显的特征就是在原文生命与译文生命之间的相互转化过程中显现出来的生成性。倘若原文生命离开了译文生命，翻译的生存状态就是一种潜在的生存状态，即翻译尚未能"成其所是"；倘若译文生命离开了原文生命，翻译的生存状态就是一种没有约束的、没有边界的难以确证的生存状态。生命表达的是原文生命与译文生命之间的整体结构，着眼于原文生命与译文生命之间的相互转化关系。生命认识论强调从原文生命与译文生命的关系结构出发认识翻译，亦是将翻译放在自身所处的复杂生命系统来认识翻译存在的本质和规律，来认识翻译所栖居的生命共同体。

翻译生成论不仅会因改变翻译理念而造就相应的翻译观点——"翻译即生命—生成"，而且也会因为改变翻译研究而形成相应的认识论视域——生命认识论。它显示了生命认识论正在进行一次对还原论思维的整体性突破与创新，从而促使我们对翻译与文本生命之间的生成关系获得一种新颖的生命认识方式。翻译与文本生命是相互联通的而且具有思维关联，原文生命、译文生命与来世生命又是互生互存的。在客观理性盛行之时，文化范式率先提出了要把翻译研究置于文化语境，主张翻译研究的多元化范式以及译者主体性的极力张扬,促使其认识论视域从客观理性转向主观理性。不论是客观理性还是主观理性,强调以孤立的、原子的方式来认识翻译,其实就是一种以语言为分析手段肢解翻译的整体,或以文化为分析手段操纵翻译的过程,其企图就是把翻译活动变成一个服务于某种专门目的的工具,自然而然导致翻译陷入工具性与功利性倾向的困境。

生命认识论就是"一种以生命为视角的机体主义思维模式;它不是以语言或文化分析的方式将翻译归结为一种实体存在,而是以生命分析的方式将翻译归结为一种文本生命的存在与再生"(罗迪江,2021g:19-20)。它表明了,翻译以文本生命为有机架构来认识自身的生成性,同时,复杂生命系统中任何元素都是相互联系、不可分割的关系。译者在翻译过程中必须平衡好复杂生命系统中的每个生命个体,努力维护复杂生命系统的整体性。翻译生成论的认识论视域是翻译研究的一个很大进步,它克服简单性范式的认识视域,从复杂性范式的角度整体考察文本系统、群落系统和译境系统,认识到翻译是以文本生命为基点的生成过程,因而对翻译的认识应该整体性地考察文本系统、群落系统和译境系统及其彼此之间的相互作用。具体来说,翻译生成论充分诠释了翻译现象的生命整体,赋予了文本系统、群落系统和译境系统一种相互关联、相互作用的生命共同体,展示了"活生生"的复杂生命系统的存在事实。

翻译生成论既不是基于语言转换论的客观理性也不是基于文化操纵论的主观理性,而是基于关系理性的认识论进行翻译理论的生成性建构。从关系理性的视域来看,翻译生成论理应不再拘泥于以"有序、分割、理性"为三大根基的简单性范式,而应建构以"生命、生成、关系"为三大根基的复杂性范式,使自身逐渐成为一种带有生成性、成长性、整体性、生态性、生命性、丰富性、多样性等复杂性特征的翻译观念。翻译生成论以复杂性范式为认识视域来强调关系理性的重要性,就在于关注与翻译密切相关的"生命"与"生成"观念。这就深刻表明了,翻译不是一种单纯的语言转换,而是一种动态的、类生命聚集的生成过程。从理性的角度来看,翻译生成论的根本目标就是消解客观理性和主观理性的二元对立,弥合语言转换论与文化操纵论在描写与解释翻译现象上的割裂,推动语言转换论与文化操纵论朝向整体论解释模式的合作与对话。翻译研究与复杂性范式在促使人文学科与自然科学之间的融通上,具有内在一致性的认识论基础。翻译生成论是将翻译看作一种由文本系统、群落系统和译境系统组合而成的复杂适应系统,也将翻译理解为一种由译者生存、文本生命与翻译生态共同塑造的具有类生命功能的复杂生命系统。复杂生命系统遵循的是关系理性原则,考察的对象是具有类生命性质的生命共同体。基于文本系统、群落系统和译境系统的认知,翻译生成论将文本生命作为描述与解释翻译现象的对象,辅之以译者生存与翻译生态为分析对象,构建一个以类生命为视角的复杂性范式。类生命的内涵在认识论视域上体现为译者的生存思维、文本的生命思维与译境的生态思维的融会贯通,形成生命认识论的视域;在方法论路径上体现为以生存为中心的具身方法、以生命为中心的整体方法与以生态为中心的网络方法的视域融合,形成以生成分析为导向的方法论路径(如图 6-1 所示)。

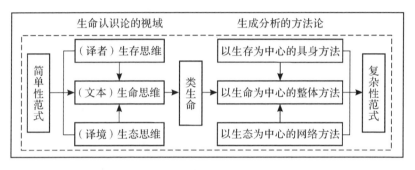

图 6-1　以类生命为导向的复杂性范式

　　生存思维是探讨以译者生存与译者发展为导向的思维范式,它关注的是"赞天地之化育"的创生性主体,探讨的是译者如何生存与为何生存。作为最具有主动性的适应性主体总是与文本生命的生成密切相关,因而是探讨复杂多变的翻译现象的关键所在。生存思维既强调译者是一个具有主动性、能动性、创生性与适应性而存在的生命主体,又强调译者作为翻译活动的适应性主体所表征出来的关系性、适应性、过程性、生成性、成长性等特征。作为具有能动性、创生性、积极性的适应性主体,译者有责任、有能力、有义务对既成性与生成性、客观性与主观性、确定性与不确定性的辩证关系进行整体性考察与分析。这就使得生存思维具有复杂性范式的综合性特征,既表征了译者朝向生命思维与生态思维的倾向,又表明了译者是翻译生态环境中活生生的生态性存在者。纵观翻译研究的发展历程,翻译自始至终与译者生存、文化交流、人类存在有着或隐或显的密切关联。译者生存因翻译存在而"在场",离开了翻译存在,译者生存就缺失了"在场"的根源。翻译存在因译者生存而"出场",离开了译者生存,翻译存在就缺失了"出场"的动力。倘若译者生存没有如此这般动力,那么翻译存在就会变为没有落地的尘埃,四处漂泊没有归宿。翻译实践根源于译者生存,理应关涉生存着的译者。那么,对译者生存的思考自然也要将翻译实践、文本生命与翻译存在置于译者生存的视域,即以生存为视域求解"翻译实际是什么"与"翻译应当成为什么"的问题。(罗迪江,2021b:62)

翻译生成论试图分析翻译生成性,尤其需要以生命思维来分析翻译过程中不断出现的生成性问题。翻译是生成性的,因而翻译研究的方法路径必然是生命思维。生命思维是以文本生命为导向的思维方式,是生存思维在翻译研究中的进一步延伸。它与延续、生长、成长等概念具有内在的关联,因而把文本看作是一种具有生命力的存在,关注的是文本生命在异域之中延续、生成与成长的历史过程。翻译的历史过程并不是一次完成的,翻译的每个时间点都可能孕育新生,因而生命思维是以生生不息的思维方式去认识与理解翻译。一方面,它要关注活生生的译者生存与译者发展;另一方面,它要把握文本生命所具有的生成性、成长性、动态性、涌现性、非线性等复杂性特征,促使文本生命在异域之中获得再生,进而揭示译者生存与文本生命的成长之旅。这就意味着,翻译始终携带着生成性的本源而不断成为文本生命在异域之中获得再生的起源。文本生命是翻译得以存在的根本方式,而翻译是文本生命在异域之中得以生成的根本方式。翻译的过程并不是对与之相关的语言、文化、社会的简单描述,而是对翻译现象的生命反思与生命引导,就是对文本生命的延续与发展。反思与引导翻译研究的生命视角,延续与发展文本生命,就是探寻一种揭示翻译本质的生命思维。机体主义思维"决不是否定翻译研究的实体主义思维,而是一种以生命为视角的整体思维模式;它不是以语言/文化分析的方式将翻译归结为一种固定不变的实在存在,而是以生命分析的方式将翻译归结为一种丰富多样的'机体'。"(罗迪江,2021a:84)。生命机体意味着一个文本生命的生成过程,还意味着一个文本生命的成长过程。在这个过程中,文本生命的成长不断地创造出新的翻译生态环境,而这些翻译生态环境又赋予文本生命新的适应性。生命思维除了关注文本生命的成长性、创生性、涌现性、适应性等特征之外,还关注简单性思维范式下翻译的确定性、既成性、客观性等特征。这就使生命思维能够在确定性和不确定性、客观性和主观性、生成性和既成性的对立统一关系中思考翻译的辩证互补性,确证翻译生成论的整体论思维。生命思维集中体现了翻译生成论探究与揭示翻译生成性现象的思维意识的内核,由此翻译生成论就有了生命智慧的信念:尊重并遵循生命智慧,翻译则"顺势而为";违反或蔑视生命智慧,翻译则"无所作为"。

生态思维是生存思维与生命思维的进一步延伸,它是基于生存思维与生命思维而生成的动态平衡之网,是复杂性思维范式的具体体现。翻译既是一次整体的转化活动,也是一次复杂的过程活动,更是一次动态的生成活动。生态思维以文本生命的生成性为起点,关注文本与译者、译境之间的生态关系,并以文本生命在异域之中的诞生、生成与成长为整体目标。从整体论来看,生态思维既包含了关于译者作为创生者的生存思维,又涵盖了关于文本生命在异域之中生成的生命思维,因而它是一种具有综合性特征的思维范式,能够更好地理解文本生命得以诞生、延续与成长的生态机制和生态力量。作为一种整体论的思维范式,生态思维的根本旨意并不是否定或削弱简单性范式那种还原论、无限理性与非整体性思维,恰恰相反,它是从复杂性范式的视域去考察与审视翻译在简单性范式下解释与描述存在的不足,通过兼容生存思维与生命思维的综合性与横断性特征,形成对文本—译者—译境的整体性认识以把握翻译的生态整体性。生态思维是对还原论思维的扬弃与反拨,它蕴含着天人合一、生态理性、生态整体、生态智慧等思想,因而翻译绝不是一个绝对理性、非生态整体的封闭系统,而是一个具有天人合一、生态整体、生命智慧的复杂生命系统,凸显了自身的整体性、生成性、动态性等特征。

从类生命角度来看,复杂性范式就是一种生命认识论,它是在复杂生命系统中把握不同子系统,在生命共同体中把握不同生命个体,实现整体系统与子系统的统一、类生命与个体生命的统一。用复杂性范式认识翻译,理应成为生命认识论的必然选择,它合乎翻译本身的复杂性与生成性。复杂性范式赋予翻译生成论以生存思维、生命思维与生态思维为导向的整体论思维提供了强有力的认识论基础,而生命思维与生成观念本身又诠释了翻译复杂性的增长与发展。因为有了(译者)生存思维,便产生了翻译的具身性与境遇性;因为存在着(文本)生命思维,就使得翻译生成性与成长性能够在翻译环境中适者生存而得到显现;因为有了(译境)生态思维,就使得还原论与整体论思想在复杂性范式中走向互补关系、和谐共存的融会贯通,随之而来的则是充满生命力与整体化的复杂性图景。翻译生成论以文本生命为研究对象的生命思维,其实质是一种基于复杂性范式的整体认识论。翻译生成论对简单性范式之还原论思想的批判,使得以文本生命为基底的整体认识论成为翻译复杂性研究的认识论基础。传统译论那种碎片化、还原论的研究方式是"只见树木不见森林",对翻译研究的整体性、生成性、成长性表现为一定的遮蔽性。要克服翻译研究的局限性,就应该从复杂生命系统的整体性来认识不同子系统，从类生命出发来理解生命个体，形成对翻译探讨的整体性与综合性观照。翻译是一个普遍联系的复杂生命系统，也是一个动态关联的复杂适应系统。翻译活动不仅存在于而且依赖于复杂生命系统，其行为指向是对复杂生命系统的整体性的显现。翻译何以存在、如何存在、为何存在，都会受到复杂生命系统的制约。生命认识论反对二元对立的还原论思维，因为还原论思维在翻译研究中试图撤除或遮蔽文本生命，从而获得普遍认可的"译本何以产生"与"译本何以被接受"的翻译事实，却无论如何也无法解释与说明翻译的复杂性特征，即无法求解"文本生命何以生成"的问题。生命认识论就是从复杂生命系统的生成性、成长性、创生性等复杂性特征出发，以文本生命作为根隐喻来认识翻译，澄清翻译及其各个元素在复杂生命系统中不可或缺的生命位置、生命本性、生命意义和生命价值，显现翻译的生成形态，做到以生成形态的方式与生命思维的方法看待翻译本身与揭示翻译本质。

　　生命认识论从复杂生命系统出发把握生命个体，实现类生命与个体生命的统一，既要反对碎片化或还原论的研究方式，也要反对纯粹整体论的研究方式。还原论分析方式随着翻译研究的发展而成为一种有效性的研究方式，并作为一种简单性思维范式而深深扎根于翻译研究。不过，还原论在处理复杂性问题时却显现了自身的局限性而逐渐陷入研究的范式困境，代之而起的是整体论思维。翻译研究的整体论思维也存在一定的困境，它缺乏对翻译技巧、翻译方法、翻译策略等方面的精确把握，仅使翻译主体达到翻译最优化，而不能使复杂生命系统中子系统或子系统中元素达到最优化，结果会使整体论走向泛化与空泛性，因而尚未成为一种行之有效的研究方法。翻译研究只要还原论不行，不要还原论也不行，只要整体论不行，不要整体论也不行，还原论与整体论应该说是翻译研究中相互交织的研究方式。如果不还原到复杂生命系统中的元素层次，那么我们就无法理解原文与译文之间的生命间性，也就无法理解生命共同体的内在结构，因而对复杂生命系统整体性的认识只能是直观的、模糊的，缺乏对科学性的认识。倘若没有整体论思想，我们对翻译的认识只能是碎片化的与单一化的，只能是只见树木不见森林，难以从整体上把握翻译本质与求解翻译问题。生命认识论是还原论与整体论的辩证统一，它强调翻译是一个复杂生命系统，但这个复杂生命系统的生命共同体显现于生命个体，或者说通过原文与译文的生命间性显现出来。没有脱离生命共同体（类生命）的个体生命，也不存在脱离个体生命的生命共同体，个体生命与生命共同体不是孤立的单独存在,而是辩证统一、相辅相成的整体存在。

翻译生成论并不是否定或取代传统译论的还原论思想,而是倾向于从生成观念出发,以文本生命为阐释基底重构翻译解释的基本论域。换而言之,翻译生成论是将翻译解释的规范性锚定在文本生命的生成性,它对文本生命的重视与强调,为解释与说明翻译提供了一种生成性的思考与审视。传统译论不能涵盖与揭示翻译的生成性与成长性,语言解释与文化解释相加也不足以解决翻译的复杂性问题。翻译解释的方法论必然出自翻译本身蕴含的生命形态,因而翻译应该以文本生命为根本,而不是以语言/文化为根本。既然翻译本身有别于其他形态的"生命之在",意识形态、权力关系、赞助商、主流诗学等外在因素只是它发生与发展的参照系,而原文生命、译文生命、来世生命、文本生命等才是翻译本身所具有的有机体。根本而言,翻译研究要想获得本质性的突破,就应该回到"生生之谓译"的思想中,以建构翻译生成论的生命解释模式。翻译生成论的建构并不是否定传统译论的解释模式,而是在保留语言性与文化性的基础上强调文本生命的生成过程,进而聚焦于翻译内在的生成性、成长性与创生性。翻译生成论是当前翻译学研究中新的视域与路径,将成为翻译问题求解中新颖而有效的生命认识论。生命认识论是将翻译视为一种文本生命的存在,将文本生命理解为透视翻译本质的"波普尔的眼镜"(Popperian spectacles)(Lakatos,1978:90),进而通过拉卡托斯(Lakatos,1978:47)的"科学研究纲领"(scientific research programmes)确定翻译生成论的"硬核"与"保护带"。生命认识论的逻辑是在对翻译本质的双重性理解进程中,逐渐展现出自身"硬核"与"保护带"的辩证统一。通过"波普尔的眼镜",我们看到翻译研究从实体认识论向生命认识论的转变可以用波普尔的"知识演化图式:$P_1 \longrightarrow TT \longrightarrow EE \longrightarrow P_2$——问题 $P_1 \longrightarrow$ 尝试性理论——评价性地消除错误——问题 P_2"(Popper,1972:144)来加以认识与理解。"波普尔图式的核心思想宣称,科学进步是通过提出问题的尝试性解决(tentative solutions)(假设)通过证伪(testing)并消除错误(eliminate errors),最终形成新的问题。"(Chesterman,2004:55)按照知识演化图式,现代翻译研究的认识论视域起于"译本何以产生""译本何以被接受"的问题(P_1),提出不同的尝试性理论,进行评价性地消除错误(EE),形成"文本生命何以生成"的新问题(P_2)。透过"波普尔的眼镜",翻译生成论是一个以翻译与文本生命之间的生成关系为探讨对象的认识论视角,它在其"硬核"(文本生命)上与实体认识论有明显的区别,而语言、文化等外围因素应该围绕文本生命形成一种"保护带",凸显翻译的"坚硬性"与"韧性"的辩证统一。具体地说,翻译解释需要在表层结构与深层结构两个层面进行整体性的分析与说明:表层结构就是要关注翻译的语言性与文化性,它构成了翻译的"外围"或"保护带";深层结构就是要揭示文本生成在异域之中的生成性,它构成了翻译的"核心"或"硬核"。需要明确的是,语言性、文化性与生成性是统一的,是认识与理解翻译的不同视角与不同维度。翻译就是一个由语言性、文化性、生成性等特征融合而成的复杂生命系统,它不仅拥有文本生命表现出来的坚硬性和刚性,而且拥有语言与文化表现出来的韧性与弹性。翻译解释就是从语言性、文化性转向生成性,从"外围"转向"核心",逐渐地深入翻译的内在形态,进而达至"生生之谓译"的思想深处。语言性、文化性与生成性的视域融合,使翻译生成论拥有了理论的"硬核"与方法的"保护带",并满足了生命认识论的描写充分性与解释充分性。

第五节　翻译生成论的价值论取向

翻译研究总是围绕翻译问题展开而获得翻译知识,它是以翻译问题的呈现作为翻译研究的关键。那么,翻译研究的基本问题究竟是什么? 这个问题在不同的研究时期又如何发生着问题域的变化? 这是反思 20 世纪中后期以来语言学、文化、社会学等研究范式时需要思考的基本问题。当然,翻译研究不仅仅是简单地解决翻译问题,而是应该使翻译问题的呈现能够生成相应的翻译价值观。许钧指出,"建立翻译价值观,一方面要以对翻译之'用'的理论探讨与历史思考为基础,另一方面又要超越对翻译的实际之用的描述与分析,对翻译之'用'进行价值的是非评判"(2017:2)。翻译研究的过程,始终是围绕翻译问题的挖掘而建构相应的翻译价值观念。翻译问题总是承载着价值,其问题求解在很大程度上依赖于翻译价值观。面对翻译问题的挖掘,如果我们追根溯源,或许能从中国哲学之"生生之谓易"及其现代阐释而来的"生生之谓译"中寻找与探究翻译研究的基本问题。"在探究中,事实最重要的功能,是决定问题是什么。"(Matthew,2012:258)倘若翻译研究的根源在于"生生"思想,那么它决定了其基本问题就是"文本生命何以生成"。"文本生命何以生成"的问题,无疑有着指向"生生之谓译"的意蕴,并且合乎逻辑地关涉翻译本身的生命形态与生成过程。如果我们在"生生之谓译"的语境下不能重新发现翻译最本真的生命形态,如果我们不能描述与揭示翻译的生命形态,那么我们对翻译的看法依然是表面的,对翻译价值的看法仍然是肤浅的。

一、文本/主体价值论转向生命价值论

"翻译学在本质上不是一类以价值中立、文化无涉为前提,以事实发现和知识积累为目的,以严密的逻辑体系为依托的科学活动,而是一类以价值建构和意义阐释为目的的价值科学或文化科学。"(张柏然、许钧,2002:2)不论是语言转换论,还是文化操纵论,它们从根本意义上说都会关涉价值建构的问题。不论是语言转换论中的文本价值论,还是文化操纵论中的主体价值论,基本上都属于西方传统哲学二元论思想在翻译研究领域中的价值观表现。二元论思想就像幽灵一样渗入翻译研究的灵魂,它使得翻译研究仍然停留在迷恋二元对立的简单性范式:翻译研究走出文本价值论的房间,又进入另一个主体价值论的房间。翻译价值观取向不得不在文本价值论与主体价值论之间纠缠而似乎陷入了停滞状态。究其根源,文本价值论与主体价值论的根本性缺点,同二元对立的简单性范式不无内在的深层关联。翻译生成论是将注意力转向翻译的生成性,探讨翻译生成的生命意义与生命价值,因而蕴含着独特的生命价值。解释与说明翻译的思维方式需要进行重新审视。当下翻译研究似乎遭遇一种范式危机,在语言转换论与文化操纵论的相互纠缠中逐渐露出发展的疲态与遇到发展的瓶颈。这与二元对立的简单性范式有着密切关系。简单性范式由于遵循语言转换的内在规律而有其重要性,但需要进行拓展,使之从对文本的关注转向对文本生命的关注,实现翻译研究回归生命。翻译生成论是要将文本、译者和译境的共生关系作为一个前提条件融入翻译实践,矫正二元对立的简单性范式,从复杂性范式去把握翻译的生成性、成长性与创生性,促使翻译朝向类生命发展。复杂性范式不仅能关注译者的生存境遇与主体能动性,而且能审视文本生命的再生、生成、成长状态,又将译者生存与文本生命融入翻译环境,实现文本、译者和译境的和谐共生,彰显翻译研究的生命意义与生命价值。那么,翻译生成论的价值理念就从文本价值论、主体价值论转向了生命价值论。文本生命作为生命价值论探讨的核心内容,其翻译现实、译者生存与翻译实践都体现了生命价值论的内在要求。

(一)文本价值论

从西方哲学的角度来说,文本价值论是西方传统哲学那种"物本主义"形而上学在翻译研究中的具体体现,它主张文本是翻译研究的全部,翻译活动是在文本的支配下进行的物本化活动。"西方翻译学将其视野局限于

翻译过程和译品的研究上面,充分展现了'translate'一词的物本主义语义特征对西方翻译学者的思维习惯和翻译价值观的制约和塑造力量,体现了这种物本主义语义基因对西方翻译学之立论基础和版图设计牢不可破的根本限定性。"(牛云平,2016:86)西方翻译理论从原文中心论到译文中心论的显著转向,就是物本主义不断深化的显著表征。事实上,追求物本化或者说物本主义(文本主义)活动的工具论并不能为翻译实践提供行之有效的方法,因为追求跨文本的同一性的方法论在很大程度上只能给译者应有的创造力带来消解影响,在很大程度上遮蔽了译者主体性、能动性与创造性。从广泛意义上说,翻译研究需要调节文本、译者和译境之间的共生关系。文本作为一种客观的存在,它体现的是一种内在价值,而离开了翻译主体的主体性评价,文本就无价值可言,翻译也丧失了价值。"由于文本中心主义价值观确立了文本是衡量翻译的尺度,文本与译者之间的互动关系被曲解,最终导致文本与译者之间关系陷入了二元对立的危机,这种危机的实质可以理解为语言层面上的危机。"(罗迪江,2021h:126)显而易见,这种价值理念是基于客观理性简单地把文本价值等同于文本存在,或者说把翻译价值等同于翻译存在,这就混同了翻译研究的价值论与存在论。

语言转换论是由以对等性原则为基础的语言学转向开启的,形成了以文本中心为导向的文本价值论。事实上,文本中心的逻辑前提是将文本视为独立自足的封闭体系,忽视原文作者、译者、译文读者以及译境等外部因素对翻译文本产生的规约和影响,其价值观是西方物本主义思想在翻译学领域中的具体表现。当物本主义思想被运用于翻译研究时,文本被看成是翻译研究的终极目标,翻译的一切行为都以文本为核心。这就在无形之中使得文本完全失去了同译者的联系,译者行为完全变成了在文本支配下的非主体性的活动。文本与译者的统一问题本来应该是翻译研究的基本问题,但是主体价值论的思维逻辑却把文本与译者关系中的"文本"一方推到极端,变成绝对主导地位,而把关系的另一方(译者的主体性与能动性)消解为隐身状态。基于文本价值论,一方面,需要对语言概念与结构进行精确的理解与说明,在理解与说明过程中尽力地避免语言的模糊性与不确定性;另一方面,语言转换论最基本的理念就是强调文本的唯一性及其意义的确定性,厘清混乱的语言,使语言的使用与表征能够获得正确的、清晰的理解,从而为翻译研究的无限理性提供可行性与现实性。文本价值论建基于将翻译文本化,翻译成为文本化的建构,由翻译产生的其他行为只能是文本化建构。可见,文本价值论的根本目的就是确定文本的绝对性与确定性,为翻译研究的理解提供一种以文为本的翻译价值观。由于文本是衡量翻译的尺度,对等性是翻译需要遵循的原则,文本、译者和译境之间的互动关系被肢解,导致文本、译者和译境之间关系陷入了相互对立的危机。文本、译者和译境之间相互对立的危机,是三者在彼此关系中处于割裂状态的危机,这就是"源于后现代主义对语言的过分强调,因而,二者构成了一种语言和文本的封闭的概念王国,完全在文本的世界中兜圈子"(Berkhofer,1995:20)。

从本质上说,文本价值论就是人为地制造一个对等性概念,在翻译过程中为了追求语言转换的对等性而排除译者主体性与能动性,把翻译的终极目标归结为文本本身,从而找到一个客观的、独立于译者的固定对象。文本价值论基于翻译的客观性,自然地排除了翻译主体的主观评价,因而就把翻译价值理解为翻译的客观属性、把翻译价值的理念理解为翻译存在的理念。在翻译过程中,以译者为代表的翻译群落才是翻译价值理念的主体,我们不可能要求翻译主体完全搁置自己的生存价值和目的,去实现一个完全与自身的生存价值无关的所谓的客观价值。可见,文本价值论在处理翻译主体与客体的关系时,完全剥离了译者主体的主观评价,取而代之的是文本的绝对客观性。文本的绝对客观性成为语言转换论的一个基本范畴,成为文本价值论得以建立的深层基础。

(二)主体价值论

主体价值论是由文化转向驱动而成的,它是西方传统哲学的人本主义哲学思想在翻译研究中的表征,其目的就是寻回被遮蔽的译者主体性问题。它在解释译者与文本的关系时,把译者看作是翻译过程中的最高存在、最高目的与最高价值。译者成了翻译过程中绝对的操纵者,译者以外的一切与翻译相关的元素都失去了自主的属性,被视为是从属于译者、依赖于译者而存在的附属品。主体价值论只把译者看成是真实的存在,而文本则被看成是进入译者主体意识且能够被译者操纵的对象。离开了译者,文本就是一个没有意义、不可认识的对象。主体性问题是语言学转向之后翻译研究面临的主要问题,也是推动文化转向产生的根本原因。文化转向将翻译研究置于宏观的文化语境之中,把翻译视为一种宏观的跨文化转换,使翻译研究不断地扩张并深入更为广阔的领域。在主体性确立的初期,这种价值观对翻译研究与翻译实践起到重要的作用,但是随着主体性的过度张扬与膨胀,它也带来了消极负面的影响:"译者中心主义价值观对译者创造性的过分张扬让文本成为了被译者操纵、改写、背叛与主宰的对象,文本因此失去了自身的价值与译者也因此失去了自我,文本与译者再次陷入了极度分裂的状态。"(罗迪江,2021h:127)主体价值论在对待自我与他者关系时过度地强化自我价值与自我意识,因而自我是主观的、孤独的、任性的、随意的,是可以支配翻译行为的主宰者与控制者,它已经与他者失去了对话与沟通的平台。也就是说,主体价值论要求作为自我的、孤独的、任性的译者并不依赖于任何他者,而能够独立地实现自己所指向的目标。

从本质上说,主体价值论是为了对翻译现象进行系统的理解与把握,它遵循的是简单性范式的二分法,即自我与他者、译者与文本是二元对立的,其实就是预先将两者置于二元对立的关系。自我、译者处于绝对的核心地位,他者、文本是自我、译者的主宰对象与征服对象。在自我与他者对立的视域下,翻译的工具性与功利性倾向愈加凸显,而翻译的合理性与有效性就显得有些遥不可及。这就意味着:对自我的强调使自我与翻译、自我与他者、自我及其自身本质之间的内在关系、主体间性关系遭遇破坏,一方面使自我失去了本真的自己而凸显自我更加依赖于他者,另一方面使翻译的合理性失效,遮蔽了翻译本身的复杂性与整体性。在价值判断与评价的地位越来越凸显的翻译研究中,由于研究方法的多元性、理论与实践的交互渗透性以及翻译活动中的文化因素的普遍存在,翻译学界不得不做出非此即彼的选择,即从关注翻译的客观价值转移到关注翻译的主观价值,即从文本价值论转移到主体价值论。主体价值论在解释翻译主体与客体、译者与文本的关系时,却走向另一个极端,即排除客观性而强调主观性,把翻译主体看作是翻译研究中的最高存在与最高价值。主体价值论通过把译者主体绝对化,在翻译存在的观念上消解了文本的价值。如果按照主体价值论去理解译者与文本的关系,就完全否定了在译者与文本之间确立任何价值关系的可能性和必要性:译者的一切翻译行为都被视为是合理有效的,因而译者对文本的一切行为都是理所当然的,而且是有能力如此完成的。

当前,功利化翻译是文化操纵论的主观性价值与工具性价值最突出的现实体现。从认识论来看,文化操纵论倡导的主客二分或还原论思想遮蔽了翻译的生命意义,翻译主体的绝对化把翻译生成性、成长性、创生性等复杂性特征遗忘了。文化操纵论把翻译系统分为彼此独立的两个独立实体:译者(翻译主体)成为无所不能、无所不欲的操纵者、改写者、背叛者与吞噬者,文本(翻译客体)成为被操纵、改写、背叛与吞噬的对象。翻译由统一走向割裂状态,翻译生命共同体也处于破裂状态,文本生命失去了存在的栖居处,翻译的生命意义也随之丧失。翻译的生命意义一旦丧失,翻译的本真存在状态就难以得到表征与显现。由此而来,翻译客观性的丧失使翻译价值蜕变为工具性价值,工具性价值似乎不再需要翻译行为的合法性与合理性。因为工具性价值强调手段的至上性与绝对性,手段赋予翻译目的以合法性与合理性。工具性价值关注的是翻译行为意欲达到目标的可计算性以及实施目标的手段的有效性与实用性,译者相应地成为翻译的主宰者,纯粹从实用性与功利性最大化的角度考虑翻译策略、翻译技巧、翻译方法的选择问题,在很大程度上漠视了翻译的生命意义。

(三)生命价值论

"中国哲学本质上是价值哲学,是对宇宙价值、人生价值、人类价值、社会价值深沉的肯定与体验;这种深沉的肯定与体验是基于对生命的会通得来,也是基于对生活经验的整体反省得来。"(李翔海,1996:310)翻译生成论对待与审视翻译价值亦是如此,它的价值论基础就是一种生命价值,是一种生存性价值。翻译生成论的产生,是源于当代翻译理论的观念嬗变以及对"文本生命何以生成"问题的不断认识,而生命价值论成为翻译生成论的一种价值取向。翻译生成论是一项以求解"文本生命何以生成"问题为目标的探究活动,承载着翻译相应的生命价值。为了求解这个根本性问题并支撑文本生命的本体地位,需要建构相应的生命价值论,进一步展现翻译的生命价值。只有深入探究翻译作为文本生命存在的意义,才能真正理解与把握翻译蕴含的生命价值。要建立一种既合情合理又能够符合翻译过程的运行规律与翻译研究的发展趋向的生命价值论,就必然要超越传统译论的二元对立思想,客观辩证地看待与审视文本价值论与主体价值论,在文本—译者—译境的统一中寻找与确立新的生命价值。生命价值不同于客观价值与主观价值,它关注的是翻译作为文本生命存在的价值与意义,体现了对翻译与文本生命的终极关怀,凸显了文本生命在异域之中生成的生存性价值。文本生命的生成是翻译之为翻译的本真存在状态,这种存在状态使翻译在面对翻译功利化倾向时保持对生命意义与生命价值的坚持与追求,从而使翻译成为有生命的存在者。

翻译理论发展史实质上就是一个不断创造翻译价值、共享翻译价值的历史,因而每一种翻译理论都与翻译价值有着密切的关联。与此同时,翻译理论的建构必然会产生一定的价值冲突并致力于去解决自身面临的价值冲突问题,而这正是翻译理论发展史体现出的根本特征。翻译生成论追问"文本生命何以生成"的问题,意味着它是以生命—生成为原点的翻译理论。客观上说,追问"文本生命何以生成"问题只有对翻译作为文本生命的存在者才有意义,因为作为文本生命的存在者自然而然地蕴含着生命价值与意义问题。翻译生成论以生命价值来衡量翻译,以"文本生命"替代"文本"来探讨翻译的生成性特征,以"生命共同体"理念扬弃"文本中心论"来塑造翻译的生命价值观。翻译价值是与文本生命相互关联的,其作用就是促使文本生命在异域之中再生、延续与成长。如果翻译生成论仅仅着眼于语言转换创造的价值,且不深入探讨翻译的生命价值,那么对翻译价值的探讨就不是全面的、深入的。翻译生成论拥有自身独特的问题域——"文本生命何以生成"。它意味着,经过文本生命的浸透,翻译活动的存在性质发生了实质性的变化——翻译已然不仅仅属于语言转换、文化操纵层面的活动,而是与生命价值观攸关的生成活动,文本生命乃是翻译之为翻译的本质要求。因此,翻译研究必然在具体翻译实践中求解"文本生命何以生成"的问题;同时也认识到,文本生命的生成进一步决定了翻译本质的生成,也进一步影响到生命价值论的生成。

生命价值论是以生命作为翻译的终极目标,是翻译的最高的"善",是翻译具有内在价值的"善"。生命价值论所指向的翻译现实以译者为主体,文本生命的生成与成长也以译者为创生者。译者不是被规定为依照无限理性的推理获得语言转换的确定性的存在者,也不是被规定为既成性的存在者,而是被规定为自由而富有创造力的创生者,是被描述为生成性的创生者。作为现实翻译的主体与翻译活动的创生者,译者本身同样涉及"存在"与"生成"的关系问题。译者作为文本生命的创生者,既表现以翻译作为译者存在方式的具体形态,又处于不断生成的过程,两者的彼此关联,则离不开译者自身创造文本生命的活动。正是译者承担着文本生命的创生活动,而不是文本的转换活动,翻译活动才显现出自身内在的生命价值。翻译不仅体现为文本生命是"生成的",而且体现为译者是"作为生成的译者"。这就蕴含了深刻生成性思维的翻译观念,展现出双重生成性的发展路径:译者作为创造文本生命的"生成"与翻译作为文本生命存在的"生成"。进而言之,以生成的观念来看翻译,译者是作为"生成中的译者"而存在的,是作为"创造文本生命的译者"而存在的,是作为"创造生命价值的译者"而存在的。作为创生者,译者并不是既成之"存在",其在翻译过程中处于成长、发展的过程;同时,译者的生成又总是从翻译作为文本生命的存在出发,进而创造新生命。正因为如此,翻译作为文本生命的存在与生成,总是指向翻译的生命价值与生命意义。

作为一个复杂生命系统,翻译应该是文本系统、群落系统和译境系统相互调整后的一种和谐状态,是译者与文本、译境相互作用、相互关联、相互耦合而成的生命共同体或类生命体。复杂生命系统中的每个要素都是有价值的,而且这种价值具有类生命的特征。翻译及其复杂生命系统中的要素正是在这种相互关联、相互耦合的生成过程中产生了自身的生命价值。美国哲学家杜威(Dewey)指出,"任何认识论的价值都取决于用以获取它的方法"(Dewey,1984:160)。为了求解"文本生命何以生成"的问题并支撑文本生命的本体地位,翻译生成论力图在生成观念的思想下审视与求解翻译的生成性问题,进一步展现翻译的生命价值。不论是语言转换论,还是文化操纵论,抑或是翻译生成论,它们都是对翻译如何创造价值与享有价值,如何进行价值思维的一种有效性思考。这种思考是对不同翻译观"研究什么"的确定和确证。只有界定不同翻译观的研究对象和边界,翻译观才会获得不同层面的合法性与合理性。翻译观的使命注定要与翻译问题纠结在一起。语言转换论要考察的是"译本何以产生"问题,其价值观的侧重点在于语言;文化操纵论要回答的是"译本何以被接受"问题,其价值观的聚焦点在于文化语境。翻译生成论要探讨的是"文本生命何以生成"问题,其价值观的侧重点在于文本生命。翻译生成论建基于文本系统、群落系统和译境系统交互共生的生命共同体,而生命共同体需要体现在翻译价值取向的有效定位与广泛认识。可以说,翻译生成论是以文本生命为阐释基底的一种理论观念,是一项以文本生命为本体的探究活动,它承载着翻译相应的生命价值。

翻译生成论强调文本生命的本体论性,在认识与把握翻译现象与翻译本质的过程中追求生命价值与价值理想——求真善美,因而它特别注重翻译的生命意义与生命价值,指向的是生命价值论。文本生命在异域之中生成的关键因素始终是原文生命的传承性与译文生命的延续性,因而翻译兼具了原文生命的潜在性与译文生命的现实性。翻译生成观念既包含原文生命的传承性/潜在性,又包含译文生命的延续性/现实性。传承性与延续性构成翻译共享的价值性,具有不容忽视的作用。翻译的价值性就是文本生命在异域之中再生、延续与成长的动态过程中凸显出的生命意义与生命价值,它不仅仅在翻译实践活动中不可或缺,而且涵括于翻译实践的活动进程,更深深地植根于原文生命的传承性与译文生命的延续性,呈现出文本生命的价值与意义。

翻译生成论强调,翻译价值是在复杂生命系统中生成的。翻译是文本系统、群落系统和译境系统相互联系、相互制约、相互作用而形成的一个生命共同体,因而翻译本身就是有价值的,相应地复杂生命系统中的每一个子系统及其元素也是有价值的。复杂生命系统及其子系统以及不同元素正是在相互联系与相互影响过程中产生了自身的价值,因而翻译价值具有类生命特征。鉴于翻译研究及其翻译本身的复杂性特征,简单性范式对翻译复杂性的解释已显得后继乏力,无法完全担当起揭示翻译复杂性特征的重任。简单性范式只是谋求语言层面上的对等性符合翻译的外在要求,但它看不到文本系统、群落系统和译境系统三者在复杂生命系统之中的互动性、过程性、整体性与生成性。复杂性范式则注重文本系统、群落系统和译境系统之间的和谐关系,使翻译理念从关注语言转换的对等性转向产注复杂生命系统的共生性。因为复杂性范式注重翻译的共生性,所以它才能够从文本系统、群落系统和译境系统之间的和谐关系出发来解答复杂生命系统是如何发挥整体性功能的问题。对客观价值与主观价值的反思使人们认识到:首先,从方法论意义上讲,将文本与译者割裂开来,由文本价值论转向主体价值论,这种基于"有序、分割、理性"的简单性范式是失效的;其次,倘若把译者放置于无限的主体性去解决主体性问题,从而使翻译行为趋向任意性与功利性,那将消解译者自身的本真性,因而也是不适当的。单纯地从文本的视角或译者的视角去看待翻译问题,都有着其不可克服的局限性。目前,要求解存在的难题,翻译研究需要复杂性范式的思维方式,使不同的研究视角有一个相互融合的整体综观,又需要有一个共同的阐释基底,让本体论、方法论、认识论与价值论可以互生共存。翻译生成论或许能获得这种本体论、方法论、认识论与价值论的有效统一,获得文本、译者和译境的类生命阐释,获得文本系统、群落系统和译境系统的视域融合,深化翻译问题的本质研究,因而在翻译研究中具有更加突出的作用。换而言之,翻译生成论以复杂性范式为指向建构翻译解释的生成观念,这对于翻译研究具有积极的方法论意义与价值论趋向,对于翻译研究趋向生命意识、生命理念、生命价值等都具有重要的意义。

二、对翻译工具性与功利性倾向的警惕

总体而言,翻译生成论在翻译实践过程中可以塑造相应的生命价值、生命意义与生命形态。生命价值论一方面指向的是翻译的"易",即"换易言语使相解",另一方面涵括翻译的"生",即"生生之谓易"。文本生命总是

内含于翻译的生成过程。翻译的构成并非机械的、客观的实体,而是翻译系统中各部分彼此关联、彼此依赖的有机体。"有机体的根本特征是活动,活动表现为过程,过程则是构成有机体的各元素之间具有内在联系的、持续的创造过程。"(杨富斌,2003:77)"换易言语使相解"不仅仅是一种简单的语言转换,而且是一种原文生命与译文生命的共生过程,也是彼此之间持续的生命创造过程,其意义"升华为通过换易语言而达致的理想文化交流,即能够互补所需,丰富彼此的活动,而非唯利是图的纯商业行为"(张佩瑶,2009:30)。如果我们意识到,翻译并非唯利是图的纯商业活动而需要关注翻译行为的生命价值这一基本事实,那么,翻译生成论要解决的是,翻译作为文本生命存在的形态遭遇遮蔽之后、翻译作为功利性存在的倾向越来越凸显之后最重要且最紧迫的现实议题。翻译实践的工具性与功利性也许会使译本获得短暂的接受,但从长远目标来看,翻译文本在被接受的过程中也就失去了本身固有的生命价值,翻译生成也失去了关系理性的支撑。译者为了避免功利化翻译而通过生成观念进行理性的翻译,体验与感悟翻译生成的"灵韵之思",从而保持灵韵的作品在异域之中照耀人间。"这样,灵韵之思也就有了特有的作用:该如何面对世界以及这个世界上的生命,既是我们的出发点,同时也是归宿处。"(蔡新乐,2011:67)然而,在翻译市场决定论的场域下,人们似乎并未将关系理性确立在对翻译功利化约束的位置上,相反,将生命价值、"灵韵之思"遮蔽起来,并将翻译的"道性""德性"变成了获取功利的工具。将翻译的德性与功利进行倒置性设计,就会使译者变成追求即期效应、唯利是图的功利主义者。翻译生成论所遵循的关系理性,本质上就是一种"善译",就是一种"善治",它致力于在翻译实践中警惕与克服翻译行为的功利性与工具性倾向。

(一)自我与他者的视域融合

生命价值论就是要开启文本生命在翻译中的自觉澄明,它经由原文生命到译文生命的转化而实现对文本生命的传承与延续。由此可见,翻译的生命价值就是在原文生命与译文生命之间完成的相互嵌入、相互作用的生成过程以及由此产生的生命效应。不论是价值创造的过程,还是价值共享的过程,都呈现出复杂性与生成性特征。翻译生成论的观念正改变着译者的翻译理念与翻译价值,它使译者理性地翻译而不陷入功利性倾向,坚持交流、传承、沟通、创造与发展等价值理念,力图实现文本生命在异域之中获得再生。翻译生成论强调自我与他者的和谐关系,这既是自我与他者之间形成的类生命,对于翻译的生成性而言也是本质性的。自我与他者的生成体、自我与他者的和谐关系构成了复杂生命系统的生命共同体,并使得一个正在生成的、成长的文本生命在异域之中不断地得到确认。自我与他者不再是孤立的,而是以类生命的形式存在于翻译。换而言之,自我或他者在本性上需要内嵌于复杂生命系统,因而自我与他者不是个体生命,而是整体的类生命。自我与他者的类生命之所以可能,是由于他者在自我本己的领域中显现为一个生命—生成者,并成为超越自我的类生命者。自我与他者是无法分割的,它们总是在复杂生命系统中相互作用、相互制约,以类生命者的姿态存在于翻译。翻译是在自我生命与他者生命的视域融合下获得异域之中的再生与成长。进而言之,翻译是在自我生命与他者生命共存的前提下获得文本生命在异域之中的生生不息。唯有获得生生不息的力量,翻译才能在异域之中开花结果,才能使自身行为走向生命意义与生命价值,才能避免与克服自身行为陷入功利主义。

　　从现实性来说,翻译过程就是一种文本生命在异域之中的生成观念。文本生命的生成过程就是在批判翻译工具性与功利性倾向的基础上,反思如何辩证地处理自我与他者的内在关系而形成一种生命价值理念。文本生命的价值理念就是要建立正确的翻译价值观,这个价值观就是生命价值论,它指向的是翻译的生命价值与生命意义,就是"是其所是""如其所是"地延续文本生命,而不是纯粹地为了翻译目的而不择手段的工具性价值观。翻译一旦摆脱了功利性与工具性的功能,就会回归生命,形成一个以文本生命为基底的价值观念。于是,语言转换不再只是一种单一的对等关系,而是在生命价值论的驱动下产生沟通、交流、传承、创造、发展等价值,翻译由此获得了对文本生命进行创生与再生的功能。翻译不再只是依附于语言交换的工具,而是依附于生命价值论。事实上,翻译研究的基础首先就在于建立翻译价值观,进而为翻译定位。(刘云虹、许钧,2020:78)正是基于生命意义的翻译价值观,翻译生成论以文本生命为阐释基底为翻译提供了一个新的定位——翻译即生命—生成。生命价值论对于翻译现实来说,它不再强调翻译仅仅作为语言转换的工具性,而是专注于翻译作为文本生命存在的生成性。事实上,生命价值论是以生命理念的方式塑造一种关于生命价值的解释模式,建立符合翻译本质的生命思维方式。这既有助于我们认识翻译的本质,又利于在自我与他者的辩证统一过程中积极地寻求翻译的生命价值,在翻译过程中真正做到"从心所欲不逾矩""戴着镣铐跳舞"依然能舞出优雅的风姿。

(二)坚持翻译回归生命价值

价值对于翻译作为文本生命的存在来说,才是最具有决定性的东西。论及翻译价值就意味着,它是在文本生命的范畴内谈论的,而文本生命的生成观念促使翻译回归生命价值。翻译价值是在翻译实践中创造的,也是翻译主体在翻译实践中赋予的。翻译价值,总是由翻译主体赋予或赠予,翻译主体就成为翻译价值的赋予者与赠予者,也成为翻译作为文本生命存在的价值创造者。文本生命的实质蕴含着特定的价值创造,它成为评判翻译价值的标准;评价本身就是评判翻译作为文本生命存在具有的价值与意义。翻译经过评价之后就会显现自身的价值。翻译评价自然会涉及翻译的道德,道德并不是翻译事实关涉的对象,而是翻译价值涉及的对象。"翻译所关注的是道德真理与事实真理(factual truth),此真理唯有被读者掌握才能有效地生成,这就是翻译目的与归宿。"(Newmark,2006:1)翻译实践所关注的道德真理,就是要体现翻译的生命价值;所关注的事实真理,就是要体现文本生命的生成事实。强调文本生命的生成,就是强调翻译不是一个具体的机械物,而是一个有着生成性与成长性的过程。将翻译视为文本生命的生成体,强调文本生命的生成,就是要警惕翻译行为与翻译观念陷入工具性与功利性,尊重翻译过程中文化交流的多样性,维护文化的异质性,让翻译回归生命价值。可见,翻译与文本生命的生成关系所导向的翻译观念,本身就是以"文本生命何以生成"问题为导向形成的翻译理念,它理应能够解释、预测与指导翻译实践,而翻译实践活动应当警惕与避免翻译行为的功利性与工具性倾向。

翻译生成论强调生命价值,本质上就是将翻译作为一种价值创造的实践生成活动,它旨在警惕与克服翻译行为的工具性与功利性。工具性把翻译的作用定位于实用层面,必然导致矮化翻译的结果;功利性未从精神建构的角度来衡量翻译作为一种促进人类文明交流和发展的事业所产生的长远的历史影响,急功近利,必然会导致翻译焦躁症与市场决定论。(许钧,2017:2)进一步说,翻译的工具性行为将会导致对原文生命的任意主宰,那么文本生命在异域之中的诞生也会失去自身的基因传承。翻译活动为了迎合市场需求而对原文不断地修改、修订甚至是改编,那么文本生命在异域之中就失去了自身的生存基因,原文生命之光被遮蔽而译文生命之火也稍纵即逝。回归生命价值,就是要自觉地警惕翻译工具性与功利性倾向。基于对工具性与功利性的反思,翻译不再只是一种追求即期效用的工具,它是文本生命在异域之中得以延续的实践行为,也是翻译作为文本生命存在的自我确证。实践行为与自我确证,根本上说是文本生命在异域之中延续、生长、成长的产物。

毋庸置疑,翻译作为人类存在、文化沟通与文明传承的建构性力量的观点已然逐渐受到当前翻译学界的关注,也对翻译研究与翻译实践具有重要的价值论意义。翻译的建构性力量,就是发挥翻译内在的生成力量,重视翻译在人类生存、思想交流、文化沟通与文明传承中的生命意义与生命价值。"当前的翻译界却存在翻译价值观混乱、翻译心态浮躁、翻译功利性倾向凸显、翻译质量得不到有力监督与保障等诸多值得警惕与反思的问题。"(刘云虹,2018b:16)这种翻译问题的存在就是对生命价值忽视的结果,它不是将翻译作为跨文化交流活动的使命之所在,也不是中国文化"走出去"的意义所在。生命价值论在翻译实践上所追求的翻译不是一种象征性文本、影子或包装,而是使文本生命在异域之中获得再生,"如其所是"地绽放出自身生命的活力。具体地说,翻译生成论可以恰当地避开还原论困境,它不是简单地采用语言转换与文化操纵的思维方式对翻译进行拆卸—组装、操纵—改写的分析,而是挖掘文本生命与翻译的生成关系,彰显翻译实践的生命价值。强调把翻译作为人类生存的根本方式,就是趋向于把翻译作为思想交流、文化传承、语言沟通、文明创造、社会发展等的价值创造活动,蕴含了翻译内在的生命意义与生命价值,这无疑为翻译研究提供了一种追求真善美的价值信念。基于追求真善美的价值信念,翻译价值观的建构必须对倾向于功利主义的负面价值予以必要的警惕,对负面价值保持清醒的头脑,谋求负面价值转向正面价值,这就成为翻译价值观建构所必须思考的时代问题。(罗迪江,2022d:9)

坚持回归生命价值,就是要增强生命价值论的意识,不断强化生命价值在翻译实践过程中的导引作用。回归生命价值,就是"祛除功利性思维价值之魅",就是"做到对他者的尊重与对异质性的保留,维护中外文化的多样性"(罗迪江,2021c:22)。生命价值论是以维护文化多样性、促进不同文化间真正的平等交流为根本目标去考察翻译,把生命意义注入翻译活动而凸显它内在的生存性价值,因而生命价值不是一种功利性价值、工具性价值,它能够使翻译活动深入翻译的生存论领域。作为维护文化多样性的根本方式之一,翻译使不同文化之间的比较、对话与融合,以及相互塑造成为可能。不同文化通过翻译在比较中达成自我理解与自我塑造,通过翻译在对话与融合中实现相互关联、相互作用,形成"和而不同"的生命价值。不同文化的多样性只有通过翻译的相互沟通与对话实现彼此之间的互补整合,才能揭示翻译蕴含的生命价值。翻译的生命价值就是翻译的生存性价值。之所以将之称为生存性价值,是因为任何一种翻译活动都只不过是翻译存在于翻译主体与文本生命之间的生存性关系的一个具有交互性的组成部分而已。生存关系意味着在文本—译者—译境之中存在一个内在机制:每个生命体在翻译活动中与文本生命互动。生存关系是一种开放的生命状态,它表明翻译是文本生命在异域之中再生的生成形态,文本生命也在翻译过程中不断融入翻译活动。翻译活动作为一种生命状态是开放的,它只有在维护文化多样性、促进不同文化间真正的平等交流时才能实现翻译的生命价值。生命价值不再使翻译成为一种工具性或功利性活动,而是在人类交往过程中具有沟通、传承、交流、创造与发展作用的多重价值。因此,生命价值论的意旨就是要自觉地警惕翻译的工具性与功利性,回归翻译的合理性与有效性,自觉地以生命视角探讨翻译的生成性,使文本生命在异域之中得以延续与发展,避免翻译行为的功利主义。

第六节　小　结

　　语言学转向以来,翻译研究积极奉行简单性范式的还原论思想,对翻译学的现代性发展起到重要的推动作用。还原论思想聚焦于文本研究而无法兼顾文本与译者、译境的互动问题,难以揭示翻译的复杂性与整体性。除此之外,翻译现象及其翻译本身的复杂性,文本、译者和译境之间的互动性在翻译研究中似乎处于一种缺失状态。简单性范式对文本、译者和译境之间的关系认识是直接的线性联系,而不是交互的复杂性联系,因而它仅仅是对翻译的碎片化认识而不是对翻译系统本身的整体化认识。简单性范式对翻译学科的推动给翻译学领域的研究带来丰富成果,以及"分解—还原"分析方法给翻译研究带来便利,这已经让翻译学界过度关注翻译简单性而遗忘了翻译复杂性。不论是语言转换论,还是文化操纵论,其翻译理念所强调的核心主题要么是自然存在的语言,要么是外在对象的文化,因而其发展是远离了生活世界与生命意义而聚焦于翻译的理性与客观。翻译生成论是基于对语言转换论与文化操纵论共同关注的"文本"对象的反思,将研究对象转移到"文本生命",对翻译现象呈现的生成性、成长性、创生性等复杂性特征与新问题进行理性的理解与把握,有效地回答了"文本生命何以生成"这一深层问题。在深刻的反思与批判中,翻译生成论则体现出将文本生命作为本体地位与阐释基底。在求解"文本生命何以生成"问题上,翻译生成论展现出整体论的思维优势,显现了将确定性与不确定性、既成性与生成性、决定性与随意性、客观性与主观性相互统一的方法论。在把握翻译作为文本生命的"存在"与"生成"的内在逻辑中,翻译生成论展现出生成观念的思想及其独特的生命认识论。在翻译实践过程中,翻译生成论始终保持对翻译的既成性与生成性、客观性与主观性的整体性把握,弥合文本价值论的客观性与主体价值论的主观性之间的割裂状态,包含着翻译责任、翻译使命与翻译意义深度融合的生命价值。翻译生成论蕴含着的本体论,要求在整体论视域中形成既关注翻译的确定性、客观性、决定性和既成性,又强调翻译的不确定性、主观性、概然性与生成性的辩证统一的方法论,并促使具有生成性思维的生命认识论在方法论的展开过程中得以澄明,并发展成为一种追求生命意义的生命价值论。从本体论、方法论、认识论与价值论四个维度阐明翻译生成论的内容取向,不仅有效地契合翻译研究走向实践生成论、机体哲学与生成哲学的生成观念的趋势,而且推动了"生生之谓译"思想在复杂性范式语境下得到透彻展开与深化发展。

在翻译生成论与语言转换论、文化操纵论的对话中,翻译生成论实现了从"译本何以产生""译本何以被接受"到"文本生命何以生成"的问题域转换,实现了研究对象从"文本"到"文本生命"的转换,实现了"翻译作为文本生命的存在与生成"的深化与"翻译即生命—生成"的拓展,致力于"生生之谓译"的创造性转化与创新性发展,展示了以"生命"与"生成"为双重逻辑解释与说明翻译现象的理论创新。因此,翻译生成论的根本问题不是界定"翻译是什么""译本何以产生",而是探讨"文本生命何以生成"。翻译生成论是从生命的视角来揭示翻译"生成"的活力问题,中国哲学"生生之谓易""天地之大德曰生"对于"生成"概念在翻译研究中的创造至关重要,生成概念可以说是翻译生成论与"生生之谓易""天地之大德曰生"的"历史奇遇",是复杂性范式中一个极其重要的概念范畴。翻译生成论的建构,是翻译研究在本体论、方法论、认识论、价值论层面上的一次拓展与延伸,是对简单性范式认识论与方法论的辩证扬弃,确立了复杂性范式认识论与方法论在翻译研究中的重要地位。翻译生成论的认识论视域打破了语言转换论与文化操纵论的简单性范式认识论,把文本生命与翻译的生成关系、生成分析、生命认识论、复杂性范式、"成为是"思维、多向因果关系等观念引入翻译研究,并以此作为解决"文本生命何以生成"问题的先决条件和根本前提,从而确立了文本生命及其生成性在翻译研究中的重要地位。

以文本生命作为翻译研究的阐释基底,翻译生成论在研究视角与研究范式上发生了一次深刻转换,最深层的阐释基底在于将翻译视为文本生命在异域之中的生成。正是文本生命的生成性、成长性与创生性,才使得翻译研究走向复杂性思维范式。以文本生命为阐释基底,文本、译者和译境之间的整体性成为理解翻译实践与翻译过程的出发点;文本生命在异域之中的生成是翻译生成论的根本之所在。文本生命就是文本在异域之中的意义再生,就是文本在异域之中的意义生成。随着文本生命的生成与成长延伸到时空维度,翻译相应地增加了自身的差异性、多样性与复杂性。翻译生成论对翻译现象的复杂性分析,促使翻译研究趋向一种复杂性范式,进而能够揭示翻译的生成性、成长性、创生性等复杂性特征。如果说,当代中国译论必须显现中国文化的特色,构建富于中国理论特征的话语体系,那么中国译论必须摆脱单纯地固守于西方译论的话语模式,而成为本土化的叙事方式。当翻译生成论将翻译聚焦于"生生"思想时,它就是将翻译作为文本生命的"存在"与将翻译作为文本生命的"生成"进行新的思考,这就形成了翻译与文本生命之间生成关系的新理念。翻译生成论,既明确了认识与反思翻译作为语言转换与文化操纵的基本态度,又提供了解释与把握翻译确定性与不确定性、客观性与主观性、既成性与生成性的叙事理路,体现出"生生之谓译"与实践生成论、机体哲学、生成哲学相互交汇,翻译理论所求解的现实问题与时代问题的生成性嬗变彼此融合的辩证意义。因此,翻译生成论的叙事方式必须显示独特的问题域、理念形态、思想传统和分析路径,这是深入考察翻译生成论建构的必要前提。翻译生成论强调从生成性的角度去看待翻译的本然形态,而不是从固定的语言/文化的角度去理解翻译的本然形态,因而它是对传统译论的简单性范式的反思与消解。它用生成的观念来看翻译,用生成的方法来看翻译,因而关于翻译的理解需要提升与转换。转换关于翻译的传统定位,是深入理解翻译的基础。我们应该在生命—生成这个双重逻辑上将翻译视为文本生命在异域之中的生成活动,而不仅仅是在"语言"与"文化"的意义上将翻译视为一种转换活动。"生成"与"生命"之于"语言"与"文化"是一种认识论视域上的超越,但却不是一种取代与否定。总而言之,翻译生成论是我们解释与说明翻译现象和重新认识翻译的一种整体论方式,是为了揭示翻译的生成方式而对翻译进行一次复杂性范式的注视与生成观念的审视。

第七章 走向生成主义翻译观

第一节 引 言

随着当代对"何谓翻译""翻译谓何"的深入研究,在翻译学领域中,如何基于自身的问题域建构翻译理论话语体系已成为翻译学界追求的目标。翻译之为翻译,首先关注的是翻译的普适性问题。对于普适性问题的回答,会诉诸不同求解翻译问题的本原性思想。基于不同本原性思想,就会形成源自本原性思想脉络中的问题意识。以语言学转向为切入点,翻译学界从语言学的理论事实出发,引导出关于语言的翻译学,它既非单纯语言学的姿态,也不是纯粹翻译学的姿态,而是语言学与翻译学的结合。值得注意的是,语言学与翻译学的一个共同之处就是,两者极少思考翻译背后语言的边界,或者自发地将翻译与语言等同起来,这就遮蔽了一个重要的问题,即从"译即易"到"译即生"的重要问题。翻译从语言中的溢出效果,突破了语言的边界,进入"生命"的范畴或者说"生成"的范畴,这就不能将语言转换等同于全部翻译含义,也批评了斯坦纳的"翻译研究就是语言研究"思想。语言转换论过渡到翻译生成论,翻译研究不再只是依赖于语言进行思考,而是以生命或生成思维进行思考。翻译生成论将"生命"或"生成"作为翻译行为产生的原初性,对"生命"或"生成"观念的探讨既超越了语言转换论的范畴,也超越翻译作为语言转换活动的原初解释。它具有跨学科的原创性,中华传统文化所谓的"生生之谓易"就是翻译的一种原初思想形态,也是翻译生成论得以建构的一种思想源泉与理论塑形。"生命"与"生成"不仅仅是哲学意义上的问题,它承载着"翻译作为文本生命的存在与生成",界定着翻译生成论思想发展的路径。建基于生命与生成双重逻辑的翻译生成论,理应深入思考翻译生成性、延续性、成长性等复杂性特征。从这个意义上说,翻译生成论突破了语言转换论所遵循的既成性原则规范,克服了文化操纵论的泛化困境,揭示了翻译是以生成性与成长性为方式存在的文本生命的生成活动,它所涉猎的生成性意识和生命思想话题,也彰显了翻译的生成性特征。

翻译生成论的提出,本身就是对语言转换论、文化操纵论的一种反思与批判,这种反思与批判启示我们:一方面,西方翻译理论并不是当代翻译学绝对的、唯一的理论形态,它们既有理论解释上的优点又有自身的局限,中国译论的建构不能陷入西方译论的话语中心主义,不能完全用西方译论代替我们自身的翻译思考与研究;另一方面,不能忘记"我是谁"的问题,不能让中国译论丢掉独特的自我,特别是不能丢失"生生之谓易""天地之大德曰生"等深厚的思想资源,将中华传统文化中的"生命"或"生成"这个原点充分展现出来,创造合乎中国文化主体性的翻译理论与翻译精神。"新旧世纪交替之际,包括翻译学在内的人文社会学科不约而同地进入理论反思期,试图通过学科内的自我反思进一步挖掘本土资源的理论价值,重新寻求本土理论在国际理论话语体系中的定位。"(穆雷、傅琳凌,2018:9)应该说,翻译生成论的建构,就是通过进一步挖掘"生生之谓易""道生万物""天地之大德曰生"等中国文化资源的理论价值,以实践生成论、机体哲学与生成哲学为理论视域,提炼出"生命"与"生成"的观念与思想,形成"生命"与"生成"双重逻辑去解释与说明翻译现象,在求解"文本生命何以生成"的过程中促进翻译研究"从复杂性范式看翻译""从生成的观念看翻译",形成独特的生命本体论、生命认识论、生命方法论与生命价值论,从而走向更广阔、更系统的生成主义翻译观。简而言之,翻译生成论是以实践生成论、机体哲学与生成哲学为视角为自身找到一个相对可靠基础的根隐喻,将生命与生成视为解释翻译双重逻辑的一种理论形态。综观翻译生成论的基本论域、思想构架与内容取向,目前翻译生成论在翻译本质的界定、研究对象的确定、分析方法的定位、认识视域的拓展、生命价值的明晰、本体信念的确证、根隐喻的坚守等方面都显示出某种范式转换的特征,它不仅开启了"文本生命何以生成"的问题域转换,而且充分凸显出以生命与生成为双重逻辑具有深远的解释效应。

第二节　从复杂性范式看翻译

翻译生成论是对翻译生成的动态过程进行探究的一种复杂性范式研究,它将翻译作为文本生命的生成理解为具体化的、关联性的活动,呈现出延续性、生成性、成长性、创造性、涌现性等复杂性特征,让我们在看似非连续性的、不确定性的翻译现象中找到延续性与确定性,深入理解翻译作为文本生命存在的生成特质。翻译生成论综合了延续性、生成性与成长性,将翻译研究的界限向复杂性范式延伸,展示了一个充满复杂性与整体性的生成空间,呈现出区别于传统译论的一种独特的理论表达方式。翻译生成论是从复杂性范式的视角独特地揭示了自身理论看待翻译的一个基本方式。复杂性范式作为翻译生成论的理论自觉,作为一种翻译研究的思维范式,从根本上规定了翻译研究的价值态度与认识方式。作为一种复杂性范式的研究范畴,翻译生成论的研究意义在于形成新的翻译观念,以生命与生成双重逻辑为解释原则,建构特定的、自主的思想框架与概念范畴。其中,复杂性范式是其最独特地考察与审视翻译现象的认识论视域。换而言之,翻译生成论用复杂性思维范式重新审视翻译,重新阐释翻译现象,并用复杂性思维范式去论述翻译与文本生命的生成关系,赋予翻译研究新的复杂性内涵。复杂性概念(the notion of complexity)是一个动态的(dynamic)、生成的(generative)复杂性概念,可称之为"生成复杂性"(generative complexity)。(Rescher,1998:9)以生成复杂性作为翻译生成论的内在性平面,在生成与复杂性的对话中,不断丰富与拓展翻译生成论的理论视域与思想空间,用新的思维方式切入翻译,就会产生新的翻译观念与翻译行为方式。"生成复杂性,既属于复杂性的生成方法,也属于复杂性范式,它将拓展现实世界复杂性中的复杂性知识(the knowledge about complexity of real-world complexity)。"(Jörg,2011:203)以复杂性范式来看翻译,实质上就是以"生成复杂性"来看翻译,这必然会涉及翻译的复杂性与生成性,进而拓展翻译的复杂性知识。翻译生成论将翻译视为文本生命在异域之中的生成活动,也将翻译与生命、生成关联起来进行探讨。将生命与生成作为新的翻译范畴来审视与考察,可以看到翻译学领域对翻译复杂性的关注,由此引发翻译研究的新问题,翻译研究也因而获得了探寻翻译本质的新视角,这就是翻译生成论的新视角。

一、复杂性范式:翻译生成论的哲学立场

翻译生成论对翻译实践活动的深度介入使得翻译研究的阐释基底从文本转向文本生命,研究范式从简单性范式转向复杂性范式。复杂性范式的趋向表明了,翻译生成论背后的哲学立场是"以何种范式看待翻译以及如何认识翻译",或者说是"以还原论或以整体论来认识翻译"的问题。它使得翻译生成论在本体论信念、认识论视域、方法论路径与价值论取向上都具有自身独特的思维模式。这就进一步确认了复杂性范式是建构翻译生成论的哲学立场。复杂性范式之于翻译生成论而言,绝不是那个简单性

的解释模式,而是朝向生命、生成的有机体,是生命视角、生成观念在翻译研究中的显现与敞开。翻译生成论的哲学立场就是以翻译复杂性为基础,探究翻译的生成性、创生性与成长性等复杂性特征。哲学立场是翻译生成论的立足点与出发点,是翻译生成论的前提与基础,它决定了翻译生成论的根本性质、阐释基底、核心问题与翻译观点,决定着翻译生成论为什么以生成与生命为双重逻辑来描写与解释复杂多样的翻译现象,决定着翻译生成论为什么是以实践生成论、机体哲学与生成哲学为理论基础。从哲学立场来看,生命与生成是翻译生成论的核心论域,也是翻译生成论得以建构的出发点,它意味着唯有从生命视角、生成观念来解释翻译的生成性、成长性、创生性等复杂性特征才是更合理的、更有效的。因此,翻译不再只是纯粹的语言转换,也不再是单纯的文化操纵,而是一种文本生命在异域之中获得再生的生成活动。可以说,翻译生成论是属于复杂性范式中的一种翻译理论,其认识论问题在当代得到了多维度、多层面的展开,凸显了翻译的生成性、成长性、创生性等复杂性特征。

其一,翻译生成论是从文本系统、群落系统和译境系统的交互作用来理解翻译的复杂性。这种对翻译的认识与理解深化了对文本系统、群落系统和译境系统的具体认识,同时又凸显了文本系统、群落系统和译境系统之间各种关系的相互制约和相互转化。文本系统、群落系统和译境系统交织在一起,从而促使人们从复杂性范式的整体中去考察翻译作为一种复杂生命系统的根本性问题。翻译生成论是一项翻译理论的创造工作,它基于文本系统、群落系统和译境系统之间的交互作用,试图避免翻译观念在研究论题上的客观化、抽象化倾向,不以西方译论的语言/文化分析为界限,坚持对翻译复杂性问题的探究,面对现实翻译的复杂性,给予的是复杂性而非简单性的解答。翻译生成论是建构性的而非解构性的,通过生命—生成这个双重逻辑将翻译复杂性凸显出来。

其二,翻译生成论是从翻译的支配力量、内在机制、基本动力与内生动力来认识翻译的复杂性。翻译生成论对翻译生成的内在机制做出原理性的解释,认为内在机制使得翻译与文本生命的互动能够以特殊的生成方式来发展,从而揭示了翻译的生成性、成长性与创生性。如果说翻译生成性、成长性与创生性构成了人们获得翻译研究之复杂性的出发点,那么翻译生成论则为这一难题的解决提供了一种可能的方案。随着翻译学界对翻译生成性、成长性、创生性等复杂性特征的关注与探讨,加上实践生成论、机体哲学、生成哲学等观念对翻译研究的渗透与运用,翻译作为文本生命存在的内在机制、基本动力与内生动力等,在复杂性范式的层次上得到了不同程度的有效解释与说明。这就促使翻译研究在概括语言转换论与文化操纵论的研究成果的基础上去展开对翻译复杂性问题的思考与探讨,这使得生成性、成长性、创生性等复杂性特征成为当前翻译学界关注的一个关键范畴。

其三,翻译生成论是从生命—生成这个双重逻辑考察与审视翻译的复杂性。翻译生成论突破翻译研究中以简单性范式出现的翻译理论,理解复杂性对于翻译研究的重要性,这是翻译生成论的一种理论自觉。翻译生成论强调以生命—生成这个双重逻辑反观翻译的本质,强调翻译源于"生生"思想,深切反思翻译生成性、成长性、创生性等复杂性特征。翻译因为其内在的复杂性,而与生命视角、生成观念有着密切的同构关系,翻译本身就体现在生命—生成思想中。以生命—生成作为解释与说明翻译的双重逻辑,并在生命—生成思想中得以表现的是,翻译拥有了自身的复杂性。随着复杂性范式对翻译研究的渗透,生成性、成长性、创生性等复杂性特征的认可度日趋显现,这就为探讨翻译研究的复杂性范式提供了新的视角。翻译过程的能动性与受动性问题、翻译认识的生成性与成长性问题、翻译作为文本生命存在的问题、生命价值论与文本价值论问题,都为深化对翻译复杂性的认识与理解提出了新的理论问题与研究论域。

翻译生成论作为一种以复杂性范式把握翻译的方式,乃是一种基于生命与生成的综合性理解,它用生成性话语的范畴思考与探讨翻译作为文本生命存在的生成过程与表述结构,是关系理性合乎翻译运行机制的生成过程。翻译生成论之所以被视为一种复杂性范式,就在于它实现了翻译解释的复杂化研究以及增强了翻译研究的人性化。"现实的复杂化(complexifying)不仅可能使科学转变成另一种新的科学,而且可能增强社会科学的人性化(humanizing)。"(Morin,2002:9)翻译的复杂化也使得翻译作为语言转换的活动转变成翻译作为文本生命的生成活动,并且使翻译研究从简单性范式转变为复杂性范式,进而增强了翻译研究的"人性化"。从复杂性范式看翻译的复杂性,本质上就是从生成性、成长性、创生性来认识与理解复杂的翻译现象。进一步说,它是从生命—生成的双重逻辑来认识与理解动态的翻译现象,就是从翻译活动的确定性与不确定性、既成性与生成性、动态性与静态性、概然性与决定性、必然性与偶然性的辩证关系来认识与理解多变的翻译,是从翻译活动所要求的生命价值论、生命认识论、关系理性、"成为是"的思维方式来认识与理解多样的翻译。复杂性范式不仅能揭示翻译的复杂化与整体性,而且还涉及翻译研究对象的复杂性。如此认识与理解翻译的复杂性,不仅是整体论意义上的认识与理解,而且是辩证论意义上的认识与理解,更是复杂性范式意义上的认识与理解。那么,翻译生成论所指向的翻译概念,远不只是语言、文化层面上的关键概念,更是生命、生成层面上的关键概念,翻译作为文本生命的"存在"与"生成"就有了可靠的观念依据与坚实的方法基础。

翻译生成论反对一种简单性范式的概括,保持包容性与开放性特征。生成性、延续性、成长性、动态性等复杂性特征进入翻译研究的视界范畴,因而翻译生成论的形成是一个不断吸纳复杂性特征资源的过程。翻译的复杂性决定了研究对象的非线性、整体性与动态性,文本作为翻译的"存在",是静态的、给定的,因而翻译的研究对象从关注翻译文本的"存在"转向翻译整体的"三生"或"共生"。(胡庚申,2021:177)研究对象转向"共生",实质上就是要关注文本在异域之中的生命形态,译者在翻译过程中的生存境域以及译境对翻译行为的生态作用。从翻译的"共生"来看,翻译"落地生根"于"异"而"开花结果"于"生",翻译之"异"与"生"共同造就了翻译的多样性、复杂性与整体性。(罗迪江,2019b:39)翻译生成论将研究对象视为文本生命,本身就体现了翻译研究的复杂性,因而其论域面更加开阔,涉及内容更加广泛,从而形成了复杂性范式的研究路径。翻译生成论本质上重视基于文本生命何以生成的问题求解,是对翻译观念做出本原性思想的新创造,所以翻译需要在文本生命之中获得理解与认同,才能在异域之中获得延续与发展。文本生命栖居于复杂生命系统,它是以类生命的方式存在而体现出复杂性,这种复杂性又与生成性发生直接的关系。如果说复杂性范式是一个把握翻译生成论的原初性范畴,那么文本生命与翻译之间的生成关系则是把握复杂性范式的关键词。生成不仅是翻译存在与翻译行为的根本方式,还是复杂生命系统与翻译实践的表达载体。生成在与文本生命相互关联、相互建构的过程中,塑造着翻译的生命思维模式,而翻译影响着文本生命生成的形态与功能。生成观念构成了人们理解复杂生命系统中各种因素关系、分析翻译问题的重要维度,也成为评价文本生命在异域之中再生的关键依据。生成对于文本生命在异域之中再生,有着极其重要的本体论意义。如果从生成维度对翻译现象、翻译结构与翻译问题予以评价,其指向便是文本生命的生成性问题。生成性问题作为翻译生成论的根本议题,是翻译生成论以生成分析为方式对文本生命的塑造与理解。生成性问题要解决的是文本生命之"生"与"成"的根本问题,既包含翻译作为文本生命的存在问题,也包括既成性与生成性、确定性与不确定性、客观性与成长性的辩证问题。

二、复杂性范式:翻译生成论的整体思维

复杂性范式不仅是翻译生成论的一种哲学立场,也是翻译生成论的一个整体思维。复杂性范式在建构翻译生成论中体现的整体论思维与"成为是"思维,就是以生命与生成为双重逻辑对翻译现象进行整体性的认识与理解,就是凸显翻译动态性、生成性、成长性、涌现性等复杂性特征。随着实践生成论、机体哲学与生成哲学的发展,其在事物发展的动态性、过程性、生成性、复杂性、整体性等问题的分析中获得了整体的与普遍的解释力。以此为切入点,翻译的理解就是从生命与生成的双重角度来获得复杂性范式特征的整体认识与把握。只有从生命与生成的双重角度出发,才能理解"翻译作为文本生命的存在"与"翻译作为文本生命的生成"的实质内涵,才能领悟"生生之谓译"的现代阐释的真谛是"翻译即生命—生成"。可见,翻译生成论是基于文本生命而对文本生命之生成的探讨,它基于文本生命与翻译的生成关系去求解"文本生命何以生成"问题。文本生命不但蕴含着翻译的生成性与复杂性,而且翻译之所以存在也是由文本生命赋予的。遗忘与遮蔽文本生命,就遮蔽了翻译的本质特征,也就遗忘了文本生命在异域之中的生成形态。文本生命的生成就是翻译的内在本质,就是来世生命的显现。翻译生成论的思想都立于其上,它以"文本生命—生成—来世生命"的形式显现,用标识的"生命—生成"来彰显翻译的生成性、延续性、成长性、创生性等复杂性特征。正是在其独特的形式显现中,关于"翻译即生命—生成"的构想得以清晰呈现:从文本生命的形态去理解翻译生成的本质任务,从翻译生成的本质任务去揭示来世生命的本质内涵。确立生命—生成双重逻辑及其"生成分析",就内在地包含着对翻译规定的双重性理解,而且对翻译双重性的复杂性范式的说明,也印证了翻译生成论的诠释的方向并不是单一的。

基于生命—生成双重逻辑的进一步阐释就会发现,翻译生成论的建构逻辑是在对翻译理解的双重化进程中,逐渐展现出自身的生成性与复杂性。也就是说,无论是翻译生成论的理论基础、运行机制,还是翻译生成论的内生动力与基本动力,它们对翻译的双重性理解都蕴含着关于对翻译的理解与判断的价值,它包含着翻译的双重内涵:一是翻译作为文本生命而存在;二是翻译是文本生命在异域之中生成并获得来世生命的生成过程。

将文本生命纳入翻译研究范畴,实际上也是将生成观念纳入翻译研究范畴。进而言之,翻译生成论将文本生命与生成概念纳入翻译学领域,并对文本生命在翻译实践中的基础地位给予肯定与认可,从而揭示翻译的生成性、成长性与创生性,在很大程度上超越了传统译论追求的确定性与客观性。这种超越是在生命与生成这个双重维度的共同作用下完成的:生命之维来源于翻译生成论将文本生命作为考察翻译的起点并贯穿于翻译活动的始终;生成之维来源于翻译生成论将翻译作为文本生命在异域之中得以再生、延续与成长的根本方式,从而摆脱了传统译论固守于文本而执迷于对翻译确定性与客观性的探讨。

从广泛意义上说,翻译生成论是以复杂性范式去思考与审视文本生命的延续、生成与成长的翻译观。不同于语言转换论与文化操纵论,翻译生成论实际上是以语言转换论与文化操纵论所揭示的翻译事实与翻译规律为依据,并在此基础上进行问题域转换、思维转换与概念分析,进而创建出一套生命话语体系与生成解释话语来理解与诠释翻译的生成性、成长性与创生性。由语言转换论和文化操纵论转向翻译生成论,标志着翻译研究的思维模式的转换;不同于语言转换论、文化操纵论的还原论思维模式,翻译生成论代表了综合的、关联的整体论思维模式。具体地说,语言转换论和文化操纵论是分析的理论,翻译生成论是综合的理论。这并不意味着理论之间相互拒斥,其区别在于:分析的理论的基本事实是文本,是一个元素的本质;综合的理论的基本事实是文本生命,是一个复合体。值得注意的是,翻译生成论所面向的文本生命的生成,始终与"生生之谓易"的观念不谋而合,紧密相关。从本质上说,"生生之谓易"思想是建构翻译生成论的一个思想支撑点,因而翻译生成论的解释与说明必然涉及文本生命与生成观念。这就将翻译研究从过去注重既成性的文本转移到生成性的文本生命,从翻译的过去之维转向到翻译的现在之维,进而转向正在生成的未来之维。倘若我们想要使翻译生成的解释与说明具有价值与意义,我们就必然将之奠基于对文本生命的生成分析。按照生成分析的观点,我们意识到,翻译是一种正在生成的存在,是一种正在不断演化的存在。既然翻译是一种具有过去之维、现在之维与未来之维的存在,翻译最终会是一种面向未来的存在,一种追求来世生命的存在。因此,翻译生成论将翻译作为文本生命存在的过去、现在和未来三个时间维度嵌入翻译活动,这个观念符合翻译研究的复杂性范式的标准。由此,我们看到的是,翻译生成论展现出自身内在的本质特征:翻译作为文本生命存在的过去之维解释的延续性、现在之维解释的生成性与未来之维解释的成长性。

第三节　从生成的观念看翻译

生成概念在翻译研究与翻译实践中一直存在着，只是长期以来被西方译论的思想话语边缘化，但却从未停止过对翻译的影响与渗透。国内翻译学界对"生生之谓译""翻译之大德曰生"的现代诠释不仅是对当代翻译研究"从生成的观点看翻译"的积极回应，更是对语言转换论、文化操纵论的理性反思。对生成观念的探讨本质上就是对翻译作为文本生命存在的探讨，生成的动态过程实质上也正是文本生命在异域之中的成长过程。翻译不是一种既成、确定的东西，而只能是一种生成、不确定的东西；离开了翻译的生成性，翻译就不能"成其所是"。进而言之，翻译存在与翻译本质是异质的，这种异质性表示了翻译本质的生成性。翻译生成论的议题旨在从语言转换论与文化操纵论的思维框架中摆脱出来，以复杂性范式为认识论视域建构一个揭示文本生命的生成性特征的观念。可以说，翻译生成论的实质就是"从生成的观念看翻译"。"从生成的观念看翻译"，既显示出对"文本生命何以生成"问题的求解，又显示出翻译生成论对翻译与文本生命的生成关系的总体理解。这种总体理解就是：翻译作为文本生命的存在，需要用生成去理解翻译，并用生成去表达对翻译的理解。"生成"就犹如法国哲学家柏格森所说的"知性"："获得新的东西，并且感觉到自身的存在，至少是由知性引导的生命，已经依靠局部凝聚力而形成"，"正是因为知性被重新吸入自己的根源性存在中，它才能够回溯自己的起源而获得新生"（柏格森，1989：50-51）。因此，翻译总是处于一种动态的生成形态，只有处于生成形态之中的翻译才具有生命力，这种生命力就是回溯自己的起源而获得再生。进而言之，挖掘翻译的本质不是揭示同一翻译的不同层面，也无意于将片段的翻译整合为更大的翻译图景，其旨归是将翻译作为文本生命在异域之中的生成，使文本生命在异域之中得以孕育、拓展与演化。因而，翻译只有依凭于不断生成的文本生命才能维持、延续、扩大其生成力。

翻译的存在形态与文本生命是相互联系的：翻译作为文本生命的"存在"，关乎文本生命的"生成"。对于翻译来说，"存在"只是一种生命机体的显身，作为一个"不及物"与没有"宾语"的概念，"存在"要产生出"翻译"的动词形态，就必须成为一个翻译意义上的"及物动词"，因而"存在"就必然落实为"生成"。生成具有生成论意义上的本原性，生成创制了翻译而使翻译与文本生命之间有了内在的生成关系,并使翻译具有了生成性。翻译与文本生命之间的生成关系被解释为翻译生成论的一种整体论根基的本质关系,这种根基性关系涉及整体论对翻译解释的优先性,例如,文本生命是翻译生成论的根隐喻,它涉及塑造翻译生成论的客观性原则,又涉及翻译生成论的主观性原则。据此,客观性原则与主观性原则就在翻译生成论的思想框架下获得了整体论意义上的统一。基于客观性原则与主观性原则,翻译生成论使翻译之"存在"向翻译之"生成"的转变,实质上就是强调翻译是生成性的,翻译的核心问题是"生成",一切翻译活动都始于"生成",翻译观念、翻译思想、翻译行为与翻译原则都始于"生成"。翻译生成论的"生成"问题就有可能超越了语言转换论的"语言"问题、文化操纵论的"文化"问题。

一、生成:认识与理解翻译的透视点

作为一种建立在生成性基础上的理论形态,翻译生成论是一种多样性理论。多样性理论强调,生成性是翻译生成论所观照的基本主题,它是翻译生成论探讨翻译与文本生命之间生成关系的存在形态,刻画了翻译生成论总是"从生成的观念看"翻译。"从生成的观念看",是从翻译自身的认识与发展,概括出与"从既成的观念看"的根本区分,它认为翻译要从生成观点出发,以生成为践行翻译的准绳,表达了翻译生成论在生成的观点上的基本立场。"从生成的观念看"是更加动态地切入翻译的生成性平面,它为理解与解释翻译现象带来不同的视角,带来新的话语体系,进而给出了一种清晰的思想切面。从根本上说,生成观念就是一种生成性思维或者说"成为是"思维。它既关注"是"思维,也关注"成为是"思维或生成性思维。或者说,它虽然注重"是"的发生、成为与发展,但更注重"成为是"的生成内涵。从生成的观念来看翻译,就是强调文本生命在异域之中的诞生、延续、成长与发展。生成,作为复杂性范式的一个关键概念,既是建构翻译生成论的一个立足点,也是认识与理解翻译的一个透视点。作为不同于文本对象的语言性存在与文化性存在,翻译生成论关涉文本生命的本体地位,翻译自然也相应地呈现多方面的规定性:既成性与生成性、客观性与主观性、必然性与偶然性、主体性与客体性、机械性与机体性。翻译的多样规定性,可以看作是翻译作为文本生命存在的不同形态,这种存在既不是固定的也不是既成的,既不是确定性的也不是决定性的,而是生成的、成长的、创生的。翻译的"存在"与翻译的"生成"基于文本生命而相互交融,翻译的"存

在"与"生成"构成了文本生命在异域之中再生、延续与成长的相关方面,难以彼此分离。只有在其"生成"之中,只有在不断通过"异域"展开的"旅程化"之中,亦即只有在近乎不断的甚或永恒的"在路上",存在者及译解本身才有其"回家"的可能。(蔡新乐,2016:288)作为翻译的本真形态,"存在"与"生成"的统一既非形而上的抽象物,也非逻辑推理的结果,而是基于文本生命在"异域"之中的再生、延续与成长。唯有如此看待,翻译就有其"回家"的可能,就有其"是其所是"的可能。生成概念中凝聚着既成性与生成性、客观性与主观性、必然性与偶然性、主体性与客体性、机械性与机体性的对立统一,因而也是消解翻译主客体二元对立的概念结晶。在寻求翻译与文本生命的生成关系上,在实现既成性与生成性、客观性与主观性、必然性与偶然性、主体性与客体性、机械性与机体性的统一意义上,生成概念具有不可忽视的思维转换与整体思想的积极意义。

如果可以用"从构成的观点看"来标志语言转换论与文化操纵论的思想内涵,它们是以文本为根隐喻而强调"拆卸—组装""操纵—改写"的分析方法,我们则不仅可以用"从生成的观念看"来标志翻译生成论的内涵,它是以文本生命为根隐喻而强调"生命—生成"的分析方法,而且也可以用"从生成的观念看"来标志翻译研究的问题域转换。问题域转换具体表现为从"译本何以产生""译本何以被接受"向"文本生命何以生成"的转换。简而言之,问题域的转换意味着翻译观念的转换,意味着"从构成的观点看"向"从生成的观念看"的转换。综观语言转换论与文化操纵论的思想,它们的主要缺点在于,只是从文本的内容或构成的形式去理解翻译问题,而不是将翻译当作文本生命存在的活动、当作一种"生命—生成"的活动来理解。鉴于翻译的延续性、生成性等复杂性特征,翻译研究从根本上说就是要求人们按照文本生命的本真形态来认识翻译。然而,对翻译本真形态的认识,却恰恰不能单纯"从文本的观点"或者纯粹"从构成的观点"去认识与理解,以避免翻译研究陷入对既成性、确定性的纯粹追求。翻译具有综合性、复合性的属性特征,既有静态的既成性,又有动态的生成性。根本而言,既成性的观念属于还原论思想,而生成性的观念属于整体论思想,这就意味着"从生成的观念看"涵摄了"从构成的观点看"。

"从生成的观念看",就是以生成观点的思维方式去看待翻译现象,以"生成分析"综观翻译过程与翻译问题,这实质上体现了当代翻译研究的思维转换。"从生成的观念看"翻译并建构与之相对应的理论,翻译生成论便是它最基本的具体表征形式,生成分析则是它最现实的方法与手段。基于文本生命而建构的翻译生成论,不论在本体论与方法论,还是在认识论与价值论上,都具有独特的理论观点。立足于生成的视角考察翻译作为文本生命存在的本质特征,推动了翻译生成论的建构,促进了语言转换论与文化操纵论在复杂性范式的视域下呈现出相互融合的可能性。进而言之,翻译生成论对文本生命在时空维度上的延展性与绵延性的关注,使得自身的理论观点更加适用于翻译的复杂性,并作为生成观念解释的趋向选择。作为一种整体论的理论观点,翻译生成论是一种以文本生命为根隐喻的本体论立场,以生成观念为核心的认识论路径,以生成分析为手段的方法论视角对翻译现象、翻译本质与翻译过程进行的整合性综观。从生成的观念看,翻译生成论的思想内涵较深刻,它的基本范畴既是翻译思维的关联点,又是翻译认识的支撑点;既包括分析翻译的确定性与不确定性、静态性与动态性、既成性与生成性、必然性与偶然性、决定性与概然性等基本范畴,又包括理解群落系统、文本系统和译境系统关系的主观与客观、主体与客体、事实与价值、事物与事件、理论与实践等基本范畴。尤其重要的是,翻译生成论的生成分析,改变了以语言转换论与文化操纵论为代表的构成论的还原论思维方式,将翻译置于概然随意性、因果决定性与广义目的性的三大支配力量下对翻译问题进行整体性综观,为观察、分析、解释与说明翻译问题提供了整体论思维的认识工具。

二、生成分析:翻译生成论的元方法

复杂性范式与简单性范式的根本区别不仅在于研究对象,更重要的在于研究方法。翻译生成论的思维方式不再是以"有序、分割、理性"为支柱的构成分析,而是以"生命、生成、关系"为导向的生成分析来考察与把握翻译及其本质。作为方法论意义上的生成分析,其方法论意识的优先考虑对象是将文本生命的再生、延续与成长意识充分接受下来,因而生成分析是翻译生成论的元方法。作为一种元方法,它强调认识与理解翻译现象的根本方法是"生"与"成"。生成作为一种方法论立场,最大特点就是避免以既成性思维来认识翻译的生成性;拒绝在既成性之上有意识地预设某种对等性,阻止对翻译的认识走向同一化,而是以生成性思维使翻译朝向自身作为文本生命在异域之中的"生"与"成"。正是翻译自身在起点上的"生"与终点上的"成",引导着文本生命的生成意识。有了对翻译存在的生成意识之后,生成分析作为一种引导性的方法需要将"生成"置于文本生命的"生"与"成"中,并能够将翻译的一切以语言性、文化性建构起来的文本作为可能性而保持在文本生命之中。只有这样,生成内在的文本意识才能激活生命之源,由这种意识建构起来的"文本"才能进入"文本生命"之中,从而不只是静态的、给定的"文本"。此时,文本所呈现的翻译意义及其对文本生命的生成的进一步指引意义才会在异域之中显现出来,翻译存在与文本存在的生成性与成长性才能彰显出来。因此,生成分析的对象不只是对自身关注的文本的分析,同时亦是对文本生命的分析,既是对自我生命的分析,也是对他者生命的分析。进而言之,文本生命是翻译的认知锚点与阐释基底,它将关于翻译可能的认知锚定在"现实性"与"可能性"的文本生命上;翻译被看成文本生命,也使得文本生命"被实现了"来世生命。"被实现了",就是文本生命的生成过程,就是文本生命从潜在性(可能性)到现实性的生成过程。生成引导翻译之源,引导文本生命之途。拥有了生成,文本生命转渡为来世生命,才拥有了起点与参照;作为起点与参照的翻译,也就是在异域之中获得持续生命的"被实现了"的文本生命。

文本生命被视为翻译生成论的认知对象,也成为翻译生成论的价值所在。"被认知的对象和具有价值的对象之间的关系乃是现实与可能之间的关系。所谓'现实'包括着既有的条件;所谓'可能'是指一种现在尚不存在但可因现实条件的应用而使其存在的目的或后果。"(杜威,2005:231)文本生命的生成是关于翻译的生成性观念;生成性是翻译必然和内在的特性。生成性既成为一种可能,又成为一种现实。生成性的"可能"指向的是原文生命的潜在性;"现实"指向的是译文生命的现实性。翻译的生成性就是要使原文生命的潜在性转换为译文生命的现实性。翻译作为文本生命的存在需要明证,翻译作为文本生命的生成亦是如此,这实质上就是对"何谓翻译"的反思,从"是"思维转向"成为是"思维,从"是"问题转向"如何是"问题。翻译生成论以生成问题作为翻译研究的根本出发点,以文本生命为切入点探讨翻译的存在方式,展现出更为深层的探讨意识,开启了生成分析的自主诠释。

翻译生成论是翻译学整体论的一个新视角,它探究文本生命与翻译的生成关系,是在理论上进行生命话语体系建构的一种尝试,是翻译研究的复杂性范式的理论化体现。翻译生成论充分体现了翻译思维的生成性、成长性与创生性,是对翻译思维的确定性与客观性的补充与完善,同时将语言转换与文化操纵这两种表征翻译活动的方式有机结合起来,统一于"生命—生成"的视域中进行考察,具有重要的整体方法论意义。进一步讲,翻译生成论消解了传统译论中翻译概念的静态指称与客观指代,而是致力于一种动态的整体性形式与生成性形态。翻译生成论为翻译研究的动态模式提供了可能性,它将翻译视为一种流动的、动态的文本生命的生成,其解释模式由于文本生命的生成性而呈现延续性、涌现性、动态性、成长性与创生性。具体地说,翻译生成论是以文本生命为研究对象,将翻译置于生成性的视域,并赋予其复杂性的意蕴加以分析与研究的理论模式,它体现出"生成分析"与"成为是"思维的复杂性,力求从复杂性范式的整体论出发解答"文本生命何以生成"问题,确立了"翻译即生命—生成"的核心思想以及以广义目的性、随意概然性与因果决定性相互作用为三元结构的运行机制,为翻译的复杂性问题提供了广阔的解释空间。目前,翻译生成论的研究与探讨需要注意以下五个主要问题。

其一,在语境上,翻译生成论研究要摆脱语言转换论与文化操纵论的简单性范式的片面性困境,面向文本生命、面向来世生命,从"文本生命何以生成"的问题中寻找理念突破口,建立翻译生成论的复杂性范式。翻译生成论以理解文本生命的生成过程为目标,引入翻译与文本生命之间的生成关系作为具体解释因素以及以文本系统、群落系统与译境系统为宏观解释因素,形成复杂性范式的分析视角,力图帮助理解翻译更为宏观的、更复杂的生成性特征。

其二,在方法上,翻译生成论研究要从"是"思维走向"成为是"思维,从"构成分析"走向"生成分析",从单向因果关系走向双向因果关系,确立翻译生成论的复杂性范式。翻译作为文本生命特有的存在方式,是原文生命与译文生命相互转化的生成活动,而"生成"代表了翻译作为文本生命存在得以在异域之中再生、延续与成长的根本方式。

其三,在认识论上,翻译生成论研究要从语言转换论的客观理性、文化操纵论的主观理性转向翻译生成论的关系理性,辩证地审视与看待复杂生命系统中不同元素之间的共在关系与共生关系。翻译生成论立足生命维度与生成视角,将翻译与生命、生成等机体主义思维关联起来,论证文本系统、群落系统与译境系统如何作为一种复杂性思维对翻译行为产生作用。

其四,在使命上,翻译生成论研究要追求文本生命与翻译的视域融合,不仅强调翻译作为文本生命的存在,而且要彰显翻译是文本生命得以存在的根本方式。这样,翻译与文本生命就是一种内在的生成关系,进而求解"文本生命何以生成"问题。翻译生成论的提出经历了翻译研究与生成论、生成哲学、机体哲学、生命哲学等学科的碰撞。这表明了,要解决翻译的复杂性问题必须拥有跨学科的视域,如此才能提出翻译的"真"问题、践行翻译的"真"探究。唯有在坚持问题导向与跨学科的驱动下,翻译研究才能找到更广阔的发展空间。

其五,在价值论上,翻译生成论研究要强调翻译实践的生命意义,力图从语言转换论的客观价值、文化操纵论的主观价值转向翻译生成论的生命价值。翻译生成论强调一种复杂性的、宏观性的价值行为,发挥译者、读者、作者等多个适应性主体的能动性,激活文本系统、群落系统、译境系统等多重适应性主体的互动性,结合翻译的具体情境,改善与提升翻译行为的宏观环境,推动翻译行为朝向生命价值的塑造与创造。

翻译生成论将生成分析作为理解与把握翻译现象的"元方法",其结果是产生了翻译方法论的变化,即生成分析成为翻译生成论的方法论路径。它强调翻译作为文本生命在异域之中的生成活动,这种生成活动需要以生成分析来加以认识,才能获得对文本生命的"生"与"成"的整体把握。概而言之,翻译生成论以生成论的思维方式在翻译研究中发现了一种新的观看方式,一种新的生成观念,一种新的生成方式。这样,对翻译现象的考察与审视就不再以抽象的、既成性的理性为工具,而是以生成分析为元方法对翻译的复杂性分析,通过回答"文本生命何以生成",揭示翻译的生成性、成长性与创生性,进而建构具有复杂性思维方式的翻译理论。

第四节　翻译生成论:追问文本生命何以生成的理论

翻译生成论追问"文本生命何以生成"的思想渊源,可溯及"生生之谓易""道生万物""天地之大德曰生"的深厚思想。"生生之谓易""道生万物""天地之大德曰生"是翻译生成论的思想来源,"生生""生""生成"是其题中之义。努力将"生生""生""生成"的思想移植过来,使之成为翻译生成论的思想,这就意味着丰富与拓展了翻译的"存在方式"。翻译生成论聚集了"生生""生""生成"的思想,在翻译研究中"生生不息",重新确定文本生命之于翻译的生成性。从"道生万物"的创造性转化中可以看出,"生成"显示了翻译与文本生命之间的互动,体现了一种现实的延续性、生成性与成长性,属于生命智慧的范畴。通过对文本生命进行延续,翻译才能获得生成意义上的再生;翻译之所以能再生,必须将文本生命赋予异域之中的新生,再以成长的方式使翻译成为一个活生生的生成机体。翻译始终处于不断生成之中,活生生的文本生命正释放"生生""生""生成"的能量,生长出"承上启下"却又"独具一格"的新生。翻译生成论对"生生之谓易""道生万物"

"天地之大德曰生"诸命题的创造性转化与诠释,是一种思想延续性、观念创新性的坚持与体现。"生""生生"的思想延续性决定了翻译生成论研究的观念创新性,这种观念创新性体现为构成翻译生成论的基本议题的创新性。

翻译生成论是一个从实践生成论、机体哲学、生成哲学中提出生成观念并将之运用于翻译研究,同时又与复杂性范式等思想联系起来的理论框架。从翻译生成论的角度展开翻译研究,将翻译视为文本生命在异域之中生成的观念,可以不断涌现出富有启示性与创新性的翻译观点。"科学的进步就在于一种理论被另一种所取代,这另一种既可以解释前一种理论所已经解释的一切,又可以解释前一种理论所应该解释、但却未能解释的各种类型或类别的事物或'现象'。"(柯林武德,1997:454)作为一种新观念与新思想,翻译生成论的目标并不是取代与否定语言转换论与文化操纵论,而是对语言转换论与文化操纵论的拓展与超越,实现从"译本何以产生""译本何以被接受"到"文本生命何以生成"的问题域转换,以揭示语言转换论、文化操纵论没有涉及与解释的翻译生成性、成长性、创生性等现象。翻译生成论所求解的问题是"文本生命何以生成",因而它是一种追问文本生命如何生成与显现的新观念与新思想。翻译生成论的提出,并不是无源之水,而是基于"生生之谓易"的思想土壤,融合实践生成论、机体哲学与生成哲学中蕴含的"生成观念",确立了"存在"与"生成"是翻译作为文本生命的双重内涵,明确了"生命"与"生成"是认识与理解翻译的双重逻辑,形成了以"文本生命何以生成"为问题域的新思想与新观念。翻译生成论的当代建构既有从语言转换论、文化操纵论到翻译生成论推进的理论逻辑,又有实践生成论、机体哲学与生成哲学的理论深度,还有鲜活的生命智慧与生成思想,对翻译现象的描写与解释具有生成性、成长性与创生性的独特阐释。

一、存在与生成:翻译的双重内涵

翻译研究中隐含的"生成性问题"塑造了翻译生成论,对"生成性问题"的回应,势必会与语言转换论所蕴含的"既成性问题"产生观念上的碰撞。翻译生成论是在与语言转换论的碰撞中产生的,这个碰撞过程本身会加深对生成性问题与分析方法的认识。翻译生成论相应地受到生成性问题的深刻影响,这从根本上牵涉自身与方法论的关系问题。翻译生成论与方法论的关系问题,决定了翻译生成论所采取的分析方法。翻译生成论的方法论是生成分析,它揭示了翻译作为文本生命存在的在场性。生成分析之所以可能,根本原因在于"生成"是文本生命在异域之中再生、延续与成长的"在场"。翻译是关于文本生命的"存在",是作为文本生命的"存在者",进而言之,翻译作为文本生命在异域之中是不断生成的。这就意味着,翻译由"文本生命"构成,而不是单纯由"文本"构成。"当然,文本是翻译过程的重要部分,甚至可能是最重要的部分,但它绝不是翻译过程的全部(the whole thing)。"(Robinson,2003:6)翻译除了涉及"文本"之外,从生成观念的角度来看更关涉"文本生命"。文本生命是文本与文本之间的生命间性联系,这种联系构成了文本生命的"生成"与"涌现"。"生成"意味着文本生命在异域之中获得再生、延续与成长。当我们使用文本生命来表达与陈述翻译时,进入翻译范畴的是处于生成关系中的生命形态,或者说体现为一种"生命—生成"的形态。当我们从生成的角度来认识与理解翻译时,这是将翻译视为文本生命的存在,本质上是以生命的视角来看待翻译。唯有从生命的认识视域出发去考察翻译,表现为新生命的形成过程,才能获得生成的意义。文本生命作为翻译的"存在者",它是由于"生成着"才能被显示,由于不同的"在场"才能具有不同的生命形态与生命价值。在某种意义上说,强调翻译是关于文本生命的"存在",也就强调了翻译的生存性与生成性。翻译是"存在"显现的文本生命,它向我们呈现了文本生命的时间性与过程性,使得翻译作为文本生命的"存在"在异域之中的"生成"成为现实的可能性。进一步说,"翻译作为文本生命的存在"通过澄清翻译的意义而为翻译行为准备了奠基性基础,而"翻译作为文本生命的生成"才开始真正意义的翻译行为,才开始实现翻译的"何所向"到"何所为"的转换。当"何所向"指向"何所为",翻译之"存在"落实为"生成",进而抵达翻译得以发生的本源。当翻译作为文本生命的"存在"实现为"生成",就开启了"成为是"思维,并且在翻译研究的视域里展开为翻译生成论。翻译生成论有多种展开方式,从"存在"到"生成"、从"是"思维到"成为是"思维、从"何所向"到"何所为"的转变,其中只有蕴含着"生成"意蕴的问题才是翻译得以实现的问题。"生成"蕴含着文本生命之"生"与"成",蕴含着文本生命在"异域之中"的延续与成长,蕴含着"生生不息"的翻译图景。

作为译学整体论的一个新视角,翻译生成论是对还原论思想在翻译研究中的影响的抑制与克服,是对语言转换论与文化操纵论之"拆卸—组装""操纵—改写"分析方法的反拨与消解,它强调从文本生命的"存在"与"生成"的角度去追问"文本生命何以生成"的问题,而不是从固定的"语言"与

"文化"的角度去理解翻译。语言转换论的缺陷在于用"语言"代替了翻译"存在"本身,以"是"思维来分析与说明翻译现象。这就意味着,翻译的解释可以通过语言的解释获得,对翻译本质的挖掘只能通过语言的解释来获得。文化操纵论的偏执在于用"文化"代替了翻译的"存在"与"生成",它情有独钟地执迷于从文化里找到翻译的本质,因为文化语境能让翻译学界看到制约翻译的外部因素,从而形成了"操纵—改写"的分析方法。不论是语言转换论,还是文化操纵论,它们的目的就在于找到某种客观确定的东西作为揭示翻译本质的基础,形成一种具有影响力的文本中心主义。其结果是忽略了既成性与生成性、客观性与主观性之间的辩证统一。对于翻译生成论来说,它的思维方式不再是"是"思维,而是"成为是"思维,其目的不在于找到某种静止不动的东西,而是将文本生命作为揭示翻译本质的基础,以挖掘出翻译的延续性、生成性、成长性与创生性。实质上,翻译生成论是"构成分析"方法和"生成分析"方法的一种整合,它是试图把构成分析和生成分析的观点,既成性与生成性、决定性与概然性的观点整合起来。也就是说,翻译生成论恰恰是以整体论与辩证思想的姿态出现的,它是以生成的观念去审视翻译,以辩证思维方式去弥合既成性与生成性、确定性与不确定性、决定性与概然性、必然性与偶然性的认识论鸿沟,进而将翻译看作文本生命存在的整体。

　　事实上,翻译生成论背后有着一个更为深层的"本体论承诺"(ontological commitment),它借助"生命—生成"这个双重逻辑来"承诺"的不仅仅是"翻译何以存在",还可以是"翻译如何生成"的问题。"翻译何以存在"所勾勒的是"翻译作为文本生命的存在"的本体预测;"翻译何以生成"所勾勒的是"翻译作为文本生命的生成"的本体预设。翻译作为文本生命的"存在"而"出场"与"在场",同时"存在"又与"生命""生成"息息相关。"存在"是相互斗争与不停息的东西的集合和联系,"存在"是"生长""形成""显示",是一种弥漫的能力,即 phisis,于是"存在"或 phisis 与 logos 同一。(张世英,2007:265)翻译作为文本生命的"存在"与"生成"难以分离:"生成"离开了翻译作为文本生命的"存在",便缺乏具体的生命形态与现实存在的依托,"生成"就成为无源之水,翻译就成为一种抽象之物。翻译作为文本生命的"存在"离开了"生成",则将始终停留于原初静态的僵化形态,"存在"就难以与文本生命的"生成"取得内在的关联,而翻译则将相应地失去自身生成的根本前提,难以呈现文本生命的生成性品格。翻译作为文本生命的"存在"与"生成"的辩证统一是建构翻译生成论的内在条件,也是阐释翻译生成论的基本观念。

翻译作为文本生命的"存在"与"生成"是关于翻译内在性与外在性的辩证统一关系。"存在"是"生成"的基础,而"生成"是"存在"显身的驱动力。如果不能表明翻译作为文本生命的存在有其自身的"何所向","存在"就是一个没有实质意义的事物。如果翻译作为文本生命的"存在"没有落实为生生不息的"生成","存在"就无法说明翻译的生成之力,只停留在翻译作为文本生命"存在"的存在。如果翻译作为文本生命的"存在"没有落实为"生成",那么就无法说明翻译在异域之中的诞生、延续与成长。卢卡奇指出,"生成表现为存在的真理,过程表现为事物的真理"(1999:273)。事实上,"生成"与"存在"是相互内嵌、相互依存的;"存在"本身就是一种生成过程,"生成"则是"存在"显现自身的特质。翻译只有在"存在"与"生成"的统一中,文本生命的存在才可能获得再生、延续与成长;"存在"与"生成"之间具体的整体统一,突出地表现为两者的相互贯通与相互生成的辩证统一。翻译是从原文生命到译文生命发展的转生过程,原文生命是译文生命的实在基础,而译文生命本身则指向来世生命的生成。因此,翻译与文本生命的关系被看作翻译与存在者的关联,而这种关联就是"存在"与"生成"的交融。"存在"与"生成"的交融,离不开翻译作为文本生命在异域之中的生成。正是在生成的多样展开中,翻译之"存在"与翻译之"生成"、文本生命之"存在"与文本生命之"生成"形成了具体的"生命—生成"关联。翻译之"生成"揭示了文本生命的存在,意味着生成新的生命。"生成"是文本生命在异域之中的诞生与演进,本质上就是以新生命诞生为内容的化生与转生。翻译兼具文本生命的存在性与生成性双重内涵,以及彼此之间的相互设定在翻译生成论的思想框架中得到充分显现。正可谓"日新之谓盛德,生生之谓易"(《周易·系辞上》)。根本而言,翻译的本质就是"日新""生生",它不仅包含语言转换或文化操纵的"变化",而且在机体哲学意义上关乎新生命的"生成"。翻译是由文本生命的"生"(诞生)到"成"(成熟)、由原文生命到译文生命的转化过程,由此经历了多重形式的生成过程。"生成"具有翻译生成论意义上的优先性,它旨在改变翻译作为文本生命的"存在"状态。如果翻译作为文本生命的存在在异域之中没有诞生、延续与成长,就无法形成翻译生成论对"文本生命何以生成"进行思考的问题。这就意味着,翻译生成论对翻译的解释是"成为是"的问题,翻译只有使"生成"最大限度地接近翻译,翻译之为翻译才能"成其所是"。

二、异域之中：文本生命的栖居处

翻译生成论是一种以文本生命为根隐喻的生成论思维，它以"异域之中"作为文本生命得以诞生的存在土壤，以"生成之中"作为文本生命得以延续与成长的根本方式。"异域之中"在逻辑上是以文本生命的生成为前提，翻译因而具有独特的生成性、成长性与创生性。"异域之中"成为文本生命得以生成的土壤，而"生成"就成为文本生命归入"异域之中"的再生方式。没有"生成"，文本生命就无法与"异域"相遇而实现视域融合，也就无法使翻译从时空维度上的延展与绵延中呈现出来。"异域"作为文本生命存在与生成的场域，它本身是翻译生成的边界。这样，文本生命就成为"生成之中"的生命，而生成又成为文本生命的生成。"异域之中"意味着翻译在接受"异的考验"时会有所变化、有所更新、有所差异；"生成之中"表明了翻译在异域之中不断生成、不断成长，因而翻译是一个不断生成差异性又不断克服差异性的过程。进而言之，翻译成为异域之中生成的文本生命，不存在脱离异域的文本生命，同样也不存在没有文本生命的生成。正是由于翻译与文本生命的本质关联是在"生成之中"相遇并建构起来的，没有"生成"，翻译的视域就没有文本生命成长的"异域"。有了"异域"的归宿，翻译就是文本生命所指向的"生成"，就是文本生命在异域之生成的差异化过程。因此，追问翻译的存在性与生成性，既是翻译与文本生命、异域之中相关联的必由之路，也是翻译生成论的目的与归宿。

"异域之中"要追问"文本生命"的存在家园，并且规定文本生命之为文本生命的存在家园；文本生命是以"异域"存在着的存在者。"异域"必然是文本生命存在的空间，但这还远远不足以充分规定文本生命的存在，这就需要"生成"的桥梁，架起文本生命在空间维度上拓展与时间维度上延展的本质关联，让文本生命在"异域之中"获得再生。这就意味着，文本生命栖居于"异域之中"，又在"异域之中"生成以获得再生，翻译才获得内在的生命意义。翻译依寓于文本生命而存在，是一种根基于"异域之中"的生成。如果"异域之中"是翻译作为文本生命存在的基本空间，如果翻译不仅一般地作为文本生命存在于"异域之中"，而且以独特的方式按照文本生命生成于"异域之中"，那么"异域之中"就已经在生成论的意义上被显现着。翻译观念的这种建构突破了传统翻译的认识：一方面，它将翻译与文本生命的生成性关系带入翻译研究的视野；另一方面，它把翻译的生成问题引入"异域之中"，并栖居于此而生生不息。不论是"生成"还是"异域之中"，都意味着翻译是因"异"而起的。翻译因"异"而起,同时在其活动过程中不断遭遇着"异"所造成的各种障碍,因此翻译的直接任务就在于克服障碍,超越"异"之考验以促成不同文明之间的相互理解与融合。(刘云虹,2022a:77)这表明了翻译是作为一个差异化的生命体而存在的,其本质在于文本生命在异域之中的生成呈现出多样性与差异性。翻译的多样性与差异性越强,基于异域之中的文本生命的生成行为的可能性就越大。据此,生成并非翻译存在之外的自我存在,而是"异域之中"的存在;相反,翻译存在若离开"生成",就只能关注翻译的客观性建构,因而是受到了客观化限制的翻译存在。"生成"若离开翻译存在,就只是一个漂浮不定的翻译论断,其与翻译存在的差异就淹没了文本生命的诞生与延续,因而无法成为翻译研究的对象。真实的情况乃是,翻译存在与生成之间是一个由文本生命驱动的复杂性活动。这个复杂性活动是文本生命的生成过程,其起点是文本生命的"生",其终点是文本生命的"成"。如果只关注这个活动过程,与其说"生成"的认识在先而使翻译活动产生新对象(文本生命),不如说正是翻译作为文本生命存在的再生、延续与成长引导了生成的生命力。文本生命的再生、延续与成长决定了"生成"的深度与广度。如果"生成"能够成为翻译作为文本生命存在的出发点,那么它能够获得的形式与内容绝不能再倒退回到文本,而是根植于文本生命且获得持续的生命。因而,"生成"能够成为要探究的翻译问题,其运作空间绝非单纯的文本的事情,而必定在文本生命之中,必定在"异域之中"。

文本生命是切入生成问题的基点:对文本生命的分析揭示出"生成"所具有的相对深度与广度。作为文本生命的生成,它是可以认识的,也是可以分析的。在生成要素的分析中,传统的文本分析并未被取消,只是不再作为主宰的绝对性,不再作为遮蔽翻译作为文本生命存在显现的要素。这并不意味着翻译存在没有客观性,恰恰相反,它只是翻译存在与文本生命的显现环节,因而不断地被生成,从而进入翻译生成之中的运行而显现翻译存在的生成性与成长性。翻译是一个不断再生、延续与成长的过程,翻译存在的运行亦是文本生命的生成过程。这个生成过程的关键正是翻译的空间性与历史性,以及翻译存在的生成性、成长性与创生性。翻译不仅呈现为文本生命的存在,又处于异域之中的生成过程。文本生命"存在"与"生成"的关联,是通过翻译活动建立起来的。翻译活动不仅以文本生命的存在为出发点,而且本身也展开为一个动态的生成过程。翻译生成论一方面深刻地揭示出翻译作为文本生命存在与生成的内在机制、基本动力与内生动力,强调翻译的生成应建基于文本生命;另一方面强调翻译与文本生命之间的生成关系,就是强调探究翻译行为、翻译活动、翻译方法、翻译价值等问题应从生成观念去展开。翻译生成论尝试运用生成观念来解释翻译现象与翻译本质,形成了以机体哲学、生成哲学、实践哲学为理论基底的"生成主义翻译观",从而扩大了当代翻译学的研究论域。

第五节　生成主义翻译观:翻译生成论的观念拓展

生成主义翻译观作为翻译生成论与语言转换论、文化操纵论之间的理论对话与互动的场域,恰逢其时地为翻译研究提供一个新的理论解释模式,帮助人们重新认识与理解翻译现象。被生成主义翻译观所统摄的生成性话语拒绝以还原论为主导的既成性思维,通过回归生成性思维,聚焦于翻译延续性、生成性、成长性等复杂性特征,开辟出一种全新的生成主义路径,从根本意义上塑造翻译与文本生命之间的生成关系。可以说,生成主义翻译观是翻译生成论的进一步拓展,离不开对"生命"与"生成"的双重理解与把握。翻译生成论是一种关于文本生命的翻译态度与思想倾向,与翻译研究密切相关。它主张从生命视域与生成观念出发去探讨翻译与文本生命的生成关系,表明了文本生命对于翻译研究产生的影响。翻译生成论需要反对以抽象的、外在的、静止的设定来把握翻译的本质,而是使翻译的本质回归到具体的、内在的、动态的文本生命及其如何生成的问题。"翻译即生命—生成"就成为翻译生成论及其解释功能的新形式、新思想与新理念。无论是翻译主体还是翻译客体,都需要在文本生命的语境下进行分析。文本生命控制了翻译与翻译主客体的关系,文本的意义、主体的认识、翻译所需的知识以及主体对文本的理解都只能在文本生命中生成。"朝向生命"与"朝向生成"是翻译生成论的一种必然选择,它不仅强化了语言转换论的语言性与文化操纵论的文化性,而且更突出翻译的生成性、成长性与创生性等复杂性特征。翻译生成论的建构过程,显现的正是翻译研究通过生命视域与生成观念的发现与确认"文本生命何以生成"问题域,来重构翻译研究方式的"生命—生成"过程,其本质特征就是凸显翻译与文本生命之间的生成关系,这也使得我们有必要从"生命—生成"思维的角度,对翻译与文本生命的生成关系及其思维关联,给予重新的认识与理解。那么,这种新认识与新嬗变构想出什么样共同的翻译理论体系呢?这种翻译理论体系又如何从整体上规定翻译的本质以及拓展"翻译即生命—生成"思想呢？基于这种问题域，一种生成主义翻译观就成为翻译生成论进一步拓展与延伸的产物。

一、生命与生成：生成主义翻译观的双重逻辑

回顾翻译研究的发展历程，语言转换论与文化操纵论都具有标志性与根本性意义，长时间都渗透于并影响着中国翻译理论的建构与发展。翻译生成论紧紧抓住了翻译学界关注的生成性问题以及隐含于"道生万物"的根源性要点，既不是简单地否定语言转换论与文化操纵论的观点，更不是绕开语言转换论与文化操纵论的地位，而是在"生""生生"的转化进程中阐发生成性与既成性、不确定性与确定性、异质性与同质性的辩证关系，据此作为建构翻译生成论的基础以及判断翻译生成论与语言转换论、文化操纵论之间的根本区别。因而，它不仅能避开"以西释中"的建构模式，而且能够贴着中华传统文化展开，来生发翻译的生成性特征，围绕与生成性相关的延续性、成长性、创生性等问题，会通古今中外的理论进行整体性思考。之所以返回"道生万物"，就是为了找寻那个最具生命力的"生成"，竭力从"生生之谓易""天地之大德曰生"中倾听"生成"的言说，挖掘"生成"的本原力量，原始地在"生""生生"的本质渊源中洞察翻译思想，以更深刻地反思翻译的确定性、既成性、客观性，质疑翻译的同一化，强调翻译的延续性、生成性、成长性，竭力探寻打通翻译与文本生命之间生成的路径。"生成"是文本生命在异域之中的延续与成长，它是从翻译作为文本生命的存在设置了其延续的根基（wherefrom），表达了其生成的场域（wherein），预设了其成长的路途（whereto），使其在异域之中绽放生生不息之花。这样，生成之于翻译就成为一种原初生命的绵延，一种生命空间的延展；生成带领翻译走向"异域之中"，它并非要生成一个确定的疆域，并非要走向某个归宿，而是要在异域之中不断延续、生成与成长。翻译通过走向"异域之中"，才能寻找到自身作为文本生命的"存在"与"生成"。"生成"之于翻译不倾向于同一，它不是翻译的同一化关系，而是一种无法同一化的生命机体，因而不允许自身被同一化所解释。"生成"是一种新陈代谢的动态过程，它保持原文与译文的距离，肯定翻译的差异化存在，创造翻译"和而不同"的空间。所以，生成最切近于翻译之"成其所是"，翻译的本质在于生成，翻译的存在只有通过生成才能显现——生成指明了翻译与文本生命的一种本原性的互诠互释的存在。可以说，翻译生成论以生成的观念破解了将翻译视为语言转换、文化转换的固有思维，开启了翻译更为本原的生成主义之思。

　　作为翻译学与生成哲学、实践哲学、机体哲学的融合研究,生成主义翻译观以"生命"与"生成"为核心要义,与中国文化"生生之谓易""天地之大德曰生"等生成观念均有关联。生成主义翻译观与翻译生成论一样,它要凸显出翻译时刻处于"生命—生成"的双重逻辑。"生命—生成"问题可以说并非一个纯粹的"形而上"问题,而是一个关于翻译作为文本生命的"存在"的问题,是一个关于翻译作为文本生命在异域之中的"生成"的问题。如果超越语言转换、文化操纵这个层面,超越翻译"文本化"或"物本化"的格局,而直面翻译的生成性问题,那么"生命—生成"是解决翻译作为文本生命存在的最好方式。"生命—生成"这个双重逻辑,意味着对来自"翻译作为文本生命的存在"的思想有清晰意识,对源自"翻译作为文本生命的生成"的思想有深刻体悟,从而面对翻译的双重内涵重新出发。这为翻译生成论的创造性发展开辟了更大的可能性。翻译生成论的更大可能性就是走向生成主义翻译观。翻译生成论与生成主义翻译观强调生命与生成的关联,并使翻译深入生命的在场之中与生成的出场之中,从而使翻译具有创造世界的生成能力。基于"生命—生成"的双重逻辑,翻译生成论发展出强烈的生成主义意识。生成主义是一种全新的认知科学范式,从根本上推进了认知科学与人文科学的融合,也是一种全新的心智哲学理论,从根本上反对认识论的二元论。(魏屹东、武建峰,2015:16)以复杂性范式为视角建构生成主义翻译观,就是认知科学、生成哲学与翻译学融合研究的一种具体表现,它强调的是要摆脱传统二元论的束缚,走向翻译研究的生成主义,主张翻译不仅是一种语言转换与认知行为的活动,更是一种动态的生成行为与生命活动。生成主义凸显了一个日益增长的信念:"认知不是一个预先既定的心智(pregiven mind)对预先既定的世界(pregiven world)的表征,而是基于'在世界之中存在'(being in the world)所实施的多样性动作的历史之上的世界与心智的生成(the enactment of a world and a mind)。"(Varela et al.,2016:9)以生成主义来看待翻译,翻译不是一个预先既定的心智对预先既定的文本的表征,而是基于复杂生命系统的文本生命在异域之中的生成。文本生命生成了它所存在的翻译;翻译不是预先既定的,而是文本生命所生成的。因此,"生命"与"生成"从根本上说是翻译的同一种现象,生成主义翻译观以其独特的方式基本上探讨了翻译的生成问题与生命现象。

　　生成主义翻译观的一个重要任务就是探究翻译作为文本生命在异域之中再生与成长的生成结果,并在这个基础上融合翻译的生成性与生命

化,以期在两者之间达到"生命—生成"的融会贯通,共同推进对翻译复杂
性的深层研究。它包含两层内涵:"翻译是生命的"与"翻译是生成的"。
"翻译是生命的"与"翻译是生成的"从两个侧面揭示了翻译具有逻辑的双
重性,即翻译不仅具有作为文本生命存在的生命形态,而且具有作为文本
生命成长的生成形态。逻辑的双重性表明,翻译内嵌于一个活生生的文本
生命,并且文本生命不是简单性范式所能把握的。翻译是一个整体的复杂
生命系统,它需要复杂性范式才能获得本质上的理解与把握。进而言之,
文本生命对翻译行为具有生成性约束:翻译作为文本生命的存在是基于其
生成性来影响翻译行为的。翻译作为复杂生命系统约束下的产物,可以在
"生命—生成"的动态系统中进行理解,因而生成主义翻译观的本体论承诺
是生命与生成。生命与生成是解释与说明翻译现象的双重逻辑,它们互联
互动,相辅相成,缺少任何一方都会使翻译作为文本生命的"存在"与"生
成"失去自身的根基。换而言之,翻译是一个由"生命"与"生成"构成的复
杂生命系统,其目标就是以持续不断的再生、延续与成长为生成方式在异
域之中获得持续的生命。

　　生成主义翻译观是一种系统地对翻译与生成论之间关系的观念表达
及理论建构,它契合中国哲学的生命理论。也就是说,中国哲学关注的主
要是完善人的生命本性,开发生命的内在价值,讲求"悟道",着重发挥"心
性"的悟觉作用,形成"生成论"形态的理论。(高清海,2004:401)翻译生成
论的建构就是强调翻译的生命本性,以"悟道"与"心性"的方式形成一种
"生成论"形态的理论,其核心思想是生成性。现代翻译学专注于翻译的确
定性与客观性,翻译复杂性及其衍生而来的生成性成为翻译研究不可回避
的关键议题。生成主义翻译观作为翻译研究之复杂性范式的一种更为具
体的形式,是一种使用机体哲学与生成哲学的术语解释翻译现象的研究模
式。作为翻译生成论的进一步阐释形式,它强调翻译的本质就是一种文本
生命的生成本质。生成主义翻译观想要获得的是对翻译作为文本生命存
在的整体论认识,是对翻译作为一种基本的生成主体被赋予的"生命—生
成"的分析方法与手段。犹如创生性、生成性、动态性、成长性、涌现性、延
续性、复杂性、过程性等特征不依赖于文本主义的解释,它们依赖于生成主
义将翻译视为文本生命在异域之中再生、延续与成长的生成性特征。在翻
译实践中,翻译作为文本生命的存在例示了某种生成,而生成必须具有生
命性与机体性特征。换而言之,生成主义翻译观是承认翻译作为文本生命
的"存在"与"生成"相互会通与融合,它在根本意义上规避了文本主义对翻

译确定性与客观性的执迷。事实上,大多数翻译现象的认知模式都蕴含着生成主义的概念,并且以一种生成性的形式引入了机体哲学与生成哲学。因此,建构一种基于生成主义的翻译观已成为翻译研究发展的一种内在选择。基于机体哲学与生成哲学所形成的生成主义翻译观,建构了一种生命—生成的解释范式。生命—生成的解释范式主要聚焦于文本生命在异域之中生成的观念,它突破了从文本主义出发来建构翻译与文本关系的简单性范式,立足于生成主义的研究框架,将翻译视为一种复杂性机体,并且强调翻译行为、翻译现象、翻译本质与翻译过程都可以从生成主义的视角来进行研究。

生成主义翻译观的实质就是推进实践生成论、机体哲学、生成哲学等远亲学科的知识对翻译研究的渗透与扩张,是翻译研究跨学科产生的一种新理论。"知识的近亲繁殖可能会阻碍积极的隐喻从一个学科迁移到另一个学科……跨学科的交流推动科学领域一些最具影响力的新隐喻和新理论的发展。"(吉仁泽,2006:376)。生成主义翻译观的建构是翻译知识的远亲繁殖,它有助于促进"生命"隐喻与"生成"隐喻从实践生成论、机体哲学、生成哲学等相关学科移植与迁移到翻译学领域,推动实践生成论、机体哲学、生成哲学等学科最具影响力的生命隐喻与生成隐喻在翻译学领域的渗透与扩张。从更宽广的意义上说,翻译生成论的进一步发展则是基于实践生成论、机体哲学与生成哲学之上提出的一种"整体论的生成主义立场"。它主张对翻译与文本生命的生成关系研究从单纯的文本视角、仅停留在"构成分析"转向尊重翻译的生成性、成长性与创生性。"整体论的生成主义"的实质就是一种整体主义的研究方式。"据说整体主义的确具有一般生物现象的特征,而且在考察各种有机体的历史如何影响它们的行为时,整体主义方法被认为是不可缺少的。"(波普尔,2015b:50-51)正因为"整体论的生成主义"将文本生命视为研究的根隐喻,将"生命"与"生成"视为研究的双重逻辑,它具有一般生物现象的特征,因而其研究方法不应该是还原主义,而应该是整体主义。"整体论的生成主义"同时是指翻译生成论所强调的"生成主义"具有兼容性与辩证性,它作为一种整体论意义上的概念涵盖了"构成"的内涵。它既倡导翻译之"构成"的"同中存异",也分享翻译之"生成"的"异中求同"的辩证观念,正确处理翻译的确定性与不确定性、主观性与客观性、决定性与随意性、既成性与生成性的内在统一。可以说,理解"生命"与"生成"的双重逻辑,对于认识与理解生成主义翻译观显得至关重要。生成主义翻译观的核心奥秘就在于"生命"与"生成",这既是翻译生成论的本体基底,也为翻译生成论进一步发展奠定了哲学意义上的基石。

二、生成主义翻译观:整体论的辩证逻辑

生成主义翻译观从生命与生成双重逻辑诠释了"翻译作为文本生命的存在"与"翻译作为文本生命的生成"的整合过程。"生命"与"生成"是一个积极能动的、不断发展的辩证统一过程,它们构成了阐释生成主义翻译观的双重基底与双重逻辑,其不是一个自下而上的、静态的、单向的转换活动,而是一个自上而下的、动态的、双向的生成活动。翻译从整体论意义上获得了"生命"与"生成"的双重解释与辩证解释,它既要把握翻译的既成性与确定性,又要关注翻译的生成性与成长性。翻译,从本质上说,是一个存异而求同的过程。(朱纯深,2008:14)从生成主义翻译观来看,翻译必然是矛盾的,其逻辑又是辩证的:翻译绝不是语言学范式意义上单纯的 A＝A 的对等逻辑,而是一种"构成"意义上的 A＝A 同时又是"生成"意义上的 A ≠A 的辩证逻辑。翻译又因为作为文本生命在异域之中的再生、延续和成长必须与现实世界接触。当翻译要从语言转换的客观性与确定性的对等性中解放出来而获得"生命—生成"的主观性、不确定性、生成性与成长性时,它又需要现实世界的"构成"来重新审视它的客观性、确定性、决定性与既成性。当翻译通过"构成"的方式来谋求与现实世界的接触时,它又不得不面临被现实世界侵蚀的危险。当翻译通过"生成"的方式来获得相对于它自身的主观性、偶然性、涌现性与成长性时,它又必须因在异域之中获得再生而受到现实世界的"构成"之客观性、决定性与必然性的辖制。概而言之,当站在"构成"的视角观察翻译时,呈现出来的是一系列特殊的客观现象而指向翻译的客观性、确定性与必然性;当站在"生成"的视角观察翻译时,呈现出来的是一系列主观现象而指向翻译的主观性、生成性、成长性、创造性、偶然性与涌现性。因此,翻译必须在"既成"(构成)与"生成"之间维持精微的平衡。作为一种文本生命在异域之中的生成活动,翻译既是矛盾的又是辩证统一的,翻译的客观性与主观性、理性与感性、偶然性与必然性、随意性与决定性、既成性与生成性在"既成"与"生成"的关系中都可以找到痕迹。其中,具有涵摄力与管辖力的生成性观念、生成性思维维持了彼此之间矛盾的平衡,并且每一个矛盾都被赋予了一个"超越"的内在视域。

生成主义翻译观倡导的生成性思维,实质上就是对既成性思维的突破

与超越。"所谓'超越',并不是超离,而是超越出来而又有包含的这样一个境界,即'一'而'多'走向'多'而'一'、'静'而'动'走向'动'而'静'的境界。"(成中英,2006:212)翻译的生成性就是如此发展而来的,由原文生命的"一"走向译文生命的"多",再由译文生命的"多"走向"原文生命"的"一",由原文生命的"静"走向译文生命的"动",再由译文生命的"动"走向原文生命的"静",体现出翻译作为文本生命存在的"一"与"多"、"静"与"动"的内在关系,凸显翻译作为文本生命存在的传承、延续、再生与成长。当翻译获得了"生成性"内在拥有的"一"而"多"走向"多"而"一"、"静"而"动"走向"动"而"静"的"超越"视域时,它就预示着生成主义翻译观的显现。"生成性"就成为通过"一"与"多"来"表达"它的"重要性"。"生成性"可以被理解为怀特海(Whitehead,1938:28-29)所说的"重要性"概念:更为一般的"重要性"(importance)概念是由"表达"(expression)所设定的;"重要性"由"作为一的世界"(world as one)通向"作为多的世界"(world as many),"表达"则是由"作为多的世界"给予"作为一的世界"的礼物(gift)。以生成性为视角来看待翻译,它具有积极的普遍性,能从翻译的"一"推导出翻译的"多",进而凸显翻译的生成性、成长性与创生性。

生成主义翻译观,从理论观念来看,既是基于翻译生成论又是超越翻译生成论的一种更宽阔的翻译观念。生成主义翻译观是以翻译作为文本生命的生成为轴心,挖掘中国文化的生成资源与生命思想,阐明翻译的生成性、成长性、创生性等复杂性特征。生成主义翻译观得以成立,在于它将"生命"还原于翻译,将"生成"还原于翻译,以"成为是"思维与"生成分析"作为整体论方法,以考察翻译作为文本生命的存在与生成过程。需要强调的是,要建构更宽阔的生成主义翻译观,一方面要尽可能进一步挖掘阐释"生生之谓易""道生万物""天地之大德曰生"等中国优秀文化资源,明晰"生""生生""生命""生成"的各自内涵及其彼此之间的关联;另一方面还需要融合吸收实践生成论、机体哲学与生成哲学的生成观念。在挖掘"生生之谓易""道生万物""天地之大德曰生"等文化资源时,我们需要对中华传统文化中的"生成"与"生命"概念力求做出更准确又恰当的与实践生成论、生成哲学、机体哲学进行对话与沟通的解释。如此对于"生命"与"生成"双重逻辑的解释与说明,还存在着较大的探讨空间。可以肯定的是,将"生命"与"生成"纳入翻译研究的范畴中,将生成性思维方式作为一种整体论方法予以重视。生成主义翻译观通过"生命"与"生成"这个双重逻辑的阐释,将翻译的生成性、成长性与创生性等复杂性特征加以整合,以此来建构翻译研究独特的认知方式与内容,是一种基于"生生之谓易""道生万物""天地之大德曰生"形成的思维整体论与思维融贯论。"生生之谓易""道生万物""天地之大德曰生"等中国文化资源与实践生成论、机体哲学、生成哲学的融会贯通,回归生命思想与生成观念的追求,将为生成主义翻译观的进一步发展提出许多新的研究论域。可以说,翻译生成论的进一步发展,则是生成主义翻译观的逐渐显现与形成。生成主义翻译观既要准确地刻画翻译研究与"生生之谓易""天地之大德曰生"之间的张力,又要从实践生成论、机体哲学、生成哲学乃至生命哲学的整体思想来透视翻译生成论的理论体系,对翻译之"生命"与"生成"进行本体论意义上的综观与描写。生成主义翻译观不仅在于帮助我们有效地揭示翻译的生成性、成长性与创生性等既定目标,更重要的是帮助我们确定以"生命"与"生成"为双重逻辑去实现预期的目标。可以说,生成主义翻译观是一个具有内在逻辑性而能展开自身生命思想与生成观念的理论综合体,其未来的研究需要不断地丰富与完善。

对于生成主义翻译观而言,不仅要把翻译理解为一种生命现象,而且要把翻译视为一种生成过程。生命现象与生成过程是同构并存的,生命与生成是翻译作为文本生命存在的两个侧面,生命现象的根本特征是绵延性,生成过程的根本特质是延展性。绵延性为翻译作为文本生命在异域之中的生成提供了现实的可能,延展性是对绵延性的进一步拓展。以生命与生成为双重逻辑去审视翻译,翻译思维的研究范式就会发生根本性的改变。"翻译研究的发展进程不仅是翻译概念的变化,而且是翻译思维中把握了的研究范式的变化。翻译概念与研究范式的变化,贯穿于翻译学界探讨翻译现象与翻译过程之中。"(罗迪江,2022b:90)。随着实践生成论、机体哲学、生成哲学等生成观念的普遍渗透,一种全新的生成主义翻译观逐渐显现于翻译研究之中。生成主义翻译观的提出不仅体现了对翻译概念的重新思考与定位,而且以生命与生成为双重逻辑的思维方式也渗透于解释翻译现象,并形成自身独特的解释模式。也就是说,生成主义翻译观将会突破以往以文本为导向的翻译定义,从偏爱于以对等性为追求目标的语言转换、以宏观的文化语境为阐释对象的文化转换,转向以生成性、成长性与创生性为探究目标的生成活动。因此,生成主义翻译观并不诉求于确定性、客观性、既成性、决定性的翻译形态,而是诉求于不确定性、主观性、偶然性、生成性、成长性、创生性、涌现性的翻译形态,它可以为翻译现象与本质的描写与解释提供重要依据。

　　无论是以实践生成论、机体哲学与生成哲学为理论基底，强调使用实践生成论、机体哲学与生成哲学解释翻译现象，还是以"生生之谓易""道生万物""天地之大德曰生"为思想基底，强调使用生生思想或生成观念来解释翻译，强调翻译作为文本生命的存在，抑或是以文本生命作为翻译生成论的根隐喻，都是生成主义进路为翻译研究的发展提供了一种新视野，从而使得一种生成主义翻译观愈益清晰。可以说，生成主义翻译观为理解翻译现象与翻译本质提供了一个整体论的思想框架，从而改变、扩展了翻译学的研究内容与方式，在一定程度上深化了翻译学界对翻译研究方式的认识，以及丰富了对翻译作为文本生命的存在、翻译的本体地位等方面的认识与理解。当然，生成主义翻译观也存在亟待解决的问题：一方面，生成主义翻译观是翻译研究的一个新观念，它没有一个统一的理论共同体与公认的研究范式，在生成性、成长性、涌现性、不确定性、随意性等问题上仍然需要翻译学界的进一步探讨；另一方面，生成主义翻译观的规范、意义、价值究竟如何定位，也成为亟待解决的重要论域。进而言之，生成主义翻译观虽然是从生命与生成这个双重逻辑来帮助我们认识与理解翻译的生成性现象，并且延伸出翻译学与生成哲学、机体哲学的跨学科研究的深层内涵，但是这并不意味着一劳永逸地解决生成主义翻译观有待探讨的问题。如此看来，这只是为我们提出与建构生成主义翻译观提供了理论依据。

　　生成主义翻译观为翻译研究提供了一种基于生命与生成的双重逻辑解释翻译现象的依据，实际上，翻译与文本生命之间的生成关系在翻译研究中是一个需要不断阐释与拓展的论域。在加强翻译学与生成哲学、机体哲学的跨学科研究过程中，翻译的运行规律与特征有待于更加成熟且统一的生成主义翻译观去挖掘与探讨。翻译生成论的进一步研究，可以从生成主义翻译观进一步系统化而成为更加成熟且统一的生成观念来揭示翻译的运行规律。生成主义翻译观的系统建构，不仅需要统一的研究对象——文本生命，还需要统一的研究目标——揭示翻译的延续性、生成性与成长性。生成主义翻译观不仅强调生命与生成的同构并存关系，还强调翻译作为文本生命的"存在"与翻译作为文本生命的"生成"的统一，这就需要生成主义的立场来帮助贯彻翻译的"生命—生成"双重逻辑的思想。如果将翻译行为视为一种生命—生成过程，将生命与生成视为审视翻译的双重逻辑，那么我们可以将"生成主义"泛化为"机体主义"。生成主义翻译观契合"生生之谓易""天地之大德曰生"的哲学思想，让翻译研究回归中国传统译论之根源而获得生命思想的解释,既体现了深刻的机体主义建构特征,也体现了强烈的生成主义建构功能。生成主义翻译观把翻译放回其所扎根的"生命"土壤,放回机体主义的理论思想,融合了中国文化"生生之谓译""天地之大德曰生"等生成主义特征与基本精神,以生命—生成为双重逻辑来面对现代翻译研究的不同问题。总而言之,生成主义翻译观是对翻译生成论进一步拓展的结果,它是对以生命与生成为双重逻辑解释翻译现象所做出的理论调整、拓展与创新。

　　生成主义翻译观是研究翻译在生命表征与生成认知中作用的翻译观念,是一个基于生命—生成双重逻辑来阐释翻译的理论体系,是建立在机体哲学、生成哲学关于翻译的相关理论之上的一个研究范式。它是秉持翻译研究的生成主义思维,认为翻译是由文本生命构成的,强调以文本生命作为翻译的阐释基底,坚持以生成作为翻译在异域之中的延续与成长,寻求生命—生成分析之路径的翻译观念。如何通过理解翻译生成论的生命品格与生成特质,将"生命"与"生成"这两个关键词丰富而深刻的思想内涵及其内在关系诠释出来,是生成主义翻译观面对的重要议题。因而,生成主义翻译观有可能以生命—生成为双重逻辑来解释翻译现象而成为当代翻译学发展的新生长点,促使翻译研究走向生成哲学与机体哲学的生成主义范式,呈现出新的理论目标与范式定位。这不仅使得生成主义问题成为当代翻译研究应该共同关注的核心论题,而且恰恰是生成主义翻译观的基本旨趣之所在。诚然,对生成主义翻译观的一个潜在认知趋向就是它正在经历某种自我理解的进程。作为一种新的思想体系与研究范式,生成主义翻译观需要在本体论、认识论、方法论、价值论等层面上凸显出更加系统的理论框架、更加完整的思维逻辑、更加学术化的思想范畴。为此,生成主义翻译观必须在理论框架、思维逻辑、思想范畴上把翻译生成论的相关思想统一起来,由"从复杂性范式看翻译"到"从生成的观念看翻译",从追问"文本生命何以生成"到"翻译生成何以可能",不断地超越自我理论而重塑新的自我理论。换而言之,只有塑造出蕴含"生生之谓易""天地之大德曰生"思想的生成主义观念,才能在与语言转换论、文化操纵论等西方译论的沟通与对话中,生长出强有力的生成能力与沟通能力,创造出贴近"生生之谓译"的新理论,释放出"翻译之大德曰生"的价值理念。

第六节　小　结

　　不论如何,当代翻译研究在实践生成论、机体哲学与生成哲学的影响下,在复杂性范式的扩张下,以及在中华传统文化"生生之谓易""道生万物""天地之大德曰生"思想的渗透下,已经表现出深刻的生命思维与生成观念。生成主义翻译观将生命思维、生成观点纳入翻译研究的视野,是目前翻译研究的一个最显著的跨学科性创新,其根本任务就是突破西方译论的语言/文化维度的界限,以生命与生成为双重逻辑为阐明翻译与文本生命的生成关系提供一个更广阔、更综合的解释框架。从这个角度来说,生命思维与生成观点的交叉融合构成了生成主义翻译观的理论逻辑与研究纲领。在西方译论执迷于语言/文化的维度来探讨翻译问题的时代语境下,我们需要倾听"生生之谓易""道生万物""天地之大德曰生"的声音,需要寻觅实践生成论、机体哲学与生成哲学介入翻译研究的痕迹。翻译研究的生命思维与生成观念,需要"生生之谓易"的推陈出新,需要"道生万物""天地之大德曰生"以独特的生命智慧来探讨翻译生成性、成长性与创生性问题,并为翻译研究提供生成观念的解决方案。可以说,考察与审视生命思维与生成观念,无疑为探讨翻译延续性、生成性、成长性、涌现性、过程性、复杂性、动态性、创生性等问题提供了可供选择的思维路径。生成主义翻译观在翻译解释上的整体论态度为翻译研究打开了一片值得探讨的新论域,它应该可以作为继续推动翻译研究向前发展的一个动力点。总而言之,能为生成主义翻译观提供安身立命的基础不仅仅是"生生之谓易"的生命思维,而且还是实践生成论、机体哲学与生成哲学的生成观念,生命思维与生成观念的融会贯通构成了生成主义翻译观的思想支柱、理论奠基与解释范式。生成主义翻译观从"生生之谓易""道生万物""天地之大德曰生"等思想中获得灵感,获取其所需要的翻译思想资源,创造了"生生""生成""生命""成生""成长""创生"等翻译概念,这些概念彰显了对翻译延续性、生成性、成长性、创生性、涌现性、生命性的最终肯定,呼唤、促成并塑造了生命思维与生成观念,从而达到消解语言转换论、文化操纵论的"是"还原论思维。这些塑造了生成主义翻译观的思想观念与中国哲学的"生成""生生""生命智慧"等范畴产生了翻译研究的思想共振效应,这是极其重要的理论启示。中国哲学"生生之谓易""道生万物""天地之大德曰生"等思想在翻译生成论、生成主义翻译观中的再生,隐藏着无限的翻译理论研究空间。

当代翻译学界面临的诸多挑战,固然与翻译活动面临的复杂性问题具有内在关联,其让我们以复杂性范式的思维去思考翻译的"命运":首先,既不是静态地考察翻译对象的确定性与客观性,也不是将翻译问题纳入预先既定的语言框架或文化模式,而是从翻译对象的复杂性特征出发去寻找解释翻译问题的复杂性范式。其次,不能仅仅停留在既成性层面上孤立地看待翻译的对等性,而应探寻翻译复杂性问题蕴含的生成性、成长性、创生性等特征并使得这些特征得到有效的挖掘。最后,在探寻翻译生成性、成长性、创生性的具体境遇中寻找与翻译内在相关的确定性维度,进而使翻译达到"和而不同"。思考翻译"命运"意味着,我们选择生命思维与生成观念作为分析视点,来检视翻译生成论及其拓展而来的生成主义翻译观,是因为这两者已然是当下翻译生成论聚焦的重要论域,代表着潜在地超越语言转换论与文化操纵论、走向生成主义翻译观的前沿地带。翻译生成论根植于实践生成论、机体哲学与生成哲学的立场而开展不断的深入探讨,不仅有助于克服语言转换论与文化操纵论的现实弊端,而且有助于开启翻译研究的生命思维与生成观点。翻译生成论作为一种研究翻译生成性现象的生成主义理论,运用复杂性范式的研究方法解释翻译生成的支配力量与运行机制,是生成主义立场在翻译研究中的介入与拓展。同时,翻译生成论强调基于实践生成论、机体哲学、生成哲学等生成观点对翻译现象进行随意概然性、因果决定性与广义目的性的描述与解释,丰富与拓展了剖析翻译现象的解释路径。翻译生成论不仅开辟了一条全新的生成主义解释路径,而且拓展了翻译研究的复杂性范式的新思路,对当前翻译研究具有极其重要的启示性作用。

如果说以实践生成论、机体哲学、生成哲学为内涵的宽广视野构成了翻译生成论建构的前提,那么注重生命与生成这个双重逻辑以及对"生生之谓易"的创造性转换则为翻译生成论的建构提供了内在的理论依据。经过对"生生之谓易"的不断创造性转换以及对生命与生成的不断阐释,翻译生成论有可能在翻译学领域内得到一定的关注与认同,进而成为一种具有前瞻性、原创性的新翻译观念,同时也是理解翻译研究的重要内容与不可或缺的价值尺度。从翻译生成论到生成主义翻译观的进一步深化,是以生命与生成为双重逻辑描写与解释翻译现象的趋向,具有一种翻译逻辑的自洽和翻译观念的可能,存在着一种起于"生命"长于"生成"的发展关系。对于翻译生成论内涵的理解,需要基于生命与生成双重逻辑进行完整思考,才会将翻译理论推向更广阔的、具有生成特征的生成主义翻译观。建构翻译生成论的目的就是要阐明生命—生成这个双重逻辑对描写与解释翻译现象的独特性与原创性,进而使自身的思想范畴嵌入生成主义翻译观而获得进一步拓展。这是建构翻译生成论的思维逻辑,更是生成主义翻译观获得有效建构的真实过程。

翻译生成论是建构生成主义翻译观的基础,是建构生成主义翻译观的原动力,而离开这个基础与原动力就会使生成主义翻译观失去生命思维与生成观点的支撑。以生命思维与生成观点去理解生成主义翻译观的内容构成与思想范畴,就成为翻译生成论思想在未来研究中要探讨的主要议题,从而进一步为中国翻译理论的建构提供一个新的生长点。这不仅有利于我们对翻译自身的深入理解,更有利于对翻译生成论的全面把握以及对翻译问题的细微洞察。总而言之,生成主义翻译观必然包含翻译的生成主义思考,这种思考是对生成主义翻译观的前景、概念、目标、对象等主题进行复杂性范式的思考。生成主义翻译观走进翻译研究领域并获得翻译的话语力量,既意味着翻译研究回归生命思维与生成观点,又意味着回归复杂性范式。生成主义翻译观从其提出与建构之时起就与生命智慧相互联系,不可分离。作为把握翻译的根本方式之一,生命智慧要求翻译研究回归生命,要求超越实体领域的界限,把握作为生命机体的翻译。事实上,生成主义翻译观对"文本生命何以生成"的追问,就已呈现出翻译"回归生命"的视域;其在对"生生之谓易"进行创造性转化与创新性发展的过程中形成自身独特的概念范畴、思想体系、理论构架的同时,也应该不断展现出生命智慧的进路。

参考文献

［法］埃斯卡皮：《文学社会学——罗·埃斯卡皮文论选》，王美华、于沛译，合肥，安徽文艺出版社，1987年。

鹜龙、许钧：《少数文学：一个生成的概念》，《南京社会科学》，2020年第11期，第116—123页。

包通法：《中华典籍外译与精神构式体系建构关怀——从语言本体论路径进与出》，《外国语文》，2018年第6期，第127—137页。

［德］本雅明：《译者的任务》，陈永国主编：《翻译与后现代性》，北京，中国人民大学出版社，2005年，第3—12页。

［英］波普尔：《通过知识获得解放——关于哲学历史与艺术的讲演和论文集》，范景中等译，杭州，中国美术学院出版社，2014年。

［英］波普尔：《客观知识：一个进化论的研究》，舒炜光等译，上海，上海译文出版社，2015年a。

［英］波普尔：《历史决定论的贫困》，杜汝楫、邱仁宗译，上海，上海人民出版社，2015年b。

［法］柏格森：《创造进化论》，王珍丽、余习广译，长沙，湖南人民出版社，1989年。

蔡新乐：《本雅明：翻译的终结与灵韵的在场》，《解放军外国语学院学报》，2011年第3期，第64—68页。

蔡新乐：《翻译哲学真的没用吗？——从皮姆的〈哲学与翻译〉看翻译的概念化及西方翻译思想史的重构》，《外语教学》，2014年第6期，第103—107页。

蔡新乐：《翻译哲学导论：〈荷尔德林的赞美诗《伊斯特》的阴阳之道观》，南京，南京大学出版社，2016年。

蔡新乐：《从"近取诸身"看英文之中的中华文化的"天"的翻译处理》，《外语学刊》，2017年a第4期，第93—98页。

蔡新乐：《译解之中不可割舍的"阴阳之道"和"生生"——钱歌川的〈翻译的基本知识〉的一个批判》，《上海翻译》，2017年b第4期，第1—8页。

蔡新乐：《〈论语〉之中"仁"的英汉译解原理简论》，《外语与外语教学》，2020年a第2期，第69—83页。

蔡新乐：《求放心以成中庸的英译：以"民鲜（能）久矣"为个案》，《中国比较文学》，2020年b第2期，第76—93页。

蔡新乐：《〈论语〉中"一以贯之"的今译和英译问题初探》，《古典学研究》，2021年第1

期,第 48—86 页。

曹丹红:《作为"文学模型"的翻译及其创造性》,《中国翻译》,2023 年第 1 期,第 106—113 页。

曹孟勤:《生态认识论探究》,《自然辩证法研究》,2018 年第 10 期,第 117—123 页。

曹明伦:《翻译之道:理论与实践》(修订版),上海,上海外语教育出版社,2013 年。

曹明伦:《翻译过程是一种选择的过程》,《中国翻译》,2021 年第 3 期,第 176—181 页。

曹明伦:《模仿性还原翻译及其他——冯友兰〈庄子〉英译本序译后杂记》,《中国翻译》,2023 年第 4 期,第 171—175 页。

曹佩升:《翻译学研究需要的理论思考和方法论指导——〈翻译学研究方法论〉述评》,《上海翻译》,2016 年第 5 期,第 84—88 页。

曹青云:《亚里士多德"质料形式理论"探源》,《哲学动态》,2016 年第 10 期,第 67—75 页。

曹昱、萧玲:《文化生命初论——基于"文化机体——文化环境"的相互作用》,《科学技术哲学研究》,2016 年第 4 期,第 108—112 页。

曾利沙:《论翻译学理论研究范畴体系的拓展——兼论传统译学理论的继承与发展》,《中国外语》,2017 年第 1 期,第 90—96 页。

陈伯海:《回归生命本原——后形而上学视野中的"形上之思"》,北京,商务印书馆,2012 年。

陈大亮:《回归中国传统译论的原点》,《上海翻译》,2021 年第 3 期,第 7—12 页。

陈东成:《大易翻译学》,北京,中国社会科学出版社,2016 年。

陈东成:《从〈周易〉的阴阳之道看翻译的生命之旅》,《外语学刊》,2017 年第 6 期,第 122—126 页。

陈东成:《基于〈周易〉哲学思想的翻译研究——以〈大易翻译学〉为例》,《上海翻译》,2018 年第 6 期,第 6—9 页。

陈东成:《翻译学中国学派之发展理念探讨》,《中国翻译》,2021 年第 2 期,第 5—12 页。

陈开举:《文化语境、释义障碍与阐释效度》,《中国社会科学》,2023 年第 2 期,第 184—203 页。

陈来:《仁学本体论》,北京,生活·读书·新知三联书店,2014 年。

陈晓平:《下向因果与感受性——兼评金在权的心——身理论》,《现代哲学》,2011 年第 1 期,第 67—73 页。

成中英:《易学本体论》,北京,北京大学出版社,2006 年。

成中英:《奎因暗藏有心灵理论吗?——兼论翻译不确定性的意义》,张留华译,《哲学分析》,2014 年第 3 期,第 53—67 页。

但昭明:《从实体到机体——怀特海本体论研究》,北京,人民出版社,2015 年 a。

但昭明:《建设性后现代机体哲学及其生态意义》,《江苏社会科学》,2015 年 b 第 5 期,第 121—125 页。

德里达:《巴别塔》,陈永国主编:《翻译与后现代性》,北京,中国人民大学出版社,2005
年,第 13—41 页。

董春雨:《国内复杂系统科学哲学研究的若干热点问题》,《学习与探索》,2011 第 5 期,
第 24—27 页。

[美]杜威:《确定性的寻求:关于知行关系的研究》,傅统先译,上海,上海世纪出版集
团,2005 年。

杜玉生、何三宁:《复杂性思维与翻译理论创新》,《湖北大学学报(哲学社会科学版)》,
2010 年第 3 期,第 119—122 页。

段德智:《主体生成论——对"主体死亡论"之超越》,北京,人民出版社,2005 年。

范冬萍:《西方环境伦理学的整体主义诉求与困惑——现代系统整体论的启示》,《现代
哲学》,2003 年第 3 期,第 58—63 页。

范冬萍:《复杂系统的因果观和方法论:一种复杂整体论》,《哲学研究》,2008 年第 2 期,
第 90—97 页。

范冬萍:《复杂性科学视野下的广义进化论》,《自然辩证法研究》,2010 年 a 第 10 期,第
36—40 页。

范冬萍:《复杂性科学哲学视野中的突现性》,《哲学研究》,2010 年 b 第 11 期,第 102—
107 页。

方东美:《中国人的人生观》,台北:台北幼狮文化事业公司,1980 年。

方梦之:《译学的"一体三环"——从编纂〈译学辞典〉谈译学体系》,《上海翻译》,2006 年
第 1 期,第 1—6 页。

方梦之:《论翻译生态环境》,《上海翻译》,2011 年第 1 期,第 1—5 页。

方梦之:《当今世界翻译研究的格局——兼论 21 世纪中国翻译研究的崛起》,《外语教
学理论与实践》,2016 年第 3 期,第 55—63 页。

方梦之:《建设中国译学话语:认知与方法》,《上海翻译》,2019 年第 4 期,第 3—7 页。

方梦之:《我国译学话语体系的勃兴之路》,《当代外语研究》,2021 年第 1 期,第 29—
37 页。

方梦之:《中国译学的主体性和原创性——新范畴、新概念、新表述探源》,《中国翻译》,
2023 年第 3 期,第 5—13 页。

费多益:《目的论视角的生命科学解释模式反思》,《中国社会科学》,2019 年第 4 期,第
142—159 页。

[德]费尔曼:《生命哲学》,李健鸣译,北京,华夏出版社,2000 年。

冯全功:《从实体到关系——翻译研究的"间性"探析》,《当代外语研究》,2012 年第 1
期,第 48—52 页。

冯全功:《翻译之大德曰生——文学翻译及其研究中的生命意识》,《外国语文研究》,
2022 年第 6 期,第 85—94 页。

冯亚武、刘全福:《文化转向与文化翻译范式》,《西安外国语大学学报》,2008 年第 4 期,

第 47—50 页。

付强、范冬萍:《绿色价值观与社会生态系统的整体优化——复杂性科学哲学的视野》,
《自然辩证法研究》,2017 年第 7 期,第 82—87 页。

傅敬民:《翻译研究的问题意识与学科边际》,《中国外语》,2016 年第 5 期,第 14—
19 页。

傅敬民、袁丽梅:《新时期我国译学体系化的思考》,《外语学刊》,2017 年第 3 期,第
80—84 页。

高清海:《找回失去的"哲学自我":哲学创新的生命本性》,北京,北京师范大学出版社,
2004 年。

[美]格拉海姆:《围绕巴别塔的争论》,陈永国主编:《翻译与后现代性》,北京,中国人民
大学出版社,2005 年,第 74—84 页。

郭刚:《"整体子思维"——中国古代"尊道""贵德"的生存方式与当代启示》,《自然辩证
法研究》,2011 年第 7 期,第 107—111 页。

郭贵春、张旭:《科学修辞学的语境论转向及其特征》,《自然辩证法通讯》,2016 年第 3
期,第 47—53 页。

郭建中:《当代美国翻译理论》,武汉,湖北教育出版社,2000 年。

过倩、刘云虹:《"异"与翻译建构性》,《上海翻译》,2020 年第 4 期,第 7—11 页。

韩红建、蒋跃:《复杂适应系统理论下的翻译观研究》,《中国翻译》,2017 年第 2 期,第
19—24 页。

韩庆祥:《马克思主义"实践生成论"及其本源意义》,《哲学动态》,2019 年第 12 期,第
5—12 页。

何刚强:《我国翻译基础理论亟待实质性突破》,《上海翻译》,2019 年第 6 期,第 7—
12 页。

胡庚申:《翻译适应选择论》,武汉,湖北教育出版社,2004 年。

胡庚申:《生态翻译学:建构与诠释》,北京,商务印书馆,2013 年。

胡庚申:《翻译研究"生态范式"的理论建构》,《中国翻译》,2019 年第 4 期,第 24—
33 页。

胡庚申:《生态翻译学的理论创新与国际发展》,《浙江大学学报(人文社会科学版)》,
2021 年第 1 期,第 174—186 页。

胡庚申等:《生态翻译学的"四生"理念——胡庚申教授访谈》,《鄱阳湖学刊》,2019 年第
6 期,第 26—33 页。

胡牧:《翻译研究:转向社会——对转型期我国译论研究的思考》,《外国语(上海外国语
大学学报)》,2013 年第 6 期,第 72—79 页。

胡桑:《翻译、民族国家、现代性和传统:论顾彬的汉语诗歌批评》,《扬子江评论》,2017
年第 4 期,第 63—69 页。

[英]怀特海:《思维方式》,刘放桐译,北京,商务印书馆,2010 年。

［英］怀特海：《过程与实在》(修订版)，周邦宪译，北京，北京联合出版公司，2013 年。

黄婷、刘云虹：《生成与建构：凡尔纳作品在中国的百年译介》，《外语教学》，2020 年第 4 期，第 87—91 页。

黄忠廉：《变译理论》，北京，中国对外翻译出版公司，2002 年。

黄忠廉、方仪力：《基于翻译本质的理论翻译学构建》，《中国翻译》，2017 年第 4 期，第 5—10 页。

黄忠廉、张潇：《翻译学科百年：演进、反思与趋势》，《上海翻译》，2020 年第 6 期，第 1—6 页。

［美］霍兰：《隐秩序：适应性造就复杂性》，周晓牧、韩晖译，上海，上海科技教育出版社，2000 年。

［美］霍兰：《涌现：从混沌到有序》，陈禹等译，上海，上海科学技术出版社，2006 年。

［德］吉仁泽：《适应性思维：现实世界中的理性》，刘永芳译，上海，上海教育出版社，2006 年。

［美］加拉格尔：《情境认知的哲学先驱》，孟伟译，刘晓力、孟伟主编：《认知科学前沿中的哲学问题：身体、认知与世界》，北京，金城出版社，2014 年，第 262—289 页。

金吾伦：《生成哲学》，保定，河北大学出版社，2000 年。

金吾伦：《复杂适应系统中的生成观念》，《江汉论坛》，2007 年第 8 期，第 18—23 页。

金吾伦、张华夏：《哲学宇宙论论纲》，《科技导报》，1997 年第 6 期，第 17—22 页。

［德］康德：《纯粹理性批判》，韦卓民译，武汉，华中师范大学出版社，2000 年。

［英］柯林武德：《历史的观念》，何兆武、张文杰译，北京，商务印书馆，1997 年。

［美］库恩：《科学革命的结构》，金吾伦、胡新和译，北京，北京大学出版社，2003 年。

［爱沙尼亚］库尔、特洛普：《生物翻译：环境界之间的翻译》，钱亚旭译，《鄱阳湖学刊》，2014 年第 4 期，第 15—21 页。

黄益民：《因果理论：上向因果性与下向因果性》，《哲学研究》，2019 年第 4 期，第 113—125、128 页。

［英］拉卡托斯：《科学研究纲领方法论》，兰征译，上海，上海译文出版社，1986 年。

蓝红军：《何为翻译：定义翻译的第三维思考》，《中国翻译》，2015 年 a 第 3 期，第 25—30 页。

蓝红军：《翻译学方法论基本概念：范式与模式》，《外语研究》，2015 年 b 第 5 期，第 72—77 页。

蓝红军：《"理论之后"的翻译理论研究：问题与挑战》，《东方翻译》，2016 年 a 第 4 期，第 16—18 页。

蓝红军：《"后理论时代"翻译学的知识生产》，《中国外语》，2016 年 b 第 5 期，第 20—27 页。

蓝红军：《译者之为：构建翻译的精神世界——〈傅雷翻译研究〉述评》，《中国翻译》，2017 年第 1 期，第 68—73 页。

蓝红军:《从学科自觉到理论建构:中国译学理论研究(1987—2017)》,《中国翻译》,2018 年 a 第 1 期,第 7—16 页。

蓝红军:《改革开放以来的中国译学理论建构》,《中国翻译》,2018 年 b 第 6 期,第 12—14 页。

蓝红军:《译学方法论研究》,北京,外语教学与研究出版社,2019 年。

蓝红军:《翻译学知识体系的创新与重构——一个关系论的视角》,《中国翻译》,2020 年第 4 期,第 5—12 页。

蓝红军、许钧:《改革开放以来我国译学话语体系建设》,《中国外语》,2018 年第 6 期,第 4—9、15 页。

李健民:《怀特海式的过程泛心论》,《自然辩证法研究》,2019 年第 1 期,第 21—26 页。

李翔海:《知识与价值:成中英新儒学论著辑要》,北京,中国广播电视出版社,1996 年。

廖七一:《翻译研究的趋势与中国译学的现代化》,《中国外语》,2006 年第 2 期,第 6—8 页。

廖七一:《范式的演进与翻译的界定》,《中国翻译》,2015 年第 4 期,第 16—17 页。

刘军平:《西方译论通史》,武汉,武汉大学出版社,2009 年。

刘巧玲、许钧:《如何拓展翻译研究视野——许钧教授访谈录》,《中国翻译》,2021 年第 2 期,第 87—93 页。

刘性峰、王宏:《翻译学研究范式的嬗变、问题及对策》,《外语研究》,2016 年第 2 期,第 87—91 页。

刘云虹:《试论文学翻译的生成性》,《外语教学与研究》,2017 年第 4 期,第 608—618 页。

刘云虹:《翻译定位与翻译成长性——中国文学外译语境下的多元系统论再思考》,《外国语(上海外国语大学学报)》,2018 年 a 第 4 期,第 94—100 页。

刘云虹:《新时期翻译批评的理论探索与实践介入》,《中国翻译》,2018 年 b 第 6 期,第 15—17 页。

刘云虹:《对话与共生——试析许钧关于中华文化译介的思考》,《外国语(上海外国语大学学报)》,2022 年 a 第 4 期,第 72—80 页。

刘云虹:《文学翻译生成中译者的主体化》,《外语教学与研究》,2022 年 b 第 4 期,第 590—599 页。

刘云虹:《莫言作品在法国的译介及其启示》,《扬子江文学评论》,2022 年 c 第 5 期,第 53—58 页。

刘云虹、胡陈尧:《论中国古典文学名著外译的生成性接受》,《外语教学理论与实践》,2019 年第 2 期,第 1—7 页。

刘云虹、许钧:《如何把握翻译的丰富性、复杂性与创造性——关于翻译本质的对谈》,《中国外语》,2016 年第 1 期,第 95—100 页。

刘云虹、许钧:《翻译的定位与翻译价值的把握——关于翻译价值的对谈》,《中国翻译》,2017 年第 6 期,第 54—61 页。

刘云虹、许钧:《走进翻译家的精神世界——关于加强翻译家研究的对谈》,《外国语(上海外国语大学学报)》,2020 年第 1 期,第 75—82 页。

刘云虹、许钧:《新时期翻译批评的走向、特征与未来发展》,《中国翻译》,2022 年第 2 期,第 5—13 页。

刘云虹、许钧:《问题 理论 方法——关于翻译研究的对谈》,《中国外语》,2023 年第 4 期,第 1、11—16 页。

刘占虎:《老庄生命哲学之和谐心灵生态生成论——以"道生之,德畜之,物形之,势成之"为中心》,《管子学刊》,2018 年第 2 期,第 61—67 页。

卢冬丽:《〈三体〉系列在日本的复合性译介生成》,《外语教学与研究》,2022 年第 5 期,第 783—792 页。

卢卡奇:《历史与阶级意识》,杜章智等译,北京,商务印书馆,1999 年。

卢卫中、王福祥:《翻译研究的新范式——认知翻译学研究综述》,《外语教学与研究》,2013 年第 3 期,第 606—616 页。

卢玉卿:《语文学范式翻译研究的意义观——翻译理论的历时研究》,《外语与外语教学》,2009 年第 3 期,第 61—64 页。

鲁品越:《深层生成论:自然科学的新哲学境界》,北京,人民出版社,2011 年。

鲁品越:《马克思的实践生成论与中国特色社会主义理论》,《河北学刊》,2012 年第 4 期,第 1—7 页。

陆杰荣、刘红琳:《"实体"的沉降与"过程"的升腾——从西方形而上学的演进逻辑解读过程哲学的发展脉络》,《理论探讨》,2014 年第 1 期,第 47—52 页。

罗迪江:《基于 CAS 的语言迁移的生成过程探析》,《外国语文》,2013 年第 5 期,第 75—79、118 页。

罗迪江:《以 CAS 理论为视角解读自私基因理论的核心思想》,《科学技术哲学研究》,2014 年第 5 期,第 60—64 页。

罗迪江:《胡庚申"生态翻译学"的方法论特征及其意义》,《重庆工商大学学报(社会科学版)》,2017 年第 6 期,第 109—114 页。

罗迪江:《论胡庚申生态翻译学的"四译说"思想》,《翻译论坛》,2018 年 a 第 2 期,第 21—26 页。

罗迪江:《生态翻译学视域下"译者"的作用与本质探析——兼论对"译者中心"的质疑及回应》,《山东外语教学》,2018 年 b 第 6 期,第 119—125 页。

罗迪江:《生态翻译学视域下"译者中心"的客观意旨——兼论"译者中心"面临的质疑》,《外语学刊》,2019 年 a 第 1 期,第 92—96 页。

罗迪江:《翻译研究中的问题域转换:生态翻译学视角》,《中国翻译》,2019 年 b 第 4 期,第 34—41 页。

罗迪江:《译者研究的问题转换与生态定位:生态翻译学视角》,《中国翻译》,2020 年第

5 期,第 13—19 页。

罗迪江:《从"来世生命"概念看翻译研究的生命认识论》,《译苑新谭》,2021 年 a 第 1
    期,第 80—87 页。

罗迪江:《译者生存与翻译存在关系的生存论建构》,《外文研究》,2021 年 b 第 1 期,第
    60—65 页。

罗迪江:《翻译价值:中国文学外译的"无形之手"》,《翻译界》,2021 年 c 第 2 期,第 14—
    27 页。

罗迪江:《翻译研究的生命认识论探析》,《外国语言与文化》,2021 年 d 第 2 期,第 136—
    144 页。

罗迪江:《生态翻译学复杂性思想的复杂适应系统阐释》,《山东外语教学》,2021 年 e 第
    3 期,第 98—107 页。

罗迪江:《生态翻译学视域下的绿色翻译探析》,《常州大学学报(社会科学版)》,2021 年
    f 第 4 期,第 88—96 页。

罗迪江:《当代翻译研究的机体主义建构:翻译生命观的构想》,《中国翻译》,2021 年 g
    第 5 期,第 15—24 页。

罗迪江:《生态翻译学视域下绿色翻译的生态属性及价值取向探析》,《华北理工大学学
    报(社会科学版)》,2021 年 h 第 6 期,第 123—128 页。

罗迪江:《生态翻译学视域下绿色翻译的思维结构与问题域》,《常州大学学报(社会科
    学版)》,2022 年 a 第 1 期,第 89—97 页。

罗迪江:《生态翻译学研究的生态范式及其效应》,《南华大学学报(社会科学版)》,2022
    年 b 第 1 期,第 90—96 页。

罗迪江:《译者生存论》,郑州,河南大学出版社,2022 年 c。

罗迪江:《翻译研究的新趋向:凸显翻译价值之维》,《中国翻译》,2022 年 d 第 5 期,第
    5—12 页。

罗迪江:《翻译生成论:一种新的译学整体论》,《中国翻译》,2023 年第 5 期,第 16—
    25 页。

罗迪江、陶友兰、陶李春:《生态翻译学"四译说"新解》,《鄱阳湖学刊》,2019 年第 6 期,
    第 12—18 页。

罗迪江、杨华:《论语言迁移涌现的受限生成过程》,《齐齐哈尔大学学报(哲学社会科学
    版)》,2013 年第 4 期,第 109—112 页。

吕俊:《建构的翻译学之理性基础》,《外语与外语教学》,2004 年第 12 期,第 52—55 页。

吕俊:《开展翻译学的复杂性研究——一个译学研究思想观念和思维方式的革命》,《上
    海翻译》,2013 年第 1 期,第 1—6 页。

吕俊:《目前我国译学研究的困境与出路》,《上海翻译》,2014 年第 3 期,第 1—6 页。

吕俊:《译学研究呼唤新思维与新方法——关于翻译标准的一点思索》,《中国外语》,
    2016 年第 4 期,第 1、8—9 页。

吕俊、侯向群：《翻译学——一个建构主义的视角》，上海，上海外语教育出版社，2006年。

吕俊、侯向群：《范式转换抑或视角转变——与谢天振教授商榷》，《中国翻译》，2010年第1期，第41—45页。

吕俊、侯向群：《翻译研究中的两重性逻辑问题》，《外语与翻译》，2015年a第1期，第11—16页。

吕俊、侯向群：《走向复杂性科学范式的翻译学》，《上海翻译》，2015年b第2期，第5—11、33页。

吕叔湘：《中诗英译比录》，上海，上海外语教育出版社，1980年。

马明蓉：《复杂性科学视阈下的译者行为批评范式》，《山东外语教学》，2017年第6期，第100—107页。

马小虎：《海德格尔与亚里士多德的共在论比较》，《道德与文明》，2018年第2期，第51—58页。

蒙培元：《中国哲学主体思维》，北京，东方出版社，1993年。

蒙培元：《追寻生命的智慧》，《北京大学学报（哲学社会科学版）》，2010年a第2期，第13—17页。

蒙培元：《生的哲学——中国哲学的基本特征》，《北京大学学报（哲学社会科学版）》，2010年b第6期，第5—13页。

孟祥春：《翻译动理学：创构与阐释》，《中国翻译》，2023年第3期，第14—24页。

［法］莫兰：《论复杂性思维》，陈一壮译，《江南大学学报（人文社会科学版）》，2006年第5期，第18—21页。

［法］莫兰：《复杂性思想导论》，陈一壮译，上海，华东师范大学出版社，2008年。

牟宗三：《智的直觉与中国哲学》，北京，中国社会科学出版社，2008年b。

牟宗三：《中国哲学的特质》，上海，上海古籍出版社，2008年a。

穆雷、傅琳凌：《翻译理论建构的原则与途径》，《中国翻译》，2018年第3期，第9—18页。

穆雷、蓝红军：《从方法论角度看我国翻译批评的发展》，《解放军外国语学院学报》，2012年第6期，第70—75、114页。

牛云平：《翻译学认识论》，北京，科学出版社，2016年。

钱纪芳：《和合翻译思想初探》，《上海翻译》，2010年第3期，第11—15页。

钱纪芳：《基于太极图式的和合翻译思想之"象"体系建构》，《上海翻译》，2016年第4期，第1—8页。

钱钟书：《林纾的翻译》，北京，商务印书馆，1981年。

钱锺书：《钱锺书散文》，杭州，浙江文艺出版社，1997年。

尚延延、杨萍：《译者对翻译生态环境的主动选择——林语堂〈论语〉英译的译者中心性研究》，《中国海洋大学学报（社会科学版）》，2017年第5期，第112—117页。

谭载喜:《试论翻译学》,《外国语(上海外国语学院学报)》,1988 年第 3 期,第 22—27 页。

谭载喜:《翻译学必须重视中西译论比较研究》,《中国翻译》,1998 年第 2 期,第 12—16 页。

谭载喜:《关于西方译论发展史的几点思考》,《外国语(上海外国语大学学报)》,2005 年第 1 期,第 53—59 页。

谭载喜:《中国翻译研究:回望·反思·前瞻》,《中国翻译》,2012 年第 4 期,第 7—9 页。

谭载喜:《翻译与国家形象重构——以中国叙事的回译为例》,《外国语文》,2018 年 a 第 1 期,第 1—10 页。

谭载喜:《中国翻译研究 40 年:作为亲历者眼中的译学开放、传承与发展》,《外国语(上海外国语大学学报)》,2018 年 b 第 5 期,第 2—8 页。

谭载喜:《当代中国译学:不惑之年的思考——评〈改革开放以来中国翻译研究概论(1978—2018)〉》,《中国翻译》,2019 年 a 第 2 期,第 96—104 页。

谭载喜:《破除翻译"转向"的迷思》,《社会科学报》,2019 年 b,9 月 8 日第 5 版。

唐代兴:《生态理性哲学导论》,北京,北京大学出版社,2005 年。

唐力权:《脉络与实在:怀德海机体哲学之批判的诠释》,宋继杰译,北京,中国社会科学出版社,1998 年。

唐力权:《蕴徼论:场有经验的本质》,北京,中国社会科学出版社,2001 年。

王克非:《新中国翻译学科发展历程》,《外语教学与研究》,2019 年第 6 期,第 819—824 页。

王克非:《翻译研究拓展的基本取向》,《外国语(上海外国语大学学报)》,2021 年 a 第 2 期,第 69—74 页。

王克非:《关于翻译理论及其发展史研究》,《上海翻译》,2021 年 b 第 6 期,第 13—16 页。

王宁:《重新界定翻译:跨学科和视觉文化的视角》,《中国翻译》,2015 年第 3 期,第 12—13 页。

王前:《生机的意蕴——中国文化背景的机体哲学》,北京,人民出版社,2017 年。

王士元:《语言是一个复杂适应系统》,《清华大学学报(哲学社会科学版)》,2006 年第 6 期,第 5—13 页。

王向远:《中国翻译思想的历史积淀与近年来翻译思想的诸种形态》,《广东社会科学》,2015 年第 5 期,第 151—158 页。

魏屹东:《语境同一论:科学表征问题的一种解答》,《中国社会科学》,2017 年第 6 期,第 42—59 页。

魏屹东、苏圆娟:《认知涌现论:一种新的意识整体论》,《科学技术哲学研究》,2021 年第 2 期,第 1—6 页。

魏屹东、武建峰:《认知生成主义的认识论意义》,《学术研究》,2015 年第 2 期,第 16—23 页。

文旭:《认知翻译学:翻译研究的新范式》,《英语研究》,2018 年第 2 期,第 103—113 页。

[美]沃尔德罗普:《复杂:诞生于秩序与混沌边缘的科学》,陈玲译,上海,生活·读书·新知三联书店,1997 年。

吴功青:《内在与超越:奥古斯丁的宇宙目的论》,《哲学研究》,2020 年第 11 期,第 96—104 页。

吴志杰:《和合翻译学》,北京,外语教学与研究出版社,2017 年。

吴子林:《文化交往或对话可能吗?——论东西方文化的和合创生》,《人文杂志》,2021 年 a 第 8 期,第 60—69 页。

吴子林:《“我们需要概念吗?”——构建中国当代学术话语体系之思》,《学习与探索》,2021 年 b 第 8 期,第 156—166 页。

武杰、孙雅琪:《复杂性科学的学科特征及其哲学境界》,《自然辩证法研究》,2017 年第 7 期,第 112—117 页。

郗戈:《马克思主义哲学研究的范式转换——基于〈资本论〉研究引发的新范式》,《哲学动态》,2018 年第 6 期,第 20—28 页。

肖开容:《“遭遇”第四范式的浪潮:大数据时代的翻译研究》,《外语学刊》,2018 年第 2 期,第 90—95 页。

[德]谢林:《对人类自由的本质及其相关对象的哲学研究》,邓安庆译,北京,商务印书馆,2008 年。

谢天振:《译介学》,上海,上海外语教育出版社,1999 年。

谢天振:《现行翻译定义已落后于时代的发展——对重新定位和定义翻译的几点反思》,《中国翻译》,2015 年第 3 期,第 14—15 页。

许建忠:《翻译生态学》,北京,中国三峡出版社,2009 年。

许钧:《翻译论》,武汉,湖北教育出版社,2003 年。

许钧:《当下翻译研究中值得思考的几个问题》,《当代外语研究》,2017 年第 3 期,第 1—5 页。

许钧:《坚守与求索:张柏然教授的译学思考与人才培养》,《中国翻译》,2018 年 a 第 3 期,第 65—73、79 页。

许钧:《改革开放以来中国翻译研究的发展之路》,《中国翻译》,2018 年 b 第 6 期,第 5—8 页。

许钧:《改革开放以来中国翻译研究概论(1978—2018)》,武汉,湖北教育出版社,2018 年 c。

许钧:《当下翻译研究的困惑与思考》,《东北师大学报(哲学社会科学版)》,2019 年 a 第 3 期,第 1—11 页。

许钧:《在抵抗与考验中拓展新的可能——关于翻译与语言的问题》,《语言战略研究》,2019 年 b 第 5 期,第 5—6 页。

许钧:《外语、异质与新生命的萌发——关于翻译对异质性的处理》,《外国语文研究(辑刊)》,2020 年第 2 期,第 88—94 页。

许钧:《关于文学翻译的语言问题》,《外国语(上海外国语大学学报)》,2021 年 a 第 1 期,第 91—98 页。

许钧:《关于深化中国文学外译研究的几点意见》,《外语与外语教学》,2021 年 b 第 6 期,第 68—72 页。

许钧:《当下翻译研究的前沿问题与未来趋势:在曲阜"全国第二届'译者行为研究'高层论坛"上的报告》,《北京第二外国语学院学报》,2022 年第 3 期,第 4—11 页。

许钧:《关注翻译实践,深化翻译研究——在齐鲁文化"走出去"与译者行为研究论坛开幕式上的致辞》,《山东外语教学》,2023 年第 3 期,第 10—11 页。

许钧、穆雷:《翻译学概论》,南京,译林出版社,2009 年。

许渊冲:《翻译:"美化之艺术——新旧世纪交谈录"》,许钧等,《文学翻译的理论与实践——翻译对话录》,南京,译林出版社,2001 年,第 46—59 页。

许渊冲:《文学翻译与中国文化梦》,《中国外语》,2014 年第 5 期,第 1、12—18 页。

许渊冲:《有中国特色的文学翻译理论》,《中国翻译》,2016 年第 5 期,第 93—99 页。

杨富斌:《怀特海过程哲学思想述评》,《国外社会科学》,2003 年第 4 期,第 75—82 页。

杨仕健:《关于"生物共生"的概念分析》,《自然辩证法通讯》,2019 年第 6 期,第 16—23 页。

杨镇源:《基于正念的翻译学元理论认知思维探析》,《外语学刊》,2018 年第 3 期,第 98—102 页。

杨镇源:《从知识到境界:论翻译学中国学派之"宇宙心"精神》,《中国翻译》,2021 年第 2 期,第 22—28 页。

杨镇源:《阳明心学视阈下"向内而求"的元理论建议——针对西方译学界"凝滞于物"的学理风险》,《外国语文研究》,2022 年第 4 期,第 59—67 页。

杨镇源:《翻译学中国学派:道思引领下翻译研究的新动向与归结力》,《外语学刊》,2023 年第 3 期,第 56—60 页。

杨自俭:《翻译学研究的返祖模式》,《四川外语学院学报》,2005 年第 3 期,第 117—120 页。

杨自俭:《再谈方法论——〈翻译方法论序〉》,《上海翻译》,2007 年第 3 期,第 1—4 页。

殷杰、王亚男:《社会科学中复杂系统范式的适用性问题》,《中国社会科学》,2016 年第 3 期,第 62—79 页。

于雪、王前:《人机关系:基于中国文化的机体哲学分析》,《科学技术哲学研究》,2017 年第 1 期,第 97—102 页。

余光中:《余光中谈翻译》,北京,中国对外翻译出版公司,2002 年。

赞宁:《宋高僧传(上)》,北京,中华书局,1987 年。

枣彬吉、许钧:《翻译家的初心与追求——许钧教授访谈录》,《外国语(上海外国语大学学报)》,2023 年第 5 期,第 121—128 页。

［美］詹奇：《自组织的宇宙观》,曾国屏等译,北京,中国社会科学出版社,1992 年。

张柏然：《顶天立地搞科研 领异标新写春秋——翻译理论研究方法论纵横谈》,《外语教育》,2007 年第 1 期,第 1—7 页。

张柏然：《中国译论：直面"浴火重生"》,《中国外语》,2008 年第 4 期,第 1、85—86 页。

张柏然、辛红娟：《译学研究叩问录：对当下译论研究的新观察与新思考》,南京,南京大学出版社,2016 年。

张柏然、许钧：《面向 21 世纪的译学研究》,北京,商务印书馆,2002 年。

张华夏：《复杂系统研究与本体论的复兴》,《系统辩证学学报》,2003 年第 2 期,第 1—6、13 页。

张华夏：《突现与因果》,《哲学研究》,2011 年第 11 期,第 105—109 页。

张华夏：《斑杂破碎的世界还是系统层次的世界——简评新经验主义和简述系统实在论(一)》,《系统科学学报》,2013 年第 3 期,第 1—7 页。

张君弟：《论复杂适应系统涌现的受限生成过程》,《系统辩证学学报》,2005 年第 2 期,第 44—48 页。

张立文：《和合哲学论》,北京,人民出版社,2004 年。

张佩瑶：《钱钟书对翻译概念的阐释及其对翻译研究的启示》,《中国翻译》,2009 年第 5 期,第 27—32 页。

张世英：《天人之际：中西哲学的困惑与选择》,北京,人民出版社,2007 年。

章关键：《意象悟道：〈周易〉今论及意象释卦》,上海,复旦大学出版社,2013 年。

赵汀阳：《动词存在论与创造者视域》,《中国社会科学》,2022 年第 8 期,第 24—45 页。

赵彦春：《翻译学归结论》,上海,上海外语教育出版社,2005 年。

赵彦春：《英韵三字经》,北京,光明日报出版社,2014 年。

赵彦春：《道德经英译》,北京,高等教育出版社,2018 年。

周邦宪：《修订译本前言》,［英］怀特海：《过程与实在(修订版)》,周邦宪译,北京,北京联合出版公司,2014 年,第 1—9 页。

周朝伟：《从"有机体"角度整体透视翻译系统》,《上海翻译》,2010 年第 3 期,第 16—20 页。

朱纯深：《翻译探微：语言·文本·诗学》,南京,译林出版社,2008 年。

朱纯深：《翻译的阴阳诗学：太极推手、浩然之气、纯语言》,《中国翻译》,2019 年第 2 期,第 5—16 页。

朱振武：《翻译活动就是要有文化自觉——从赵彦春译〈三字经〉谈起》,《外语教学》,2016 年第 5 期,第 83—85 页。

祝朝伟、林萍：《人格的动态博弈与译品样态：庞德翻译的精神分析视角》,《外语研究》,2014 年第 4 期,第 78—82 页。

André, J. St. 2014: *Thinking Through Translation with Metaphors*, London and New York: Routledge.

Barthes, R. 1977: *Image, Music, Text*, London: Fontana Press.

Benjamin, W. 1923: "The Task of the Translator", in Lawrence Venuti(ed.), *The Translation Studies Reader*, London and New York: Routledge, 15-25.

Berkhofer, Jr. J. 1995: *Beyond the Great Story: History as Text and Discourse*, Cambridge, MA and London: Harvard University Press.

Berkhofer, R. F. 1997: *Beyond the Great Story: History as Text and Discourse*, Cambridge, MA and London: Harvard University Press.

Berman, A. 1992: *The Experience of the Foreign: Culture and Translation in Romantic Germany* (Trans. Heyvaert, S.), Albany: State University of New York Press.

Bouchard, F. 2010: Symbiosis, Lateral Function Transfer and the (Many) Saplings of Life, *Biology and Philosophy*, (4): 623-641.

Brownlee, J. 2007: "Complex Adaptive Systems", *CIS Technical Report*, (1):1-6.

Bunge, M. 1996: *Finding Philosophy in Social Science*, New Haven & London: Yale University Press.

Campbell, D. T. 1974: "Downward Causation in Hierarchically Organized Biological Systems", in F. J. Ayala & T. Dobzhansky(eds.), *Studies in the Philosophy of Biology Reduction and Related Problems*, Berkeley and Los Angeles: University of California Press, 178-204.

Cassirer, E. 1962: *An Essay on Man: An Introduction to a Philosophy of Human Culture*, New Haven: Yale University Press.

Castellani, B & Hafferty, F. W. 2009: *Sociology and Complexity Science: A New Field of Inquiry*, Berlin: Springer.

Chesterman, A. 2004: "Paradigm Problems?", in Christina Schäffner (ed.), *Translation Research and Interpreting Research: Traditions, Gap and Synergies*, Clevedon, Buffalo and Toronto: Multilingual Matters Ltd., 52-56.

Chesterman, A. 2016: *Memes of Translation: The Spread of Ideas in Translation Theory*, Amsterdam, Philadelphia: John Benjamins.

Clements, F. E. 1916: *Plant Succession: An Analysis of the Development of Vegetation*, Washington: Carnegie Institution of Washington.

Cobb, J. B. 2008: *Whitehead Word Book: A Glossary with Alphabetical Index to Technical Terms in Process and Reality*, Claremont: P & F Press.

Cronin, M. 2017: *Eco-Translation: Ecology and Translation in the Age of the Anthropocene*, London: Routledge.

Davis, K. 2001: *Deconstruction and Translaton*, Manchester: St. Jerome.

Deleuze, G. 1990: *The Logic of Sense* (Trans. Mark Lester & Charles Stivale),

London：The Athlone Press.

Dennett, D. 1995：*Darwin's Dangerous Ideas*, New York：Simon &· Schuster.

Derrida, J. 1979："Living on：Border Lines", in H. Bloom, P. De Man &· J. Derrida, G. H. Hartman, J. H. Miller（eds.）, *Deconstruction and Criticism*, London and Henley：Routledge &· Kegan Paul.

Derrida, J. 1992："Des tour de Babel", in R. Schulte &· J. Biguenet（eds.）, *Theories of Translation：An Anthology of Essays from Dryden to Derrida*, Chicago and London：The University of Chicago Press.

Dewey, J. 1984：*The Quest for Certainty：A Study of the Relation of Knowledge and Action*, Carbondate：Southern Illinois University Press.

Disler, C. 2011："Benjmain's 'Afterlife'：A Productive（?）Mistranslation in Memoriam Daniel Simeoni", *Traduction, Terminologie, Rédaction*, （1）：183-221.

Ellis, G. F. R. 2009："Top-Down Causation and the Human Brain", in N. Murphy, G. F. R. Ellis &· T. O'Connor（eds.）, *Downward Causation and the Neurobiology of Free Will*, Berlin：Springer, 63-82.

Elster, J. 2007：*Explaining Social Behavior：More Nuts and Bolts for the Social Science*, Cambridge：Cambridge University Press.

Gadamer, Hans-Georg. 2004：*Truth and Method*（Trans. Joel Weinsheimer &· Donald G. Marshall）, New York：The Continuum Publishing Group.

Gramsci, A. 1995：*Further Selection from the Prison Notebooks*（ed. and trans. Derek Boothman）, Minneapolis：Minneesota University Press.

Griggs, E. L. 1956：*The Collected Letters of Samuel Taylor Coleridge*, Oxford：Oxford University Press.

Habermas, J. 1984：*The Theory of Communicative Action*（Volume 1）, Bouler：Beacon Press.

Heidegger, M. 1996：*Hölderlin's Hymn "The Ister"*（Trans. William McNeill &· Julia Davis）, Bloomington and Indianapolis：Indiana University Press.

Heidegger, M. 2006：*Sein Und Zeit*, Verlag：Max Niemeyer Verlag Tubingen.

Heller, A. 1988：*General Ethics*, New York：Basic Blackwell.

Herdina, P. &· Jessner, U. 2002：*A Dynamic Model of Multilingualism：Perspectives of Change in Psycholinguistics*, Clevedon：Multilingual Matters.

Hermans, T. 1999：*Translation in Systems：Descriptive and Systemic Approaches Explained*, Manchester：St. Jerome Publishing.

Hermans, T. 2004：*Translation in Systems：Descriptive and System Oriented Approaches Explained*, Shanghai：Shanghai Foreign Language Education Press.

Holland, J. H. 1995: *Hidden Order: How Adaptation Builds Complexity*, New York: Basic Books.

Holland, J. H. 1998: *Emergence: From Chaos to Order*, New York: Addison-Wesley.

Holmes, J. S. 2004: "The Name and Nature of Translation Studies", in Lawrence Venuti (ed.), *The Translation Studies Reader*, London and New York: Routledge, 180-192.

Holmes, J. S. 2007: *Translated! Papers on Literary Translation and Translation Studies*, Beijing: Foreign Language Teaching and Research Press.

Hooker, C. 2011: *Philosophy of Complex Systems*, Oxford: Elsevier.

House, J. 1977: *A Model for Translation Quality Assessment*, Tubingen: Gunter Narr.

Hu, Gengshen. 2020: *Eco-Translatology: Towards an Eco-Paradigm of Translation Studies*, Singapore: Springer.

Jackson, M. C. 2003: *Systems Thinking: Creative Holism for Managers*, Hoboken: John Wiley & Sons.

Jacobs, C. 1975: "The Monstrosity of Translation", *Modern Language Notes*, (6): 755-766.

Jardine, D. 1990: "Awakening from Descartes' nightmare: On the Love of Ambiguity in Phenomenological Approaches to Eduction", *Studies in Philosophy and Education*, (3): 211-232.

Jasinski, J. 1997: "Instrumentalism, Contextualism, and Interpretation in Rhetorical Criticism", in A. G. Gross & M. K. William(eds.), *Rhetorical Hermeneutics: Invention and Interpretation in the Age of Science*, Albany: State University of New York Press, 195-224.

Jörg, T. 2011: *New Thinking in Complexity for the Social Sciences and Humanities*, New York: Springer Publishing Company.

Kelly, L. G. 1979: *The True Interpreter: A History of Translation Theory and Practice in the West*, Oxford: Blackwell.

Kuhn, T. S. 1970: *The Structure of Scientific Revolutions*, Chicago: The University of Chicago Press.

Lakatos, I. 1986: *The Methodology of Scientific Research Programmes*, Cambridge: Cambridge University Press.

Latour, B. 1988: *The Pasteurization of France*(Trans. Alan Sheridan & John Law), Cambridge, MA and London: Harvard University Press.

Lee, N. et al, 2009: *The Interactional Instinct: The Evolution and Acquisition of*

Language, Oxford: Oxford University Press.

Lefevere, A. & Bassnett, S. 1998: "Where are We in Translation", in S Bassnett & A. Lefever (eds.), *Constructing Cultures: Essays on Literary Translation*, Shanghai: Shanghai Foreign Language Education Press, 1-11.

Locke, J. 1995: *An Essay Concerning Human Understanding*, in Roger Woolhouse (ed.), London: Penguin Classics.

Lubbock, J. 1895: *The Use of Life*, Boston & London: Macmillan and Co.

Mathews, B. & Ross, L. 2010: *Research Methods: A Practical Guide for the Social Sciences*, Edinburgh: Pearson Education.

Matthew, J. B. 2012: "John Deway's Logic of Science", *HOPOS*, (2): 258-306.

Morin, E. 2002: *A Propos de la Complexité*, http://www. litt-and-co. org/philo. textes. htm.

Munday, J. 2016: *Introducing Translation Studies: Theories and Applications* (4th edition), London and New York: Routledge.

Newmark, P. 2001: *Approaches to Translation*, Shanghai: Shanghai Foreign Language Education Press.

Newmark, P. 2006: *On Translations*, Beijing: Foreign Language Teaching and Research Press.

Nida, E. A. & Taber, C. R. 1969: *The Theory and Practice of Translation*, Leiden: Brill.

Osberg, D. 2008: "The Politics in Complexity", *Journal of the Canadian Association for Curriculum Studies*, (1): iii-xiv.

Pepper, S. 1942: *World Hypothes: A Study in Evidence*, Berkeley: University of California Press.

Popper, K. 1972: *Objective Knowledge: An Evolutionary Approach*, Oxford: Clarendon Press.

Popper, K. 2002a: *Conjectures and Reflections: The Growth of Scientific Knowledge*, London and New York: Routledge.

Popper, K. 2002b: *The Logic of Scientific Discovery*, London and New York: Routledge.

Pym, A. 1998: *Method in Translation History*, Manchester: St. Jerome Publishing.

Pym, A. 2014a: *Exploring Translation Theories* (2nd edition), London and New York: Routledge.

Pym, A. 2014b: *Epistemological Problems in Translation and Its Teaching: A Seminar for Thinking Students*, London and New York: Routledge.

Rescher, R. 1998: *Complexity: A Philosophical Overview*, New Brunswick:

Transaction Publishers.

Richards, I. A. 1953: "Toward a Theory of Translating", in A. F. Wright (ed.), *Studies in Chinese Thought*, Chicago: The University of Chicago Press, 247-262.

Ricoeur, P. 2006: *On Translation* (Trans. Eileen Brenann), London and New York: Routledge.

Robinson, D. 2003: *Becoming a Translator: An Introduction to the Theory and Practice of Translation* (2nd edition), London and New York: Routledge.

Robinson, D. 2006: *Translation and Empire: Postcolonial Theories Explained*, Beijing: Foreign Language Teaching and Research Press.

Roesler, S. 2014: "Yves Bonnefoy's Metaphors on Translation", in James St. André (ed.), *Thinking Through Translation with Metaphors*, London and New York: Routledge, 211-240.

Rose, S. 1997: *Lifeness: Biology beyond Determinism*, Oxford: Oxford University Press.

Rowner, I. 2015: *The Event: Literature and Theory*, Lincoln and London: University of Nebraska Press.

Sapp, J. 1994: *Evolution by Association: A History of Symbiosis*, New York: Oxford University Press.

Snell-Hornby, M. 2006: *Translation Studies: An Integrated Approach*, Amsterdam and Philadelphia: John Benjamins.

Solé, R. & Goodwin, B. 2000: *Signs of Life: How Complexity Pervades Biology*, New York: Basic Books.

Spencer, H. 1855: *The Principles of Psychology*, London: Longman, Brown, Green and Longmans.

Steiner, G. 1998: *After Babel: Aspects of Language and Translation* (3rd edition), Oxford: Oxford University Press.

Stengers, I. 2011: *Thinking with Whitehead: A Free and Wild Creation of Concepts* (Trans. Michael Chase), Cambridge, MA and London: Harvard University Press.

Toury, G. 2012: *Descriptive Translation Studies and Beyond*, Amsterdam and Philadephia: John Benjamins.

Tymoczko, M. 2007: *Enlarging Translation, Empowering Translators*, Manchester: St. Jerome.

Tyulenev, S. 2012: *Applying Luhmann to Translation Studies: Translation in Society*, London and New York: Routledge.

Van Doorslaer, L. 2019: "Bound to Expand: The Paradigm of Change in Translation

Studies", in Helle Dam Matilde Brogger & Karen Zethsen (eds.), *Moving Boundaries in Translation Studies*, London and New York: Routledge, 220-230.

Varela, F. J., Thompson, E. & Rosch, E. 2016: *The Embodied Mind: Cognitive Science and Human Experience*, Cambridge, MA: MIT Press.

Venuti, L. 1995: *The Translator's Invisibility*, London and New York: Routledge.

Venuti, L. 2000: *The Translation Studies Reader*, London and New York: Routledge.

Von Bertalanffy, L. 1969: *General System Theory: Foundations, Development, Applications*, New York: George Braziller.

Whitehead, A. N. 1925: *Science and the Modern World*, New York: The Macmillan Company.

Whitehead, A. N. 1938: *Modes of Thought*, New York: The Macmillan Company.

Whitehead, A. N. 1953: *An Enquiry Concerning the Principles of Natural Knowledge*, Cambridge: Cambridge University Press.

Whitehead, A. N. 1978: *Process and Reality*, New York: The Free Press.

Wolfram, W. 2001: *The Science of Translation: Problems and Methods*, Shanghai: Shanghai Foreign Language Education Press.

Wuensche, A. 1999: "Classifying Cellular Automata Automatically: Finding Gliders, Filtering, and Relating Space-Time Patterns, Attractor Basins, and The *Z* Parameter", *Complexity*, (3): 47-66.

后记　跋涉之途

　　跋涉之途,总会有种蓦然回首之情,去铭记那种闪现的思想,以串联当下的体悟。我在读硕士研究生时,思想之触角或多或少地开始涉猎复杂适应系统、生成哲学、实践生成论、主体生成论等相关观念;读博士研究生时,思想之触角在翻译学领域里延伸而显现了繁枝茂叶,点缀了翻译之势,生成了翻译之思。2022 年,"翻译生成论的复杂性范式"获得国家社会科学基金后期资助项目立项,并获得"广西科技大学学术专著出版基金资助"的支持;2023 年,《中国翻译》第 5 期刊发题为《翻译生成论:一种新的译学整体论》的论文。这些都是对翻译生成论思想体系的一种认可。思想触角延伸之处与获得的思想认可,总是能发人深思的,总是使人深受启发的。这就促使人们不断地去追问与探究:翻译从何而来?到何处去?翻译的本源是什么?追根溯源或许在"生生之谓易"的思想中获得想要的答案,因为它们把握到了翻译的灵魂——"生生""生命"。"生生""生命"是紧密相连的,它们所指向的翻译是文本生命的"生成"。作为翻译的一种存在方式,"生成"的视域至关重要:只有通过翻译,异域之中的文本生命才向着我们"生成",才对我们"呈现"出来。具有"生成"视域,翻译能够不局限于语言的封闭,看到更多的是文本生命的生生不息。翻译不仅需要面向文本,而且更需要面向文本生命,需要面向文本生命的生成;翻译是通过"生生""生命"而生成的,因而翻译不是一个抽象的实体、静态的物体或既成的事实,而是作为人类沟通、文化传承、文明互鉴的根本方式、动态性的创造机体。以"生成"书写翻译,翻译不再溃退凋谢,而是在人类沟通、文化传承、文明互鉴中生生不息;翻译不再追求纯粹的客观性与确定性,而是在异域之中生长与成长而传递生命之力。因而,翻译在生成之中言说自身,生成让翻译在异域之中展开自身;翻译寓于生成之中;生成使翻译得以显露,翻译与生成共同揭示着翻译之为翻译的本质力量。

　　生成乃是翻译的力量源泉,唯有生成之处,才有翻译的生命存在;翻译存在建基于生成,而生成唯有从根本上发生于文本生命,文本生命才能承载着翻译的存在。翻译是一种建构性的动态生成,这种生成通过文本生命并在文本生命中实现,而翻译是让文本生命进入异域之中得以显现。以生成来描述翻译,实质是以生成的方式对翻译保持一种高度的审视与想象。审视一种翻译,就意味着审视一种文本生命的存在方式;想象翻译的生成方式,就意味着想象一种文本生命的生成方式。翻译是一种与文本生命融为一体的生成形态。可以说,生成的本源并不是探讨文本生命,而是体悟文本生命。我们不是对翻译进行压抑,迫使其落入事先预定好的观念掌握中;我们不希望把翻译的本质归结为一个机械物,好让它充当一个客观确定的翻译观念。它要激活自身的潜力,而不是抑制文本生命的延展能力;它要冲击自身的封闭,而不是强化翻译思维中的僵化性与机械性;它要推进自身的动力,而不是遏制文本生命的生命意识、生成姿态与创生精神。翻译的生成总是面向文本生命的生成,于是在思考翻译的过程中常常感到思想呈现的苦楚但又能激起思想的"生"与"成"。思想的"生"与"成",又总是面向翻译的"生"与"成","生"与"成"并不是思想的断裂,而是自我对翻译认识与理解的扬弃过程。人类的演进,翻译的发展,文本生命的成长,何尝不是"生"与"成"的延续。它既力求其空间维度具有可见的拓展性,又力求其时间维度具有深厚的延展性。生成,便是翻译作为文本生命的最根本存在方式。翻译作为文本生命的生成,实现了对生命意义与生命价值的追求,实现了文本生命在异域之中获得再生的境界。这就是关于把翻译作为文本生命的生成方式的思想。翻译寻求自身的生成方式,在其现实性上,是以文本生命的方式生成了翻译存在方式的嬗变,生成了翻译自身蕴含的生命内涵。这就意味着,翻译是一种超越性与创生性的存在,是一种由文本生命的超越性而构成的生命世界。翻译是有"灵魂"的,翻译是有"灵性"的,它拥有绽放文本生命之花的迷人魅力,拥有承载生生不息之体的精神力量。

翻译作为文本生命的存在,"我"何尝不是如此!在追逐目标的过程中拥有灵魂的精神力量,绽放追逐目标的光芒。伏案书写,苦中作乐,既将"我"作为一种"文本"的存在寻找自身文本的意义,又将"我"作为一种"文本生命"的存在追逐自身生命的价值,以获得翻译思维的自由与翻译思想的洗礼,绽放自身的生命之花。自由与洗礼需要"我"完全地带着"我"全部的过去、现在与未来卷入翻译之中,以生命的眼光言说翻译的故事,以生成的视域体悟翻译的本质,以书写与延续翻译的再生。翻译是卷入"我"生活中理性对应的思想形式。思想形式的考察让"我"回到了翻译的事实,翻译思想的涌现不是在键盘上敲打几句点评式的词句或者闭着眼睛随意空想那么轻松,也不单单是在诸多翻译现象、翻译过程、生成论、文本生命之间进行随意、任意的移植活动。以生命的眼光透视翻译的本真,以生成的观念书写翻译的境界,它绝不是从某处截取的零碎思想,或在遭遇思想场景时头脑里完成一次随意推理就能获得,而是一件沉重而值得沉思的生命追问。这种沉思将"我"的过去、现在与未来推到了一个不得不进行视域融合的境遇之中。在这个境遇之中,"我"的全部思想都卷入了其中,映射出"我"的自我期许与追逐:"我"会成为一个什么样的译者?"我"会以什么样的方式来看待翻译?这恰恰是一个思想性的翻译问题。翻译问题必然导向"我"如何应对翻译遭遇的多元化情景,此种应对及其后果连同"我"的遭遇和思想酝酿而成为"我"面向翻译的一部分思想形式,"我"就在翻译思想的存在方式中沉思着、遭遇着、应对着、承受着、推动着。"我"从翻译之中言说,是在倾听对翻译存在之源始的"生成"之音中,沉思着作为翻译存在之存在者的"思想";"我"是翻译在言说的桥梁,是翻译存在之本质的揭示者;翻译在思想中生成,"我"倾听翻译思想的言说。翻译具有思想言说的本质力量,能经受每一次沉思、遭遇、应对、推动,它既敞开自身的思想,又能隐藏自身的思想。

只有在翻译的沉思、遭遇、应对、承受与推动中,"我"才能真正进入翻译的境界,"倾听"翻译深处的声音,然后才有所"言说",即翻译借助"我"之口"言说"出自身的存在。任何一次沉思、遭遇、应对、承受与推动都沉淀于"我"的存在之中、面向于翻译之中。沉淀打开了翻译的空间,它们将翻译置于"我"的过去、现在与未来的视域融合之中,进而将翻译视为一次生命之旅。翻译能作为一次生命之旅,被"我"的翻译思想所使用,被纳入"我"的思想系统之中,以传达现实翻译中生生不息的东西,使翻译的涌现成为一种可能。通过"我"的思想涌现,翻译围绕着"我"的思想整合在了一起,显示出翻译的生命意义。"我"赋予翻译以全新的生命意义,展示翻译在"生生之谓译"的思想范畴中所处的源初居所,生成一种映照翻译之生命、唤醒翻译之灵魂的内在力量。"我"是翻译的承载者,穿行于繁杂多样的翻译现象之中而毫无停滞,每一次的生命之旅汇聚成为最为生机盎然的思想。"我"用生命来言说翻译,描述出翻译的生命结构,发出翻译思想的生命之声。翻译思想在广阔的视界中延伸,翻译对"我"来说是生命的一种馈赠。

翻译之生命旅程将"我"带向一种深刻的翻译体验:静静地研读,悄悄地享受,以生命的灵魂惊醒自己的不知,点燃自己的思想。对复杂多变的翻译进行一番生命的洗礼,或许那是一种有意义的事情,但却是相当困难艰苦的跋涉之旅。困惑、徘徊、停滞、放下却又不甘原地不动;继续、苦读、奋进却又不知路途有多远。在思想的觉醒中又开始催促自己,该是出发的时候了;于是新的思想之路又在眼中延展,延展于灵魂深处的翻译之旅。翻译之旅导引着,从黎明到黄昏,从困惑到顿悟,带着翻译的问题,播撒于密密麻麻的追问之中,时而灵光倏现,时而激动不已,时而开怀大笑,时而紧握拳头,那只不过是翻译思想对自己的拷问与眷恋而涌现出的情绪与情感。情感中渗透着思想,思想中渗透着情绪,情与思交融合一,无论如何却是一种清晰透明的思想情感的纯真。纯真,犹如生命般透澈,在"我思故我在"的涉猎中捕捉到"我译故我在"的执著。蓦然回首,惊醒了自己却又陶醉了自己;思之所至、虑之所达、智之所涉,留下的是继续前行;行之所至,至诚之情,情之所及,烙下的是不忘初心。

　　坚持,就是对不忘初心的执著;源于执著的追寻,占据了冲动的念头,让自己能静享家人的关心与朋友的支持。翻译思想的追寻,不只是置身于他者之外的孤独寻思与单人游戏,更根本的是置身于亲情、师情、友情的滋养,直面亲情、师情与友情,并为亲情、师情与友情融入固有的责任与鞭策。"我"不再是孤单的思想主体,而是被居于其中的亲情、师情与友情所滋养的翻译主体。作为置身于一种亲情、师情与友情,一种思想形式,一种生命形式的翻译主体,其翻译思想是被他者的生活形式、思想形式、情感形式所塑造。这是一种亲情的在场与感动,这是一种师情的出场与提携,这是一种友情的印迹与感染。那么,翻译思想的书写,或书写翻译理论,就一直靠着自身的感悟、亲情的感动、师情的指引、友情的感染涌现与显现着思想的火苗。一旦那种思想转动,一旦那簇火苗涌动,一旦那份情感触动,其书写的姿态就接纳了某种感觉不到的异质性,异质性使得独特的书写方式或隐或显地脱离那个封闭体。这不仅要脱离那个封闭体,还要穿透封闭体的间隙并在间隙处守候翻译思想的书写。对翻译理论的书写,就是对翻译思想的追溯,它是对"生生之谓译"的源头的迷恋,因而对翻译思想的理解必须通过那种生成的独特渠道获得对封闭体的穿透与开裂,播下生命的种子而铭记丰富的思想。翻译思想被生命的种子环绕,它给翻译本身带来了生命,表征着一种生生不息的生命力。只要可以从思想中悟出一种理解来,从土壤中觅出一种生命来,从种子那里寻出一束新芽来,那应该是生生不息的起点与思想召唤的延续;思想召唤的延续,是一以贯之的生命脉动,它不仅增加了翻译存在的生命符号,而且使翻译充满了并绽放出绚丽的色彩。《翻译生成论的复杂性范式研究》的生命符号汇聚于浙江大学许钧教授拨冗为本书作序所显现出的翻译思想中,聚集于浙江大学出版社刻印出的翻译编码中,也浸润于中华译学馆散发出的翻译智慧中。

罗迪江

2023 年 10 月 31 日